“十二五”职业教育国家规划教材
经全国职业教育教材审定委员会审定

U0825687

全国高职高专院校药学类与食品药品类专业“十三五”规划教材

药事管理与法规

第3版

（供药学类、药品制造类、食品药品管理类专业用）

主　编　沈　力　吴美香
副主编　卞晓霞　樊　迪　李歆平　余　虹　尹　书
编　者　（以姓氏笔画为序）

王明军（山西药科职业学院）
卞晓霞（天津医学高等专科学校）
邓　媚（湖南食品药品职业学院）
李全秀（黔东南民族职业技术学院）
李桂荣（山东药品食品职业学院）
吴美香（湖南食品药品职业学院）
沈　力（重庆三峡医药高等专科学校）
柳　莹（辽宁医药职业学院）
樊　迪（中国药科大学）
王　艳（廊坊卫生职业学院）
尹　书（楚雄医药高等专科学校）
刘　颖（首都医科大学燕京医学院）
李洁玉（重庆三峡医药高等专科学校）
李歆平（通辽职业学院）
余　虹（重庆医药高等专科学校）
张蓓蓓（亳州职业技术学院）
姚中进（广州卫生职业技术学院）

中国健康传媒集团
中国医药科技出版社

内容提要

本教材为全国高职高专院校药学类与食品药品类专业“十三五”规划教材之一，是根据教育部新颁布的文件精神和本套教材编写总的原则及要求，以国家现行药事管理法规为依据，根据《药事管理与法规》教学大纲的基本要求、课程特点和药品生产、经营、使用等岗位职业能力要求编写而成。内容涵盖药品注册管理、药品生产管理、药品经营管理、医疗机构药事管理、特殊管理药品管理等。本教材突出职业能力培养，岗位针对性强，以项目、任务划分教学单元，以药学实践案例或任务情景设计“案例导入”，以解决任务所必需的法律法规知识构建教材内容，并根据内容需要适时穿插“拓展阅读”“案例讨论”等助学模块，使学生在实际问题情境下能更好地理解法律法规的条文，并能与实际问题结合起来加以解决，提高解决实际问题的能力。

本教材主要供全国高职高专院校药学专业、中药学专业及药品生产技术专业（药物制剂、生物药物生产技术、化学药生产技术、中药生产技术方向）、药品质量与安全专业（药品质量检测、食品药品监督管理方向）、药品经营与管理专业（药品营销方向）、药品服务与管理专业（药品管理方向）等专业教学使用，也可供医药行业从业人员继续教育和培训使用。

图书在版编目（CIP）数据

药事管理与法规/沈力，吴美香主编．—3版．—北京：中国医药科技出版社，2017.1
全国高职高专院校药学类与食品药品类专业“十三五”规划教材
ISBN 978－7－5067－8787－1

Ⅰ.①药…　Ⅱ.①沈…②吴…　Ⅲ.①药政管理－高等职业教育－教材②药事法规－中国－高等职业教育－教材　Ⅳ.①R95②D922.164

中国版本图书馆CIP数据核字（2016）第305404号

美术编辑　陈君杞
版式设计　锋尚设计

出版　**中国健康传媒集团**｜**中国医药科技出版社**
地址　北京市海淀区文慧园北路甲22号
邮编　100082
电话　发行：010－62227427　邮购：010－62236938
网址　www.cmstp.com
规格　787×1092mm 1/16
印张　20¼
字数　440千字
初版　2008年1月第1版
版次　2017年1月第3版
印次　2020年12月第10次印刷
印刷　三河市航远印刷有限公司
经销　全国各地新华书店
书号　ISBN 978－7－5067－8787－1
定价　49.00元

版权所有　盗版必究
举报电话：010－62228771
本社图书如存在印装质量问题请与本社联系调换

获取新书信息、投稿、为图书纠错，请扫码联系我们。

出 版 说 明

全国高职高专院校药学类与食品药品类专业“十三五”规划教材（第三轮规划教材），是在教育部、国家食品药品监督管理总局领导下，在全国食品药品职业教育教学指导委员会和全国卫生职业教育教学指导委员会专家的指导下，在全国高职高专院校药学类与食品药品类专业“十三五”规划教材建设指导委员会的支持下，中国医药科技出版社在2013年修订出版“全国医药高等职业教育药学类规划教材”（第二轮规划教材）（共40门教材，其中24门为教育部“十二五”国家规划教材）的基础上，根据高等职业教育教改新精神和《普通高等学校高等职业教育（专科）专业目录（2015年）》（以下简称《专业目录（2015年）》）的新要求，于2016年4月组织全国70余所高职高专院校及相关单位和企业1000余名教学与实践经验丰富的专家、教师悉心编撰而成。

本套教材共计57种，均配套“医药大学堂”在线学习平台。主要供全国高职高专院校药学类、药品制造类、食品药品管理类、食品类有关专业［即：药学专业、中药学专业、中药生产与加工专业、制药设备应用技术专业、药品生产技术专业（药物制剂、生物药物生产技术、化学药生产技术、中药生产技术方向）、药品质量与安全专业（药品质量检测、食品药品监督管理方向）、药品经营与管理专业（药品营销方向）、药品服务与管理专业（药品管理方向）、食品质量与安全专业、食品检测技术专业］及其相关专业师生教学使用，也可供医药卫生行业从业人员继续教育和培训使用。

本套教材定位清晰，特点鲜明，主要体现在如下几个方面。

1.坚持职教改革精神，科学规划准确定位

编写教材，坚持现代职教改革方向，体现高职教育特色，根据新《专业目录》要求，以培养目标为依据，以岗位需求为导向，以学生就业创业能力培养为核心，以培养满足岗位需求、教学需求和社会需求的高素质技能型人才为根本。并做到衔接中职相应专业、接续本科相关专业。科学规划、准确定位教材。

2.体现行业准入要求，注重学生持续发展

紧密结合《中国药典》（2015年版）、国家执业药师资格考试、GSP（2016年）、《中华人民共和国职业分类大典》（2015年）等标准要求，按照行业用人要求，以职业资格准入为指导，做到教考、课证融合。同时注重职业素质教育和培养可持续发展能力，满足培养应用型、复合型、技能型人才的要求，为学生持续发展奠定扎实基础。

3.遵循教材编写规律，强化实践技能训练

遵循“三基、五性、三特定”的教材编写规律。准确把握教材理论知识的深浅度，做到理论知识“必需、够用”为度；坚持与时俱进，重视吸收新知识、新技术、新方法；注重实践技能训练，将实验实训类内容与主干教材贯穿一起。

4.注重教材科学架构，有机衔接前后内容

科学设计教材内容，既体现专业课程的培养目标与任务要求，又符合教学规律、循序渐进。使相关教材之间有机衔接，坚持上游课程教材为下游服务，专业课教材内容与学生就业岗位的知识和能力要求相对接。

5.工学结合产教对接，优化编者组建团队

专业技能课教材，吸纳具有丰富实践经验的医疗、食品药品监管与质量检测单位及食品药品生产与经营企业人员参与编写，保证教材内容与岗位实际密切衔接。

6.创新教材编写形式，设计模块便教易学

在保持教材主体内容基础上，设计了“案例导入”“案例讨论”“课堂互动”“拓展阅读”“岗位对接”等编写模块。通过“案例导入”或“案例讨论”模块，列举在专业岗位或现实生活中常见的问题，引导学生讨论与思考，提升教材的可读性，提高学生的学习兴趣和联系实际的能力。

7.纸质数字教材同步，多媒融合增值服务

在纸质教材建设的同时，还搭建了与纸质教材配套的“医药大学堂”在线学习平台（如电子教材、课程PPT、试题、视频、动画等），使教材内容更加生动化、形象化。纸质教材与数字教材融合，提供师生多种形式的教学资源共享，以满足教学的需要。

8.教材大纲配套开发，方便教师开展教学

依据教改精神和行业要求，在科学、准确定位各门课程之后，研究起草了各门课程的《教学大纲》(《课程标准》)，并以此为依据编写相应教材，使教材与《教学大纲》相配套。同时，有利于教师参考《教学大纲》开展教学。

编写出版本套高质量教材，得到了全国食品药品职业教育教学指导委员会和全国卫生职业教育教学指导委员会有关专家和全国各有关院校领导与编者的大力支持，在此一并表示衷心感谢。出版发行本套教材，希望受到广大师生欢迎，并在教学中积极使用本套教材和提出宝贵意见，以便修订完善，共同打造精品教材，为促进我国高职高专院校药学类与食品药品类相关专业教育教学改革和人才培养作出积极贡献。

中国医药科技出版社

2016年11月

教材目录

序号	书名	主编	适用专业
1	高等数学（第 2 版）	方媛璐　孙永霞	药学类、药品制造类、食品药品管理类、食品类专业
2	医药数理统计*（第 3 版）	高祖新　刘更新	药学类、药品制造类、食品药品管理类、食品类专业
3	计算机基础（第 2 版）	叶　青　刘中军	药学类、药品制造类、食品药品管理类、食品类专业
4	文献检索	章新友	药学类、药品制造类、食品药品管理类、食品类专业
5	医药英语（第 2 版）	崔成红　李正亚	药学类、药品制造类、食品药品管理类、食品类专业
6	公共关系实务	李朝霞　李占文	药学类、药品制造类、食品药品管理类、食品类专业
7	医药应用文写作（第 2 版）	廖楚珍　梁建青	药学类、药品制造类、食品药品管理类、食品类专业
8	大学生就业创业指导	贾　强　包有或	药学类、药品制造类、食品药品管理类、食品类专业
9	大学生心理健康	徐贤淑	药学类、药品制造类、食品药品管理类、食品类专业
10	人体解剖生理学*（第 3 版）	唐晓伟　唐省三	药学、中药学、医学检验技术以及其他食品药品类专业
11	无机化学（第 3 版）	蔡自由　叶国华	药学类、药品制造类、食品药品管理类、食品类专业
12	有机化学（第 3 版）	张雪昀　宋海南	药学类、药品制造类、食品药品管理类、食品类专业
13	分析化学*（第 3 版）	冉启文　黄月君	药学类、药品制造类、食品药品管理类、食品类专业
14	生物化学*（第 3 版）	毕见州　何文胜	药学类、药品制造类、食品药品管理类、食品类专业
15	药用微生物学基础（第 3 版）	陈明琪	药品制造类、药学类、食品药品管理类专业
16	病原生物与免疫学	甘晓玲　刘文辉	药学类、食品药品管理类专业
17	天然药物学	祖炬雄　李本俊	药学、药品经营与管理、药品服务与管理、药品生产技术专业
18	药学服务实务	陈地龙　张　庆	药学类及药品经营与管理、药品服务与管理专业
19	天然药物化学（第 3 版）	张雷红　杨　红	药学类及药品生产技术、药品质量与安全专业
20	药物化学*（第 3 版）	刘文娟　李群力	药学类、药品制造类专业
21	药理学*（第 3 版）	张　虹　秦红兵	药学类，食品药品管理类及药品服务与管理、药品质量与安全专业
22	临床药物治疗学	方士英　赵　文	药学类及食品药品类专业
23	药剂学	朱照静　张荷兰	药学、药品生产技术、药品质量与安全、药品经营与管理专业
24	仪器分析技术*（第 2 版）	毛金银　杜学勤	药品质量与管理、药品生产技术、食品检测技术专业
25	药物分析*（第 3 版）	欧阳卉　唐　倩	药学、药品质量与安全、药品生产技术专业
26	药品储存与养护技术（第 3 版）	秦泽平　张万隆	药学类与食品药品管理类专业
27	GMP 实务教程*（第 3 版）	何思煌　罗文华	药品制造类、生物技术类和食品药品管理类专业
28	GSP 实用教程（第 2 版）	丛淑芹　丁　静	药学类与食品药品类专业

序号	书 名	主 编	适用专业
29	药事管理与法规*（第3版）	沈 力 吴美香	药学类、药品制造类、食品药品管理类专业
30	实用药物学基础	邸利芝 邓庆华	药品生产技术专业
31	药物制剂技术*（第3版）	胡 英 王晓娟	药品生产技术专业
32	药物检测技术	王文洁 张亚红	药品生产技术专业
33	药物制剂辅料与包装材料	关志宇	药学、药品生产技术专业
34	药物制剂设备（第2版）	杨宗发 董天梅	药学、中药学、药品生产技术专业
35	化工制图技术	朱金艳	药学、中药学、药品生产技术专业
36	实用发酵工程技术	臧学丽 胡莉娟	药品生产技术、药品生物技术、药学专业
37	生物制药工艺技术	陈梁军	药品生产技术专业
38	生物药物检测技术	杨元娟	药品生产技术、药品生物技术专业
39	医药市场营销实务*（第3版）	甘湘宁 周凤莲	药学类及药品经营与管理、药品服务与管理专业
40	实用医药商务礼仪（第3版）	张 丽 位汶军	药学类及药品经营与管理、药品服务与管理专业
41	药店经营与管理（第2版）	梁春贤 俞双燕	药学类及药品经营与管理、药品服务与管理专业
42	医药伦理学	周鸿艳 郝军燕	药学类、药品制造类、食品药品管理类、食品类专业
43	医药商品学*（第2版）	王雁群	药品经营与管理、药学专业
44	制药过程原理与设备*（第2版）	姜爱霞 吴建明	药品生产技术、制药设备应用技术、药品质量与安全、药学专业
45	中医学基础（第2版）	周少林 宋诚挚	中医药类专业
46	中药学（第3版）	陈信云 黄丽平	中药学专业
47	实用方剂与中成药	赵宝林 陆鸿奎	药学、中药学、药品经营与管理、药品质量与安全、药品生产技术专业
48	中药调剂技术*（第2版）	黄欣碧 傅 红	中药学、药品生产技术及药品服务与管理专业
49	中药药剂学（第2版）	易东阳 刘 葵	中药学、药品生产技术、中药生产与加工专业
50	中药制剂检测技术*（第2版）	卓 菊 宋金玉	药品制造类、药学类专业
51	中药鉴定技术*（第3版）	姚荣林 刘耀武	中药学专业
52	中药炮制技术（第3版）	陈秀瑷 吕桂凤	中药学、药品生产技术专业
53	中药药膳技术	梁 军 许慧艳	中药学、食品营养与卫生、康复治疗技术专业
54	化学基础与分析技术	林 珍 潘志斌	食品药品类专业用
55	食品化学	马丽杰	食品营养与卫生、食品质量与安全、食品检测技术专业
56	公共营养学	周建军 詹 杰	食品与营养相关专业用
57	食品理化分析技术	胡雪琴	食品质量与安全、食品检测技术专业

*为“十二五”职业教育国家规划教材。

全国高职高专院校药学类与食品药品类专业“十三五”规划教材

建设指导委员会

主 任 委 员 姚文兵（中国药科大学）

常务副主任委员 （以姓氏笔画为序）

王利华（天津生物工程职业技术学院）
王潮临（广西卫生职业技术学院）
龙敏南（福建生物工程职业技术学院）
冯连贵（重庆医药高等专科学校）
乔学斌（江苏医药职业学院）
刘更新（廊坊卫生职业学院）
刘柏炎（益阳医学高等专科学校）
李爱玲（山东药品食品职业学院）
吴少祯（中国健康传媒集团）
张立祥（山东中医药高等专科学校）
张彦文（天津医学高等专科学校）
张震云（山西药科职业学院）
陈地龙（重庆三峡医药高等专科学校）
郑彦云（广东食品药品职业学院）
柴锡庆（河北化工医药职业技术学院）
喻友军（长沙卫生职业学院）

副主任委员 （以姓氏笔画为序）

马　波（安徽中医药高等专科学校）
王润霞（安徽医学高等专科学校）
方士英（皖西卫生职业学院）
甘湘宁（湖南食品药品职业学院）
朱照静（重庆医药高等专科学校）
刘　伟（长春医学高等专科学校）
刘晓松（天津生物工程职业技术学院）
许莉勇（浙江医药高等专科学校）
李榆梅（天津生物工程职业技术学院）
张雪昀（湖南食品药品职业学院）
陈国忠（江苏医药职业学院）
罗晓清（苏州卫生职业技术学院）
周建军（重庆三峡医药高等专科学校）
昝雪峰（楚雄医药高等专科学校）
袁　龙（江苏省徐州医药高等职业学校）
贾　强（山东药品食品职业学院）
郭积燕（北京卫生职业学院）

曹庆旭（黔东南民族职业技术学院）
葛　虹（广东食品药品职业学院）
谭　工（重庆三峡医药高等专科学校）
潘树枫（辽宁医药职业学院）

委　　员（以姓氏笔画为序）

王　宁（江苏医药职业学院）
王广珠（山东药品食品职业学院）
王仙芝（山西药科职业学院）
王海东（马应龙药业集团研究院）
韦　超（广西卫生职业技术学院）
向　敏（苏州卫生职业技术学院）
邬瑞斌（中国药科大学）
刘书华（黔东南民族职业技术学院）
许建新（曲靖医学高等专科学校）
孙　莹（长春医学高等专科学校）
李群力（金华职业技术学院）
杨　鑫（长春医学高等专科学校）
杨元娟（重庆医药高等专科学校）
杨先振（楚雄医药高等专科学校）
肖　兰（长沙卫生职业学院）
吴　勇（黔东南民族职业技术学院）
吴海侠（广东食品药品职业学院）
邹隆琼（重庆三峡云海药业股份有限公司）
沈　力（重庆三峡医药高等专科学校）
宋海南（安徽医学高等专科学校）
张　海（四川联成迅康医药股份有限公司）
张　建（天津生物工程职业技术学院）
张春强（长沙卫生职业学院）
张炳盛（山东中医药高等专科学校）
张健泓（广东食品药品职业学院）
范继业（河北化工医药职业技术学院）
明广奇（中国药科大学高等职业技术学院）
罗兴洪（先声药业集团政策事务部）
罗跃娥（天津医学高等专科学校）
郝晶晶（北京卫生职业学院）
贾　平（益阳医学高等专科学校）
徐宣富（江苏恒瑞医药股份有限公司）
黄丽平（安徽中医药高等专科学校）
黄家利（中国药科大学高等职业技术学院）
崔山风（浙江医药高等专科学校）
潘志斌（福建生物工程职业技术学院）

前言
PREFACE

药事管理与法规是药学与法学、管理学等社会科学相互交叉、渗透而形成的一门重要的药学交叉分支学科。作为高等职业院校药学类与食品药品类各专业必开的一门专业核心课程，熟悉和掌握药事管理的基本知识、基本技能和基本法律法规要求，具备在实践中学法、用法的基本能力，更是相关专业学生自身职业发展的要求。通过学习药事管理与法规课程，使学生掌握药品生产领域、药品经营过程、处方调配过程、医疗机构药品管理等方面的药事管理基本知识与法律要求，熟悉药学实际工作中药品研制、生产、经营和使用等环节的监督管理要点，能够根据药物研发、生产管理、药品经营、处方调配、医疗机构药品管理等过程的相关要求分析和解决实际问题。同时，树立高度的职业责任感、强烈的使命感和药事管理科学化、规范化、法制化意识，自觉维护人民生命健康与用药合法权益。

本教材为全国高职高专院校药学类与食品药品类专业“十三五”规划教材之一，系在教育部2015年10月新颁布的《普通高等学校高等职业教育（专科）专业目录（2015年）》指导下，根据本套教材的编写总原则和要求，以国家现行药事管理法规为依据，以及《药事管理与法规》教学大纲的基本要求、课程特点和药品生产、经营、使用等岗位职业能力要求编写而成。内容上涵盖药品注册管理、药品生产管理、药品经营管理、医疗机构药事管理、特殊药品管理等内容。本教材突出职业能力培养，岗位针对性强，以项目、任务划分教学单元，以药学实践案例或任务情景设计“案例导入”，以任务解决所必需的法律法规知识构建教材内容，并根据内容需要适时穿插“拓展阅读”“案例讨论”等助学模块，使学生在实际问题情境下更好地理解法律法规的条文，并能与实际问题结合起来加以解决，提高解决实际问题的能力。

本教材紧跟当前药事管理的法律、法规的最新成果，以《药品管理法》（2015年修正）、《药品生产质量管理规范》（2011年版）、《药品经营质量管理规范》（2016年版）以及其他相关法规为依据编写，保证教材时效性。教材编写分工如下：项目1药事管理与药事组织认知由柳莹编写，项目2药品监督管理体制与法律体系认知由姚中进编写，项目3药学技术人员管理由余虹编写，项目4药品与药品管理认知由吴美香、邓媚编写，项目5特殊管理药品的管理由樊迪、李歆平、王明军编写，项目6中药管理由李洁玉编写，项目7药品信息管理由尹书编写，项目8药品注册管理由卞晓霞、张蓓蓓编写，项目9药品生产管理由李桂荣、王艳编写，项目10药品经营管理由沈力编写，项目11医疗机构药事管理由刘颖、李全秀编写。主编最后负责本教材的审稿和统稿。

本教材主要供全国高职高专院校药学专业、中药学专业及药品生产技术专业（药物制剂、生物药物生产技术、化学药生产技术、中药生产技术方向）、药品质量与安全专业（药品质量检测、食品药品监督管理方向）、药品经营与管理专业（药品营销方向）、药品服务与管理专业（药品管理方向）等专业教学使用，也可供医药行业从业人员继续教育和培训使用。

在编写本教材过程中，得到重庆三峡医药高等专科学校及各位编委所在单位领导的关心和支持，在此表示衷心感谢。药事管理与法规在我国正处于快速发展中，由于时间仓促，编者水平所限，疏漏之处在所难免，恳请广大师生批评指正，以利改进提高。

编　者

2016 年 10 月

目录
CONTENTS

项目10
药品经营管理

项目11
医疗机构药事管理

项目 1

药事管理与药事组织认知

学习目标

知识要求 1. **掌握** 药事、药事管理以及药事管理学的基本概念。

2. **熟悉** 药事管理的意义；药事组织的概念。

3. **了解** 药事组织的类型。

技能要求 能通过网络查找药事组织及服务功能。

任务 1-1 药事管理认知

案例导入

案例： 夏季炎热，某超市未办理任何手续而代卖藿香正气水被查，而超市老板不以为然，认为代卖藿香正气水是为了方便老百姓，就像出售米、面、油一样。执法人员认为，藿香正气水属于药品，药品是特殊商品，其经营应当纳入药事管理法规管理。

讨论： 1. 什么是药事？

2. 什么是药事管理？

一、药事

药学事业，简称为药事，指与药品的安全、有效和经济、合理、方便、及时使用相关的药品研究与开发、制造、采购、储藏、营销、运输、交易中介、服务、使用等活动，包括与药品价格、药品储备、医疗保险有关的活动。同其他学科一样，在发展过程中，若干社会群体间相互渗透和影响，形成了完整的药学体系，即为药学事业。

药学事业的每项工作都是围绕药品展开的，由于药品具有与人体健康和生命安全密切相关的特殊属性，对于药品的管理日益受到政府和社会的重视。保障公众合理、安全、有效用药，已经成为药学事业的核心任务。

《中共中央国务院关于深化医药卫生体制改革的意见》中明确指出，我国医药卫生体制改革必须坚持以人为本，坚持医药卫生事业为人民健康服务的宗旨，把维护人民健康权益放在第一位。药学事业不仅仅是纯粹的福利事业，同时作为医药卫生事业的一部分必须坚持公益性质。

药学自产生之日起，经历了漫长的发展过程，现代药学系承担了研制新药、生产和供应药品、保证合理用药、规范药品管理、培养药学人才、组织药学力量等诸多社会任务，而合理用药、创制新药和药事管理（社会与管理药学）已经成为了现代药学发展的主要方向，药学的发展进一步促进了药学事业的发展壮大。

二、药事管理

1. 药事管理概念 药事管理是指为保障公民用药的安全、有效、经济、合理、方便、及时，国家依据宪法通过制定并实施相关法律法规以及药事组织的相关管理措施，对药事活动实施必要的监督管理。药事管理的事项与活动涉及与药品安全、经济、有效、合理直接相关的，包括药品的研制、生产、流通、使用和监督管理等在内的药学事业各个领域。因此，药事管理的宗旨是保证药品质量，保障人体用药安全，维护人民身体健康和用药的合法权益。所以从某种意义上来讲，药品安全应当是药事管理追求的最终目标之一。

药事管理是以宪法与法律为管理依据，通过制定相关法律，将相关管理措施作为管理手段。药事管理分为两个层面，即宏观药事管理和微观药事管理。宏观药事管理是指政府和国家的药事管理，包括药品监督管理、基本药物管理、药品储备管理、药品价格管理、医疗保险用药和定点药店管理；微观药事管理，是指药事组织内部的药事管理，包括药品研发质量管理、药品生产质量管理、药品经营质量管理、药学服务质量管理、药品临床试验质量管理。宏观药事管理为药事组织的微观管理提供法律依据、标准和程序。

药事管理具有专业性、实践性和政策性三大特点。专业性是指药事管理是对药学事业的管理，药学事业的核心是药物，药物是防病治病、保障公众身体健康的物质基础和必要条件。实践性是指药事管理的法规、管理办法和行政规章的制定来自于药品生产、经营以及使用的实践，通过总结、升华而形成的，并用于指导药事管理的实践工作。政策性是指药事管理按照一定的国家法律、政策法令以及行政规章，行使国家权利对药品进行公平、科学、严谨的管理。

2. 药事管理的目的和意义 药事管理是为了保证公民安全、有效、经济、合理、方便、及时用药，不断提高国民健康水平，以及药事组织的经济、社会效益水平。药事管理的意义不仅在于是保障公民用药安全、有效、经济、合理、方便、及时和生命健康的必要的和有效的手段，也是保护公民健康是宪法规定的国家责任，对于药事组织来讲，宏观的药事管理为药事组织的微观药事管理提供了可靠的法律依据、法定标准和程序。

三、药事管理学

药事管理学是一门交叉学科，涉及到管理学、法学以及经济学、社会学，药事管理和保障公众安全用药会产生社会效益和社会意义。我国已逐步进入法制社会，法学是为指导国家食品药品监督管理机关在执法过程中必须以法律的授权按法定的程序，执行相关的监管活动。而管理学、经济学作为手段，药事管理学这门课必须借鉴经济学、管理学的分析方法，有别于其他传统的药学理论课，如药剂学、药理学等，也不同于普通的经济学和管理学，是两者的有机结合。药事管理学的一个重要组成部分，就是对在药学领域中的一些问题运用管理学、经济学的手段来分析，药事管理学具有明显的社会属性，涉及到药学事业的各个层面，与药学活动有紧密的联系。如果没有药事管理的约束，药学活动就不能有秩序、有规律、公平合法地进行。因此，任何药学工作者都离不开药事管理学这门学科的指导。

建国初期，我国对药品的管理主要是通过调整政策、下达命令进行约束，例如五十年代的查禁烟毒，六十年代查禁滥用麻黄素、安钠咖等案件；文革期间，药政管理被认为是“管、卡、压”，已经建立的一套行之有效的药政管理规章被废除；改革开放的八十年代，我国加强了对药品的监督管理，1985 年，我国实施了《中华人民共和国药品管理法》，之后在《实用药事管理学》这本书里面从药事管理、药品管理、特殊药品管理、药品遴选、药品审批和法律监督等六个方面，概述了药品监督管理工作的基本内容与方法，为从事药品生产、药品经营、医院药房、药品检验、药政管理人员以及医药院校师生提供了参考。

《药事管理学》以药学的社会和管理原则为重点，概述了药学事业管理发展简史和现代管理科学基本原理、内容、方法，简介了国外有关情况和经验。此后，药事管理引起了教育界的重视，通过组建药事管理教研组，开始讲授药事管理学。后来，各药学院校也陆续开办了相同的课程，涌现了大量的研究药事管理的文章。

通过学习药事管理与法规这门课程，使学生掌握、熟悉药品监督管理的知识和法规，增强学生适应职业的能力，提高综合素质。药事管理与法规课程将改变当前药学教育模式中重视自然科学知识、技能，而轻视人文和社会科学知识的弊端；培养学生有效的表达思想、具备清晰思维的能力，更进一步适应社会发展需要，出色完成药学社会任务。

任务1－2　药事组织认知

一、药事组织的概念

药事组织是药事组织机构、体系、体制的综合。通常情况下，药事组织有广义和狭义之分。广义的药事组织是指以实现药学社会任务为共同目标的人们的集合体，是药学社会人员相互影响的社会心理系统，是运用药学知识和技术的技术系统，是人们以特定形式的结构关系而共同工作的系统。狭义的药事组织是指为实现药学的社会任务所提出的目标，经人为分工形成的各种形式的组织机构的总称。

二、药事组织的类型

药事组织在我国药学事业发展的各个方面都起到十分重要的作用，其类型主要有以下几类：

1. 药品生产、经营组织　药品生产企业是指生产药品的专营或兼营企业，是依法成立、从事药品生产活动、给社会提供药品、具有法人资格的经济组织。药品经营企业是指经营药品的专营企业或兼营企业。药品生产、经营组织是典型的药事组织结构类型，在我国“药品生产企业”如药厂、制药公司等，“药品经营企业”如药品批发、零售企业等。

2. 事业性药房组织　事业性药房组织是指医疗机构内以服务病人为中心，临床药学为基础，为促进临床科学、合理用药的药学技术服务和相关药品管理工作的药学部门，如药剂科（药学部）。

3. 药学教育和科研组织　药学教育组织主要以教育为主体，为维持和发展药学事业而培养药学工程师、药学企业家和药事管理的专门型技术人才，包括高等药学教育、中等药学教育和药学继续教育。

药学科研组织主要是研究开发新药、改进现有药品，以及围绕药品和药学的发展进行基础研究，提高创新能力，发展药学事业，包括独立的药物研究机构、企业以及高等院校的药物教研室。

4. 药学社会团体组织　在我国的药学工作中，药学社会团体组织在药事组织兴起和形成过程中，发挥统一行为规范、监督管理、联系与协调等积极作用，协助政府管理药事的服务作用，推动了药学事业的发展。

5. 药品管理的行政组织　药品管理的行政组织是指在政府机构中管理药品和药学企事业组织的国家行政机构。其主要作用是代表国家对药品和药学事业组织进行监督和管理，通过制定宏观政策，对药事组织发挥引导作用，保证国家意志的执行。它的主要功能是通过法律授予的权利对药品进行全程的质量监督管理，确保向社会提供合格药品，并依法处理违反药品管理法律法规的行为。因此，从这个意义上来讲，这类行政组织又分为药品监督管理行政组织和药品行业规划管理行政组织。

任务对接

任务	知识能力要求
药事管理认知	（1）掌握药事管理学的概念 （2）药事管理的学科发展
药事组织认知	（1）知道什么是药事组织 （2）药事组织都有哪些类型

目标检测

A 型题（最佳选择题）

1. “药事”是指与药品的研制、生产、流通、使用及（　　）
   A. 价格、合理用药、广告、信息等活动有关的事
   B. 广告、信息、监督、合理用药等活动有关的事
   C. 价格、广告、信息、监督检验等活动有关的事
   D. 广告、价格、检验、管理等活动有关的事
   E. 价格、信息、监督等活动有关的事
2. 药事管理的特点（　　）
   A. 专业性、实践性、政策性　　B. 专业性、政策性、综合性
   C. 专业性、综合性、实践性　　D. 综合性、政策性、实践性
   E. 综合性、全面性、时效性
3. 药事管理的宗旨是（　　）
   A. 保证药品质量　　B. 保障人体用药安全
   C. 维护人民身体健康　　D. 维护用药的合法权益
   E. 以上都是
4. 药事组织的类型包括药品生产、经营组织以及（　　）
   A. 事业性药房组织、药学教育和科研组织、药品管理的行政组织
   B. 药学社会团体组织、事业性药房组织、药学教育和科研组织
   C. 药品管理的行政组织、药学社会团体组织、事业性药房组织
   D. 事业性药房组织、药学教育和科研组织、药品管理的行政组织、药学社会团体组织
   E. 药学社会团体组织、药学教育和科研组织、药房组织
5. 药品管理的行政组织是指在（　　）机构中管理药品和药学企事业组织的国家行政机构
   A. 国家　　B. 政府　　C. 立法　　D. 司法　　E. 企业

实训1　药事组织及服务功能的查询与检索

【实训目的】

利用所学知识，会使用网络查找药事组织及服务功能。

【实训要求】

以3~5人为一组，登录CFDA网站，查询、检索我国药事管理与法规有关文件。

【实训内容】

1. 登录CFDA网站；
2. 查找药事组织；
3. 搜索药事组织及服务功能。

【实训评价】

各组同学对各自查询情况进行互评，交流心得与体会。在此基础上，教师进行总评。

（柳　莹）

项目 2

药品监督管理体制与法律体系认知

学习目标

知识要求 **1. 掌握** 食品药品监督管理组织体系以及药品的行政执法。

2. 熟悉 食品药品监督管理机构的职能。

3. 了解 药品法的基本知识以及行政执法的相关规定。

技能要求 1. 能通过查阅各级食品药品监督管理部门的职能，指导自己的药学实践活动。

2. 能依据有关行政法律法规，知道如何合法合规地开展药学实践活动。

任务 2－1 药品监督管理机构认知

案例导入

案例：2006 年 4 月 22 日和 24 日，广东省某医院住院的重症肝炎病人中先后出现 2 例急性肾功能衰竭症状，4 月 29 日和 30 日又出现多例相同病症的病人，引起该院高度重视，及时组织肝肾疾病专家会诊，分析原因，怀疑可能是患者新近使用某制药公司生产的“亮菌甲素注射液”引起。2006 年 5 月 3 日广东省食品药品监督管理局向国家食品药品监督管理局报告，国家食品药品监督管理局责成该制药公司所在省食品药品监督管理局暂停了该企业“亮菌甲素注射液”的生产，封存了库存药品，同时要求相关省食品药品监督管理局暂控了相关批号药品。

讨论：1. 药品监督管理涉及到哪些部门？

2. 药品监督管理部门的职责是什么？

药品监督管理是指药品监督管理部门根据法律法规授予的职权，依照法律法规的规定，对药品的研制、生产、经营和使用等环节进行监督管理的活动和过程。

一、药品监督管理的性质及作用

（一）药品监督管理的性质

1. 药品监督管理属于国家行政管理 药品监督管理是国家行政管理的重要组成部分，是国家对药品领域实施的监督管理。国家对药品的监督管理主要是通过行政的管理制度和行政强制手段来实施的，目的是维护药品管理的有效性。如有违反国家行政管理，会受到相应的行政处罚。

2. 药品监督管理的法律性 药品监督管理的法律依据是《药品管理法》等法律法规，药品监督管理主体依法对药事活动实施管理，体现的是国家意志，具有强制性。如有违法，会受到相关的处罚。

3. 药品监督管理的双重性 药品监督管理的双重性是指具有行政权力的行政机构依法实施行政管理活动和行政权受监督主体的监督，这种双重性是同时存在，相互联系和作用的，目的是既保障监督管理的有效性，又防止行政权的滥用。

（二）药品监督管理的作用

1. 保证药品的质量 药品的质量具有有效性、安全性、稳定性和均一性等特性，是防病治病的必需物品。在现实生活中，为了谋取经济利益，存在降低药品的生产质量标准、经营中以次充好等现象，严重损害患者的利益。为保证公众的安全用药，需要加强对药品的监督管理，对生产或销售假药、劣药的行为进行严惩，规范药品的生产、经营和使用，保证药品的质量，从而保障公众的用药安全。

2. 促进新药研究开发 新药的研发经历的时间长，在研发的不同环节和阶段要求也不同，需要全面质量管理，制定新药的评审标准以及临床试验要求，目的是尽量减少新药可能带来的危害，保证新药的质量以及公众的用药安全。同时，对新药研发的监督管理，可以保证新药产业的健康有序发展。

3. 提高制药工业的竞争力 药品的质量是制药企业竞争力的核心，公众用药的安全也与药品的生产质量密切相关，因此，药品的质量会产生社会效应，具有公共性。但是，由于制药的企业是需要追求经济利益的，经济效益的目标如果与社会效益产生矛盾，就会导致药品的社会效益难以靠制药企业的自觉行为来实现，需要有另外的外在约束力量。因此，政府对药品实施监督管理，通过制定有关药品的生产管理制度，调节药品的经济效益和社会效益之间的矛盾，促使制药企业保证药品的质量，将制药工业的竞争力体现到药品的质量上，从而推动制药行业的健康发展。

4. 保证药品的供应 药品市场的影响因素包括药品的质量、经营管理、市场流通、社会环境等各个方面，比较难以管理。随着互联网药品交易的兴起，药品的供应过程更为复杂。因此，需要加强对药品的监督管理，通过制定《药品经营管理规范》等制度性文件，规范药品交易市场，杜绝市场上不正当交易竞争手段和违法犯罪活动，保证药品供应的质量，同时也保障药品的及时供应。

5. 保证合理用药 药品具有双重性，既可以挽救生命和减轻病痛，但其毒副作用也需要引起重视，目前全球及中国每年都有数以万计因不合理用药或药物滥用所带来的不良反应，合理用药和安全用药引起公众的广泛关注。影响合理用药的因素包括药品的质量、药事的服务水平、医师的处方等，因此需要建立合理用药的规范和制度，通过完善药师的注册制度，加强对药学专业技术人员的职业道德教育，提高职业能力和药学服务水平，强化合理用药科普教育，从而保障公众用药安全和合理用药。

二、我国药品监督管理机构设置

（一）我国药品监督管理的历史沿革

1. 药品监督管理部门的设置 1949 年新中国成立后，药品监督管理的主管机构是卫生行政部门。按照属地管理的原则，县级及以上卫生行政部门下设药品监督管理机构，负责本行政辖区内的药品监督管理工作。1963 年，首次颁布了药品行政管理的行政法规《关于药政管理的若干规定》，对药品的生产进行调整和整顿。

改革开放以后，随着政府职能的转变，国家对药品的行政管理体制也相应的进行了调整。1998 年九届全国人大一次会议审议通过了国务院机构改革方案，决定组建国家药品监督管理局，将原卫生部下属的药政管理局职能、原国家经贸委管理的医药管理局职能、国家中医药管理局的中药流通监督管理职能等并入其中，并作为国务院直属机构。

2000年，国务院对药品监督管理体制进行改革，对省级以下的药品监督管理机构实行垂直管理，省级以下的药品监督管理机构由各省级药品监督管理局领导，其所属的技术机构设置按照区域设置和重组联合的原则，统筹规划和合理布局。

2. 食品药品监督管理部门的设置 2003年，十届全国人大一次会议审议通过了国务院机构改革方案，将原卫生部的食品监督管理职能并入国家药品监督管理局，新组建国家食品药品监督管理局，作为国务院的直属机构。新的机构在履行对药品监督管理职能的同时，负责对食品、保健品以及化妆品的监督管理。

2008年，十届全国人大五次会议审议通过了国务院机构改革方案，为了理顺药品管理与医疗管理的关系，将国家食品药品监督管理局由国务院直属机构改由原卫生部管理，将省级以下垂直管理的食品药品监督管理机构改由地方政府管理，业务上接受上级食品药品监督主管部门和同级卫生行政部门的指导和监督。

2013年，十二届全国人大一次会议审议通过了国务院机构改革方案，为进一步提高食品药品监督管理水平，将食品药品监督管理局的职责、食品安全办公室的职责、质检总局食品生产安全监督管理职责、工商总局食品流通安全监督管理职责等进行整合，新组建国家食品药品监督管理总局，加挂国务院食品安全委员会办公室的牌子，承担国务院食品安全委员会的具体工作。各省（自治区、直辖市）参照国务院机构改革和设置要求，结合实际，相应地对本区域内的食品药品监督管理部门的职责进行整合，调整管理体制，从中央到地方形成完善统一的食品药品监督管理体制。

（二）我国现行药品监督管理机构的设置

为了保证食品药品监督管理的有效性，必须建立一个统一的药品监督管理组织体系。我国现行药品监督管理组织体系主要包括药品监督管理行政机构和药品监督管理技术机构。

1. 药品监督管理行政机构 我国药品监督管理行政机构分为四个层级，分别是国家级、省级、地市级和县级，其中国家级为中央级监督管理机构，省级、地市级和县级为地方级药品监督管理机构。

（1）中央级食品药品监督管理机构 国家食品药品监督管理总局主管全国的食品药品监督管理工作，内设办公厅、综合司（政策研究室）、法制司、食品安全监管司、药品化妆品注册管理司（中药民族药监管司）、医疗器械注册管理司、药品化妆品监管司、医疗器械监管司、稽查局、应急管理司、科技和标准司、新闻宣传司、人事司、国际合作司（港澳台办公室）、机关党委、中央纪委派驻纪检组、离退休干部局等职能部门。

（2）地方级食品药品监督管理机构 省级食品药品监督管理局是省级人民政府的工作部门，履行法定的药品监督管理职责；各地市根据上级要求设置食品药品监督管理局；县级人民政府根据工作需要设置食品药品监督管理分局，负责本区域内的药品监督管理工作。

2. 药品监督管理技术机构 药品监督管理技术机构为药品监督管理提供技术支持和保障，是药品监督管理的重要组成部分。具体来说，药品监督管理技术机构主要包括中国食品药品检定研究院、国家药典委员会、总局药品审评中心、总局食品药品审核查验中心、总局药品评价中心、国家中药品种保护审评委员会、总局行政事项受理服务和投诉举报中心、总局执业药师资格认证中心等。

3. 药品监督管理相关部门 《中华人民共和国药品管理法》第五条规定："国务院药品监督管理部门主管全国药品监督管理工作。国务院的有关部门在各自的职责范围内负责与药品有关的监督管理工作。"药品监督管理工作涉及到多个政府职能部门，除了药品监督管理部门以外，还涉及到以下行政管理部门。

（1）国家卫生和计划生育委员会 国家卫生和计划生育委员会负责组织制定国家基本

药物制度和国家基本药物目录。

（2）中医药管理部门　国家中医药管理局组织开展中药资源普查，促进中药资源的保护、开发和合理利用，参与制定中药产业发展规划、产业政策和中医药的扶持政策，参与国家基本药物制度建设。

（3）发展和改革部门　国家发展和改革委员会负责检测和管理药品宏观经济，负责对药品价格行为实施监管，并对药品定价提出指导性意见。

（4）人力资源和社会保障部门　人力资源和社会保障部门组织拟订定点医疗机构、药店的医疗保险服务和生育保险服务管理、结算办法及支付范围等工作，制定《国家基本医疗保险、工伤保险和生育保险药品目录》。

（5）工商行政部门　工商行政部门负责药品生产及经营机构的工商登记、注册；负责药品的广告监督，处罚违法药品广告的行为。

（6）工业和信息化管理部门　工业和信息化管理部门负责拟定和实施生物医药产业的规划；承担医药行业管理工作以及国家药品储备管理工作。

（7）商务管理部门　商务部门负责研究制定药品流通行业的发展规划和政策；建立药品流通行业统计制度以及行业信用体系；审核和发放药品类易制毒化学药品进口许可证。

（8）海关　海关负责药品进出口口岸的设置以及药品进出口的监管、统计和分析。食品药品监督管理部门配合海关部门对药品的进出口进行监管。

（9）公安部门　公安部门负责组织指导食品药品犯罪案件的侦查工作，与食品药品监督管理部门建立食品药品行政执法和刑事司法工作的衔接机制。

（10）国家质量监督检验检疫总局　国家质量监督检验检疫总局负责组织实施进出口商品法定检验和监督管理。

三、我国药品监督行政机构

（一）国家药品监督管理部门

国家药品监督管理部门是国家食品药品监督管理总局，其主要职责包括：

1. 负责起草食品（含食品添加剂、保健食品，下同）安全、药品（含中药、民族药，下同）、医疗器械、化妆品监督管理的法律法规草案，拟订政策规划，制定部门规章，推动建立落实食品安全企业主体责任、地方人民政府负总责的机制，建立食品药品重大信息直报制度，并组织实施和监督检查，着力防范区域性、系统性食品药品安全风险。

2. 负责制定食品行政许可的实施办法并监督实施。建立食品安全隐患排查治理机制，制定全国食品安全检查年度计划、重大整顿治理方案并组织落实。负责建立食品安全信息统一公布制度，公布重大食品安全信息。参与制定食品安全风险监测计划、食品安全标准，根据食品安全风险监测计划开展食品安全风险监测工作。

3. 负责组织制定、公布国家药典等药品和医疗器械标准、分类管理制度并监督实施。负责制定药品和医疗器械研制、生产、经营、使用质量管理规范并监督实施。负责药品、医疗器械注册并监督检查。建立药品不良反应、医疗器械不良事件监测体系，并开展监测和处置工作。拟订并完善执业药师资格准入制度，指导监督执业药师注册工作。参与制定国家基本药物目录，配合实施国家基本药物制度。制定化妆品监督管理办法并监督实施。

4. 负责制定食品、药品、医疗器械、化妆品监督管理的稽查制度并组织实施，组织查处重大违法行为。建立问题产品召回和处置制度并监督实施。

5. 负责食品药品安全事故应急体系建设，组织和指导食品药品安全事故应急处置和调查处理工作，监督事故查处落实情况。

6. 负责制定食品药品安全科技发展规划并组织实施，推动食品药品检验检测体系、电子监管追溯体系和信息化建设。

7. 负责开展食品药品安全宣传、教育培训、国际交流与合作。推进诚信体系建设。

8. 指导地方食品药品监督管理工作，规范行政执法行为，完善行政执法与刑事司法衔接机制。

9. 承担国务院食品安全委员会日常工作。负责食品安全监督管理综合协调，推动健全协调联动机制。督促检查省级人民政府履行食品安全监督管理职责并负责考核评价。

10. 承办国务院以及国务院食品安全委员会交办的其他事项。

（二）地方药品监督管理部门

地方药品监督管理部门是各省市食品药品监督管理局，其主要职责包括：

1. 贯彻执行国家和省有关食品（含食品添加剂、保健食品、酒类食品，下同）安全、药品、医疗器械、化妆品监督管理的方针政策和法律法规，负责起草有关地方性法规、规章草案，推动建立落实食品安全企业主体责任、市县人民政府负总责的机制，着力防范区域性、系统性食品药品安全风险。

2. 负责食品的行政许可和监督管理，制定食品安全管理规范并组织实施。建立食品安全隐患排查治理机制，贯彻落实国家食品安全检查年度计划、重大整顿治理方案。指导并组织开展食品安全宣传和信息发布工作，统一发布重大食品安全信息；组织开展食品安全重大专项治理和综合检查。参与制定食品安全风险监测计划、食品安全标准，根据食品安全风险监测计划开展食品安全风险监测工作。

3. 监督实施国家药典等药品和医疗器械标准、分类管理制度。监督实施药品和医疗器械研制、生产、经营、使用质量管理规范。负责药品、医疗器械注册和监督管理。建立药品不良反应、医疗器械不良事件监测体系，并开展监测和处置工作。指导监督执业药师注册工作。参与制定基本药物目录，配合有关部门实施国家基本药物制度。负责对药品、医疗器械、化妆品的行政许可和监督管理，组织实施相关质量管理规范。

4. 负责制定全省食品、药品、医疗器械、化妆品监督管理的稽查制度并组织实施，组织查处跨区域或者重大违法行为。监督实施问题产品召回和处置制度。

5. 负责食品药品安全事故应急体系建设，组织和指导食品药品安全事故应急处置和调查处理工作，监督事故查处落实情况。

6. 负责制定全省食品药品安全科技发展规划并组织实施，推动食品药品检验检测体系、电子监管追溯体系和信息化建设。

7. 负责开展食品药品安全宣传、教育培训、对外交流与合作。推进诚信体系建设。

8. 指导各市、县食品药品监督管理工作，规范行政执法行为，完善行政执法与刑事司法衔接机制。

9. 指导食品、药品、医疗器械、化妆品的科研实验、临床试验和检验工作，并指导审评认证机构的业务工作。

10. 承担省食品安全委员会日常工作，负责食品安全监督管理综合协调，推动健全协调联动机制。督促检查省有关部门和市县人民政府履行食品药品安全监督管理职责并负责考核评价。

11. 承办省人民政府、国家食品药品监督管理总局交办的其他事项。

四、我国药品监督技术机构

（一）药品检验机构

1. 国家药品检验机构 中国食品药品检定研究院作为国家级药品检定机构，设立了食品化妆品检定所、中药民族药检定所、化学药品检定所、生物制品检定所、医疗器械检定所、包装材料与药用辅料检定所、实验动物资源研究所、标准物质与标准化研究所、食品药品安全评价研究所、食品药品技术监督所、医疗器械标准管理研究所等11个业务部门，其主要职责包括：①承担药品、医疗器械的注册审批检验及其技术复核工作，承担保健食品、化妆品审批所需的检验检测工作，负责进口药品注册检验及其质量标准复核工作。②承担药品、医疗器械、保健食品、化妆品和餐饮服务食品安全相关的监督检验、委托检验、抽查检验以及安全性评价检验检测工作，负责药品进口口岸检验工作。③承担或组织药品、医疗器械检验检测的复验及技术检定工作。④承担生物制品批签发相关工作。⑤承担药品、医疗器械和餐饮服务食品安全相关标准、技术规范及要求、检测方法制修订的技术复核与验证工作，承担保健食品、化妆品技术规范、技术要求及检测方法的制修订工作。⑥承担药用辅料、直接接触药品的包装材料及容器的注册检验、监督检验、委托检验、复验及技术检定工作，以及承担相关国家标准制修订的技术复核与验证工作。⑦负责药品、医疗器械国家标准物质的研究、制备、标定、分发和管理工作。⑧负责生产用菌毒种、细胞株的检定工作，承担医用标准菌毒种、细胞株的收集、鉴定、保存、分发和管理工作。⑨承担实验动物质量检测和实验动物保种、育种和供种工作。⑩承担有关药品、医疗器械和保健食品广告以及互联网药品信息服务的技术监督工作。⑪承担全国食品药品监管系统检验检测机构的业务指导、规划和统计等相关工作，组织开展药品研究、生产、经营相关单位以及医疗机构中的药品检验检测机构及人员的业务指导工作。⑫组织开展药品、医疗器械、保健食品、化妆品和餐饮服务食品安全相关标准研究以及安全监测和质量控制新方法、新技术研究。⑬承担国家食品药品监督管理总局科技管理日常工作，承担保健食品、化妆品和餐饮服务食品安全相关专家委员会的日常工作。⑭承担严重药品不良反应或事件以及医疗器械不良事件原因的实验研究。⑮组织开展药品、医疗器械、保健食品、化妆品和餐饮服务食品安全相关检验检测工作的国际交流与合作。⑯承办国家食品药品监督管理总局交办的其他事项。

2. 地方药品检验机构 省、自治区、直辖市设立药品检验所，一般设有业务技术管理室、质量管理室、中成药室、中药材室、化学药品室、抗生素室、激素室等业务部门，其主要职能是承担国家食品药品监督管理总局授权的进口药品口岸检验、生物制品批签发和辖区药品的注册检验、监督检验及仲裁检验；承担药品安全突发事件的应急检验；参与制订、修订国家或省相关检验检测标准、技术规范；开展药品、化妆品质量研究，承担药品检测相关业务指导工作；受委托提供药品、化妆品检验检测技术服务；承担省级食品药品监督管理局委托的其他工作。

（二）国家食品药品监督管理总局直属事业单位

1. 国家药典委员会 国家药典委员会是法定的国家药品标准工作专业管理机构，其主要职责包括：①组织编制与修订《中华人民共和国药典》（以下简称《中国药典》）及其增补本。②组织制定与修订国家药品标准以及药用辅料、直接接触药品的包装材料和容器的技术要求与质量标准。③参与《中国药典》和国家药品标准执行情况的评估。④负责《中国药典》和国家药品标准的宣传培训与技术咨询。⑤参与拟订药品、药用辅料、直接接触药品包装材料和容器标准的管理制度，建立和完善药品标准管理体系及相关工作机制。⑥组织开展药品标准化战略、药品标准管理政策和技术法规研究，承担药品医学临床信息的分析评估工作。⑦开展药品标准相关国际交流与合作，参与国际药品标准适用性认证合作活动和国际药品标准制修订工作。⑧负责药品标准信息化建设。⑨负责组织《中国药典》配套丛书以及《中国药品标准》等刊物的编辑、出版和发行。⑩根据《药典委员会章程》，负责药典委员会有关工作会议的组织协调及服务保障工作。⑪承办国家食品药品监督管理总局交办的其他事项。

2. 国家食品药品监督管理总局药品审评中心 国家食品药品监督管理总局药品审评中心是药品注册技术审评机构，其主要职责包括：①负责对申请注册的药品进行技术审评，组织开展相关的综合评审工作。②参与起草药品注册管理相关法律法规和规范性文件，负责制定药品审评规范并组织实施。③开展药品审评相关的理论、技术、发展趋势及法律问题研究。承担药品审评工作相关法律事务。④组织开展相关业务咨询服务及学术交流，组织开展药品审评相关的国际交流与合作。⑤指导地方药品审评相关工作。参与相关药品注册核查工作。⑥承办总局交办的其他事项。

3. 国家食品药品监督管理总局食品药品审核查验中心 国家食品药品监督管理总局食品药品审核查验中心主要职责包括：①组织制定药品、医疗器械、化妆品审核查验工作的技术规范和管理制度。参与制定药品、医疗器械、化妆品相关质量管理规范及指导原则等技术文件。②组织开展药品注册现场核查相关工作。开展药物研究、《药品生产质量管理规范》相关的合规性核查和有因核查。开展医疗器械相关质量管理规范的合规性核查、临床试验项目现场核查以及有因核查。组织开展药品、医疗器械、化妆品质量管理规范相关的飞行检查。③承担相关国家核查员的聘任、考核、培训等日常管理工作，指导地方核查员队伍建设。④指导地方药品、医疗器械、化妆品审核查验相关工作，开展审核查验机构能力评价相关工作。⑤负责汇总分析全国药品审核查验相关信息，开展相关风险评估工作。开展药品、医疗器械、化妆品审核查验相关的理论、技术和发展趋势研究。组织开展相关审核查验工作的学术交流和技术咨询。⑥组织开展药品、医疗器械、化妆品相关境外核查工作。承担审核查验相关的国际交流与合作工作。⑦承办总局交办的其他事项。

4. 国家食品药品监督管理总局药品评价中心（国家药品不良反应监测中心） 国家食品药品监督管理总局药品评价中心（国家药品不良反应监测中心）主要职责包括：①组织制订药品不良反应、医疗器械不良事件监测与再评价以及药物滥用、化妆品不良反应监测的技术标准和规范。②组织开展药品不良反应、医疗器械不良事件、药物滥用、化妆品不良反应监测工作。③开展药品、医疗器械的安全性再评价工作。④指导地方相关监测与再评价工作。组织开展相关监测与再评价的方法研究、培训、宣传和国际交流合作。⑤参与拟订、调整国家基本药物目录。⑥参与拟订、调整非处方药目录。⑦承办总局交办的其他事项。

5. 国家中药品种保护审评委员会（国家食品药品监督管理总局保健食品审评中心） 国家中药品种保护审评委员会（国家食品药品监督管理总局保健食品审评中心）承担国家中药品种保护、保健食品、化妆品的技术审评和食品许可指导工作，主要职责包括：①负责国家中药品种保护审评委员会的日常工作。②负责组织国家中药保护品种的技术审查和审评工作。③配合国家食品药品监督管理总局制定或修订中药品种保护的技术审评标准、要求、工作程序以及监督管理局中药保护品种。④负责组织保健食品的技术审查和审评工作。⑤配合国家食品药品监督管理总局制定或修订保健食品技术审评标准、要求及工作程序。⑥协助国家食品药品监督管理总局制定保健食品检验机构工作规范并进行检查。⑦负责化妆品的技术审查和审评工作。⑧配合国家食品药品监督管理总局制定或修订化妆品审评标准、要求及工作程序。⑨受委托指导地方食品生产经营许可业务工作。⑩承办国家食品药品监督管理总局交办的其他事项。

6. 国家食品药品监督管理总局行政事项受理服务和投诉举报中心 国家食品药品监督

管理总局行政事项受理服务和投诉举报中心的主要职责：①负责国家食品药品监督管理总局依法承担的行政许可项目的受理、转办和审批结果送达工作；②受理食品（含食品添加剂、保健食品）生产、流通、消费环节违法行为的投诉举报；③受理药品、化妆品、医疗器械研制、生产、流通、使用方面违法行为的投诉举报；④负责国家食品药品监督管理总局行政许可项目受理及审批网络系统的运行管理，并承担行政许可审批进度查询；⑤参与食品、药品、化妆品、医疗器械行政许可项目受理审批及投诉举报相关法规和规范性文件的起草与制修订工作；⑥转办食品、药品、化妆品、医疗器械投诉举报案件；⑦开展食品、药品、化妆品、医疗器械投诉举报信息的汇总、分析、上报工作，负责重大投诉举报案件办理工作的组织协调、跟踪督办，并监督处理结果的反馈；⑧指导协调地方食品药品行政许可项目受理及投诉举报工作；⑨开展与食品药品行政许可项目受理及投诉举报工作有关的国际交流与合作。

7. 国家食品药品监督管理总局执业药师资格认证中心 国家食品药品监督管理总局执业药师资格认证中心主要职责包括：①开展执业药师资格准入制度及执业药师队伍发展战略研究，参与拟订完善执业药师资格准入标准并组织实施。②承担执业药师资格考试相关工作。组织开展执业药师资格考试命审题工作，编写考试大纲和应试指南。负责执业药师资格考试命审题专家库、考试题库的建设和管理。③组织制订执业药师认证注册工作标准和规范并监督实施。承担执业药师认证注册管理工作。④组织制订执业药师认证注册与继续教育衔接标准。指导拟订执业药师执业标准和业务规范，协助开展执业药师相关执业监督工作。⑤承担全国执业药师管理信息系统的建设、管理和维护工作，收集报告相关信息。⑥指导地方执业药师资格认证相关工作。⑦开展执业药师资格认证国际交流与合作。⑧承办总局交办的其他事项。

（三）药品监督查验

药品监督检验不同于药品研制、生产、经营和使用等机构自身的检验，属于专业和专门的监督检验，具有公正性和权威性，是国家对药品质量监督管理的重要方式。药品监督检验可以分为以下几种类型。

1. 抽查检验 抽查检验是药品检验机构对生产、经营和使用的药品质量进行抽查检验，分为评价抽验和监督抽验。评价抽验是通过抽验方式，依据科学的方式评价抽验药品种类的质量状况；监督抽验是指对监督检查中发现的质量可疑药品进行由针对性的抽验，保证公众的用药安全。药品抽查检验分为两级，一是国家级抽验，以评价抽验为主；二是省级抽验，以监督检查为主。无论是哪一级抽查检验，都应对抽验的结果以报告或公告的形式对外公布。

2. 注册检验 药品注册检验由国家或省、市各级药品检验机构承担，但进口药品的注册检验必须由国家级药品检定机构组织实施。药品注册检验包括两个方面，一是药品样品检验，即对样品进行检验，看检验的结果是否符合申请人申报或国家食品药品监督管理部门核定的标准；二是药品标准复核，即药品检验机构对申报的药品标准中检验方法进行的可行性、科学性进行检验和审核。

3. 指定检验 指定检验是指根据药品管理方面的规定，对某些药品在销售或进口前必须由指定的机构进行检验。如《药品管理法》规定，以下三种情况的药品在销售前或进口时，必须经过指定的药品检验机构进行检验，检验不合格的，不得销售或者进口：一是国务院药品监督管理部门规定的生物制品；二是首次在中国销售的药品；三是国务院规定的其他药品。

4. 复验 被抽验药品的机构如对药品检验机构的检验结果有异议的，可以在收到检验结果之日起7日内向上一级药品检验机构提出复验申请，也可以直接向中国食品药品检定研究院提出复验申请，除此以外的其他药品检验机构不得受理复验申请。

五、现行主要相关法律法规

1.《中华人民共和国药品管理法》（1984年9月20日第六届全国人民代表大会常务委员会第七次会议通过；2001年2月28日第九届全国人民代表大会常务委员会第二十次会议修正；2013年12月28日第十二届全国人民代表大会常务委员会第六次会议修正；2015年4月24日第十二届全国人民代表大会常务委员会第十四次会议修正）。

2.《中华人民共和国药品管理法实施条例》（第360号国务院令于2002年8月4日颁布，2002年9月15日起施行）。

任务2－2　药品管理立法认知

案例导入

案例：2008年7月1日，昆明特大暴雨造成某药业公司生产库存的刺五加注射液被雨水浸泡，浸泡的药品受到细菌污染，该公司云南销售人员张某从公司调来包装标签，更换后销售。2008年10月6日，云南省红河州6名患者使用了标示为该公司生产的两批刺五加注射液出现严重不良反应，其中有3例死亡。

讨论：1. 法律责任有哪些？

2. 案例中的张某及药业公司应该承担哪些法律责任？

药品管理立法是指国家立法机关根据法定的权限和程序，制定、认可、修订、补充和废除药品管理法律规范的活动。

一、法的基本知识

（一）法的概念

法是指统治阶级为了实现统治并管理国家的目的，经过一定立法程序，所颁布的基本法律和普通法律。我国的法分为宪法、法律、行政法规、地方性法规、自治条例和单行条例等几个层次。

根据宪法及立法的有关规定，全国人民代表大会和全国人民代表大会常务委员会行使国家立法权；国务院根据宪法和法律，制定行政法规；省、自治区和直辖市人民代表大会及其常务委员会根据本区域的实际情况，在不与宪法、法律或行政法规定相抵触的前提下，可以制定地方性法规；国务院各直属机构，可以根据法律、行政法规以及部门的权限，制定规章。

（二）法的特征

1. 规范性　法调整着人们的社会关系，为人们的行为提供模式、标准、样式和方向，分为三种情况：一是以这样行为，称为授权性规范；二是必须这样行为，称为命令性规范；三是不许这样行为，称为禁止性规范。

2. 国家意志性　法律是国家制定或认可的行为规范，其产生的两种方式，一是国家制定形成的成文法，国家认可形成的习惯法；法律是国家确认权利和义务的行为规范不同于其他社会规范的权利和义务，它是由国家确认或认可和保障的一种关系。

3. 强制性　法不同于其他的社会规范，它具有国家强制性，依靠国家的力量强迫人们遵守，否则会受到国家强制力量的干涉和相应的法律制裁。法实施的保障手段就是国家的强制力，国家强制力的组织包括法院、检察院、监狱、军队、警察等。

4. 普遍性 法作为一般的行为规范，在一定范围内具有普遍使用的特性，包括两个方面的含义：一是法律所提供的行为标准是按照法律规定所有公民一概适用的，不允许有法律规定之外的特殊，即要求“法律面前人人平等”，一旦触犯法律，便会受到相应的惩罚；二是法对人们的行为具有反复使用的效力，在同样情况下，法可以反复使用。

5. 程序性 法的制定和实施都必须遵守一定的制度化体系，不能主观随意改变。如法的制定，包括法律草案的提出、法律草案的审议、法律草案的通过和法律的公布等程序。

（三）法律的效力

法律效力是指法律在什么范围内发生作用，即法律在什么领域、什么时期和对谁有效的问题。具体来说，法律具有的效力如下：

1. 空间效力 空间效力是指法律在什么地方发生效力。国家制定的法律和中央机关规定的规范性文件，在全国范围内有效；地方性法规只在本地区内有效。

2. 时间效力 时间效力是指法律从何时生效和何时终止效力，以及新法律颁布生效之前发生的事情是否适用该项法规的问题。时间效力一般有三个原则，即不溯及既往原则、后法废止前法的原则、法律条文到达时间的原则。

3. 对人的效力 对人的效力是指法律适用于什么样的人。对人的效力分为属地主义、属人主义和保护主义。属地主义是指不论人的国籍是哪里，在哪个国家领域内就适用该国的法律；属人主义是指不论人在哪里，是哪个国家的公民就适用该国的法律；保护主义是指任何人只要损害了本国的利益，不论损害者的国籍与所在地如何，都要受到该国法律的制裁。

（四）法律效力的层次

1. 上位法的效力优于下位法 宪法具有法律的最高效力，其他一切法律法规都不得与宪法相抵触。法律的效力高于行政法规、地方性法规和规章。行政法规的效力高于地方性法规和规章。地方性法规高于本级和下级地方性规章。部门之间规章、部门规章与地方规章之间对同一事项的规定不一致时，由上一级行政机关裁决。根据《立法法》的规定，下位法违法上位法规定的，由有关机构依照该法规定的权限予以改变或撤销。

2. 特别规定优于一般规定，新的规定优于旧的规定 《立法法》规定，同一机关制定的法律、行政法规、地方性法规、自治条例和单行条例、规章，特别规定与一般规定不一致的，适用特别规定；新的规定与旧的规定不一致的，适用新的规定。当法律之间对同一事项的新的规定与旧的特别规定不一致，不能确定如何适用时，由全国人民代表大会常务委员会裁决。行政法规之间对同一事项的新的一般规定与旧的特别规定不一致，不能确定如何适用时，由国务院裁决。同一机关制定的新的一般规定与旧的规定不一致时，由制定机关裁决。

（五）法律责任

依据违法的性质和危害程度可以分为刑事违法、民事违法和行政违法，法律责任是指人们对自己的违法行为所应承担的带有强制性的否定法律后果。

1. 刑事责任 刑事责任是指由于发生了实施刑事法律禁止的行为，所必须据此所承担的刑事法律规定的责任，包括有期徒刑、无期徒刑或死刑等。

2. 民事责任 民事责任是指因违反民事法律规定侵犯他人的合法权益，所必须据此承担的民事法律规定的责任，如经济赔偿、声誉恢复等。

3. 行政责任 行政责任是指因违反行政法规的规定，应该承担行政法律所规定的责任，包括行政处罚（如警告、罚款、拘留等）和行政处分（如警告、记过、记大过、降级、撤职、开除留用、开除等）。

二、药品管理法律体系和法律关系

（一）药品管理法律体系

法律体系是指全部现行法律法规分类并组合形成有机统一的整体，药品管理法律体系按照法律效力进行分类，包括法律、行政法规、部门规章、规范性文件等。

1. 法律 与药品监督管理有关的法律有《中华人民共和国药品管理法》、《中华人民共和国禁毒法》、《中华人民共和国刑法》、《中华人民共和国民法》、《中华人民共和国价格法》、《中华人民共和国消费者权益保护法》、《中华人民共和国反不正当竞争法》、《中华人民共和国专利法》等。其中《中华人民共和国药品管理法》是与药品监督管理最为直接和密切相关法律，现行《药品管理法》是2015年第十二届全国人民代表大会常务委员会第十四次会议修正颁布实施的，共104条，分总则、药品生产企业管理、药品经营企业管理、医疗机构的药剂管理、药品管理、药品包装的管理、药品的价格和广告管理、药品监督、法律责任和负责10章。

2. 行政法规 国务院制定的有关药品监督管理的行政法规有《药品管理法实施条例》、《中药品种保护条例》、《戒毒条例》、《易制毒化学品管理条例》、《麻醉药品和精神药品管理条例》、《反兴奋剂条例》、《血液制品管理条例》、《医疗用毒性药品管理办法》、《放射性药品管理办法》、《野生药材资源保护管理条例》等。

3. 地方性法规 目前各省、市出台的药品管理地方性法规有《江苏省药品监督管理条例》、《湖南省药品和医疗器械流通监督管理条例》等。

4. 部门规章 目前有关药品监督管理的部门规章有20多部，如《药品注册管理办法》、《药品生产监督管理办法》、《药品生产质量管理规范》、《药品经营质量管理规范》、《医疗机构制剂配制质量管理规范》、《中药材生产质量管理规范》、《药品不良反应监测管理办法》、《药品广告管理办法》、《互联网药品信息服务管理办法》等。

5. 地方政府规章 各省、市出台的有关药品监督管理的地方政府规章有《安徽省药品和医疗器械监督管理办法》、《湖北省药品使用质量管理规定》等。

6. 中国政府承认或加入的相关国际条约 由于特殊管理药品的特殊性，为了药品管理的有效性，我国加入了《1961年麻醉品单一公约》和《1971年精神药物公约》等。

（二）药品管理的法律关系

药品管理法律关系是指国家机关、企事业单位和公民个人在药事活动中，依据药品管理法律规范所形成的权利和义务关系。

1. 药事管理法律关系主体

（1）国家药品监督部门 政府药品监督管理部门与其他部门形成的行政法律关系，政府药品监督管理部门内部形成的管理与被管理的关系。

（2）与药品有关的企事业单位 以药品监督管理相对人的身份，通药品监督管理部门形成的法律关系；以提供药品及药学服务的身份，同药品和药学服务需求的机构或个人形成的服务关系。

（3）公民个人 药学技术人员因个人事务与药品监督管理部门形成的行政法律关系；药学服务人员与服务对象之间形成的服务关系。

2. 药品管理法律关系客体

（1）药品 药品管理的物质载体和核心就是药品以及与药品有关的服务，这是主要的客体。

（2）个人 包括物质和精神两个方面，因用药对人体健康造成伤害的，提供药品的主体将承担法律责任；因新药和新技术的使用，造成人的精神上的伤害，也应依法承担相应的责任。

3. 药品管理法律关系的内容及法律事实 《药品管理法》对药品的研制、生产、经营、使用和监督管理等活动都进行了有关规定，而且必须经过申请和审批后才可以开展相应的活动，违反者必须依法承担相应的法律责任。法律事实是指客观发生或存在的现象，如果销售假药的行为，会依据行为后果的严重性，相应的产生行政法律关系、刑事法律关系或民事法律关系。

三、现行主要相关法律

《中华人民共和国立法法》经第十二届全国人民代表大会第三次会议于2015年3月15日通过并公布，自公布之日起施行。

任务2-3 药品监督管理行政法律制度认知

案例导入

案例： 经某市药品监督管理局调查，该市某药房存在违规销售处方药的行为，自2004年2月1日至6月30日，该药房共销售不同批号的某药品2354盒，均无法提供消费者购药的处方或药师用药指导记录，并多次以赠送药品方式进行药品促销。

讨论： 1. 药品监督管理的行政处罚有哪些？药品监督管理涉及到哪些行政法律制度？
2. 本案例中的行为应该接受什么样的行政处罚？

药品监督管理行政法律制度是指依据有关行政法律制度所实施的行政管理办法，以及由此而形成的规范化行政管理行为。行政许可是依法申请的行政行为，许可的内容是一般禁止的活动。行政许可根据其性质及适用条件，可分为普通许可、特许、认可、核准、登记等。行政管理法律包括《行政许可法》、《行政处罚法》、《行政复议法》、《行政诉讼法》等。

一、药品行政许可

根据《行政许可法》，行政许可是指行政机关根据公民、法人或者其他组织的申请，经依法审查，准予其从事特定活动的行为。在药品监督管理方面，主要是包括药物临床研究许可、药品生产许可、药品经营许可、药品上市许可、进口药品上市许可、执业药师执业许可等。

（一）设定和实施行政许可的原则

1. 法定原则 设定和实施行政许可，应当依照法定的权限、范围、条件和程序。

2. 公开、公平和公众原则 设定和实施行政许可，应当遵循公开、公平、公正的原则。

3. 便民和效率原则 实施行政许可，应当遵循便民的原则，提高办事效率，提供优质服务。

4. 信赖保护原则 公民、法人或者其他组织依法取得的行政许可受法律保护，行政机关不得擅自改变已经生效的行政许可。

（二）行政许可的实施

1. 申请与受理 公民、法人或者其他组织从事特定活动，依法需要取得行政许可的，应当向行政机关提出申请。申请书需要采用格式文本的，行政机关应当向申请人提供行政许可申请书格式文本。申请书格式文本中不得包含与申请行政许可事项没有直接关系的内容。行政机关受理或者不予受理行政许可申请，应当出具加盖本行政机关专用印章和注明日期的书面凭证。

2. 审查与决定 行政机关应当对申请人提交的申请材料进行审查。申请人的申请符合法定条件、标准的，行政机关应当依法作出准予行政许可的书面决定。行政机关依法作出不予行政许可的书面决定的，应当说明理由，并告知申请人享有依法申请行政复议或者提起行政诉讼的权利。行政机关作出准予行政许可的决定，需要颁发行政许可证件的，应当向申请人颁发加盖本行政机关印章的行政许可证件，如：许可证、执照或者其他许可证书；资格证、资质证或者其他合格证书；行政机关的批准文件或者证明文件；法律、法规规定的其他行政许可证件。

3. 期限 除可以当场作出行政许可决定的外，行政机关应当自受理行政许可申请之日起二十日内作出行政许可决定。二十日内不能作出决定的，经本行政机关负责人批准，可以延长十日，并应当将延长期限的理由告知申请人。但是，法律、法规另有规定的，依照其规定。

4. 听证 法律、法规、规章规定实施行政许可应当听证的事项，或者行政机关认为需要听证的其他涉及公共利益的重大行政许可事项，行政机关应当向社会公告，并举行听证。行政机关应当根据听证笔录，作出行政许可决定。

5. 变更与延续 被许可人要求变更行政许可事项的，应当向作出行政许可决定的行政机关提出申请；符合法定条件、标准的，行政机关应当依法办理变更手续。被许可人需要延续依法取得的行政许可的有效期的，应当在该行政许可有效期届满三十日前向作出行政许可决定的行政机关提出申请。但是，法律、法规、规章另有规定的，依照其规定。行政机关应当根据被许可人的申请，在该行政许可有效期届满前作出是否准予延续的决定；逾期未作决定的，视为准予延续。

（三）药品行政许可事项

根据《药品管理法》及其实施条例等法律、行政法规，国家对药品生产、经营及上市等设定了一系列行政许可项目。如在药品生产许可方面，表现为颁发药品生产许可证和医疗机构制剂许可证；在药品经营许可方面，表现为颁发药品经营许可证；在药品上市许可方面，表现为颁发药品注册证、进口药品注册证和医药产品注册证等；在执业药师执业方面，表现为颁发执业药师注册证。

二、药品行政监督检查

行政检查是指行政主体依法对行政管理相对人守法情况作单方面了解的行政行为。药品监督管理部门是监督检查的行政主体，从事药品生产、经营和使用活动的企事业单位是行政管理相对人。药品行政监督检查就是药品监督管理部门对药品生产、经营和使用的企事业单位的药事活动进行了解和监督管理。在一些其他与药品监督管理的有关领域，如海关检查、税务检查等，也都属于行政监督检查行为。

三、药品行政强制

根据《行政强制法》，行政强制是指行政机关为了实现预防或制止正在发生或可能发生的违法行为、危险状态以及不利后果，或者是为了全证据、确保案件查处工作的顺利进行等行政目的，而对相对人的人身或财产采取强制性措施的行为，包括行政强制措施和行政强制执行。

行政强制的设定和实施，应当依照法定的权限、范围、条件和程序。行政强制的设定和实施，应当适当。采用非强制手段可以达到行政管理目的的，不得设定和实施行政强制。实施行政强制，应当坚持教育与强制相结合。行政机关及其工作人员不得利用行政强制权为单位或者个人谋取利益。公民、法人或者其他组织对行政机关实施行政强制，享有陈述权、申辩权；有权依法申请行政复议或者提起行政诉讼；因行政机关违法实施行政强制受到损害的，有权依法要求赔偿。公民、法人或者其他组织因人民法院在强制执行中有违法行为或者扩大强制执行范围受到损害的，有权依法要求赔偿。

1. 行政强制措施 行政强制措施是指行政机关在行政管理过程中，为制止违法行为、防止证据损毁、避免危害发生、控制危险扩大等情形，依法对公民的人身自由实施暂时性限制，或者对公民、法人或者其他组织的财物实施暂时性控制的行为。行政强制措施的种类有：限制公民人身自由；查封场所、设施或者财物；扣押财物；冻结存款、汇款；其他行政强制措施。法律、法规以外的其他规范性文件不得设定行政强制措施。

2. 行政强制执行 行政强制执行是指行政机关或者行政机关申请人民法院，对不履行行政决定的公民、法人或者其他组织，依法强制履行义务的行为。行政强制执行的方式有：加处罚款或者滞纳金；划拨存款、汇款；拍卖或者依法处理查封、扣押的场所、设施或者财物；排除妨碍、恢复原状；代履行；其他强制执行方式。法律没有规定行政机关强制执行的，作出行政决定的行政机关应当申请人民法院强制执行。

3. 药品行政强制措施 药品行政强制措施是行政执法主体依据药品管理的有关法律规范，依法对行政执法对象实施的管理活动。《药品管理法》第六十四条规定：药品监督管理部门对有证据证明可能危害人体健康的药品及其有关材料可以采取查封、扣押的行政强制措施，并在七日内作出行政处理决定；药品需要检验的，必须自检验报告书发出之日起十五日内作出行政处理决定。《药品管理法实施条例》第五十五条规定：药品监督管理部门依法对有证据证明可能危害人体健康的药品及其有关证据材料采取查封、扣押的行政强制措施的，应当自采取行政强制措施之日起7日内作出是否立案的决定；需要检验的，应当自检验报告书发出之日起15日内作出是否立案的决定；不符合立案条件的，应当解除行政强制措施；需要暂停销售和使用的，应当由国务院或者省、自治区、直辖市人民政府的药品监督管理部门作出决定。

四、药品行政处罚

根据《行政处罚法》，行政处罚是指特定的国家行政机关对有违法行为尚未构成犯罪的相对人给予行政制裁的具体行政行为，如行政拘留、罚款、吊销证照、没收等。

（一）行政处罚的原则

1. 法定原则 公民、法人或者其他组织违反行政管理秩序的行为，应当给予行政处罚的，依照法律、法规或者规章规定，并由行政机关依照本法规定的程序实施。没有法定依据或者不遵守法定程序的，行政处罚无效。

2. 公正、公开的原则 对违法行为给予行政处罚的规定必须公布；未经公布的，不得作为行政处罚的依据。

3. 处罚与违法行为相适应的原则 设定和实施行政处罚必须以事实为依据，与违法行为的事实、性质、情节以及社会危害程度相当。

4. 处罚与教育相结合的原则 实施行政处罚，纠正违法行为，应当坚持处罚与教育相结合，教育公民、法人或者其他组织自觉守法。

5. 不免除民事和刑事责任原则 公民、法人或者其他组织因违法受到行政处罚，其违法行为对他人造成损害的，应当依法承担民事责任。违法行为构成犯罪，应当依法追究刑事责任，不得以行政处罚代替刑事处罚。

（二）行政处罚的种类和设定

行政处罚的种类包括：警告；罚款；没收违法所得、没收非法财物；责令停产停业；暂扣或者吊销许可证、暂扣或者吊销执照；行政拘留；法律、行政法规规定的其他行政处罚等。法律可以设定各种行政处罚，限制人身自由的行政处罚，只能由法律设定。行政法规可以设定除限制人身自由以外的行政处罚，法律对违法行为已经作出行政处罚规定，行政法规需要作出具体规定的，必须在法律规定的给予行政处罚的行为、种类和幅度的范围内规定。地方性法规可以设定除限制人身自由、吊销企业营业执照以外的行政处罚，法律、行政法规对违法行为已经作出行政处罚规定，地方性法规需要作出具体规定的，必须在法律、行政法规规定的给予行政处罚的行为、种类和幅度的范围内规定。国务院部、委员会制定的规章可以在法律、行政法规规定的给予行政处罚的行为、种类和幅度的范围内作出具体规定，可以设定警告或者一定数量罚款的行政处罚。省、自治区、直辖市人民政府和省、自治区人民政府所在地的市人民政府以及经国务院批准的较大的市人民政府制定的规章可以在法律、法规规定的给予行政处罚的行为、种类和幅度的范围内作出具体规定。

（三）行政处罚的管辖和适用

行政处罚由违法行为发生地的县级以上地方人民政府具有行政处罚权的行政机关管辖。法律、行政法规另有规定的除外。对管辖发生争议的，报请共同的上一级行政机关指定管辖。违法行为构成犯罪的，行政机关必须将案件移送司法机关，依法追究刑事责任。行政机关实施行政处罚时，应当责令当事人改正或者限期改正违法行为。对当事人的同一个违法行为，不得给予两次以上罚款的行政处罚。

当事人有下列情形之一的，应当依法从轻或者减轻行政处罚：主动消除或者减轻违法行为危害后果的；受他人胁迫有违法行为的；配合行政机关查处违法行为有立功表现的；其他依法从轻或者减轻行政处罚的。违法行为轻微并及时纠正，没有造成危害后果的，不予行政处罚。违法行为构成犯罪，人民法院判处拘役或者有期徒刑时，行政机关已经给予当事人行政拘留的，应当依法折抵相应刑期。违法行为构成犯罪，人民法院判处罚金时，行政机关已经给予当事人罚款的，应当折抵相应罚金。违法行为在二年内未被发现的，不再给予行政处罚。法律另有规定的除外。

（四）行政处罚的决定及程序

公民、法人或者其他组织违反行政管理秩序的行为，依法应当给予行政处罚的，行政机关必须查明事实；违法事实不清的，不得给予行政处罚。行政机关在作出行政处罚决定之前，应当告知当事人作出行政处罚决定的事实、理由及依据，并告知当事人依法享有的权利。当事人有权进行陈述和申辩。行政机关必须充分听取当事人的意见，对当事人提出的事实、理由和证据，应当进行复核；当事人提出的事实、理由或者证据成立的，行政机关应当采纳。行政机关不得因当事人申辩而加重处罚。

1. 简易程序 违法事实确凿并有法定依据，对公民处以五十元以下、对法人或者其他组织处以一千元以下罚款或者警告的行政处罚的，可以当场作出行政处罚决定。执法人员当场作出的行政处罚决定，必须报所属行政机关备案。当事人对当场作出的行政处罚决定不服的，可以依法申请行政复议或者提起行政诉讼。

2. 一般程序 行政机关发现公民、法人或者其他组织有依法应当给予行政处罚的行为的，必须全面、客观、公正地调查，收集有关证据；必要时，依照法律、法规的规定，可以进行检查。调查终结，行政机关负责人应当对调查结果进行审查，根据不同情况，分别作出如下决定：确有应受行政处罚的违法行为的，根据情节轻重及具体情况，作出行政处罚决定；违法行为轻微，依法可以不予行政处罚的，不予行政处罚；违法事实不能成立的，不得给予行政处罚；违法行为已构成犯罪的，移送司法机关。对情节复杂或者重大违法行为给予较重的行政处罚，行政机关的负责人应当集体讨论决定。

3. 听证程序 行政机关作出责令停产停业、吊销许可证或者执照、较大数额罚款等行政处罚决定之前，应当告知当事人有要求举行听证的权利；当事人要求听证的，行政机关应当组织听证。听证依照以下程序组织：当事人要求听证的，应当在行政机关告知后三日内提出；行政机关应当在听证的七日前，通知当事人举行听证的时间、地点；除涉及国家秘密、商业秘密或者个人隐私外，听证公开举行；听证由行政机关指定的非本案调查人员主持；当事人认为主持人与本案有直接利害关系的，有权申请回避；当事人可以亲自参加听证，也可以委托一至二人代理；举行听证时，调查人员提出当事人违法的事实、证据和行政处罚建议；当事人进行申辩和质证；听证应当制作笔录；笔录应当交当事人审核无误后签字或者盖章。

（五）药品管理行政处罚

药品管理行政处罚主要涉及人身罚、资格罚、财产罚和声誉罚。

1. 人身罚 人身罚是指行政机关对违法人员基于限制人身自由的一种行政处罚。就药品管理而言，如果与药品有关活动的机构法人或个人有违反药品管理的法律规范，药品监督管理机关配合公安机关对相关人员采取行政强制措施，如行政拘留。

2. 资格罚 资格罚是指对行政相对人的违法行为，行政主体采取限制、暂停或取消某种行为资格的处罚措施。根据《行政处罚法》的规定，资格处罚包括责令停产停业、吊销许可证或者执照、资格证书等。如《药品管理法》规定，生产、销售假药劣药的，有药品批准证明文件的予以撤销，并责令停产、停业整顿；情节严重的，吊销《药品生产许可证》、《药品经营许可证》或者《医疗机构制剂许可证》；药品的生产企业、经营企业或者医疗机构从无《药品生产许可证》、《药品经营许可证》的企业购进药品的，情节严重的，吊销《药品生产许可证》、《药品经营许可证》或者医疗机构执业许可证书；提供虚假的证明、文件资料、样品或者采取其他欺骗手段取得《药品生产许可证》、《药品经营许可证》、《医疗机构制剂许可证》或者药品批准证明文件的，吊销《药品生产许可证》、《药品经营许可证》、《医疗机构制剂许可证》或者撤销药品批准证明文件，五年内不受理其申请。

3. 财产罚 财产罚是指行政主体依法对违法行为人给予的剥夺财产的处罚形式，主要形式有罚款、没收财物等。未取得《药品生产许可证》、《药品经营许可证》或者《医疗机构制剂许可证》生产药品、经营药品的，依法予以取缔，没收违法生产、销售的药品和违法所得，并处违法生产、销售的药品（包括已售出的和未售出的药品）货值金额二倍以上五倍以下的罚款；生产、销售假药的，没收违法生产、销售的药品和违法所得，并处违法生产、销售药品货值金额二倍以上五倍以下的罚款；医疗机构将其配制的制剂在市场销售的，责令改正，没收违法销售的制剂，并处违法销售制剂货值金额一倍以上三倍以下的罚款；有违法所得的，没收违法所得。

4. 声誉罚 声誉罚是指行政主体对违反行政法律规范的个人或组织的谴责和警戒，主要是对违法者的名誉、信誉或精神上造成一定损害的处罚方式，主要有警告和通报批评两种形式。《药品管理法》规定，药品的生产企业、经营企业、药物非临床安全性评价研究机构、药物临床试验机构未按照规定实施《药品生产质量管理规范》、《药品经营质量管理规范》、《药物非临床研究质量管理规范》、《药物临床试验质量管理规范》的，给予警告；进口已获得药品进口注册证书的药品，未按照本法规定向允许药品进口的口岸所在地的药品监督管理部门登记备案的，给予警告；药品检验机构出具虚假检验报告，构成犯罪的，依法追究刑事责任；不构成犯罪的，责令改正，给予警告。

五、药品行政复议

行政复议是行政相对人通过行政机关救济权利的一种方式，是指公民、法人或其他组织认为行政主体的具体行政行为侵犯其合法权益，依法向行政复议机关提出复议申请，行政复议机关依照法定程序对于申请复议的具体行政行为的合法性、适当性进行审查并作出决定的一种法律制度。行政复议的目的是为了防止和纠正违法的或者不当的具体行政行为，保护公民、法人和其他组织的合法权益，保障和监督行政机关依法行使职权。

（一）行政复议的原则

1. 合法原则 在行政复议过程中，申请人、被申请人以及行政复议机关都要根据现行的法律规范来开展活动。合法性原则的核心要求就是行政复议机关依法开展行政复议活动。

2. 公正原则 行政复议机关以事实为依据，平等、公正地对待行政复议各方当事人。

3. 公开原则 行政复议机关在行政复议过程中，除了涉及国家、商业及个人秘密外，整个过程应当向行政复议申请人和社会公开，包括行政行为依据、行政复议审查过程、行政复议结果等。

4. 及时原则 行政复议机构在收到行政复议申请后，应当在法律规定的期限内，尽快完成复议案件的审查，并作出相应的决定。

5. 便民原则 行政复议机关应当在行政复议过程中，尽量为行政复议当事人提供必要的便利，从而确保行政复议当事人参加行政复议目的的实现。

（二）行政复议的范围

1. 可申请复议的具体行政行为 公民、法人或者其他组织可以依照《行政复议法》申请行政复议：①对行政机关作出的警告、罚款、没收违法所得、没收非法财物、责令停产停业、暂扣或者吊销许可证、暂扣或者吊销执照、行政拘留等行政处罚决定不服的。②对行政机关作出的限制人身自由或者查封、扣押、冻结财产等行政强制措施决定不服的。③对行政机关作出的有关许可证、执照、资质证、资格证等证书变更、中止、撤销的决定不服的。④对行政机关作出的关于确认土地、矿藏、水流、森林、山岭、草原、荒地、滩涂、海域等自然资源的所有权或者使用权的决定不服的。⑤认为行政机关侵犯合法的经营自主权的。⑥认为行政机关变更或者废止农业承包合同，侵犯其合法权益的。⑦认为行政机关违法集资、征收财物、摊派费用或者违法要求履行其他义务的。⑧认为符合法定条件，申请行政机关颁发许可证、执照、资质证、资格证等证书，或者申请行政机关审批、登记有关事项，行政机关没有依法办理的。⑨申请行政机关履行保护人身权利、财产权利、受教育权利的法定职责，行政机关没有依法履行的。⑩申请行政机关依法发放抚恤金、社会保险金或者最低生活保障费，行政机关没有依法发放的。⑪认为行政机关的其他具体行政行为侵犯其合法权益的。

2. 附带申请复议的抽象行政行为 公民、法人或者其他组织认为行政机关的具体行政行为所依据的下列规定不合法，在对具体行政行为申请行政复议时，可以一并向行政复议机关提出对该规定的审查申请：①国务院部门的规定。②县级以上地方各级人民政府及其工作部门的规定。③乡、镇人民政府的规定。前款所列规定不含国务院部、委员会规章和地方人民政府规章。规章的审查依照法律、行政法规办理。不服行政机关作出的行政处分或者其他人事处理决定的，依照有关法律、行政法规的规定提出申诉。不服行政机关对民事纠纷作出的调解或者其他处理，依法申请仲裁或者向人民法院提起诉讼。

（三）行政复议的程序

1. 行政复议申请 公民、法人或者其他组织认为具体行政行为侵犯其合法权益的，可以自知道该具体行政行为之日起六十日内提出行政复议申请；但是法律规定的申请期限超过六十日的除外。依照《行政复议法》申请行政复议的公民、法人或者其他组织是申请人。申请人申请行政复议，可以书面申请，也可以口头申请；口头申请的，行政复议机关应当当场记录申请人的基本情况、行政复议请求、申请行政复议的主要事实、理由和时间。公民、法人或者其他组织申请行政复议，行政复议机关已经依法受理的，或者法律、法规规定应当先向行政复议机关申请行政复议、对行政复议决定不服再向人民法院提起行政诉讼的，在法定行政复议期限内不得向人民法院提起行政诉讼。公民、法人或者其他组织向人民法院提起行政诉讼，人民法院已经依法受理的，不得申请行政复议。

2. 行政复议受理 行政复议机关收到行政复议申请后，应当在五日内进行审查，对不符合本法规定的行政复议申请，决定不予受理，并书面告知申请人；对符合《行政复议法》规定，但是不属于本机关受理的行政复议申请，应当告知申请人向有关行政复议机关提出。法律、法规规定应当先向行政复议机关申请行政复议、对行政复议决定不服再向人民法院提起行政诉讼的，行政复议机关决定不予受理或者受理后超过行政复议期限不作答复的，公民、法人或者其他组织可以自收到不予受理决定书之日起或者行政复议期满之日起十五日内，依法向人民法院提起行政诉讼。

3. 行政复议决定 行政复议原则上采取书面审查的办法，但是申请人提出要求或者行政复议机关负责法制工作的机构认为有必要时，可以向有关组织和人员调查情况，听取申请人、被申请人和第三人的意见。行政复议机关在对被申请人作出的具体行政行为进行审查时，认为其依据不合法，本机关有权处理的，应当在三十日内依法处理；无权处理的，应当在七日内按照法定程序转送有权处理的国家机关依法处理。处理期间，中止对具体行政行为的审查。

行政复议机关应当自受理申请之日起六十日内作出行政复议决定；但是法律规定的行政复议期限少于六十日的除外。情况复杂，不能在规定期限内作出行政复议决定的，经行政复议机关的负责人批准，可以适当延长，并告知申请人和被申请人；但是延长期限最多不超过三十日。行政复议机关作出行政复议决定，行政复议决定书一经送达，即发生法律效力，被申请人应当履行行政复议决定。

（四）药品行政复议

药品监督管理对象，即药品生产、经营或使用机构或法人对药品监督管理主体的处罚措施或结果存在异议的，可以按照《行政复议法》的有关规定，向有管辖权的上一级药品监督管理部门提出行政复议，根据程序和要求提供复议所需的所有材料，由受理的药品监督管理部门进行行政复议。

六、药品行政诉讼

行政诉讼是行政相对人通过司法机关救济权利的一种形式，是指公民、法人或者其他组织认为行政机关或者法律、法规授权的组织作出的行政行为侵犯其合法权益时，依法定程序向人民法院起诉，人民法院对该行政行为合法性进行审查并作出裁决的活动。行政诉讼的构成要件包括原告、被告、具体行政行为、法定期限内以及与行政复议的衔接符合法律法规的规定。

（一）行政诉讼的原则

1. 平等的原则 行政诉讼的双方当事人在行政关系中的地位是不平等的，但是在行政诉讼中，他们的法律地位是平等，即法律面前一律平等。

2. 合法性审查的原则 行政诉讼中，人民法院原则上只审查具体行政行为及其合法性，而不审查具体行政行为的合理性。对于合法的具体行政行为，法院应予以支持；对于违法的具体行政行为，法院应给予撤销；只有行政处罚显失公正的，法院才对具体行政行为进行变更。

3. 不停止执行的原则 在行政诉讼期间，原行政机关的具体行政行为不因为原告的起诉和法院的审理而停止执行。行政机关的行政行为一旦作出，即认定具有合法性，必须遵守和执行，除非法院认为或裁定停止执行。

4. 不适用调解原则 在行政诉讼中，法院不能把调解作为行政诉讼的一种方式，或以调解的结果作为法院的判决结果；法院只能根据客观事实和证据，依据有关法律法规的规定作出判决。但是，行政赔偿、补偿以及行政机关行使法律、法规规定的自由裁量权的案件可以调解。

（二）行政诉讼的程序

1. 起诉与受理 公民、法人或者其他组织不服复议决定的，可以在收到复议决定书之日起十五日内向人民法院提起诉讼。复议机关逾期不作决定的，申请人可以在复议期满之日起十五日内向人民法院提起诉讼。公民、法人或者其他组织直接向人民法院提起诉讼的，应当自知道或者应当知道作出行政行为之日起六个月内提出。提起诉讼应当符合下列条件：①原告是符合本法第二十五条规定的公民、法人或者其他组织。②有明确的被告。③有具体的诉讼请求和事实根据。④属于人民法院受案范围和受诉人民法院管辖。人民法院在接到起诉状时对符合本法规定的起诉条件的，应当登记立案。

2. 审理与判决 人民法院公开审理行政案件，但涉及国家秘密、个人隐私和法律另有规定的除外。人民法院应当在立案之日起五日内，将起诉状副本发送被告。人民法院应当在立案之日起六个月内作出第一审判决。适用简易程序审理的行政案件，由审判员一人独任审理，并应当在立案之日起四十五日内审结。当事人不服人民法院第一审判决的，有权在判决书送达之日起十五日内向上一级人民法院提起上诉。人民法院审理上诉案件，应当对原审人民法院的判决、裁定和被诉行政行为进行全面审查。人民法院审理上诉案件，应当在收到上诉状之日起三个月内作出终审判决。

3. 执行 当事人必须履行人民法院发生法律效力的判决、裁定、调解书。公民、法人或者其他组织拒绝履行判决、裁定、调解书的，行政机关或者第三人可以向第一审人民法院申请强制执行，或者由行政机关依法强制执行。

（三）药品行政诉讼

药品监督管理对象，即药品生产、经营或使用机构或法人对药品监督管理主体的处罚措施或结果存在异议的，可以按照《行政复议法》的有关规定，向有管辖权的上一级药品监督管理部门提出行政复议，也可以直接向人民法院提起行政诉讼；或者药品生产、经营或使用机构或法人对药品监督管理主体的处罚措施或结果存在异议的，可以按照《行政复议法》的有关规定，向有管辖权的上一级药品监督管理部门提出行政复议，对行政复议结果不满意的，再向人民法院提起行政诉讼。在行政诉讼时，原告需要提出诉讼的理由、相关的证据以及诉求的请求，人民法院根据提供的诉讼材料，作出立案或不立案的决定。如果人民法院立案了，就进入了审理和判决程序，判决的结果具有法律效力，必须遵守和执行。

七、现行主要相关法律

1.《中华人民共和国行政许可法》（中华人民共和国第十届全国人民代表大会常务委员会第四次会议于2003年8月27日通过并公布，自2004年7月1日起施行）。

2.《中华人民共和国行政强制法》（中华人民共和国第十一届全国人民代表大会常务委员会第二十一次会议于2011年6月30日通过并公布，自2012年1月1日起施行）。

3.《中华人民共和国行政处罚法》（1996年3月17日第八届全国人民代表大会第四次会议通过，1996年3月17日中华人民共和国主席令第六十三号公布，1996年10月1日起施行；2009年8月27日第十一届全国人民代表大会常务委员会第十次会议修正）

4.《中华人民共和国行政复议法》(1999年4月29日第九届全国人民代表大会常务委员会第九次会议通过，1999年4月29日中华人民共和国主席令第十六号公布，自1999年10月1日起施行；2009年8月27日第十一届全国人民代表大会常务委员会第十次会议修正)。

5.《中华人民共和国行政诉讼法》(1989年4月4日第七届全国人民代表大会第二次会议通过，1989年4月4日中华人民共和国主席令第16号公布，1990年10月1日起施行；2014年11月1日第十二届全国人民代表大会常务委员会第十一次会议修正)。

任务对接

任务	知识能力要求
药品监督管理机构	(1) 药品监督管理的性质及作用 (2) 我国药品监督管理机构设置 (3) 我国药品监督行政机构 (4) 我国药品监督技术机构
药品管理立法	(1) 法的基本知识 (2) 药品管理法律体系和法律关系
药品监督管理行政法律制度	(1) 药品行政许可 (2) 药品行政监督检查 (3) 药品行政强制 (4) 药品行政处罚 (5) 药品行政复议 (6) 药品行政诉讼

拓展阅读

国外药品监督管理机构

1. 美国　美国联邦政府卫生与人类服务部下设食品药品管理局，负责全国食品、人用药品、兽用药品、医疗器械用品、化妆品等的监督管理，下设药品局、食品局、兽药局、放射卫生局、生物制品局、医疗器械及诊断用品局和国家独立研究中心、区域工作管理机构，其中药品局负责人用药品的审批工作。

2. 日本　日本厚生省为药品管理的主管机构，设有中央药事委员会和药务局等部门。中央药事委员会负责讨论有关药事方面的重要事情，下设有药典委员会、药品委员会、药品安全委员会、非处方药委员会和药效再评价委员会等12个专门委员会；药务局负责食品、药品、化妆品、生物制剂、医疗器械等管理工作。

3. 世界卫生组织　世界卫生组织于1948年6月24日正式成立，是联合国的专门机构，其活动宗旨是使全世界人民获得可能的最高水平的健康，它的主要职能是促进流行病和地方病的防治；提供和改进公共卫生、疾病医疗和有关事项的教学与训练；推动确定生物制品的国际标准。

目标检测

一、A 型题（最佳选择题）

1. 下列规范性文件中，法律效力最高的是（　　）
   A.《医疗机构药事管理规定》
   B.《中华人民共和国药品管理法实施条例》
   C.《中华人民共和国药品管理法》
   D.《处方管理办法》
   E.《药品不良反应报告和监测管理办法》
2. 根据《中华人民共和国药品管理法实施条例》，药品被抽检单位没有正当理由，拒绝抽查检验的，国务院药品监督管理部门和被抽检单位所在地省级药品监督管理部门可以（　　）
   A. 撤销药品批准证明文件
   B. 宣布停止该单位拒绝抽检的药品上市销售和使用
   C. 责令被抽查单位停产、停业
   D. 吊销被抽查单位许可证
   E. 宣布该单位拒绝抽验的药品为假药或劣药
3. 负责药品标准制定和修订的部门是（　　）
   A. 国家药典委员会
   B. 药品审评中心
   C. 药品评价中心
   D. 中国食品药品检定研究院
   E. 国家食品药品监督管理总局
4. 国家食品药品监督管理总局药品审评中心负责对（　　）
   A. 药品注册申请进行初审　　B. 药品注册申请进行复审
   C. 药品注册申请进行评价　　D. 药品注册申请进行技术审评
   E. 药品注册申请进行终审
5. 药品监督管理部门对药品进行监督管理的环节有（　　）
   A. 研究、生产、广告、价格　　B. 生产、经营、使用、价格
   C. 研究、生产、经营、价格　　D. 研究、生产、经营、广告
   E. 研究、生产、经营、使用

二、B 型题（配伍选择题）

[6～8]

A. 行政处分　B. 行政处罚　C. 民事责任　D. 刑事责任　E. 违宪责任

6. 药品监督管理部门发现药品生产企业生产假药，吊销《药品生产许可证》，属于（　　）
7. 药品零售企业在购销活动中违反合同约定，承担违约责任，属于（　　）
8. 药品监督人员玩忽职守被撤职，属于（　　）

[9～11]

A. 法律　B. 行政法规　C. 地方性法规　D. 部门规章　E. 地方政府规章

9. 国务院常务会议通过的《麻醉药品与精神药品管理条例》属于（　　）

10. 全国人民代表大会常务委员会通过的《中华人民共和国药品管理法》属于（　　）
11. 卫生部部委会议通过的《药品生产质量管理规范（2010 年修订）》属于（　　）

三、X 型题（多项选择题）

12. 药事管理法的基本特征（　　）
    A. 立法目的是维护人民健康
    B. 以药品质量标准为核心的行为规范
    C. 药品管理立法的系统性
    D. 注重药品研制和生产
    E. 药品管理内容国家化的倾向
13. 国家食品药品监督管理总局负责的工作有（　　）
    A. 药品的行政监督和技术监督
    B. 医疗器械的行政监督和技术监督
    C. 化妆品的审批
    D. 食品生产、经营企业的监督管理
    E. 消费环节食品卫生许可
14. 根据《中华人民共和国行政处罚法》，行政处罚的种类包括（　　）
    A. 拘役　　B. 责令停产停业　　C. 吊销许可证
    D. 罚款　　E. 警告
15. 我国现行药事管理相关法律法规确定的行政许可有（　　）
    A. 麻醉药品生产许可　　B. 精神药品经营许可　　C. 疫苗临床试验许可
    D. 非处方药广告许可　　E. 执业药师执业许可

实训 2－1　药品行政执法情况调研

【实训目的】

1. 了解药品监督管理行政执法的过程；
2. 能够查阅相关资料，了解相关违法案件做出正确的判断；
3. 了解行政处罚的程序。

【实训要求】

以 5 人左右为一组，深入当地药品监督管理行政执法机构，了解药品监督管理执法的过程及程序，在此基础上撰写专题调研报告。

【实训内容】

一、调研准备

1. 根据调研要求，各小组提前查阅和熟悉《药品管理法》及其实施条例等相关法律法规。
2. 拟出调研提纲。
3. 联系当地药品监督管理机构。
4. 准备好身份证明、介绍信、笔记本、调查问卷等。

二、调研内容

调研药品监督管理执法的一般程序，以及依据有关法律法规对违法案件是如何定性和处理的？

三、调研报告

针对调研情况及发现的问题进行思考、分析和探讨，形成不少于800字的调研报告。

【实训评价】

各小组提交调研报告，教师根据报告的质量实施评价。

实训2-2 我国药品监督管理机构检索与查询

【实训目的】

1. 了解我国药品监督管理的机构设置；
2. 熟悉我国药品监督管理行政机构、技术机构的职能配置；
3. 学会查阅我国食品药品监督管理工作的动态信息。

【实训要求】

以5人左右为一组，上网查阅我国药品监督管理行政机构和技术机构，并分别了解他们的内部机构设置及职能。

【实训内容】

一、查阅准备

熟悉药品监督管理行政机构及技术机构的分类。

二、查阅内容

1. 查阅药品监督管理行政机构及技术机构的职能、内部机构设置及各内部机构的职能。
2. 区别行政机构及技术机构的职能。

三、查阅总结

列出我国药品监督管理行政机构和技术机构的设置机构，整理各机构的职能，查阅和总结近一年内各机构工作的开展情况。

【实训评价】

各小组派代表对本小组的查阅总结进行课堂汇报，组织各小组进行互评，教师进行总结评价。

实训2-3 各级药品监督组织机构图绘制

【实训目的】

1. 了解我国药品监督管理的机构设置；
2. 熟悉各户籍所在地的药品监督机构；
3. 学会查阅资料完成组织机构图。

【实训要求】

每个学生利用互联网画出国家至各自户籍地的药品监督组织机构图。

【实训内容】

一、 准备工作

1. 熟悉药品监督组织机构。
2. 认识组织结构图。

二、 实训实施

1. 查阅国家药品监督管理机构的设置。

2. 查阅户籍所在地的药品监督管理机构的设置。

三、 实训结果

采用“直线职能制”的组织结构图表示我国药品监督管理机构的设置，采用“直线型”的组织结构图表示户籍所在地的药品监督管理机构的设置。

【实训评价】

每个学生将自己所画出的药品监督组织机构图在班级进行公开展示，学生之间进行交流和评价，然后再完善各自所画的组织机构图，教师最后进行总评。

（姚中进）

项目 3

药学技术人员管理

学习目标

知识要求 1. **掌握** 我国执业药师的概念；执业药师资格考试、注册、继续教育管理；执业药师的职责、职业道德准则以及服务规范。

2. **熟悉** 药学技术人员配备依据；药学职称类别以及职称取得。

3. **了解** 药学技术人员的定义；实施执业药师资格制度的目的；我国执业药师制度的发展；国际药师制度的发展及药师职业道德。

技能要求 1. 能够运用相关网站进行药师考试的网上报名。

2. 能够运用相关网站进行执业药师资格考试的网上报名及执业药师注册网上申报办理。

任务 3－1　药学技术人员配备

案例导入

案例：小张是某医药院校药学专业毕业的专科生，在工作 15 年后，决定开办一家主要经营西药、中成药和中药饮片的零售药店。

讨论：1. 按照我国相关法律法规，张某开办零售药店最基本需要招聘哪些人员？

2. 这些人员分别应具有什么资质？

药品是一种特殊的商品，关系到国计民生，因此药学技术人员的素质将直接影响到药品的质量、人们用药安全以及整个药品行业的发展。

一、药学技术人员

药学技术人员是指取得药学类专业学历，经过国家相关部门考试合格，依法取得专业技术职务任职资格或执业药师资格，遵守药事管理法律法规和职业道德规范，在药品研制、生产、经营、使用、检验和管理等相关领域从事实践活动的技术人员。药学技术人员包括药师、执业药师、临床药师等。

二、药学技术人员配备依据

（一）药品生产企业配备药品技术人员的依据

1.《中华人民共和国药品管理法》规定　开办药品生产企业，必须具有依法经过资格认定的药学技术人员、工程技术人员及相应的技术工人。

2.《药品生产质量管理规范》规定　生产管理负责人应当至少具有药学或相关专业本科学历（或中级专业技术职称或执业药师资格），具有至少三年从事药品生产和质量管理的实践经验，其中至少有一年的药品生产管理经验，接受过与所生产产品相关的专业知识培训。

质量管理负责人应当至少具有药学或相关专业本科学历（或中级专业技术职称或执业药师资格），具有至少五年从事药品生产和质量管理的实践经验，其中至少一年的药品质量管理经验，接受过与所生产产品相关的专业知识培训。

质量受权人应当至少具有药学或相关专业本科学历（或中级专业技术职称或执业药师资格），具有至少五年从事药品生产和质量管理的实践经验，从事过药品生产过程控制和质量检验工作。

（二）药品经营企业配备药品技术人员的依据

1.《中华人民共和国药品管理法》规定 开办药品经营企业必须具有依法经过资格认定的药学技术人员。

2.《中华人民共和国药品管理法实施条例》规定 经营处方药、甲类非处方药的药品零售企业，应当配备执业药师或者其他依法经资格认定的药学技术人员。

3.《药品流通监督管理办法》规定 经营处方药和甲类非处方药的药品零售企业，执业药师或者其他依法经资格认定的药学技术人员不在岗时，应当挂牌告知，并停止销售处方药和甲类非处方药。

4.《药品经营质量管理规范》规定 药品批发企业负责人应当具有大学专科以上学历或者中级以上专业技术职称，经过基本的药学专业知识培训，熟悉有关药品管理的法律法规及本规范。

药品批发企业质量负责人应当具有大学本科以上学历、执业药师资格和3年以上药品经营质量管理工作经历，在质量管理工作中具备正确判断和保障实施的能力。

药品批发企业质量管理部门负责人应当具有执业药师资格和3年以上药品经营质量管理工作经历，能独立解决经营过程中的质量问题。

药品批发企业应当配备符合以下资格要求的质量管理、验收及养护等岗位人员：

（1）从事质量管理工作的，应当具有药学中专或者医学、生物、化学等相关专业大学专科以上学历或者具有药学初级以上专业技术职称；

（2）从事验收、养护工作的，应当具有药学或者医学、生物、化学等相关专业中专以上学历或者具有药学初级以上专业技术职称；

（3）从事中药材、中药饮片验收工作的，应当具有中药学专业中专以上学历或者具有中药学中级以上专业技术职称；从事中药材、中药饮片养护工作的，应当具有中药学专业中专以上学历或者具有中药学初级以上专业技术职称；直接收购地产中药材的，验收人员应当具有中药学中级以上专业技术职称。

经营疫苗的企业还应当配备2名以上专业技术人员专门负责疫苗质量管理和验收工作，专业技术人员应当具有预防医学、药学、微生物学或者医学等专业本科以上学历及中级以上专业技术职称，并有3年以上从事疫苗管理或者技术工作经历。

药品批发企业从事采购工作的人员应当具有药学或者医学、生物、化学等相关专业中专以上学历，从事销售、储存等工作的人员应当具有高中以上文化程度。

药品零售企业法定代表人或者企业负责人应当具备执业药师资格。企业应当按照国家有关规定配备执业药师，负责处方审核，指导合理用药。

药品零售企业质量管理、验收、采购人员应当具有药学或者医学、生物、化学等相关专业学历或者具有药学专业技术职称。从事中药饮片质量管理、验收、采购人员应当具有中药学中专以上学历或者具有中药学专业初级以上专业技术职称。

营业员应当具有高中以上文化程度或者符合省级食品药品监督管理部门规定的条件。中药饮片调剂人员应当具有中药学中专以上学历或者具备中药调剂员资格。

（三）医疗机构配备药品技术人员的依据

1.《中华人民共和国药品管理法》规定 医疗机构必须配备依法经过资格认定的药学技术人员。非药学技术人员不得直接从事药剂技术工作。

2.《中华人民共和国药品管理法实施条例》规定 医疗机构审核和调配处方的药剂人员必须是依法经资格认定的药学技术人员。

3.《医疗机构药事管理规定》规定 二级以上医院药学部门负责人应当具有高等学校药学专业或者临床药学专业本科以上学历，及本专业高级技术职务任职资格；除诊所、卫生所、医务室、卫生保健所、卫生站以外的其他医疗机构药学部门负责人应当具有高等学校药学专业专科以上或者中等学校药学专业毕业学历，及药师以上专业技术职务任职资格。

医疗机构药学专业技术人员按照有关规定取得相应的药学专业技术职务任职资格。

医疗机构药学专业技术人员不得少于本机构卫生专业技术人员的8%。建立静脉用药调配中心（室）的，医疗机构应当根据实际需要另行增加药学专业技术人员数量。

4.《处方管理办法》规定 取得药学专业技术职务任职资格的人员方可从事处方调剂工作。药师在执业的医疗机构取得处方调剂资格。具有药师以上专业技术职务任职资格的人员负责处方审核、评估、核对、发药以及安全用药指导；药士从事处方调配工作。

三、现行主要相关法规

除《中华人民共和国药品管理法》（2015年4月24日第十二届全国人民代表大会常务委员会第十四次会议修正）、《中华人民共和国药品管理法实施条例》（2002年8月4日颁布）外，现行主要相关法规如下：

1.《药品生产质量管理规范》（卫生部令第79号，2010年）。
2.《药品流通监督管理办法》（国家食品药品监督管理局令第26号，2007年）。
3.《药品经营质量管理规范》（2016年7月20日国家食品药品监督管理总局发布）。
4.《医疗机构药事管理规定》（卫医政法〔2011〕11号）。
5.《处方管理办法》（卫生部令第53号，2007年）。

任务3-2 药学职称考试认知

案例导入

案例：小王2013年药学专科毕业，毕业后一直在医院药房工作，今年他想报考药师职称。但究竟应该怎么报考呢？小王感到很茫然。

讨论：1. 小王是否符合报考条件？
2. 怎样进行报名呢？

药师是保障人民用药安全、合理、有效的关键人员，是医药卫生体系中极其重要的组成部分。因此，大多数国家都通过建立药师管理制度来规范药师的资格和职责。

一、药师的定义

从广义上说，药师是指受过高等药学专业教育，通过有关部门的考核并依法获得相应资格，从事药学专业技术工作的人员。

二、药学职称类别

职称制度是我国评价专业技术人员学术水平和职业素质能力的一项主要制度。专业技术人员拥有何种专业技术职称，表明其具有从事某一专业领域所必备的学识、技能水平以及工作成就。按照国家相关政策规定，凡获得职称资格并被单位聘任的人员，可享受相应的工资福利等待遇。专业技术职称的专业范围领域基本覆盖关系国计民生的各个行业，例如医疗卫生、教育科研、工程、会计等等；以等级划分，专业技术职称可分为“三级五档”，即高级（包括正高级、副高级）、中级、初级（包括助理级、员级）。

药学（中药学）职称按高低级别依次为：主任（中）药师、副主任（中）药师、主管（中）药师、（中）药师、（中）药士。其中，主任（中）药师、副主任（中）药师为高级职称；主管（中）药师为中级职称；（中）药师、（中）药士为初级职称。

三、药学职称取得

《关于加强卫生专业技术职务评聘工作的通知》（人发〔2000〕114 号）明确要求：要逐步建立政府宏观管理、个人自主申请、社会合理评价、单位自主聘任的管理体制；逐步推行卫生专业技术资格考试制度。卫生系列医、药、护、技各专业中的中、初级专业技术资格逐步实行以考代评和与执业准入制度并轨的考试制度，高级专业技术资格采取考试和评审结合的办法取得。

目前，全国卫生专业初、中级技术资格实行以考代评的考试制度。药学专业技术人员通过考试依法取得资格，代表其已具备相应级别技术职务要求的水平与能力。所在单位可将其作为聘任该人员相应技术职务的必要依据。

在原卫生部下发的《关于印发〈预防医学、全科医学、药学、护理、其他卫生技术等专业技术资格考试暂行规定〉及〈临床医学、预防医学、全科医学、药学、护理、其他卫生技术等专业技术资格考试实施办法〉的通知》（人发〔2001〕164 号）进一步明确了卫生专业技术资格考试相关政策和规定。

（一）资格考试组织机构

人社部和卫生部共同负责卫生专业技术资格考试的政策制定、组织协调等工作。卫生部、人社部成立“卫生专业技术资格考试专家委员会”和“卫生专业技术资格考试办公室”，办公室设在卫生部人事司，具体考务工作委托卫生部人才交流服务中心实施。

各省、自治区、直辖市为考区。省级卫生、人事行政部门按照规定，设立考试管理机构，负责本地区考试考务工作。省辖市以上的中心城市或行政专员公署所在地为考点。考场一般设在具有计算机设备的高考定点学校或高等院校。

（二）资格考试管理

初、中级药学专业技术资格考试实行全国统一组织、统一考试时间、统一考试大纲、统一考试命题、统一合格标准的考试制度，原则上每年进行一次。

1. 申请参加考试的条件 报名参加初、中级资格考试的人员，要遵守中华人民共和国的宪法和法律，具备良好的医德医风和敬业精神，同时具备下列相应条件。

（1）参加（中）药士资格考试的条件：取得药学（中药学）专业中专或专科学历，从事本专业技术工作满 1 年。

（2）参加（中）药师资格考试的条件：①取得药学专业中专学历，受聘担任药士职务满 5 年；②取得药学专业专科学历，从事本专业技术工作满 3 年；③取得药学专业本科学历或硕士学位，从事本专业技术工作满 1 年。

（3）参加主管（中）药师资格考试的条件：①取得药学专业中专学历，受聘担任药师职务满7年；②取得药学专业专科学历，受聘担任药师职务满6年；③取得药学专业本科学历，受聘担任药师职务满4年；④取得药学专业硕士学位，受聘担任药师职务满2年；⑤取得药学专业博士学位。

报名条件中涉及的“学历”或“学位”即国家教育行政部门认可的正规院校毕业的学历或学位；“工作年限”即取得上述学历前后从事本专业工作时间的总和，工作年限计算的截止日期为考试前一年度的年底。

有下列情形之一的不得申请参加药学专业技术资格的考试：①医疗事故责任者未满3年；②医疗差错责任者未满1年；③受到行政处分者在处分时期内；④伪造学历或考试期间有违纪行为未满2年；⑤省级卫生行政部门规定的其他情形。

2. 考试报名 符合报名条件的考生先登录中国卫生人才网（http：//www.21wecan.com/）进行网上预报名，再按各地区要求进行现场确认，具体步骤如下：

（1）登陆中国卫生人才网，通过“考生入口”进入报名页面。

（2）点击“全国卫生专业技术资格考试（中初级）网上报名入口”，进入“网上报名系统”完成注册、登陆。

（3）进行药师资格考试网上报名（图3－1）：

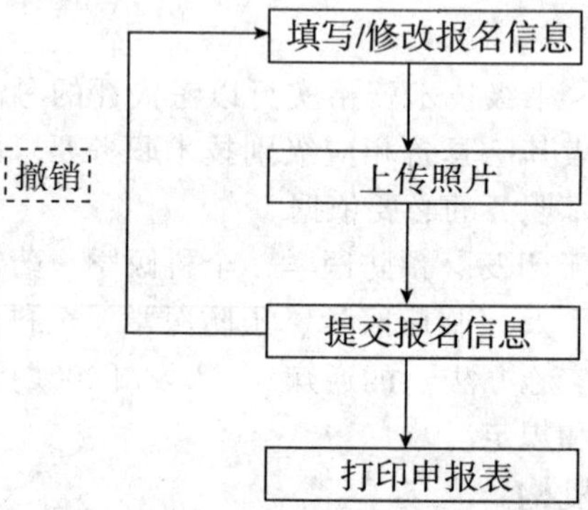

图3－1 药师资格考试网上报名流程

（4）根据各地区要求进行现场确认，操作流程如图3－2所示。

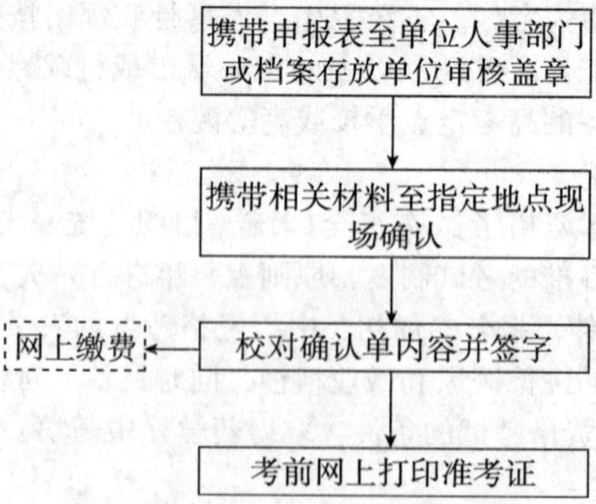

图3－2 药师资格考试现场确认步骤

3. 考试科目 初、中级药学专业技术资格考试设置“基础知识”、“相关专业知识”、“专业知识”、“专业实践能力”等4个科目，具体内容见表3－1。

表 3－1　初、中级药学专业技术资格考试科目

<table>
<tr><th rowspan="2">类别</th><th rowspan="2">级别</th><th colspan="4">考试科目</th></tr>
<tr><th>基础知识</th><th>专业知识</th><th>相关专业知识</th><th>专业实践能力</th></tr>
<tr><td rowspan="3">药学类</td><td>药士</td><td>生理学、生物化学、微生物学、天然药化、药物化学、药物分析</td><td rowspan="3">药理学、生物药剂与药动学</td><td rowspan="3">药剂学、医院药事管理</td><td rowspan="3">岗位技能、临床药物治疗学、专业进展</td></tr>
<tr><td>药师</td><td rowspan="2">生理学、生物化学、微生物学、天然药化、药物化学、药物分析、医疗机构从业人员行为规范与医学伦理学</td></tr>
<tr><td>主管药师</td></tr>
<tr><td rowspan="3">中药学类</td><td>中药士</td><td rowspan="2">中药学、方剂学</td><td rowspan="3">中药炮制学、中药鉴定学</td><td rowspan="2">中医学基础、药事管理</td><td rowspan="3">中药药剂学、中药调剂学</td></tr>
<tr><td>中药师</td></tr>
<tr><td>主管中药师</td><td>中药学、中药化学、方剂学</td><td>中医学基础、中药药理学、药事管理</td></tr>
</table>

4. 考试周期　各科目成绩实行两年为一个周期的滚动管理办法，在连续两个考试年度内通过同一专业 4 个科目的考试，方可取得该专业资格证书。

5. 资格的获得　参加初、中级药学专业技术资格考试且成绩合格者，由所在地人事部门颁发人事部统一印制，国家人力资源和社会保障部、国家卫生和计划生育委员会用印的专业技术资格证书。该证书在全国范围内有效。

四、现行主要相关法规

除《中华人民共和国药品管理法》（2015 年 4 月 24 日第十二届全国人民代表大会常务委员会第十四次会议修正）、《中华人民共和国药品管理法实施条例》（2002 年 8 月 4 日颁布）外，现行主要相关法规如下：

1.《关于加强卫生专业技术职务评聘工作的通知》（人发〔2000〕114 号）。

2.《关于印发〈预防医学、全科医学、药学、护理、其他卫生技术等专业技术资格考试暂行规定〉及〈临床医学、预防医学、全科医学、药学、护理、其他卫生技术等专业技术资格考试实施办法〉的通知》（人发〔2001〕164 号）。

任务 3－3　执业药师管理

案例导入

案例：小李毕业于某医药院校药物制剂技术专业（专科学历），在某药厂工作满 5 年，工作认真负责，受到领导和同事的一致好评，他想报名参加今年的执业药师资格考试。

讨论：1. 小李是否符合报考条件？
2. 执业药师考试科目有哪些？
3. 如果考试合格，应如何办理执业药师注册呢？

一、执业药师资格制度

（一）执业药师资格制度的内涵

1. 实行执业药师资格制度的目的 为了实行对药学技术人员的执业准入控制，科学、公正、客观地评价和选拔人才，全面提高药学技术人员的素质，建设一支既有专业知识和实际能力，又有药事管理与法规知识、能严格依法执业的药师队伍，以确保药品质量、保障人民用药的安全有效，国家实行执业药师资格制度，并将执业药师资格制度纳入全国专业技术人员执业资格制度统一规划的范围。

实施执业药师资格制度是深化医药人事制度改革，实行科学化管理，提高药学技术人员素质，加强药师队伍建设的有效措施，也是维护社会公共利益，净化医药市场，规范药品生产、经营、使用行为，保证药品质量、保障人民用药安全有效的重大措施。

2. 执业药师的概念 根据《执业药师资格制度暂行规定》的规定，执业药师是指经全国统一考试合格，取得《执业药师资格证书》并经注册登记，在药品生产、经营、使用单位中执业的药学技术人员。

凡从事药品生产、经营、使用的单位均应配备相应的执业药师。《执业药师资格证书》在全国范围内有效。通过全国统一考试取得《执业药师资格证书》的人员，单位根据工作需要可聘任其为主管药师或主管中药师专业技术职务。

（二）执业药师管理部门

在我国，人力资源和社会保障部与国家食品药品监督管理总局共同负责全国执业药师资格制度的政策制定、组织协调、资格考试、注册登记和监督管理工作。在职责分工上，国家食品药品监督管理总局主要负责组织拟定考试科目和考试大纲、编写培训教材、建立试题库及考试命题工作，并指导注册登记和监督管理工作。按照培训与考试分开的原则，统一规划并组织考前培训。人力资源和社会保障部则主要负责审定考试科目、考试大纲和试题，会同国家食品药品监督管理总局对考试工作进行监督、指导并确定合格标准。

（三）执业药师制度的发展

我国于1994年、1995年分别开始实施执业药师、执业中药师资格制度，这时执业药师和执业中药师分别由原国家医药管理局和国家中医药管理局管理。1998年，国务院机构改革，明确中药、西药领域的执业药师资格认证、注册和监督工作统一由原国家药品监督管理局管理。1999年4月，原人事部与原国家药品监督管理局修订印发《执业药师资格制度暂行规定》和《执业药师资格考试实施办法》（人发〔1999〕34号），将执业药师与执业中药师合并统称为执业药师，实行全国统一大纲、统一考试、统一注册、统一管理，国家不断修订和完善相应的执业药师管理规定，逐渐形成了一套较为完整的考试、注册、继续教育和监督管理等内容的执业药师管理规定。2009年4月，中共中央、国务院发布了《关于深化医药卫生体制改革的意见》，要求建立严格有效的医药卫生监管体制，规范药品临床使用，发挥执业药师指导合理用药与药品质量管理方面的作用。2012年1月，国务院印发《国家药品安全“十二五”规划》，要求推动执业药师立法，完善执业药师制度，药品经营100%符合《药品经营质量管理规范》要求，新开办零售药店均配备执业药师，2015年零售药店和医院药房全部实现营业时有执业药师指导合理用药，标志着我国执业药师制度将步入深化改革、健康发展的新阶段。

二、执业药师资格考试与注册管理

（一）执业药师资格考试

1. 考试管理

（1）考试管理部门 目前，执业药师资格考试工作由人力资源和社会保障部与国家食品药品监督管理总局共同负责，日常工作委托国家食品药品监督管理总局执业药师资格认证中心承担，考务工作由人社部人事考试中心负责。

(2) 考试政策　考试实行全国统一大纲、统一命题、统一组织。一般每年举办一次。凡报名参加考试的人员，应当由本人提出，所在单位审核同意，携带有关证明材料到当地考试管理机构办理报名手续。报名时间一般为每年的3~6月份，考试时间为每年的10月份，考试2天完成，每个科目考试时间为2.5小时。

(3) 考试周期和成绩管理　考试成绩管理以两年为一个周期，参加全部科目考试的人员必须在连续两年内通过全部科目的考试，才能获得执业药师资格。考试周期对参加部分科目免试的人员不适用，参加免试部分科目的人员须在一个考试年度内通过应试科目。

2. 报考条件

(1) 凡中华人民共和国公民和获准在我国境内就业的其他国籍的人员具备以下条件之一者，均可申请参加执业药师资格考试：①取得药学、中药学或相关专业中专学历，从事药学或中药学专业工作满七年；②取得药学、中药学或相关专业大专学历，从事药学或中药学专业工作满五年；③取得药学、中药学或相关专业大学本科学历，从事药学或中药学专业工作满三年；④取得药学、中药学或相关专业第二学士学位、研究生班毕业或取得硕士学位，从事药学或中药学专业工作满一年；⑤取得药学、中药学或相关专业博士学位。

(2) 免试部分科目条件：按照国家有关规定评聘为高级专业技术职务，并具备下列条件之一者，可免试部分考试科目。①中药学徒、药学或中药学专业中专毕业，连续从事药学或中药学专业工作满20年；②取得药学或中药学专业或相关专业大专以上学历，连续从事药学或中药学工作满15年。

(3) 报名条件中关于"相关专业"的规定，可参考《国家执业药师资格考试报考专业参考目录》。

3. 报名流程

(1) 登陆中国人事考试网（http://www.cpta.com.cn/），通过"网上报名"进入报名页面。

(2) 点击"报名入口"，进入"报名服务平台"完成注册、登陆。

(3) 进行执业药师资格考试报名（图3-3）：

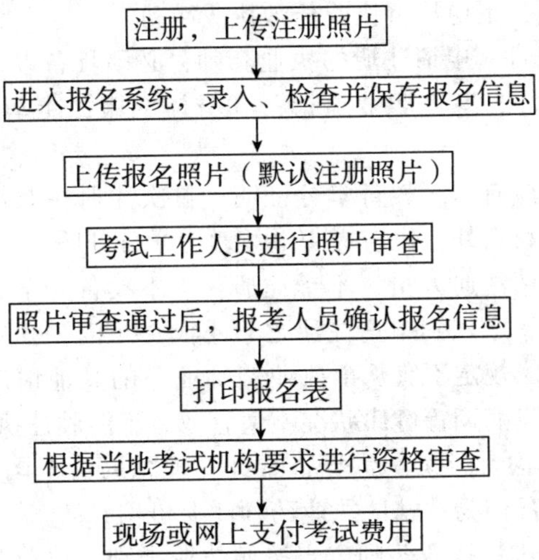

图3-3　执业药师资格考试报名流程

4. 考试科目 国家执业药师资格考试分为药学类和中药学类两类。药学类和中药学类每一类别都包括四个考试科目。其中，药事管理与法规为药学类、中药学类考试的公共科目，其他考试科目分别见表 3 - 2、表 3 - 3。

表 3 - 2 药学类执业药师资格考试考试科目

科目名称	考试内容
药学专业知识（一）	包括药剂学、药物化学、药理学、药物分析
药学专业知识（二）	包括临床药物治疗学、临床药理学
药学综合知识与技能	包括药学实践与用药安全、自我药疗与药物治疗两大部分

表 3 - 3 中药学类执业药师资格考试考试科目

科目名称	考试内容
中药学专业知识（一）	包括中药学、中药化学、中药炮制学、中药药剂学、中药药理学、中药鉴定学
中药学专业知识（二）	包括临床中药学、中成药学和方剂学
中药学综合知识与技能	包括中医基础理论、中医诊断基础、常见病辨证论治、民族医药基础知识、常用医学检查指标及其临床意义、中医药文献信息与咨询服务、中药调剂操作的基本技能知识、中药的贮藏与养护、中药的合理应用、特殊人群的中药应用、中药不良反应

按照国家有关规定评聘为高级专业技术职务，具备参加免试部分科目条件者，可免试药学（或中药学）专业知识（一）、药学（或中药学）专业知识（二），只需参加药事管理与法规、综合知识与技能两个科目。

（二）执业药师注册管理

1. 执业药师注册要求

（1）执业药师注册制度 我国实行执业药师注册制度，取得执业药师资格的药学人员，经执业单位同意，并按规定完成继续教育，到执业单位所在省级执业药师注册机构办理注册手续。取得《执业药师注册证》后，方可以执业药师身份执业。凡持有《执业药师资格证书》而未经注册的人员，不得从事执业药师执业活动。

（2）执业药师注册条件 申请注册的执业药师，必须具备以下条件：①取得《执业药师资格证书》；②遵纪守法，遵守职业道德；③身体健康，能坚持在执业药师岗位工作；④经执业单位同意。

此外，再注册时，还应有继续教育学分证明。首次注册在取得执业资格证书一年后申请的，除按首次注册提交材料外，也应提交继续教育学分证明。

有下列情形之一的申请注册人员，不予注册：①不具备完全民事行为能力的；②因受刑事处罚，自刑罚执行完毕之日到申请注册之日不满 2 年的；③受过取消执业药师执业资格处分不满 2 年的；④国家规定不宜从事执业药师业务的其他情形的（主要包括：甲、乙类传染病传染期、精神病发病期等健康状况不适宜或者不能胜任执业药师业务工作的）。

（3）执业药师注册机构 国家食品药品监督管理总局为全国执业药师注册管理机构，各省级食品药品监督管理部门为本辖区执业药师注册机构。

（4）执业药师注册范围 执业药师应当按照执业类别、执业范围、执业地区到执业单位所在省级执业药师注册机构进行注册。执业类别为药学类、中药学类、药学与中药学类；

执业范围为药品生产、药品经营、药品使用（不包括机关、院校、科研单位、药品检验机构）；执业地区为省、自治区、直辖市。执业药师只能在一个执业药师注册机构注册，在一个执业单位按照注册的执业类别、执业范围执业。

2. 执业药师注册程序

（1）首次注册与再次注册　执业药师首次（再次）注册应填写《执业药师首次（或再次）注册申请表》，并按要求准备相关材料，交执业药师注册机构办理注册手续。

执业药师注册有效期为三年。持证者须在有效期满前三个月到原执业药师注册机构申请办理再次注册手续。超过期限，不办理再次注册手册的人员，其《执业药师注册证》自动失效，并不能再以执业药师身份执业。办理再次注册时，同时变更执业单位的，须提交新执业单位合法开业证明。

（2）变更注册　执业药师变更执业地区、执业单位、执业范围应及时变更注册手续，填写《执业药师变更注册手续注册申请表》，并按要求准备相关材料，交执业单位所在地省级药品监督管理部门（变更执业地区的申请材料应交新执业单位所在地省级药品监督管理部门）办理变更注册手续。变更执业范围、执业地区、执业单位，注册有效期不变。

（3）注销注册　执业药师注册后如有下列情况之一的，应予以注销注册：①死亡或被宣告失踪的；②受刑事处罚的；③被吊销《执业药师资格证书》的；④受开除行政处分的；⑤因健康或其他原因不能从事执业药师业务的；⑥无正当理由不在岗执业超过半年以上者；⑦注册许可有效期届满未延续的。

注册手续由执业药师本人或其所在单位向注册机构申请办理。

（4）执业药师注册网上申报办理程序　执业药师注册网上申报程序如图3-4所示：

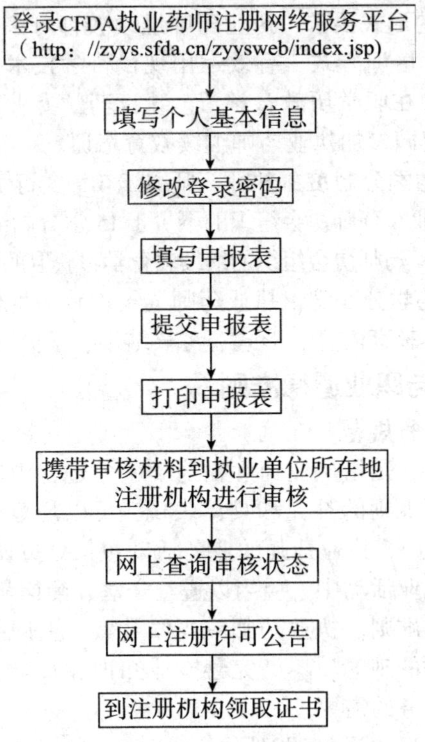

图3-4　执业药师注册网上申报流程

三、执业药师的职责

《执业药师资格制度暂行规定》（人发〔1996〕34号）中明确了执业药师具体职责。

1. 基本准则 执业药师必须遵守执业道德，忠于职守，以对药品质量负责、保证公众用药安全有效为基本准则。

2. 守法、执法，制止违法行为 执业药师必须严格执行《药品管理法》及国家有关药品研制、生产、经营、使用的各项法规及政策，对违反《药品管理法》及有关法规的行为或决定，有责任提出劝告、制止、拒绝执行并向上级报告。

3. 药品质量的监督和管理 执业药师在执业范围内负责对药品质量管理，参与制定、实施药品全面质量管理及对本单位违反规定的处理。

4. 处方审核调配，指导合理用药 执业药师负责处方审核及监督调配，提供用药咨询与信息，指导合理用药，开展治疗药物的监测及药品疗效的评价等临床药学工作。

四、执业药师继续教育

取得《执业药师资格证书》的人员，每年必须接受执业药师的继续教育。接受继续教育是执业药师的义务和权利，应按要求完成规定的学分，取得的学分证明是执业药师再次注册的必备条件之一。

1. 执业药师继续教育的内容 执业药师继续教育内容应以药学服务为核心，以提升执业能力为目标，包括以下方面的内容：①药事管理相关法律法规、部门规章和规范性文件；②职业道德准则、职业素养和执业规范；③药物合理使用的技术规范；④常见病症的诊疗指南；⑤药物治疗管理与公众健康管理；⑥与执业相关的多学科知识与进展；⑦国内外药学领域的新理论、新知识、新技术和新方法；⑧药学服务信息技术应用知识等。

2. 执业药师继续教育的形式要求 执业药师继续教育可采取面授、网授、函授等多种方式进行，积极探索网络化培训方式，有效运用现代科学技术拓展培训空间，提升培训效率。鼓励执业药师参加各种在职学历教育学习。攻读药学专业的大专、本科、研究生、双学位课程者，在读期间可视同参加执业药师继续教育培训。

3. 执业药师继续教育的学分制度 执业药师继续教育实行学分制。执业药师每年应当参加中国药师协会或省级（执业）药师协会组织的不少于15学分的继续教育学习。执业药师参加中国药师协会或省级（执业）药师协会组织的继续教育学习获取的学分，在全国范围内有效。

4. 执业药师继续教育的学分登记 执业药师继续教育采取学分登记制，实行电子化管理。登记内容主要包括继续教育内容、形式、考核结果、学分数、施教机构等信息。

五、执业药师行为规范与职业道德准则

（一）执业药师的服务规范

执业药师药学服务规范，是指执业药师在药学服务过程中应当遵守的道德标准和行为规则，是执业药师职业道德准则的补充和具体表现，可以规范执业药师的执业行为。根据《执业药师业务规范（试行）》，执业药师的业务活动包括处方调剂、用药咨询、药物警戒、健康教育等。执业药师在执业活动中，应当以遵纪守法、爱岗敬业、遵从伦理、服务健康、自觉学习、提升能力为基本准则。执业药师应当佩戴徽章上岗执业以示身份，并规划自己的职业发展，树立终身学习的观念，不断完善专业知识和技能，提高执业能力，满足个人和对患者用药指导及健康服务的需要。

（二）中国执业药师职业道德准则

2006年10月18日，原中国执业药师协会发布了《中国执业药师职业道德准则》（简称《准则》），2009年6月5日又对《准则》进行了修订。同时，为了指导全国广大执业药

师更好地贯彻、实施《准则》，规范执业药师的执业行为，原中国执业药师协会又在《准则》的基础上，于2007年3月13日发布了《中国执业药师职业道德准则适用指导》，并在2009年6月5日进行了修订。《准则》包含五条职业道德准则，适用于中国境内的执业药师，包括依法履行执业职责的其他药学技术人员。执业药师在执业过程中应当接受各级药品监督管理部门、执业药师协会和社会公众的监督。具体内容如下：

1. 救死扶伤，不辱使命 执业药师应当将患者及公众的身体健康和生命安全放在首位，以专业知识、技能和良知，尽心、尽职、尽责为患者及公众提供药品和药学服务。

2. 尊重患者，平等相待 执业药师应当尊重患者或消费者的价值观、知情权、自主权、隐私权，对待患者或消费者应不分年龄、性别、民族、信仰、职业、地位、贫富，一视同仁。

3. 依法执业，质量第一 执业药师应当遵守药品管理法律、法规，恪守职业道德，依法独立执业，确保药品质量和药学服务质量，科学指导用药，保证公众用药安全、有效、经济、适当。

4. 进德修业，珍视声誉 执业药师应当不断学习新知识、新技术，加强道德修养，提高专业水平和执业能力；知荣明耻，正直清廉，自觉抵制不道德行为和违法行为，努力维护职业声誉。

5. 尊重同仁，密切协作 执业药师应当与同仁和医护人员相互理解，相互信任，以诚相待，密切配合，建立和谐的工作关系，共同为药学事业的发展和人类的健康奉献力量。

（三）国际药师制度的发展及药师职业道德简介

1. 国际药师制度的发展概况 当前，国际药师制度正处于快速发展的阶段。几乎所有的经济合作与发展组织（OECD）所属国家人均拥有药师数在近20年里都得到了较大幅度的增长。1990年~2007年间，OECD国家每年药师数量的增长率平均值为1.8%，其中西班牙为6.3%，居于首位，日本居第二位，达4%；药师准入标准也在不断地提高，如2006年日本修订法律将药学教育由4年制改为了6年制；药师专业能力日益被重视，医药协作不断显现优势。近些年，国际上在提升药师职业形象、药学服务能力以及价值认同等方面做了许多建设性工作。药师在提供专业化和多元化药学服务中的作用不断被公众认可，以患者为中心的药学服务已成为全球药师共同追求的目标，实现全程化的药学服务是全体药师应承担共同的责任；欧美发达国家传统上就实施医药分业，药师在安全、合理用药和提升健康生活品质方面都表现出专业优势，受到公众信赖和支持，使社会药房专业功能逐渐增强。在英国超过70%的药师在社会药房，社区药房在社会健康体系中被确定为是提供健康服务区域，而不是简单的销售药品的地方。

世界上部分国家和地区药师制度的主要特点为：

（1）普遍重视立法，规范药师管理 绝大多数国家和地区都制定颁布了《药师法》、《药房法》或相关的药师管理法律，并形成了一整套较完备的规范药师准入、注册、继续教育和执业行为的法律体系。

（2）执业准入标准普遍较高 药师的执业行为与公众健康密切相关，因此绝大多数国家和地区提高了药师的执业准入标准，要求学历几乎全部为药学本科以上，且不允许相关专业报考药师，仅限于药学专业报考。

（3）普遍重视实践技能培养，强调注册前实习和培训 国际上对药师准入的要求，一般不要求具体工作年限，都是毕业后可以直接申请报考，但对注册的药师都特别注重执业注册前的实习培训。几乎所有国家都要求药师注册前应在具有一定资质的执业药师指导下完成一定学时的学习。

（4）药师普遍都被强制要求参加继续教育，以保持和不断提高其业务水平。另一方面也注重继续教育内容的实用化和方式的多样化。

（5）国际上药师普遍具有较高的社会认可度和地位，深受公众信任与尊敬。

2. 国际药师职业道德简介 2004 年 9 月，国际药学联合会批准发布了《药师道德准则的职业标准》，明确提出了药师的作用、基本义务和责任，使各国药师协会制定各自的职业道德准则，指导药师与患者、与其他相关职业的人员、与社会的关系。具体内容如下。

第一，各国药师协会应当制定药师道德准则，规定其职业义务，并制定相应措施保证药师遵守准则。

第二，在各国制定的药师道德准则中，药师的义务应包括：

（1）合理、公平地分配现有的健康资源；

（2）保证服务对象的安全、健康和最大利益，并以诚相待；

（3）与其他卫生工作人员合作，确保向患者和社会提供可能的最佳卫生质量；

（4）鼓励并尊重患者参与决定用药品的权利；

（5）承认和尊重文化差异、患者信仰和价值，尤其在其可能影响到患者对治疗的态度时；

（6）尊重和保护在提供专业服务中获得信息的保密性，保证患者的个人资料不外泄，除非有患者的知情同意或例外的情况下；

（7）不符合职业标准和科学原则；

（8）诚实、正直地与其他卫生专业人员协作，包括药学同行，不作出任何可能损坏职业名誉或破坏公众对职业信任的事情；

（9）通过继续教育，保证知识和技术的更新；在提供专业服务和药品时，遵守法律、认可的实践条例和标准，仅从有信誉的来源购买药品，确保药品供应链的可靠；

（10）确保所委托的协助人员具备有效充分地承担该工作的能力；

（11）保证向患者，其他公众和卫生工作人员提供正确、客观的信息，并确保其被理解；

（12）以礼貌、尊重的态度对待寻求服务的人；

（13）在与个人道德信仰发生冲突或药房停业时，保证继续提供专业服务。在发生劳动纠纷时，也要尽力保证公众能继续获得药学相关服务。

拓展阅读

英国药师管理制度

英国具有完善的国民医疗保健体系（National Health Service，NHS），NHS 体系面向全体英国公民免费提供医疗卫生服务，并拥有“世界上最好的医疗体系之一”的药师，以及较为完备的药师管理制度和管理理念，现行的《药房法》对药师的注册条件、注册程序、注册前培训、药品的管理与调配、药师职业标准和伦理等方面做出相应的规定。英国所有药学院基本上都采用统一的学制，即四年本硕连读，英国的本科一般是3年，硕士是1年，实习1年才有资格去申请注册药师，此制度即俗称的“4 +1”。药师与药房技术员执业必须注册，而且执行“滚动式注册”。在注册前，申请注册者应当完成为期52周的预注册培训计划。每个药师或药房技术人员必须参加继续教育，不管其在什么岗位上工作，接受继续教育都是一致的。药师的主要职能是临床检查，处方药未经药师审核不能发药。英国药师分为社区药师、医院药师、基础保健药师、工业领域药师、学术领域药师、其他领域（比如军事领域等）六个方面药师。

六、现行主要相关法规

除《中华人民共和国药品管理法》（2015 年 4 月 24 日第十二届全国人民代表大会常务委员会第十四次会议修正）、《中华人民共和国药品管理法实施条例》（2002 年 8 月 4 日颁布）外，现行主要相关法规如下：

1.《执业药师资格制度暂行规定》（人发〔1999〕34 号）。
2.《执业药师资格考试实施办法》（人发〔1999〕34 号）。
3.《执业药师注册管理暂行办法》（国药管人〔2000〕156 号）。
4. 关于《执业药师注册管理暂行办法》的补充意见（国食药监人〔2004〕342 号）。
5. 关于《执业药师注册管理暂行办法》的补充意见（食药监人函〔2008〕1 号）。
6.《执业药师继续教育管理试行办法》（国药协发〔2015〕8 号）。
7.《执业药师业务规范（试行）》（食药监执〔2015〕29 号）。

任务对接

任务	知识能力要求
药学技术人员配备	熟悉药品生产企业、经营企业、医疗机构药学技术人员配备的资质要求
药学职称考试	（1）熟悉药学职称的分类 （2）熟悉全国卫生专业技术资格（初、中级）考试的报名条件、考试内容、报名流程 （3）能够运用相关网站进行药师考试的网上报名
执业药师管理	（1）掌握执业药师资格考试政策、报名条件、考试内容 （2）掌握执业药师注册、继续教育管理 （3）执业药师的职责、职业道德准则以及服务规范 （4）能够运用相关网站进行执业药师资格考试的网上报名及执业药师注册网上申报办理。

目标检测

一、A 型题（最佳选择题）

1.《执业药师资格证书》的有效范围是（　　）
A. 在全国范围内有效
B. 在颁发机关所在省份内有效
C. 在取得者的身份证发放地有效
D. 在取得者的执业所在地有效
E. 在取得者长期居住所在的省份有效

2. 执业药师资格注册机构为（　　）
A. 国家药品监督管理部门
B. 国家人力资源和社会保障部门
C. 省、自治区、直辖市药品监督管理部门
D. 省、自治区、直辖市人力资源和社会保障部门

E. 省级、地市级、县级药品监督管理部门

3. 申请执业药师注册的条件不包括（　　）

A. 取得《执业药师资格证书》

B. 经执业单位同意

C. 从事药品调剂工作

D. 身体健康，能坚持在执业药师岗位工作

E. 遵纪守法，遵守药师职业道德

4. 执业药师欲变更执业地区，应当（　　）

A. 直接到新地区执业，不需办理注册手续

B. 办理变更注册手续

C. 办理注销注册手续

D. 办理再注册手续

E. 重新申请执业药师资格考试

5. 执业药师继续教育实行（　　）

A. 备案制度　B. 考试制度　C. 注册制度　D. 登记制度　E. 考核制度

6. 执业药师注销注册的情形不包括（　　）

A. 因健康或其他原因不能从事执业药师业务的

B. 受刑事处罚的

C. 被吊销《执业药师资格证书》的

D. 变更执业范围的

E. 死亡或被宣告失踪的

二、B 型题（配伍选择题）

［7～10］

A. 应当具有大学专科以上学历或者中级以上专业技术职称

B. 大学本科以上学历、执业药师资格和 3 年以上药品经营质量管理工作经历

C. 应当具有执业药师资格和 3 年以上药品经营质量管理工作经历

D. 应当具有药学中专或者医学、生物、化学等相关专业大学专科以上学历或者具有药学初级以上专业技术职称

E. 应当具有高中以上文化程度

7. 药品批发企业负责人应是（　　）

8. 药品批发企业质量管理部门负责人（　　）

9. 药品批发企业质量负责人应是（　　）

10. 药品批发企业从事质量管理工作的人员（　　）

［11～13］

A. 应当具备执业药师资格

B. 应当具有药学或者医学、生物、化学等相关专业学历或者具有药学专业技术职称

C. 应当具有中药学专业中专以上学历或者具有中药学初级以上专业技术职称

D. 应当具有高中以上文化程度或者符合省级药品监督管理部门规定的条件

E. 大学本科以上学历、执业药师资格和 3 年以上药品经营质量管理工作经历

11. 药品零售企业质量管理、验收、采购人员（　　）

12. 药品零售企业营业员（　　）

13. 药品零售企业负责处方审核，指导合理用药的人员（　　）

三、X 型题（多项选择题）

14. 不得申请参加药学专业技术资格考试的情形有（　　）

A. 医疗事故责任者未满 3 年

B. 医疗差错责任者未满 1 年

C. 受到行政处分者在处分时期内

D. 伪造学历或考试期间有违纪行为未满2年

E. 省级卫生行政部门规定的其他情形

15. 药学高级职称指的是（　　）

A. 主任药师　B. 副主任药师　C. 主管药师　D. 药师　E. 药士

16. 关于执业药师注册规定的说法，正确的有（　　）

A. 执业药师注册证的有效期为5年

B. 因健康原因不能从事执业药师业务的，应办理注销注册手续

C. 执业药师变更执业范围，应办理变更注册手续

D. 执业药师应按照注册的执业类别、执业范围从事执业活动

E. 执业药师执业的单位包括医药院校、科研单位、药品检验机构

四、简答题

1. 我国执业药师职业道德准则的具体内容是什么？
2. 我国执业药师服务规范的主要内容是什么？
3. 执业药师的具体职责有哪些？

实训3-1　药师与执业药师网上报名

【实训目的】

1. 熟悉药师、执业药师报名网站。

2. 学会运用相关网站进行药师、执业药师网上报名。

【实训要求】

1. 登陆中国卫生人才网，查找本年度考试的相关公告，能够正确使用网上报名系统并能准确填写报名信息，完成药师资格考试的网上报名。

2. 登陆中国人事考试网，完成国家执业药师资格考试的网上报名。

【实训内容】

一、 药师网上报名

1. 登陆中国卫生人才网，查找本年度卫生考试安排通知，找到网上预报名时间段，考试时间。

2. 查找考生报名操作指导。通过“全国卫生专业技术资格考试（中初级）”考试专区查找考生报名操作指导。

3. 熟悉网上报名系统。登陆中国卫生人才网，通过“考生入口”进入报名页面。点击“全国卫生专业技术资格考试（中初级）网上报名入口”，进入“网上报名系统”。在报名通道开启的情况下，录入、检查并保存报名信息。

4. 查找考场规则。返回中国卫生人才网首页，通过“考生入口”查找考场规则。

二、国家执业药师资格考试的网上报名

1. 登陆中国人事考试网，下载“照片处理工具”。

2. 准备一张1寸标准证件片，按照要求，对照片进行审核。

3. 登陆中国人事考试网，进行注册。

4. 在各地区报名通道开启的情况下，进入报名系统，录入、检查并保存报名信息。

【实训评价】

教师根据学生工作态度、网上报名的完成情况实施评价。

实训 3-2　执业药师现状及地位调研

【实训目的】

通过对执业药师现状及地位的调研，进一步了解我国执业药师资格制度的实施情况，锻炼学生分析、解决问题的能力和团队合作精神，强化执业药师的服务意识，为今后能够依法执业打下基础。

【实训要求】

将全班分成3个组，通过发放问卷、实地考察或网络、报刊、书籍等分别调查药品生产企业、药品经营企业以及医疗机构中执业药师的现状及地位，在此基础上撰写专题调研报告，并制作PPT进行汇报交流。

【实训内容】

一、调研准备

1. 将全班分成3个组，抽签决定每组的调研对象（药品生产企业、药品经营企业或医疗机构）。

2. 根据调研内容，各小组提前查阅、熟悉执业药师管理的相关规定。

3. 拟出调研提纲。

4. 通过教师帮助或自行联系当地药品生产企业、药品经营企业或医疗机构。

5. 准备好身份证明、介绍信、笔记本、调查问卷等。在单位允许的情况下，必要时可准备录像、录音、照相设备。

二、调研内容

1. 通过问卷、实地考察或网络、报刊、书籍等分别调查药品生产企业、药品经营企业以及医疗机构中执业药师的现状及地位。

2. 调研的内容包括各类单位对执业药师需求情况、实际配备执业药师的情况、执业药师岗位设置、执业药师的素质、执业药师作用的发挥情况、执业药师自我满意度，社会认可度以及参加继续教育情况等。

三、调研报告

1. 学生进行组内交流讨论，对完善我国执业药师制度以及如何更好的发挥执业药师的作用提出看法。

2. 将调研结果汇总，撰写专题调研报告。

3. 制作PPT，每组派1～2名代表进行汇报交流。

【实训评价】

教师根据学生调研工作态度、调研报告撰写质量以及PPT制作汇报情况实施评价。

（余　虹）

项目 4

药品与药品管理认知

学习目标

知识要求 **1. 掌握** 药品的概念及基本特征、药品标准；药品与假药、劣药的定义；药品不良反应的概念及分类。

2. 熟悉 处方药和非处方药的相关规定；药品不良反应报告和监测的相关规定。

3. 了解 基本药物、医保药品、药品召回等制度的相关规定。

技能要求 1. 能正确辨识合格药品和假劣药品，区分药品和非药品；

2. 能正确区分处方药和非处方药、甲类非处方药和乙类非处方药；

3. 能按照药品不良反应报告和处置的程序进行药品不良反应报告的处理。

任务 4－1 药品辨识

案例导入

案例：王某，70 岁，患有糖尿病多年，一直在服用某药厂生产的降糖宁胶囊。王某反映，2013 年 7 月份买的该药品效果很好，但是同年 8 月份买的该药品效果就没有那么好。经某药品检验所检验，发现 7 月份的该药品胶囊中添加了格列本脲（采用了补充标准），而 8 月份该药品没有检出格列本脲。

讨论：1. 该药品是假药还是劣药？处罚有哪些程序和要求？

2. 相关检验部门在检验过程过程中应注意哪些问题？

一、药品的概念

《药品管理法》规定，药品是指用于预防、治疗、诊断人的疾病，有目的地调节人的生理功能并规定有适应症或者功能主治、用法和用量的物质，包括中药材、中药饮片、中成药、化学原料药及其制剂、抗生素、生化药品、放射性药品、血清、疫苗、血液制品和诊断药品等。

这一药品定义包含如下含义：①其使用目的和使用方法是区别药品和食品、保健食品、化妆品、医疗器械等其他物质的基本点。当人们为了预防或治疗疾病，需遵照医嘱或说明书，按照一定方法使用某种物质，达到治疗、预防和诊断人的某种疾病的目的或有目的地调节某些生理功能时，该物质被称为药品。而食品、保健食品、化妆品、医疗器械等物质的使用目的显然与药品不同，使用方法也不完全相同。②明确了《药品管理法》所监督管理的是人用药品，而兽用药等不在《药品管理法》的监督管理范围之内。③该定义明确了药品包括传统药（中药材、中药饮片、中成药）和现代药（化学药品等），其中化学原料药、中药材等物质虽然没有规定用于治疗疾病的用法、用量，但也作为药品管理。

二、药品的特殊性

药品作为一种特殊商品，它既具有一般商品的特征，但同时药品还具有专属性、两重性、质量的重要性、时限性等特殊的性质。药品的特殊性决定了药品在质量的判别上只有合格品与不合格品（即假药、劣药）的之分，而没有优等品、一等品等之分。依据药品有关法律的规定，只有质量合格的药品才会被允许生产、流通和使用。药品主要具有以下四个特殊性。

（一）专属性

药品的专属性表现在对症治疗，患者患什么病，才能用什么药，不能像一般商品，彼此之间可以互相替代。

（二）两重性

药品的两重性是指药品在防病治病的同时，也会发生不良反应，如：副作用、毒性反应、继发性反应、后遗效应、特异性反应、变态反应、三致反应等。

因此药品管理有方，使用得当，可以治病；反之，则可致病，甚至致命。例如盐酸哌替啶，使用合理时是镇痛良药，如管理不善，滥用就会成瘾，就会给社会带来不安定因素。

药品使用强调安全有效，安全是前提，有效是期望。因此对药品宣传应实事求是，科学严谨，不能言过其实，要指出使用时可能出现的副作用和不良反应，用药过量会发生危险，所以为了安全，药品必须规定其安全剂量。

（三）质量的重要性

药品是直接关系到人们的身体健康甚至生命存亡，是治病救人的特殊商品，因此，其质量容不得有半点马虎，只有符合法定质量标准的药品才能保证疗效。因此药品只能是合格品，不能像其他商品一样有等级品、等外品和次品等。为此，国家制订了严格的药事管理法律法规，对药品实行严格地监督管理，并制订和颁布了国家药品标准，规定了严格的检验制度。

《药品管理法》规定，所有不合格药品不得出厂、不准销售、不准使用。

（四）时限性

人们只有防病治病或诊断疾病时才需用药，但药品生产、经营企业平时就应有适当储备。只能药等病，不能病等药；另外，药品均有有效期，一旦过了有效期，即报废销毁；国家对药品实行储备制度，如有些药品用量少，效期短，宁可到期报废，也要有所储备；有些药品即使无利可图，也必须保证生产、供应。

在以上特性中，最重要的是质量的重要性。作为药品，质量出不得任何差错，一旦出现质量问题，就可能危害到人民的生命安全。因此在生产过程中，要严格控制药品质量，把可能影响产品质量的风险因素在生产过程中做到控制到最低。

三、药品的质量特性要求

药品的质量特性是指药品满足预防、治疗、诊断人的疾病，有目的地调节人的生理功能的要求有关的固有特性。一般常指药品的有效性、安全性、均一性和稳定性。

（一）有效性

指在规定的适应症、用法和用量的条件下能满足预防、治疗、诊断人的疾病，有目的地调节人的生理功能的要求。疗效确切，适应症肯定，是药品质量根本的要求，是药品的基本特征。若对防治疾病没有效，则不能成为药品。有效性也必须在一定的前提条件下，即有一定的适应症和用法、用量。我国对药品的有效性按在人体能达到所规定的效应程度分为“痊愈”、“显效”、“有效”。

（二）安全性

指按规定的适应症和用法、用量使用药品后，人体产生毒副反应的程度。大多数药品均有不同程度的毒副反应，因此，只有在衡量有效性大于毒副反应或可解除、缓解毒副作用的情况下才可使用某种药品。假如某物质对防治、诊断疾病非常有效，但是对人体可能存在致癌、致畸、致突变，甚至致死，那么该物质仍不能作为药品。

（三）均一性

指药物制剂的每一单元产品都必须符合有效性、安全性的规定要求，主要表现为物理分布方面的特性，是制剂过程中形成的固有特性。因人们的用药剂量一般与药品的单位产品（如一片药、一包冲剂、一粒胶囊等）有密切关系，特别是有效成分在单位产品中含量很少的药品，若含量不均一，则可能等于没有用药，或用量过大而使患者中毒，甚至危害人民生命安全。

（四）稳定性

指药品在规定的条件下，能够保持其有效性和安全性的能力。这里所说的规定的条件是指在规定的有效期内，以及生产、贮存、运输和使用中达到标准规定的条件。某些物质虽具有预防、治疗、诊断疾病的有效性和安全性，但如其极其容易变质，非常不稳定，采取了目前可能采取的有效措施仍不能保证其在运输、贮存、使用过程中的质量，则该物质不能作为药品流入医药市场。

保证药品的质量即保证药品的安全性、有效性、均一性、稳定性。这样方可部分有效地防止药品不良反应、药源性疾病的发生。

四、药品标准

（一）药品标准的定义

药品标准是指对药品的质量指标、生产工艺和检验方法所作法定的技术要求和规定，内容包括药品的名称、成分或处方的组成；含量测定及其检查、检验方法；制剂的辅料；允许的杂质及其限量要求以及药品的作用、用途、用法、用量；注意事项；贮藏方法等。是药品生产、供应、使用、检验和管理部门共同遵循的法定依据；凡正式批准生产的药品、辅料和基质以及商品经营的中药材，都应制定标准。

其他商品可以从外观、性能来判断其质量好坏，而药品一般情况下，外观难以反映其内在质量。如想知道药品是否合格只能依靠药品标准检验，药品标准是衡量、检验、确定某个药品是否合格的法定的技术依据，在药品质量管理中具有非常重要的作用。

（二）药品标准的分类

药品标准分为法定标准和企业标准两种。法定标准属于强制性标准，无法定标准和达不到法定标准的药品意味着其质量不能符合国家对其安全性、有效性和质量可控性的认可，即被称为不符合法定要求的药品，因而不得作为药品生产、销售和使用。

法定标准主要指国家药品标准，如《中国药典》、部颁标准、注册标准等。《药品管理法》规定：国务院药品监督管理部门颁布的《中华人民共和国药典》和药品标准为国家药品标准。国家药品标准包括《中华人民共和国药典》及其增补本，经国家食品药品监督管理总局批准的药品注册标准和颁布的其他药品标准，以及与药品质量指标、生产工艺和检验方法相关的技术指导原则和规范。

《中华人民共和国药典》（简称《中国药典》），由国家药典委员会编撰，由国家食品药品监督管理总局颁布。《中国药典》是国家为保证药品质量、保护人民用药安全而制定的法典。新中国成立以来，先后颁布《中国药典》十版，即1953年版、1963年版、1977年版、

1985 年版、1990 年版、1995 年版、2000 年版、2005 年版、2010 年版、2015 年版。

药品注册标准，是指国家食品药品监督管理总局批准给申请人特定药品的标准，生产该药品的药品生产企业必须执行该注册标准。药品注册标准不得低于《中国药典》的规定。国家食品药品监督管理总局颁布的药品标准是指未列入《中国药典》而由国家食品药品监督管理总局颁布的药品标准，以及与药品质量指标、生产工艺和检验方法相关的技术指导原则和规范。

制药企业为确保本企业生产的药品每一批都能保证质量稳定均一并能达到国家药品标准的要求，均制定出本企业内控的药品质量标准，即企业标准。企业标准往往是在国家药品标准基础上建立的更为严格的质量控制指标。

好的药品质量标准应能控制药品的内在质量。药品标准受到技术水平的限制，因此需要根据技术发展情况不断进行修改。

拓展阅读

2015 年版《中国药典》

2015年版《中华人民共和国药典》（以下简称2015年版《中国药典》），即新中国成立以来的第10版药典，历时近5年的编制，于2015 年12月1日正式实施。2015年版《中国药典》分四部，收载品种共计5608 个。一部中药收载品种总数2598个，其中新增品种440个，修订品种517个，不收载品种7个。二部化学药收载品种总数2603个，其中新增品种492个，修订品种415个，不收载品种28个。三部生物制品收载品种总数137个，其中新增品种13个，修订品种105个；新增生物制品通则1个、生物制品总论3个；不收载品种6个。四部收载通则（附录）总数317个，其中整合和修订一部、二部、三部制剂通则38个，检测方法附录278个，新增检测方法18 个、指导原则15个；收载辅料品种总数270个，其中新增137个，修订97个，不收载2个。

五、假劣药品的法律规定

《药品管理法》第四十八条、第四十九条对假药、劣药做出了具体规定。

1. 假药 有下列情形之一的，为假药：①药品所含成分与国家药品标准规定的成分不符的；以非药品冒充药品或者以他种药品冒充此种药品的。

有下列情形之一的药品按假药论处：①国务院药品监督管理部门规定禁止使用的；②依照本法必须批准而未经批准生产、进口，或者依照本法必须检验而未经检验即销售的；③变质的；④被污染的；⑤使用依照本法必须取得批准文号而未取得批准文号的原料药生产的；⑥所标明的适应症或者功能主治超出规定范围的。

2. 劣药 药品成分的含量不符合国家药品标准的，为劣药。有下列情形之一的药品，按劣药论处：①未标明有效期或者更改有效期的；②不注明或者更改生产批号的；③超过有效期的；④直接接触药品的包装材料和容器未经批准的；⑤擅自添加着色剂、防腐剂、香料、矫味剂及辅料的；⑥其他不符合药品标准规定的。

拓展阅读

中药材采用硫黄熏蒸问题

《关于对中药材采用硫黄熏蒸问题的函复》（食药监市函{2004}137号）规定"对于在市场流通领域的部分中药材和中药饮片（山药除外），通过采用硫黄熏蒸或浸泡达到外观漂白的行为，应按违反《药品管理法》第四十九条、第七十五条的规定进行查处"。《中国药典》2000年版中规定只有山药可以采用硫黄熏蒸。2005年版删除了山药加工中使用硫黄熏蒸的方法。《中国药典》2010年版第二增补本首次对中药材及饮片二氧化硫残留限量标准进行了明确规定："除了矿物来源的中草药材，中药材及饮片中亚硫酸盐残留量不得超过150mg/kg。山药、牛膝、粉葛、天冬、天麻、天花粉、白及、白芍、白术、党参等10种中药材及其饮片中亚硫酸盐残留量不得超过400mg/kg。"《中国药典》2015年版以常用的饮片为例，增加了山药和葛根的二氧化硫检测。

六、药品与假劣药辨识

（一）合格药品和不合格药品（假药或劣药）的区分

1. 从外观进行甄别 正规药品其标签或者说明书上必须注明药品的通用名称、成分、规格、生产企业、批准文号、产品批号、生产日期、有效期、适应症或者功能主治、用法、用量、禁忌、不良反应和注意事项。如没有药品批准文号、进口药品注册证号、医药产品注册证号但冒充药品，则为假药；有效期没有标明或者更改，显示已经过期，找不到生产批号或明显有涂改，则为劣药。另外可以看性状，如糖衣片出现花斑或者裂片；胶囊出现条状物；糖浆剂出现瓶口长霉；以上至少可以判断为劣药，至于是否为假药，则需按标准检验以后才能确定。

2. 信息查询 到国家食品药品监督管理总局的数据库（http：/appl. sfda. gov. cn/datasearch/face3/dir. html）查询核对该药品的信息通过比对，如与数据库中关于药品信息、生产厂家信息有无或不符则为假药或劣药。另外可以搜索各级药品监督管理部门发布的假劣药品信息公告，看是否为公布的假劣药品。

3. 内在质量甄别 通过肉眼，很难观察药品所含成分是否与国家标准相符，需要由企业质检部门或药品检验部门进行分析，以判定是否为合格药品或不合格药品（假药或劣药）。特别是发现白色片剂出现发霉、发黄，或者大小不一，口服液出现浑浊，或有絮状物等现象，更应该将该药品送检。

根据《药品管理法》，如对假药或劣药进行处罚，要药品检验机构的质量检验结果；但是《药品管理法》第四十八条第三款第（一）、（二）、（五）、（六）项和第四十九条第三款规定的情形除外。

（二）药品与非药品的区分

非药品冒充药品出售、非药品被消费者当成药品购买、使用是药品市场常见的乱象之一。所谓非药品，是指在法律上没有被批准为药品，但却在产品的标签、说明书中宣称具有功能主治、适应症或者明示暗示预防疾病、治疗功能、药用疗效或者采用与药品名称相同或名称类似的产品。这些非药品虽然外观、宣传与药品类似，却不是药品，不能当成药品使用。非药品的范围比较广，如医疗器械、食品、保健食品、化妆品、消毒品等。正确区分药品，可以从以下三个方面加以识别。

1. 看标签、说明书 药品的概念决定了药品是一种能够针对疾病发挥特定的预防、治疗、诊断功能，而且必须是明确了功能主治或者适应症、用法和用量的物质。药品的标签、说明书上标明的所有事项，是按照国家药品标准的规定且须经国家药品监管部门批准后才能进行标注。而保健食品、医疗器械、化妆品、食品等产品，不得在其标签或说明书中有宣称具有功能主治、适应症或含有预防疾病、治疗功能等。

2. 看药品批准文号 根据《药品管理法》的规定，除部分中药材和中药饮片外，药品都应有药品批准证明文件，国产药品实行药品批准文号管理，进口药品需要取得《进口药品注册证》或《医药产品注册证》。因此，除未实施批准文号管理的部分中药材、中药饮片外，商品上如果有合法的药品批准文号、《进口药品注册证》或《医药产品注册证》，就可以确定是药品，否则就是非药品。事实上，部分非药品也实施文号管理，格式繁多，因此要区分药品与非药品，最重要的是知道如何确定药品。

（1）药品批准文号格式 国药准字 +1 位字母 +8 位数字，试生产药品批准文号格式：国药试字 +1 位字母 +8 位数字。化学药品使用字母“H”，中药使用字母“Z”，通过国家药品监督管理局整顿的保健药品使用字母“B”，生物制品使用字母“S”，体外化学诊断试剂使用字母“T”，药用辅料使用字母“F”，进口分包装药品使用字母“J”。数字第 1、2 位为原批准文号的来源代码，其中“10”代表原卫生部批准的药品，“19”、“20”代表 2002 年 1 月 1 日以前国家药品监督管理局批准的药品，其它使用各省行政区划代码前两位的，为原各省级卫生行政部门批准的药品。第 3、4 位为换发批准文号之年公元年号的后两位数字，但来源于卫生部和国家药品监督管理局的批准文号仍使用原文号年号的后两位数字。数字第 5 至 8 位为顺序号。

（2）保健食品批准文号 国产保健食品注册号格式为：国食健注 G +4 位年代号 +4 位顺序号；进口保健食品注册号格式为：国食健注 J +4 位年代号 +4 位顺序号。

（3）消毒剂、消毒器械批准文号 消毒剂、消毒器械批准文号的格式为：卫消字（年份）第××××号；进口的消毒剂、消毒器械批准文号的格式为：卫消进字（年份）第××××号

（4）化妆品批准文号格式 国产特殊用途化妆品批准文号格式：“国妆特字 G + 年份 + 四位顺序号”或“卫妆特字 +（年份）第 + 顺序号”。进口化妆品批准文号格式：“国妆特进字 J + 年份 + 四位顺序号”或“卫妆进字 +（年份）第 + 顺序号”，“国妆备进字 J + 年份 + 四位顺序号”或“卫妆备进字 +（年份）第 + 顺序号”。

（5）《医疗器械注册管理办法》第七十六条规定，医疗器械注册证号编排方式为：×1 械注 ×2 ××××3 ×4 ××5 ××××6。

其中：×1 为注册审批部门所在地的简称（境内第三类医疗器械、进口第二类、第三类医疗器械为“国”字；境内第二类医疗器械为注册审批部门所在地省、自治区、直辖市简称；）×2 为注册形式：“准”字适用于境内医疗器械；“进”字适用于进口医疗器械；“许”字适用于香港、澳门、台湾地区的医疗器械；××××3 为首次注册年份；×4 为产品管理类别；××5 为产品分类编码；××××6 为首次注册流水号。延续注册的，××××3 和××××6 数字不变。产品管理类别调整的，应当重新编号。

3. 进行数据查询 国家食品药品监督管理总局网站提供了强大的数据查询功能。所有在市场上销售的药品，都应是获得国家药品监督管理部门正式上市许可的药品，数据库会进行及时更新，因此在该数据库药品栏查询到的，且药品名称、批准文号、生产厂家等相关信息都正确无误的，可以初步确认为合格药品。反之，在该数据库药品栏查不到的，则

可能是假药。其他属于国家食品药品监督管理部门监管的产品，如保健食品、医疗器械、化妆品也可以通过该功能查询。

拓展阅读

2015 年广西食品药品十大典型案例

2016年1月26日，广西壮族自治区食品药监督管理局和广西壮族自治区公安厅联合召开新闻发布会，向社会公布了2015年查处的食品药品违法案件中案情复杂、涉案金额较高、社会影响恶劣、具有警示作用的食品药品“十大典型案例”，包括：玉林市华济中药饮片有限公司生产、销售假劣药品及未按照规定实施《药品生产质量管理规范》案；玉林市祥生中药饮片有限公司生产、销售假劣药品及未按照规定实施《药品生产质量管理规范》案；广西健一药业有限责任公司中药饮片加工厂生产、销售假劣药品及未按照规定实施《药品生产质量管理规范》案；广西圣康新药特药销售有限责任公司中药饮片分公司生产、销售假劣药品及未按照规定实施《药品生产质量管理规范》案；桂林兴达药业有限公司生产、销售假劣药品银杏叶片案；南宁市韦某某等生产、销售不符合安全标准的食品案；钦州市陈某、符某某等生产销售有毒有害狗肉案；柳州市桂坤酒厂、柳州市德顺酒厂生产销售有毒有害食品案；贵港市峡山酒厂有限责任公司、火烧天酒业有限公司生产销售有毒有害食品案；玉林市廖某某、陈某某等人生产、销售假药案。

七、现行主要相关法律法规

除《中华人民共和国药品管理法》（2015 年 4 月 24 日第十二届全国人民代表大会常务委员会第十四次会议修正）、《中华人民共和国药品管理法实施条例》（2002 年 8 月 4 日颁布）外，现行主要相关法规如下：

1.《医疗器械注册管理办法》（国家食品药品监督管理总局令第 4 号，自 2014 年 10 月 1 日起施行）。

2.《保健食品注册与备案管理办法》（国家食品药品监督管理总局令第 22 号，自 2016 年 7 月 1 日起施行）。

任务 4－2　处方药与 OTC 分类管理

案例导入

案例：张某，男，25 岁，因感冒，2016 年 7 月 5 日早晨 8 点自行去住宅隔壁一家药店购买了阿莫西林胶囊，他以前感冒一直在用阿莫西林胶囊，没有出现不良反应，但是这次他 8 点 30 分服用 2 粒（规格 0. 25g），1 小时后出现了胳膊、腹部大面积地长满了皮疹，奇痒无比，因此他到药店找老板协调赔偿，未果。

讨论：1. 该药店能否销售阿莫西林胶囊给张某？

2. 张某该怎么维权？法律依据是什么？

一、处方药与非处方药的定义

处方药是指必须凭执业医师或助理执业医师处方才可调配、购买和使用的药品（简称 R_X）。

非处方药是指不需要执业医师或执业助理医师处方即可自行判断、购买和使用的药品。在国外又称之为“可在柜台上买到的药物”（over the counter）简称 OTC，此已成为全球通用的俗称。

其实处方药和非处方药并不是药品本有的属性，而是管理上的界定。它并不是终身制，而是随着用药变化，其安全性、有效性息息相关的。《药品管理法》第三十七条规定：国家对药品实行处方药和非处方药分类管理制度。无论是处方药，还是非处方药，都必须经过国家食品药品监督管理部门批准，其安全性和有效性是有保障的。

二、药品分类管理的目的

实施药品分类管理符合我国现阶段社会和经济发展的实际需要，是保障人民用药安全有效的监管措施之一，通过制定相应的法律法规，逐步遏制过去不合理的用药行为，改变药品自由销售状况，引导广大患者正确、合理地使用药品。通过实施药品分类管理，可有效加强处方药的监督管理，防止患者因自我行为不当，导致用药错误、药物滥用甚至危及健康。另一方面，通过规范对非处方药的管理，引导患者科学、合理地进行自我保健。

药品分类管理的核心是要加强处方药的管理，规范非处方药的管理，减少不合理用药现象的发生，切实保证人民用药的安全有效。

三、处方药与非处方药分类管理的管理要点

（一）我国实行处方药与非处方药分类管理制度

2000 年 1 月 1 日起开始实施的《处方药与非处方药分类管理办法（试行）》是我国实行处方药与非处方药分类管理的标志文件。自办法实施以来，我国一直在实行，且在 2001 年 12 月 1 日实施的《药品管理法》第三十七条做出了明确规定。自此，药品分类管理制度以法律的形式确立下来。

（二）处方药与非处方药的分类依据

《处方药与非处方药分类管理办法》规定：“根据药品品种、规格、适应症、剂量及给药途径不同，对药品分别按处方药与非处方药进行管理”。《药品管理法实施条例》规定，国家根据非处方药品的安全性，将非处方药分为甲类非处方药和乙类非处方药。

（三）非处方药的目录遴选

国家食品药品监督管理总局负责非处方药目录的遴选、审批、发布和调整工作。自 1999 年首批非处方药目录根据“应用安全、疗效确切、质量稳定、使用方便”的遴选原则，由医药学专家从我国已上市药品中遴选出，由国家食品药品监督管理总局公布以来，国家药品监督管理部门多次组织专家进行非处方药品遴选筛查，截止到 2004 年，相继公布了六批非处方药目录，被列入目录品种总计有 4462 个，其中化学药品 954 个，中成药 3484 个，基本完成了对上市药物进行了处方药与非处方药的分类。

从 2004 年起，我国实施处方药与非处方药转换评价工作，并对非处方药目录的遴选实行动态管理，至 2014 年底，已有约 600 多种处方药转换为非处方药，同时，也将不符合非处方药分类标准的药品重新确定为处方药，如盐酸麻黄碱滴鼻液在 2001 年被遴选为非处方药，在 2008 年根据《反兴奋剂条例》和《关于开展处方药与非处方药转换评价工作的通知》又被转换回处方药。

（四）非处方药的标签、说明书、包装、警示语规定

非处方药标签和说明书除符合规定外，用语还应当科学、易懂，便于消费者自行判断、选择和使用。非处方药的标签和说明书必须经国家食品药品监督管理总局批准。非处方药的包装必须印有国家指定的非处方药专有标识，必须符合质量要求，方便储存、运输和使用。

进入药品流通领域的处方药和非处方药，其相应的警示语和忠告语由生产企业醒目地印制在药品包装或药品使用说明书上。如处方药：凭医师处方销售、购买和使用！甲类非处方药、乙类非处方药：请仔细阅读药品使用说明书并按说明书使用或在药师指导下购买和使用。

（五）非处方药专有标识规定

非处方药专有标识由国家食品药品监督管理总局公布，经营非处方药的企业非处方药专有标识时，须按国家食品药品监督管理总局公布的坐标比例和色标要求使用。

非处方药专有标识图案分为红色和绿色，红色专有标识用于甲类非处方药，绿色专有标识用于乙类非处方药。

绿色专有标识用于乙类非处方药药品和使用非处方药专有标识时，药品的使用说明书和大包装可以单色印刷，标签和其他包装必须按照国家食品药品监督管理总局公布的色标要求印刷。单色印刷时，非处方药专有标识下方必须标示“甲类”或“乙类”字样。

非处方药专有标识应与药品标签、使用说明书、内包装、外包装一体化印刷，其大小可根据实际需要设定，但必须醒目、清晰，并按照国家食品药品监督管理总局公布的坐标比例使用。

非处方药标签、使用说明书和每个销售基本单元包装印有中文药品通用名称（商品名称）的一面（侧），其右上角是非处方药专有标识的固定位置。

拓展阅读

非处方药遴选原则

非处方药的遴选原则是：应用安全、疗效确切、质量稳定、使用方便。

（1）应用安全　①根据文献和长期临床使用证实安全性大的药品。②药物无潜在毒性，不易引起蓄积中毒，中药中重金属及农药残留量应在安全范围内。③在推荐剂量下，不良反应发生较少。④不引起依赖性，无“三致”作用（致癌、致畸、致突变）。⑤毒药、麻醉药、精神药品，原则上不能列入。个别用于配制复方制剂者例外。⑥组方合理，中药配伍中无十八反十九畏。

（2）疗效确切　①药物作用针对性强，功能主治明确。②不需经常调整剂量。③连续应用不引起耐药性或耐受性。

（3）质量稳定　①质量可控。②在规定贮存条件下，性质稳定。

（4）使用方便　①用药时不需作特殊检查和试验。②以口服、外用、吸入等剂型为主。

（六）处方药与非处方药零售的管理规定

1. 经营处方药、甲类非处方药的零售企业必须取得《药品经营许可证》。在药品零售网点数量不足、布局不合理的地区，普通商业企业可以销售乙类非处方药，但必须具有当地地市级以上药品监督管理部门颁发的乙类非处方药准销标志。具体实施办法由省级药品

监督管理部门制定。

2. 经营处方药、甲类非处方药的药品零售企业，必须配备执业药师或者药师以上药学技术人员。经营乙类非处方药的药品零售企业，以及农村乡镇以下地区设立药品零售企业的，应当配备经市级药品监督管理机构或者省、自治区、直辖市人民政府药品监督管理部门直接设置的县级药品监督管理机构组织考核合格的业务人员，有条件的应当配备执业药师。

经营处方药和甲类非处方药的药品零售企业，执业药师或者其他依法经资格认定的药学技术人员不在岗时，应当挂牌告知，并停止销售处方药和甲类非处方药。如违反此规定，应责令限期改正，给予警告；逾期不改正的，处以一千元以下的罚款。

零售乙类非处方药的商业企业必须配备专职的具有高中以上文化程度，经专业培训后，由省级药品监督管理部门或其授权的药品监督管理部门考核合格并取得上岗证的人员。

3. 处方药、非处方药应分区陈列、分柜摆放，并有处方药、非处方药专用标识。

4. 处方药必须凭执业医师或助理执业医师处方销售、购买和使用。执业药师或者药师必须对处方进行审核、签字后依据处方正确调配、销售药品。对处方不得擅自更改或代用。对有配伍禁忌或超剂量的处方，应当拒绝调配、销售，必要时经处方医师更正或者重新签字，方可调配、销售。零售药店对处方必须留存 2 年以上备查。

5. 处方药、非处方药不得采用有奖销售、附赠药品或礼品等方式销售。

6. 处方药不得采用开架自选的方式陈列和销售；药品生产企业、经营企业不得以搭售、购买药品赠药品、买商品赠药品等方式向公众赠送处方药或甲类非处方药；药品生产、经营企业不得采用邮售、互联网交易等方式直接向公众销售处方药。

7. 零售药店必须从具有《药品经营许可证》、《药品生产许可证》的药品批发企业、药品生产企业采购处方药和非处方药，并按有关药品监督管理规定保存采购记录备查。

（七）处方药与非处方药广告的规定

处方药只能在国务院卫生行政部门和国家食品药品监督管理部门共同指定的医学、药学专业刊物上发布广告，非处方药经审批可以在大众传播媒介上发布广告。

四、现行主要相关法规

除《中华人民共和国药品管理法》（2015 年 4 月 24 日第十二届全国人民代表大会常务委员会第十四次会议修正）、《中华人民共和国药品管理法实施条例》（2002 年 8 月 4 日颁布）外，现行主要相关法规、规章及规范性文件如下：

1.《处方药与非处方药分类管理办法》（国家药品监督管理局令第 10 号，自 2000 年 1 月 1 日起施行）。

2.《非处方药专有标识管理规定》（1999 年 11 月 19 日国家药品监督管理局发布）。

3.《处方药与非处方药流通管理暂行规定》（1999 年 12 月 28 日国家药品监督管理局发布）。

4.《药品经营许可证管理办法》（国家药品监督管理局令第 6 号，自 2004 年 4 月 1 日起施行）。

5.《药品流通监督管理办法》（国家药品监督管理局令第 26 号，自 2007 年 5 月 1 日起施行）。

6.《药品经营质量管理规范》（2016 年 7 月 20 日国家食品药品监督管理总局发布）。

任务 4-3 国家基本药物和基本医疗保险药品管理

案例导入

案例：李大爷去医院看病，担心药费过高，医生对李大爷说："您放心我给您开的是基本药物，药价很便宜的，另外这些药物属于《国家基本药物目录》内的治疗性药品，已全部列入《国家基本医疗保险、工伤保险和生育保险药品目录》的甲类药品，可以予以全额报销，您个人也不用承担按比例的自付部分。"李大爷虽然有些不懂，但听医生这么一说就放心了。

讨论：1. 什么是基本药物？
2. 基本药物制度的主要国家政策有哪些？

一、国家基本药物的概念

基本药物的理念是世界卫生组织在 1977 年首次提出的，我国从 1979 年开始引入"基本药物"的概念。2009 年，国务院发布《关于建立国家基本药物制度的实施意见》，建立基本药物制度被列为深化医改的五项重点改革任务之一。

《意见》中明确了基本药物是适应基本医疗卫生需求，剂型适宜，价格合理，能够保障供应，公众可公平获得的药品。

二、国家基本药物制度及其作用

国家基本药物制度是为维护人民群众健康，保障公众基本用药权益而确立的一项重大国家医药卫生政策，是对基本药物遴选、生产、流通、使用、定价、报销、监测评价等环节实施有效管理的制度，与公共卫生、医疗服务、医疗保障体系相衔接。

（一）节省费用

基本药物实行统一招标采购、统一配送、统一价格，在政府办基层医疗卫生机构零差率销售，价格比较低廉，而且报销比例高于非基本药物，能够明显降低群众负担。

（二）用药合理

国家要求基层医疗卫生机构全部配备和使用基本药物，其他类型医疗卫生机构须按规定配备使用基本药物并确定合理比例。

（三）安全有效

基本药物是经过长期临床实践检验证明安全有效的首选药物。国家对基本药物实行全品种覆盖抽验，保证群众基本用药更安全。

（四）方便可及

群众在基层医疗卫生服务机构就能获得，使用方便。

三、基本药物制度的主要国家政策

（一）建立国家基本药物目录遴选调整管理机制

1. 目录的遴选原则 国家基本药物遴选应当按照防治必需、安全有效、价格合理、使用方便、中西药并重、基本保障、临床首选和基层能够配备的原则，结合我国用药特点，参照国际经验，合理确定品种（剂型）和数量。

2. 目录的动态调整 在保持数量相对稳定的基础上，实行国家基本药物目录动态调整管理。根据经济社会的发展、医疗保障水平、疾病谱变化、基本医疗卫生需求、科学技术进步等情况，不断优化基本药物品种、类别与结构比例。国家基本药物目录原则上每3年调整一次。必要时，国家基本药物工作委员会适时组织调整。

3. 可列入目录药品的条件 国家基本药物目录中的化学药品和生物制品、中成药、中药饮片，应当是《中华人民共和国药典》收载的，国家卫生和计划生育委员会、国家食品药品监督管理总局颁布了药品标准的品种。除急救、抢救用药外，独家生产品种纳入国家基本药物目录应当经过单独论证。

4. 不能纳入目录药品 下列药品不纳入国家基本药物目录遴选范围：①含有国家濒危野生动植物药材的。②主要用于滋补保健作用，易滥用的。③非临床治疗首选的。④因严重不良反应，国家食品药品监督管理部门明确规定暂停生产、销售或使用的。⑤违背国家法律、法规，或不符合伦理要求的。⑥国家基本药物工作委员会规定的其他情况。

5. 应调整出目录药品 属于下列情形之一的品种，应当从国家基本药物目录中调出：①药品标准被取消的。②国家食品药品监督管理部门撤销其药品批准证明文件的。③发生严重不良反应，经评估不宜再作为国家基本药物使用的。④根据药物经济学评价，可被风险效益比或成本效益比更优的品种所替代的。⑤国家基本药物工作委员会认为应当调出的其他情形。

拓展阅读

制定国家基本药物目录的程序

国家基本药物工作委员会负责协调解决制定和实施国家基本药物制度过程中各个环节的相关政策问题，确定国家基本药物制度框架，确定国家基本药物目录遴选和调整的原则、范围、程序和工作方案，审核国家基本药物目录，各有关部门在职责范围内做好国家基本药物遴选调整工作。委员会由国家卫生计生委、国家发展改革委、工业和信息化部、财政部、人力资源和社会保障部、商务部、国家食品药品监督管理总局、国家中医药管理局、总后勤部卫生部组成。办公室设在国家卫生计生委，承担国家基本药物工作委员会的日常工作。制定国家基本药物目录的程序如下：

（1）从国家基本药物专家库中，随机抽取专家成立目录咨询专家组和目录评审专家组，咨询专家不参加目录评审工作，评审专家不参加目录制订的咨询工作；

（2）咨询专家组根据循证医学、药物经济学对纳入遴选范围的药品进行技术评价，提出遴选意见，形成备选目录；

（3）评审专家组对备选目录进行审核投票，形成目录初稿；

（4）将目录初稿征求有关部门意见，修改完善后形成送审稿；

（5）送审稿经国家基本药物工作委员会审核后，授权国家卫生和计划生育委员会发布。

（二）初步建立基本药物供应保障体系

基本药物实行公开招标采购，统一配送。政府举办的医疗卫生机构使用的基本药物，由省级人民政府指定以政府为主导的药品集中采购相关机构按《招标投标法》和《政府采购法》的有关规定，实行省级集中网上公开招标采购。由招标选择的药品生产企业、具有现代物流能力的药品经营企业或具备条件的其他企业统一配送。药品配送费用经招标确定。其他医疗机构和零售药店基本药物采购方式由各地确定。

药品招标采购要坚持“质量优先、价格合理”的原则，坚持全国统一市场，不同地区、不同所有制企业平等参与、公平竞争。充分依托现有资源，逐步形成全国基本药物集中采购信息网络。

完善国家药品储备制度，确保临床必需、不可替代、用量不确定、企业不常生产的基本药物生产供应。

（三）建立基本药物优先选择和合理使用制度

医疗机构要按照《国家基本药物临床应用指南》和《国家基本药物处方集》，加强合理用药管理，确保规范使用基本药物。政府举办的基层医疗卫生机构全部配备和使用国家基本药物。其他各类医疗机构也要将基本药物作为首选药物并达到一定使用比例。

政府举办的基层医疗卫生机构增加使用非目录药品品种数量，应坚持防治必需、结合当地财政承受能力和基本医疗保障水平从严掌握。具体品种由省级卫生行政部门会同发展改革（价格）、工业和信息化、财政、人力资源社会保障、食品药品监管、中医药等部门组织专家论证，从国家基本医疗保险药品目录（甲类）范围内选择，确因地方特殊疾病治疗必需的，也可从目录（乙类）中选择。增加药品应是多家企业生产品种。

政府举办的基层医疗卫生机构按购进价格实行零差率销售。基本药物全部纳入基本医疗保障药品报销目录，报销比例明显高于非基本药物。

目前，城镇职工医疗保险、城镇居民医疗保险及新型农村合作医疗保险药品报销目录都已经囊括了基本药物目录中的全部品种，基本药物报销将主要通过各类型国家基本医疗保险进行。

案例讨论

案例：因认为山东省药品集中采购中心发布的《山东省2013年国家基本药物集中采购文件》存在歧视外省市中小型企业的评审条款，导致公司投标产品落选，沈阳奥吉娜药业分别以山东省卫计委、山东省财务厅为被告向当地人民法院提起诉讼，法学界、医药界专家将两案并称为“国家基本药物招标中国第一案”。法院最终裁定：国家基本药物招投标采购行为属于政府采购行为；济南市市中区法院判决驳回原告奥吉娜药业起诉山东省财政厅的请求。

讨论：1. 国家基本药物招标采购的原则是什么？
2. 医疗卫生机构如何配备使用国家基本药物？

四、基本医疗保险药品的管理

基本医疗保险是为补偿劳动者因疾病风险造成的经济损失而建立的一项社会保险制度，也是社会保险制度中最重要的险种之一，与基本养老保险、工伤保险、失业保险、生育保险等共同构成现代社会保险制度。

目前，我国建立的基本医疗保险制度主要有三种，分别是：2001年起实施的城镇职工基本医疗保险制度，覆盖所有党政群机关、企事业单位；2005年起实施的新型农村合作医疗制度，覆盖农业人口（含外出务工人员）；2007年起实施的城镇居民基本医疗保险制度，覆盖未纳入城镇职工基本医疗保险的非农业户口城镇居民。

2009年9月30日，卫生部发布了《关于调整和制订新型农村合作医疗报销药物目录的意见》（以下简称《新农合报销目录》）；2009年11月30日，人力资源和社会保障部发布了《国家基本医疗保险、工伤保险和生育保险药品目录》（以下简称《药品目录》），载入《药品目录》里面的药品，通常被称作医保药品。

《药品目录》适用于基本医疗保险、工伤保险和生育保险，是基本医疗保险、工伤保险和生育保险基金支付参保人员药品费用和强化医疗保险医疗服务管理的政策依据及标准。《新农合报销目录》是各省市实施新型农村合作医疗使用的药品目录，不同地区可能制定不同的目录，报销比例也可以不同。

（一）《药品目录》的组成

《药品目录》的药品包括西药、中成药和中药饮片3部分。《药品目录》中的西药和中成药在《国家基本药物》的基础上遴选，并分“甲类目录”和“乙类目录”。“甲类目录”的药品是临床治疗必需，使用广泛，疗效好，同类药物中价格低的药物。“乙类目录”的药品是可供临床治疗选择，疗效好，同类药物中比“甲类目录”药品价格略高的药物。

其中，西药和中成药部分用准入法，规定基金准予支付费用的药品，基本医疗保险支付时区分甲、乙类，工伤保险和生育保险支付时不分甲、乙类；中药饮片部分用排除法，规定基金不予支付费用的药品，参保人员使用目录内西药、中成药和目录外中药饮片所发生的费用，具体给付标准按基本医疗保险、工伤保险和生育保险的有关规定执行。

（二）甲、乙类药品区别支付

《国家基本药物目录》内的治疗性药品已全部列入《药品目录》甲类药品。统筹地区对于甲类药品，要按照基本医疗保险的规定全额给付，不得再另行设定个人自付比例。

对于乙类药品可根据基金承受能力，先设定一定的个人自付比例，再按基本医疗保险的规定给付。对于国家免费提供的抗艾滋病病毒药物和国家基本公共卫生项目涉及的抗结核病药物、抗疟药物和抗血吸虫病药物，参保人员使用且符合公共卫生支付范围的，基本医疗保险、工伤保险和生育保险基金不予支付；不符合公共卫生支付范围的，基本医疗保险、工伤保险和生育保险基金按规定支付。

（三）甲乙类药品的调整

甲类药品，各省（自治区、直辖市）不再进行调整，各统筹地区于2009年12月份开始执行使用。乙类药品，各省（自治区、直辖市）可按规定进行调整后，再由所辖统筹地区执行使用。民族药和中药饮片部分，各地按现有政策继续执行。

各省（自治区、直辖市）调整乙类药品时，不得要求企业申报，不得以任何名目向企业收取费用。对国家基本药物和仅限工伤保险的品种，不得将其从目录中调出。对《药品目录》规定的药品限定支付范围，可以进行调整但不得取消。对药品名称不得使用或标注商品名。各省（自治区、直辖市）乙类药品调整品种应按规定报国家人力资源和社会保障部备案，调整品种总数（含调入、调出和调整限定支付范围的药品品种）不得超过243个。

（四）严格执行目录

各统筹地区要严格执行本省（自治区、直辖市）基本医疗保险、工伤保险和生育保险药品目录，并按照有关规定更新定点医疗机构纳入基金支付范围的医院制剂清单，但不得以任何名义调整《药品目录》或另行制订药品目录。要根据辖区内医疗机构和零售药店药品使用情况，做好《药品目录》内药品名称的对应工作，及时更新信息管理系统的药品数据库，有条件的省（自治区、直辖市）可统一更新药品数据库。要按照药品通用名称支付参保人员药品费用，不得按商品名进行限定，不能以药品数据库没有更新为由拒付参保人员费用。

（五）加强目录的使用管理

各地要加强定点医疗机构和零售药店使用《药品目录》的管理。医师开具西药处方须符合西医疾病诊治原则，开具中成药处方须遵循中医辨证施治原则和理法方药，对于每一最小分类下的同类药品原则上不宜叠加使用。对按西医诊断开具中成药、按中医诊断开具西药等不合理用药、重复用药和药物滥用等，要明确相应的处罚措施并纳入定点协议管理。要采取措施鼓励医师按照先甲类后乙类、先口服制剂后注射制剂、先常释剂型后缓（控）释剂型等原则选择药品，鼓励药师在调配药品时首先选择相同品种剂型中价格低廉的药品。

（六）完善保险用药分类支付

各地要进一步完善医疗保险用药分类支付管理办法。对于《药品目录》内同一品种剂型规格的药品，可探索设定最高支付限额标准。对乙类药品中主要起辅助治疗作用的药品，可适当加大个人自付比例，拉开与其他乙类药品的支付比例档次。对临床紧急抢救与特殊疾病治疗所必需的目录外药品，要建立定点医疗机构申报制度并明确相应的审核管理办法。对于《药品目录》内可用于自我药疗的药品，原则上规定为，参保人员住院使用时由基本医疗保险统筹基金支付；门诊使用时限个人帐户支付。对于未列入《药品目录》但由目录内西药品种组成的复合药（包括含药大输液），如果其价格不高于其所组成药品价格之和的，可视同乙类药品按规定予以支付，具体管理办法由各地制订。

五、现行主要相关法规

1.《国家基本药物目录管理办法》（国家卫生计生委于 2015 年 4 月 13 日发布）。

2.《关于建立国家基本药物制度的实施意见》（卫生部、国家发展和改革委员会、工业和信息化部、监察部、财政部、人力资源和社会保障部、商务部、国家食品药品监督管理局、国家中医药管理局于 2009 年 8 月 18 日发布）。

3.《关于加强基本药物质量监督管理的规定》（国家食品药品监督管理局于 2009 年 9 月 22 日发布）。

4.《关于基本药物进行全品种电子监管工作的通知》（国家食品药品监督管理局于 2010 年 6 月 17 日发布）。

5.《关于调整和制订新型农村合作医疗报销药物目录的意见》（卫生部于 2009 年 9 月 30 日发布）。

6.《国家基本医疗保险、工伤保险和生育保险药品目录》（国家人力资源和社会保障部于 2009 年 11 月 30 日发布）。

任务 4－4　药品不良反应报告和监测管理

案例导入

案例：国家食品药品监督管理总局发布第 58 期《药品不良反应信息通报》，提示关注氟喹诺酮类药品的严重不良反应。国内外监测数据及相关文献资料表明，氟喹诺酮类药品具有神经肌肉阻断活性，可能加剧重症肌无力患者的肌无力症状；可引起周围神经病变，其周围神经病变风险可在用药后几天之内快速发生，且可能不可逆转；个别氟喹诺酮类药品可能影响糖尿病患者的血糖控制水平。

国家食品药品监督管理总局建议：

药品生产企业应当加强药品不良反应监测，及时修订氟喹诺酮类药品的产品说明书，更新相关用药风险信息如不良反应、注意事项等，以有效的方式将氟喹诺酮类药品风险告知医务人员和患者，加大合理用药的宣传，最大程度地保障患者的用药安全。

讨论：1. 如何界定药品不良反应？
2. 药品不良反应如何报告和处置？
3. 如何对药品不良反应进行评价和控制？

药品不良反应报告和监测，是指药品不良反应的发现、报告、评价和控制的过程。《药品管理法》明确规定“国家实行药品不良反应报告制度”，卫生部《药品不良反应报告和监测管理办法》于2011年5月4日发布，自2011年7月1日起施行。

建立药品不良反应报告制度的主要目的是为了进一步了解药品的不良反应情况，及时发现新的、严重的药品不良反应，以便国家药品监督管理部门及时对有关药品加强管理，避免同类药品引起相同不良反应的重复发生，保护人们用药安全和身体健康。

一、药品不良反应的界定和分类

（一）药品不良反应的界定

药品不良反应（Adverse Drug Reaction，ADR），是指合格药品在正常用法用量下出现的与用药目的无关的有害反应。

严重药品不良反应，是指因使用药品引起以下损害情形之一的反应：①导致死亡；②危及生命；③致癌、致畸、致出生缺陷；④导致显著的或者永久的人体伤残或者器官功能的损伤；⑤导致住院或者住院时间延长；⑥导致其他重要医学事件，如不进行治疗可能出现上述所列情况的。

新的药品不良反应，是指药品说明书中未载明的不良反应。说明书中已有描述，但不良反应发生的性质、程度、后果或者频率与说明书描述不一致或者更严重的，按照新的药品不良反应处理。

药品群体不良事件，是指同一药品在使用过程中，在相对集中的时间、区域内，对一定数量人群的身体健康或者生命安全造成损害或者威胁，需要予以紧急处置的事件。

同一药品：指同一生产企业生产的同一药品名称、同一剂型、同一规格的药品。

（二）药品不良反应的分类

目前，药品不良反应分类有很多种，其中根据药品不良反应与药理作用的关系可将药品不良反应分为三类：A型反应、B型反应和C型反应。

A型反应是由药物的药理作用增强所致，其特点是可以预测，常与剂量有关，停药或减量后症状很快减轻或消失，发生率高，但死亡率低。包括副作用、毒性作用、后遗效应、继发反应等。

B型反应是与正常药理作用完全无关的一种异常反应，一般很难以预测，常规毒理学筛选不能发现，发生率低，但死亡率高。包括特异性遗传反应、药物过敏反应等。

C型反应是指A型和B型反应之外的异常反应。药品不良反应发生的药理学机制尚不清楚，一般在长期用药后出现，潜伏期较长，没有明确的时间关系，难以预测。

二、药品不良反应报告和处置

（一）机构与职责

1. 行政管理机构 国家食品药品监督管理部门负责全国药品不良反应报告和监测的管

理工作，省、自治区、直辖市药品监督管理部门，设区的市级、县级药品监督管理部门负责本行政区域内药品不良反应报告和监测的管理工作。

2. 技术管理机构 国家药品不良反应监测中心负责全国药品不良反应报告和监测的技术工作。省级药品不良反应监测机构、设区的市级、县级药品不良反应监测机构负责本行政区域内的药品不良反应报告和监测的技术工作。

（二）报告主体

《药品不良反应报告和监测管理办法》规定，药品生产企业（包括进口药品的境外制药厂商）、药品经营企业、医疗机构应当按照规定报告所发现的药品不良反应。

药品生产、经营企业和医疗机构应当建立药品不良反应报告和监测管理制度。药品生产企业应当设立专门机构并配备专职人员，药品经营企业和医疗机构应当设立或者指定机构并配备专（兼）职人员，承担本单位的药品不良反应报告和监测工作。

从事药品不良反应报告和监测的工作人员应当具有医学、药学、流行病学或者统计学等相关专业知识，具备科学分析评价药品不良反应的能力。

个人发现新的或者严重的药品不良反应，可以向经治医师报告，也可以向药品生产、经营企业或者当地的药品不良反应监测机构报告，必要时提供相关的病历资料。

（三）药品不良反应报告与处置

药品生产、经营企业和医疗机构获知或者发现可能与用药有关的不良反应，应当通过国家药品不良反应监测信息网络报告；不具备在线报告条件的，应当通过纸质报表报所在地药品不良反应监测机构，由所在地药品不良反应监测机构代为在线报告。报告内容应当真实、完整、准确。

药品生产、经营企业和医疗机构应当配合药品监督管理部门、卫生行政部门和药品不良反应监测机构对药品不良反应或者群体不良事件的调查，并提供调查所需的资料。药品生产、经营企业和医疗机构应当建立并保存药品不良反应报告和监测档案。

1. 个例药品不良反应报告和处置 个例药品不良反应的报告及评价程序见图4－1。

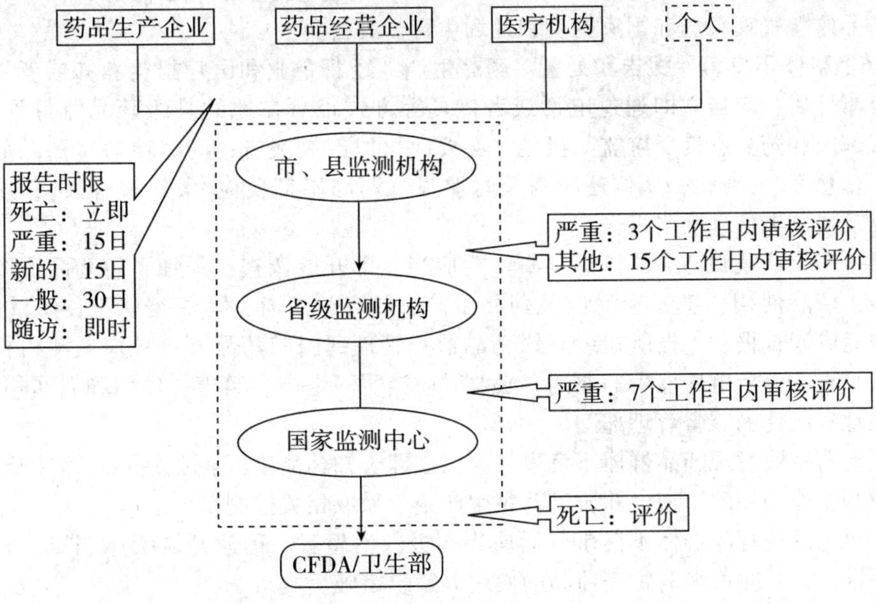

图4－1 个例药品不良反应的报告及评价程序

药品生产、经营企业和医疗机构应当主动收集药品不良反应，获知或者发现药品不良反应后应当详细记录、分析和处理，填写《药品不良反应/事件报告表》并报告。

新药监测期内的国产药品应当报告该药品的所有不良反应；其他国产药品，报告新的和严重的不良反应。

进口药品自首次获准进口之日起5年内，报告该进口药品的所有不良反应；满5年的，报告新的和严重的不良反应。

药品生产、经营企业和医疗机构发现或者获知新的、严重的药品不良反应应当在15日内报告，其中死亡病例须立即报告；其他药品不良反应应当在30日内报告。有随访信息的，应当及时报告。

设区的市级、县级药品不良反应监测机构应当对收到的药品不良反应报告的真实性、完整性和准确性进行审核。严重药品不良反应报告的审核和评价应当自收到报告之日起3个工作日内完成，其他报告的审核和评价应当在15个工作日内完成。

省级药品不良反应监测机构应当在收到下一级药品不良反应监测机构提交的严重药品不良反应评价意见之日起7个工作日内完成评价工作。

药品生产企业应当对获知的死亡病例进行调查，详细了解死亡病例的基本信息、药品使用情况、不良反应发生及诊治情况等，并在15日内完成调查报告，报药品生产企业所在地的省级药品不良反应监测机构。

设区的市级、县级药品不良反应监测机构应当对死亡病例进行调查，详细了解死亡病例的基本信息、药品使用情况、不良反应发生及诊治情况等，自收到报告之日起15个工作日内完成调查报告，报同级药品监督管理部门和卫生行政部门，以及上一级药品不良反应监测机构。

对死亡病例，事件发生地和药品生产企业所在地的省级药品不良反应监测机构均应当及时根据调查报告进行分析、评价，必要时进行现场调查，并将评价结果报省级药品监督管理部门和卫生行政部门，以及国家药品不良反应监测中心。

国家药品不良反应监测中心应当及时对死亡病例进行分析、评价，并将评价结果报国家食品药品监督管理总局和国家卫生和计划生育委员会。

2. 药品群体不良事件报告和处置 药品生产、经营企业和医疗机构获知或者发现药品群体不良事件后，应当立即通过电话或者传真等方式报所在地的县级药品监督管理部门、卫生行政部门和药品不良反应监测机构，必要时可以越级报告；同时填写《药品群体不良事件基本信息表》，对每一病例还应当及时填写《药品不良反应/事件报告表》，通过国家药品不良反应监测信息网络报告。

药品生产企业获知药品群体不良事件后应当立即开展调查，详细了解药品群体不良事件的发生、药品使用、患者诊治以及药品生产、储存、流通、既往类似不良事件等情况，在7日内完成调查报告，报所在地省级药品监督管理部门和药品不良反应监测机构；同时迅速开展自查，分析事件发生的原因，必要时应当暂停生产、销售、使用和召回相关药品，并报所在地省级药品监督管理部门。

药品经营企业发现药品群体不良事件应当立即告知药品生产企业，同时迅速开展自查，必要时应当暂停药品的销售，并协助药品生产企业采取相关控制措施。

医疗机构发现药品群体不良事件后应当积极救治患者，迅速开展临床调查，分析事件发生的原因，必要时可采取暂停药品的使用等紧急措施。

设区的市级、县级药品监督管理部门获知药品群体不良事件后，应当立即与同级卫生行政部门联合组织开展现场调查，并及时将调查结果逐级报至省级药品监督管理部门和卫生行政部门。

省级药品监督管理部门与同级卫生行政部门联合对设区的市级、县级的调查进行督促、指导，对药品群体不良事件进行分析、评价，对行政区域内发生的影响较大的药品群体不良事件，还应当组织现场调查，评价和调查结果应当及时报国家食品药品监督管理总局和国家卫生和计划生育委员会。

对全国范围内影响较大并造成严重后果的药品群体不良事件，国家食品药品监督管理总局应当与国家卫生和计划生育委员会联合开展相关调查工作。

药品监督管理部门可以采取暂停生产、销售、使用或者召回药品等控制措施。卫生行政部门应当采取措施积极组织救治患者。

3. 境外发生的严重药品不良反应 进口药品和国产药品在境外发生的严重药品不良反应（包括自发报告系统收集的、上市后临床研究发现的、文献报道的），药品生产企业应当填写《境外发生的药品不良反应/事件报告表》，自获知之日起30日内报送国家药品不良反应监测中心。国家药品不良反应监测中心要求提供原始报表及相关信息的，药品生产企业应当在5日内提交。

进口药品和国产药品在境外因药品不良反应被暂停销售、使用或者撤市的，药品生产企业应当在获知后24小时内书面报国家食品药品监督管理总局和国家药品不良反应监测中心。

三、药品不良反应评价与控制

（一）药品生产企业、经营企业和医疗机构

药品生产企业应当对收集到的药品不良反应报告和监测资料进行分析、评价，并主动开展药品安全性研究。药品生产企业对已确认发生严重不良反应的药品，应当通过各种有效途径将药品不良反应、合理用药信息及时告知医务人员、患者和公众；采取修改标签和说明书，暂停生产、销售、使用和召回等措施，减少和防止药品不良反应的重复发生。对不良反应大的药品，应当主动申请注销其批准证明文件。

药品生产企业应当将药品安全性信息及采取的措施报所在地省级药品监督管理部门和国家食品药品监督管理总局。

药品经营企业和医疗机构应当对收集到的药品不良反应报告和监测资料进行分析和评价，并采取有效措施减少和防止药品不良反应的重复发生。

（二）管理机构

省级药品不良反应监测机构应当每季度对收到的药品不良反应报告进行综合分析，提取需要关注的安全性信息，并进行评价，提出风险管理建议，及时报省级药品监督管理部门、卫生行政部门和国家药品不良反应监测中心。

省级药品监督管理部门根据分析评价结果，可以采取暂停生产、销售、使用和召回药品等措施，并监督检查，同时将采取的措施通报同级卫生行政部门。

国家药品不良反应监测中心应当每季度对收到的严重药品不良反应报告进行综合分析，提取需要关注的安全性信息，并进行评价，提出风险管理建议，及时报国家食品药品监督管理总局和国家卫生和计划生育委员会。

国家食品药品监督管理总局根据药品分析评价结果，可以要求企业开展药品安全性、有效性相关研究。必要时，应当采取责令修改药品说明书，暂停生产、销售、使用和召回药品等措施，对不良反应大的药品，应当撤销药品批准证明文件，并将有关措施及时通报国家卫生和计划生育委员会。

省级以上药品不良反应监测机构根据分析评价工作需要，可以要求药品生产、经营企业和医疗机构提供相关资料，相关单位应当积极配合。

拓展阅读

药品不良反应评价标准

临床发生的不良反应，可根据以下五个要点判断是否与药物有关以及是否某种药物引起的药物不良反应：①用药与不良反应/事件的出现有无合理的时间关系；②反应是否符合该药已知的不良反应类型；③停药或减量后，反应是否消失或减轻；④再次使用可疑药品是否再次出现同样反应/事件；⑤反应/事件是否可用并用药的作用、患者病情的进展、其他治疗的影响来解释。

在进行药品不良反应评价时，可根据以上五个原则对关联性作出评价。例如，在不良反应分析的五个原则选项中，前四个选项都选择“是”，则关联性评价应选“肯定”；前四个选项中有三个选择“是”，则关联性评价应选“很可能”；前四个选项中有两个选择“是”，则关联性评价应选“可能”。

四、药品重点监测管理

药品重点监测，是指为进一步了解药品的临床使用和不良反应发生情况，研究不良反应的发生特征、严重程度、发生率等，开展的药品安全性监测活动。

药品生产企业应当经常考察本企业生产药品的安全性，对新药监测期内的药品和首次进口5年内的药品，应当开展重点监测，并按要求对监测数据进行汇总、分析、评价和报告；对本企业生产的其他药品，应当根据安全性情况主动开展重点监测。

省级以上药品监督管理部门根据药品临床使用和不良反应监测情况，可以要求药品生产企业对特定药品进行重点监测；必要时，也可以直接组织药品不良反应监测机构、医疗机构和科研单位开展药品重点监测。

案例讨论

案例：2009年12月11日，刘某因有蛔虫，医生王某即在处方中为其开出了由某制药厂生产的批号为990323每片25mg的左旋咪唑12片，医嘱分两晚服完。刘某服该药后，于同月24日开始出现行走不稳、头昏、意识不清等症状。经市某医院诊断刘某为左旋咪唑所致脱髓鞘性脑病（炎）并住院治疗。针对性治疗后，刘某病情明显好转，于2010年3月16日出院。出院时刘某基本能站立、行走、大小便自控，但智能出现障碍，计算能力、记忆力、双眼视力等明显下降。之后，刘某继续门诊治疗。2013年3月28日，经市某医院医学鉴定，刘某所患“脑病”系由左旋咪唑引起的变应性脱髓鞘性脑病（炎）临床诊断成立，两者之间存在因果关系，综合评定为伤残四级。

讨论：1. 如何界定该药品不良反应？
2. 如何报告和处置该药品不良反应？
3. 对于该不良反应，药品监督管理部门该采取什么控制措施？

五、现行主要相关法规

除《中华人民共和国药品管理法》（2015 年 4 月 24 日第十二届全国人民代表大会常务委员会第十四次会议修正）、《中华人民共和国药品管理法实施条例》（2002 年 8 月 4 日颁布）外，现行主要相关法规如下：

《药品不良反应报告和监测管理办法》（卫生部令第 81 号，自 2011 年 7 月 1 日起施行）。

任务 4－5　药品召回

案例导入

案例： A 生产企业通过调查评估发现本企业生产的某药品存在安全隐患，为了减少安全隐患药品对公众用药安全造成危害，A 生产企业立刻制定召回计划并组织实施，通知到有关药品经营企业、使用单位停止销售和使用，同时向所在地省、自治区、直辖市药品监督管理部门报告。

讨论： 1. 什么是药品召回？上述案例属于哪一类药品召回？
2. 药品生产企业召回药品的做法是否恰当？
3. 药品生产企业、经营企业在药品召回中有什么样的义务？

药品召回制度是减少存在安全隐患药品对公众用药安全造成危害的一种行之有效的手段，药品召回制度是世界通行的药品市场管理制度，美国、日本、加拿大等许多国家和地区均已建立并成功实施。我国“齐二药”、“龙胆泻肝丸”、“欣弗”等药品安全事件促使人们更加关注药品安全问题，国家食品药品监督管理局于 2007 年 12 月 10 日发布了《药品召回管理办法》，这标志着我国药品召回制度的正式建立。

一、药品安全隐患和药品召回

药品安全隐患，是指由于研发、生产等原因可能使药品具有的危及人体健康和生命安全的不合理危险。药品召回，是指药品生产企业（包括进口药品的境外制药厂商，下同）按照规定的程序收回已上市销售的存在安全隐患的药品。

二、药品召回的分类分级

根据药品召回的主体不同，药品召回分为主动召回和责令召回两类。

主动召回：是指药品生产企业对收集的信息进行分析，对可能存在安全隐患的药品进行调查评估，发现药品存在安全隐患所实施的召回。

责令召回：是指药品监督管理部门经过调查评估，认为存在安全隐患，药品生产企业应当召回药品而未主动召回的，责令药品生产企业召回药品。

根据药品安全隐患的严重程度，药品召回分为：①一级召回：使用该药品可能引起严重健康危害的；②二级召回：使用该药品可能引起暂时的或者可逆的健康危害的；③三级召回：使用该药品一般不会引起健康危害，但由于其他原因需要收回的。

对已经确认为假药劣药的，不适用召回程序。

三、药品生产、经营企业和使用单位有关药品召回的义务

（一）药品生产企业的义务

药品生产企业应当建立和完善药品召回制度，收集药品安全的相关信息，对可能具有

安全隐患的药品进行调查、评估，召回存在安全隐患的药品。

药品生产企业应当对药品可能存在的安全隐患进行调查。药品监督管理部门对药品可能存在的安全隐患开展调查时，药品生产企业应当予以协助。

（二）药品经营企业、使用单位的义务

药品经营企业、使用单位应当协助药品生产企业履行召回义务，按照召回计划的要求及时传达、反馈药品召回信息，控制和收回存在安全隐患的药品。

药品经营企业、使用单位发现其经营、使用的药品存在安全隐患的，应当立即停止销售或者使用该药品，通知药品生产企业或者供货商，并向药品监督管理部门报告。

药品经营企业、使用单位应当配合药品生产企业或者药品监督管理部门开展有关药品安全隐患的调查，提供有关资料。

四、主动召回与责令召回的相关规定

（一）主动召回

1. 药品安全隐患调查与评估 药品安全隐患调查的内容应当根据实际情况确定，可以包括：①已发生药品不良事件的种类、范围及原因；②药品使用是否符合药品说明书、标签规定的适应症、用法用量的要求；③药品质量是否符合国家标准，药品生产过程是否符合 GMP 等规定，药品生产与批准的工艺是否一致；④药品储存、运输是否符合要求；⑤药品主要使用人群的构成及比例；⑥可能存在安全隐患的药品批次、数量及流通区域和范围；⑦其他可能影响药品安全的因素。

药品安全隐患评估的主要内容包括：①该药品引发危害的可能性，以及是否已经对人体健康造成了危害；②对主要使用人群的危害影响；③对特殊人群，尤其是高危人群的危害影响，如老年、儿童、孕妇、肝肾功能不全者、外科病人等；④危害的严重与紧急程度；⑤危害导致的后果。

2. 主动召回程序 药品主动召回程序见图 4-2。

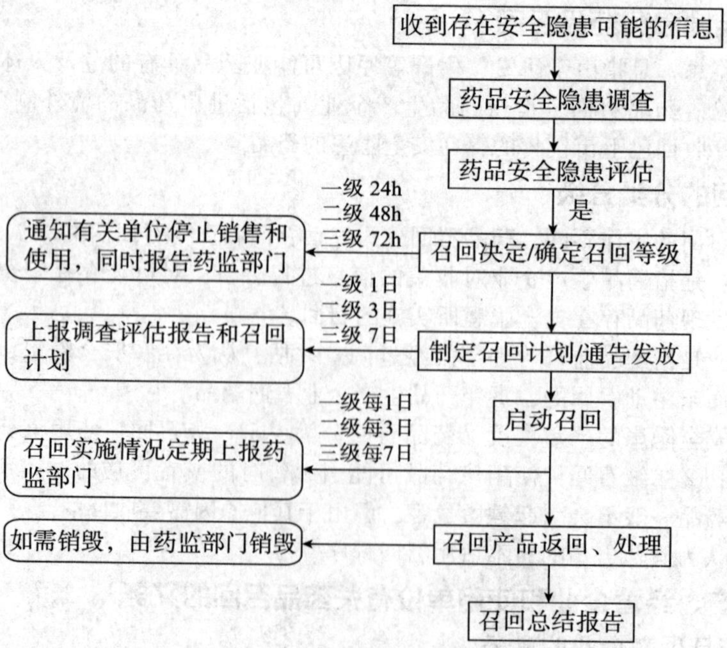

图 4-2 药品主动召回程序

药品生产企业在作出药品召回决定后，应当制定召回计划并组织实施，一级召回在24小时内，二级召回在48小时内，三级召回在72小时内，通知到有关药品经营企业、使用单位停止销售和使用，同时向所在地省、自治区、直辖市药品监督管理部门报告。

药品生产企业在启动药品召回后，一级召回在1日内，二级召回在3日内，三级召回在7日内，应当将调查评估报告和召回计划提交给所在地省、自治区、直辖市药品监督管理部门备案。省、自治区、直辖市药品监督管理部门应当将收到一级药品召回的调查评估报告和召回计划报告国家食品药品监督管理局。

药品生产企业在实施召回的过程中，一级召回每日，二级召回每3日，三级召回每7日，向所在地省、自治区、直辖市药品监督管理部门报告药品召回进展情况。

药品生产企业对召回药品的处理应当有详细的记录，并向药品生产企业所在地省、自治区、直辖市药品监督管理部门报告。必须销毁的药品，应当在药品监督管理部门监督下销毁。

药品生产企业在召回完成后，应当对召回效果进行评价，向所在地省、自治区、直辖市药品监督管理部门提交药品召回总结报告。省、自治区、直辖市药品监督管理部门应当自收到总结报告之日起10日内对报告进行审查，并对召回效果进行评价，必要时组织专家进行审查和评价。审查和评价结论应当以书面形式通知药品生产企业。

经过审查和评价，认为召回不彻底或者需要采取更为有效的措施的，药品监督管理部门应当要求药品生产企业重新召回或者扩大召回范围。

拓展阅读

SFDA关于美国默克公司召回疫苗情况的通报

国家食品药品监督管理局2007年12月13日接到默沙东（中国）有限公司关于美国默克公司主动召回b型流感嗜血杆菌偶联疫苗（商品名：普泽欣）的情况报告，根据《药品召回管理办法》启动了相应监督工作，密切关注召回工作实施情况。

根据默沙东（中国）有限公司的报告，由于默克公司在对该疫苗生产工艺的常规测试过程中，发现灭菌工艺存在问题，可能导致若干批次产品存在潜在质量问题，故对这些批次的产品全部召回。默沙东（中国）有限公司及该疫苗进口单位负责对其实施二级召回。尚未收到能确认该批产品存在质量问题直接证据的报告。国家药品不良反应监测中心目前尚未收到涉及该批产品的不良反应病例报告。

国家食品药品监督管理局要求美国默克公司严格按照我国《药品召回管理办法》规定，提交对于该疫苗安全隐患的调查评估报告和详细召回计划，切实落实相关规定要求。所有使用单位立即停止使用该批号疫苗，加强对注射后出现不良反应的监测，并协助进口单位做好疫苗收回工作。相关药品经营企业及时传达、反馈召回信息，按照召回计划积极协助控制和收回该批疫苗。（资料来源：国家食品药品监督管理总局官网）

（二）责令召回

药品监督管理部门经过调查评估，认为存在安全隐患，药品生产企业应当召回药品而未主动召回的，应当责令药品生产企业召回药品。必要时，药品监督管理部门可以要求药品生产企业、经营企业和使用单位立即停止销售和使用该药品。

药品监督管理部门作出责令召回决定，应当将责令召回通知书送达药品生产企业。药品生产企业在收到责令召回通知书后，应当通知药品经营企业和使用单位，制定、提交召回计划，并组织实施。责令召回程序要求与主动召回程序要求一致。

案例讨论

案例：2010 年 4 月，美国 FDA 对某公司的非处方药生产基地进行例行检查，发现该生产基地存在制药原材料遭污染、设备不洁等诸多严重缺陷，FDA 责令该公司立即召回该基地生产的 40 多种非处方药，包括儿童用泰诺、儿童用止痛药布洛芬和儿童用抗过敏药物仙特明，共波及至少 1500 个产品使用地。

讨论：1. 该公司召回药品的做法是否恰当？
2. 该公司如何保证这些产品的召回？
3. 该公司对召回的药品该如何处理？

五、现行主要相关法规

除《中华人民共和国药品管理法》（2015 年 4 月 24 日第十二届全国人民代表大会常务委员会第十四次会议修正）、《中华人民共和国药品管理法实施条例》（2002 年 8 月 4 日颁布）外，现行主要相关法规如下：

《药品召回管理办法》（国家食品药品监督管理局令第 29 号，2007 年 12 月 10 日发布）。

任务对接

任务	知识能力要求
药品辨识	（1）掌握药品的概念及基本特征 （2）能正确辨识合格药品和假劣药品，区分药品和非药品；
处方药与 OTC 分类管理	（1）掌握处方药与 OTC 分类管理的规定 （2）能正确区分处方药和非处方药、甲类非处方药和乙类非处方药；
国家基本药物和基本医疗保险药品管理	（1）了解基本药物、医疗保险药品的概念 （2）了解基本药物的主要国家政策 （3）了解医疗保险药品的管理
药品不良反应监测与报告	（1）了解药品不良反应的界定及分类 （2）熟悉药品不良反应的报告程序 （3）能对药品不良反应进行报告
药品召回	（1）了解药品召回的定义及分类 （2）了解药品召回的程序 （3）能处理药品的召回

目标检测

一、A 型题（最佳选择题）

1. 药品质量特性不包括（　　）

A. 安全性　B. 有效性　C. 无毒性　D. 稳定性　E. 均一性

2. 关于非处方药专有标识的说法，错误的是（　　）

A. 红色专有标识可作为经营甲类非处方药企业的指南性标识

B. 红色专有标识用于甲类非处方药

C. 绿色专有标识用于乙类非处方药

D. 非处方药专有标识应与药品标签、使用说明书、内包装、外包装一体化印刷

E. 红色专有标识的非处方药不能在超市销售

3. 下列情形按假药论处的是（　　）

A. 更改生产批号的

B. 变质的

C. 擅自添加着色剂、防腐剂及辅料的

D. 药品所含成分与国家药品标准规定成分不符的

E. 超过有效期的

4. 国家基本药物遴选原则是（　　）

A. 安全、有效、经济

B. 保证品种和质量、引入竞争机制、合理控制成本、方便购药和便于管理

C. 临床必需、安全有效、价格合理、使用方便、市场能够保证供应

D. 防治必需、安全有效、价格合理、使用方便、中西药并重、基本保障、临床首选和基层能够配备

E. 防治必需、安全有效、价格合理、使用方便、中西药并重、基本保障、临床首选

5. 关于《国家基本医疗保险药品目录》药品，下列说法错误的是（　　）

A.《药品目录》的药品包括西药、中成药和中药饮片 3 部分

B.《目录》中的西药和中成药是在《国家基本药物目录》的基础上遴选的

C. 甲类目录由国家统一制定，各地不得调整，乙类目录由国家制定，各省可适当调整

D.“甲类目录”的药品是临床治疗必需，使用广泛，疗效好，同类药物中价格低的药物

E.“乙类目录”的药品是可供临床治疗选择，疗效好，同类药物中比“甲类目录”药品价格低的药物

6. 药品不良反应主要是指（　　）

A. 合格药品使用后出现的与用药目的无关的或意外的有害反应

B. 合格药品在正常用法下出现的与用药目的无关的或意外的有害反应

C. 合格药品正常用量下出现的与用药目的无关的或意外的有害反应

D. 合格药品在正常用法用量下出现的与用药目的无关的或意外的有害反应

E. 合格药品在正常用法用量下出现的有害反应

二、B 型题（配伍选择题）

［7～8］

A. 蓝字白字　B. 绿底白字　C. 黑字白底　D. 红底白字　E. 红黄相间

7. 甲类非处方药标签颜色是（　　）
8. 乙类非处方药标签颜色是（　　）

［9~11］

A. 价格　B. 安全性　C. 中药饮片　D. 中成药　E. 酒制剂

9. 非处方药划分为甲类和乙类是根据其（　　）
10. 以基本医疗保险不予支付的方式列入药品目录的是（　　）
11. 基本医疗保险药品目录分为甲类和乙类的依据是（　　）

［12~15］

A. 假药　B. 按假药论处　C. 劣药　D. 按劣药论处　E. 处方药

12. 直接接触药品的包装材料和容器未经批准的（　　）
13. 所标明的适应症或者功能主治超出规定范围的药品（　　）
14. 药品所含成分与国家药品标准规定的成分不符合的（　　）
15. 擅自添加着色剂、防腐剂、香料、调味剂及辅料的药品（　　）

三、X 型题（多项选择题）

16. 应当报告所发现药品不良反应的主体是（　　）

A. 医疗机构　B. 药品经营企业　C. 药品生产企业
D. 药品检验机构　E. 药品研发机构

17. 处方药销售时，（　　）

A. 处方药不得采用开架自选的方式陈列和销售
B. 药品生产企业、经营企业不得以搭售、购买药品赠药品、买商品赠药品等方式向公众赠送处方药或甲类非处方药
C. 药品生产、经营企业不得采用邮售、互联网交易等方式直接向公众销售处方药
D. 处方药必须凭执业医师或助理执业医师处方销售、购买和使用
E. 处方药只能在国务院卫生行政部门和国家食品药品监督管理部门共同指定的医学、药学专业刊物上发布广告

实训 4-1　药品与非药品管理药店实地调查

【实训目的】

实地体验药店药品与非药品的管理，处方药与非处方药的分类管理，能快速正确判断、识别药品与非药品，具备药品辨识的基本技能。

【实训要求】

以 5 人为一组，进入当地药品零售药房，开展药品与非药品辨识的调研，了解零售药店药品与非药品销售情况、分类管理情况，在此基础上撰写专题调研报告。

【实训内容】

一、调研准备

1. 根据调研要求，各小组提前查阅、熟悉《药品管理法》及其实施条例、《处方药与非处方药分类管理办法》和其他相关的规定。

2. 拟出调研提纲。

3. 通过教师帮助或自行联系当地药品零售企业。

4. 准备好身份证明、介绍信、笔记本、调查问卷等。在单位允许的情况下，必要时可

准备录像、录音、照相设备。

二、 调研内容

1. 调研药店药品外包装，识别药品的批准文号，能正确书写药品批准文号；能借助批准文号正确判断医疗器械、保健食品、化妆品、普通食品、消毒产品等产品的大类类别，正确识别非药品。

2. 调研药店药品专有标识、处方药与非处方药的说明书和标签，熟悉甲、乙类非处方药的标识。

3. 调研零售药店中，药品与非药品分区经营、分柜摆放、药品不得采用有奖销售、附赠药品或礼品销售；处方药与非处方药分区经营、分柜摆放、处方药凭处方销售、不得进行有奖销售、促销等规定的执行情况。

三、 调研报告

针对调研情况及发现的问题进行思考、分析、探讨，形成不少于800字的调研报告。

【实训评价】

教师根据学生调研工作态度和调研报告进行评价。

实训4-2 国家及当地基药目录、医保目录查询

【实训目的】

查询国家及当地基药目录、医保目录，了解国家基本药物、基本医疗保险药品，熟悉两个目录药品的范围，加深对基本药物制度、医保政策的作用及意义的理解。

【实训要求】

通过登录相关网站查询国家及当地基药目录、医保目录，熟悉两个目录药品的范围，分别列举2~3个目录类药品，阅读关于国家基本药物政策、基本医疗保险政策的相关文件，撰写实训报告。

【实训内容】

一、 准备工作

1. 在计算机机房完成，确保网络畅通。

2. 每人独立完成，提前熟悉国家食品药品监督管理总局、中华人民共和国人力资源与社会保障部网站的查询。

二、 基药目录、 医保目录查询

1. 登录国家食品药品监督管理总局的网站，查询国家基本药物目录，列举2~3个基本药物目录类药品；阅读相关文件，梳理整理国家基本药物政策。

2. 登录中华人民共和国人力资源与社会保障部的网站，查询基本医疗保险药物目录，列举2~3个基本医疗保险目录类药品；阅读相关文件，梳理整理医疗保障制度及政策。

三、 实训报告

针对基药目录、医保目录查询情况以及相关制度政策完成实训报告。

【实训评价】

教师根据学生提交的实训报告进行评价。

实训4－3 药品不良反应调查及报表填写

【实训目的】

通过药品不良反应调查及报表填写，了解药品不良反应的概念，熟悉药品不良反应的类型，能正确填写药品不良反应报告表。

【实训要求】

通过搜索引擎查询近几年国内外发生的重大药害事件，了解药品不良反应；并结合给出的参考案例，正确填写个人药品不良反应/事件报告表。

【实训内容】

一、 准备工作

1. 提前了解近几年国内外发生的重大药害事件；

2. 提前熟悉药品不良反应调查及报表填写；

3. 领取药品不良反应报告表。

二、 查询重大药害事件， 根据案例填写药品不良反应报告表

1. 查询近几年国内外发生的重大药害事件；

2. 参考案例：患者付某，女，汉族，1974年9月23日生，体重50kg，患尿道炎。于2010年7月7日因尿路感染，服用盐酸环丙沙星片1次1片，1日2次，7月7日当天服药后出现上腹疼痛、恶心、呕吐，肌内注射硫酸庆大霉素注射液8万单位，山莨菪碱注射液5mg，7月8日恢复正常。

请结合给出的参考案例，正确分析药品不良反应技术资料，真实、规范、完整地填写药品不良反应报告表。

【实训评价】

教师根据学生提交的实训报告进行评价。

（吴美香 邓 媚）

项目 5

特殊管理药品的管理

学习目标

知识要求 **1. 掌握** 国家对包括麻醉药品、精神药品、医疗用毒性药品、放射性药品、部分含麻醉药品、精神药品复方制剂、含麻黄碱类复方制剂等在内的药品的生产、经营、运输、储存、使用等方面的特殊管理规定。

2. 熟悉 国家食品药品监督管理部门对特殊管理药品的生产、检验、销售等各环节的监管要求及违反相关规定的法律责任。

3. 了解 国家对特殊管理药品特殊要求的必要性及特殊管理药品滥用的危害性。

技能要求 1. 能根据国家现行相关法规要求，正确开展特殊管理药品的生产、经营、运输、储存、使用等环节相关的岗位操作，确保特殊管理药品在整个生产流通过程中的合法性和质量可靠性。

2. 能正确辨别常用的具体特殊管理药品的种类。

3. 能开展问题疫苗的报告工作。

任务 5－1 麻醉药品和精神药品的管理

案例导入

案例：某药品生产企业老总罗某制造、运输并贩卖毒品安眠酮 14.175 吨。安眠酮，又名甲喹酮，是国家管制的精神药品，也是一种新型毒品。根据新型毒品的定罪量刑数量标准折算，14.175 吨安眠酮可折算海洛因 9.45kg。四川省高院二审宣判罗某的行为已构成贩卖、运输、制造毒品罪，判处罗某死缓。

讨论：国家对麻醉药品和精神药品的管理有什么特殊的要求？

《药品管理法》第 35 条规定，国家对麻醉药品、精神药品、医疗用毒性药品、放射性药品实行特殊管理。所以，根据该条法律规定，麻醉药品和精神药品是国家特殊管理的药品，一般简称为“麻”和“精”。国家之所以有这个规定，是因为麻醉药品、精神药品连续使用能产生药物依赖性，使用得当可以治病，使用不当会危害人民健康和社会安定，所以，国家对麻醉药品药用原植物以及麻醉药品和精神药品实行特殊管理。除另有规定外，任何单位、个人不得进行麻醉药品药用原植物的种植以及麻醉药品和精神药品的实验研究、生产、经营、使用、储存、运输等活动。

一、麻醉药品和精神药品的概念及品种范围

国务院自 2005 年 11 月 1 日起实施的《麻醉药品和精神药品管理条例》（以下简称条

例）对麻醉药品和精神药品界定为：麻醉药品和精神药品，是指列入麻醉药品目录、精神药品目录（以下称目录）的药品和其他物质。精神药品分为第一类精神药品和第二类精神药品。目录由国务院药品监督管理部门会同国务院公安部门、国务院卫生主管部门制定、调整并公布。上市销售但尚未列入目录的药品和其他物质或者第二类精神药品发生滥用，已经造成或者可能造成严重社会危害的，国务院药品监督管理部门会同国务院公安部门、国务院卫生主管部门应当及时将该药品和该物质列入目录或者将该第二类精神药品调整为第一类精神药品。现行的是自2014年1月1日起施行的国家食品药品监督管理总局颁布的《麻醉药品品种目录（2013年版）》和《精神药品品种目录（2013年版）》，其中列出麻醉药品121种，精神药品149种，其中第一类精神药品68种、第二类精神药品81种。

我国生产及使用的麻醉药品的品种有22种：可卡因、罂粟浓缩物（包括罂粟果提取物，罂粟果提取物粉）、二氢埃托啡、地芬诺酯、芬太尼、氢可酮、氢吗啡酮、美沙酮、吗啡（包括吗啡阿托品注射液）、阿片（包括复方樟脑酊、阿桔片）、羟考酮、哌替啶、瑞芬太尼、舒芬太尼、蒂巴因、可待因、右丙氧芬、双氢可待因、乙基吗啡、福尔可定、布桂嗪、罂粟壳。

我国生产及使用的第一类精神药品有7种：哌醋甲酯、司可巴比妥、丁丙诺啡、γ－羟丁酸、氯胺酮、马吲哚、三唑仑。我国生产及使用的第二类精神药品有29种：异戊巴比妥、格鲁米特、喷他佐辛、戊巴比妥、阿普唑仑、巴比妥、氯硝西泮、地西泮、艾司唑仑、氟西泮、劳拉西泮、甲丙氨酯、咪达唑仑、硝西泮、奥沙西泮、匹莫林、苯巴比妥、唑吡坦、丁丙诺啡透皮贴剂、布托啡诺及其注射剂、咖啡因、安钠咖、地佐辛及其注射剂、麦角胺咖啡因片、氨酚氢可酮片、曲马多、扎来普隆、佐匹克隆、含可待因复方口服液体制剂（包括口服溶液剂和糖浆剂）。

拓展阅读

国家将含可待因复方口服液体制剂列入第二类精神药品管理

含可待因复方口服液体制剂属作用于中枢神经的镇咳药，因为其成分中含有可待因、麻黄碱成分，从而具有镇静作用，服用后会引起头晕、嗜睡等不良症状，大量服用会产生快感和幻觉，长期饮用则易使人上瘾可导致依赖性。所以，从2015年5月1日起国家将含可待因复方口服液体制剂（包括口服溶液剂、糖浆剂）列入第二类精神药品管理，凡无二类精神药品经营范围的药品经营企业一律不得经营含可待因复方口服液体制剂（包括口服溶液剂、糖浆剂）。

二、麻醉药品原植物的种植

（一）麻醉药品原植物的种植规定

国家根据麻醉药品和精神药品的医疗、国家储备和企业生产所需原料的需要确定需求总量，对麻醉药品药用原植物的种植实行总量控制。国务院药品监督管理部门和国务院农业主管部门根据麻醉药品年度生产计划，制定麻醉药品药用原植物年度种植计划。

麻醉药品药用原植物种植企业应当根据年度种植计划，种植麻醉药品药用原植物。麻醉药品药用原植物种植企业应当向国务院药品监督管理部门和国务院农业主管部门定期报告种植情况。麻醉药品药用原植物种植企业由国务院药品监督管理部门和国务院农业主管部门共同确定，其他单位和个人不得种植麻醉药品药用原植物。

（二）非法种植毒品原植物应承担的法律责任

1.《中华人民共和国治安管理处罚法》对非法种植毒品原植物的处罚规定 自2006年3月1日起施行《中华人民共和国治安管理处罚法》，第71条对非法种植毒品原植物的处罚规定：有下列行为之一的，处10日以上15日以下拘留，可以并处3000元以下罚款；情节较轻的，处5日以下拘留或者500元以下罚款：①非法种植罂粟不满500株或者其他少量毒品原植物的。②非卖、运输、携带、持有少量未经灭活的罂粟等毒品原植物种子或者幼苗的。③非法运输、买卖、储存、使用少量罂粟壳的。

有非法种植罂粟或其他少量毒品原植物行为，但在其成熟前自行铲除的，不予处罚。

2.《刑法》对非法种植毒品原植物的处罚规定 非法种植罂粟、大麻等毒品原植物的，一律强制铲除。有下列情形之一的，处5年以下有期徒刑、拘役或者管制，并处罚金：①种植罂粟500株以上不满3000株或者其他毒品原植物数量较大的；②经公安机关处理后又种植的；③抗拒铲除的。

非法种植罂粟3千株以上或者其他毒品原植物数量大的，处5年以上有期徒刑，并处罚金或者没收财产。非法种植罂粟或者其他毒品原植物，在收获前自动铲除的，可以免除处罚。

三、麻醉药品和精神药品的生产管理

（一）麻醉药品和精神药品实行定点生产制度

国家对麻醉药品和精神药品实行定点生产制度。国务院药品监督管理部门应当根据麻醉药品和精神药品的需求总量，确定麻醉药品和精神药品定点生产企业的数量和布局，并根据年度需求总量对数量和布局进行调整、公布。

1. 麻醉药品和精神药品的定点生产企业具备的条件 麻醉药品和精神药品的定点生产企业应当具备下列条件：①有药品生产许可证；②有麻醉药品和精神药品实验研究批准文件；③有符合规定的麻醉药品和精神药品生产设施、储存条件和相应的安全管理设施；④有通过网络实施企业安全生产管理和向药品监督管理部门报告生产信息的能力；⑤有保证麻醉药品和精神药品安全生产的管理制度；⑥有与麻醉药品和精神药品安全生产要求相适应的管理水平和经营规模；⑦麻醉药品和精神药品生产管理、质量管理部门的人员应当熟悉麻醉药品和精神药品管理以及有关禁毒的法律、行政法规；⑧没有生产、销售假药、劣药或者违反有关禁毒的法律、行政法规规定的行为；⑨符合国务院药品监督管理部门公布的麻醉药品和精神药品定点生产企业数量和布局的要求。

2. 麻醉药品、精神药品生产申请程序 麻醉药品、第一类精神药品和第二类精神药品原料药定点生产，应当按照品种向所在地省、自治区、直辖市药品监督管理部门提出申请（图5-1），填写《药品生产企业申报麻醉药品、精神药品定点生产申请表》，并报送有关资料。省、自治区、直辖市药品监督管理部门应当在5日内对资料进行审查，决定是否受理。受理的，应当在20日内进行审查，必要时组织现场检查，符合要求的出具审查意见，连同企业申报资料报国家食品药品监督管理总局，并通知申请人。国家食品药品监督管理总局应当于20日内进行审查，做出是否批准的决定。批准的，发给《麻醉药品和精神药品定点生产批件》；不予批准的，应当书面说明理由。

药品生产企业接到《麻醉药品和精神药品定点生产批件》后，应当向省、自治区、直辖市药品监督管理部门提出变更生产范围申请。省、自治区、直辖市药品监督管理部门应当根据《麻醉药品和精神药品定点生产批件》，在《药品生产许可证》正本上标注类别、副本上在类别后括弧内标注药品名称。申请第二类精神药品制剂定点生产，应当向所在地省、自治区、直辖市药品监督管理部门提出申请，填写《药品生产企业申报麻醉药品、精神药品定点生产申请表》，并报送有关资料。省、自治区、直辖市药品监督管理部门应当在5日内对资料进行审查，决定是否受理。受理的，应当在40日内进行审查，必要时组织现场检查，做出是否批准的决定。批准的，在《药品生产许可证》正本上标注类别、副本上在类别后括弧内标注药品名称；不予批准的，应当书面说明理由。

麻醉药品、第一类精神药品生产企业和第二类精神药品原料药生产企业

↓ 申请

省、自治区、直辖市药品监督管理部门

↓ 初审

CFDA

↓ 批准

《麻醉药品和精神药品定点生产批件》

图5-1 麻醉药品、精神药品生产申请程序图

定点生产企业生产麻醉药品和精神药品，应当依照药品管理法的规定取得药品批准文号。未取得药品批准文号的，不得生产麻醉药品和精神药品。

国务院药品监督管理部门应当组织医学、药学、社会学、伦理学和禁毒等方面的专家成立专家组，由专家组对申请首次上市的麻醉药品和精神药品的社会危害性和被滥用的可能性进行评价，并提出是否批准的建议。

3. 生产时的具体要求

（1）发生重大突发事件时生产的要求　发生重大突发事件，定点生产企业无法正常生产或者不能保证供应麻醉药品和精神药品时，国务院药品监督管理部门可以决定其他药品生产企业生产麻醉药品和精神药品。重大突发事件结束后，国务院药品监督管理部门应当及时决定其他企业停止麻醉药品和精神药品的生产。

（2）按计划生产并报告生产情况　定点生产企业应当严格按照麻醉药品和精神药品年度生产计划安排生产，并依照规定向所在地省、自治区、直辖市人民政府药品监督管理部门报告生产情况。定点生产企业应当依照规定，将麻醉药品和精神药品销售给具有麻醉药品和精神药品经营资格的企业或者批准的其他单位。

（3）麻醉药品和精神药品规定标志的印刷　麻醉药品和精神药品的标签应当印有国务院药品监督管理部门规定的标志（图5-2）。

图5-2 麻醉药品和精神药品的标志

（二）违规生产麻醉药品和精神药品的法律责任

1. 行政责任　《麻醉药品和精神药品管理条例》第67条规定，定点生产企业违反本条例，有下列情形之一的，由药品监督管理部门责令限期改正，给予警告，并没收违法所

得和违法销售的药品；逾期不改正的，责令停产，并处5万元以上10万元以下的罚款；情节严重的，取消其定点生产资格：①未按照麻醉药品和精神药品年度生产计划安排生产的；②未依照规定向药品监督管理部门报告生产情况的；③未依照规定储存麻醉药品和精神药品，或者未依照规定建立、保存专用账册的；④未依照规定销售麻醉药品和精神药品的；⑤未依照规定销毁麻醉药品和精神药品的。

2. 刑事责任 如果个人违反有关规定私自贩卖，构成贩卖毒品罪的，根据《刑法》第347条规定，走私、贩卖、运输、制造毒品，无论数量多少，都应当追究刑事责任，予以刑事处罚。

走私、贩卖、运输、制造毒品，有下列情形之一的，处15年以上有期徒刑、无期徒刑或者死刑，并处没收财产：①走私、贩卖、运输、制造鸦片1kg以上，海洛因或者甲基苯丙胺50g以上或者其他毒品数量大的；②走私、贩卖、运输、制造毒品集团的首要分子；③武装掩护走私、贩卖、运输、制造毒品的；④以暴力抗拒检查、拘留、逮捕，情节严重的；⑤参与有组织的国际贩毒活动的。

走私、贩卖、运输、制造鸦片200g以上不满1kg，海洛因或者甲基苯丙胺10g以上不满50g或者其他毒品数量较大的，处7年以上有期徒刑，并处罚金。走私、贩卖、运输、制造鸦片不满200g，海洛因或者甲基苯丙胺不满10g或者其他少量毒品的，处3年以下有期徒刑、拘役或者管制，并处罚金；情节严重的，处3年以上7年以下有期徒刑，并处罚金。

单位犯第②、第③、第④款罪的，对单位判处罚金，并对其直接负责的主管人员和其他直接责任人员，依照各该款的规定处罚。

利用、教唆未成年人走私、贩卖、运输、制造毒品，或者向未成年人出售毒品的，从重处罚。对多次走私、贩卖、运输、制造毒品，未经处理的，毒品数量累计计算。

四、麻醉药品和精神药品的经营管理

（一）麻醉药品和精神药品的定点经营制度

CFDA根据麻醉药品和第一类精神药品全国需求总量，确定跨省、自治区、直辖市从事麻醉药品和第一类精神药品批发业务的企业（以下称全国性批发企业）的布局、数量；根据各省、自治区、直辖市对麻醉药品和第一类精神药品需求总量，确定在该行政区域内从事麻醉药品和第一类精神药品批发业务的企业（以下称区域性批发企业）的布局、数量。国家食品药品监督管理总局根据年度需求总量的变化对全国性批发企业、区域性批发企业布局、数量定期进行调整、公布。

1. 麻醉药品和精神药品定点批发企业的审批

（1）麻醉药品和精神药品定点批发企业需具备的条件　麻醉药品和精神药品定点批发企业除应当具备一般的药品经营企业的开办条件外，还应当具备下列条件：①有符合规定的麻醉药品和精神药品储存条件（详见六、麻醉药品和精神药品的储存）；②有通过网络实施企业安全管理和向药品监督管理部门报告经营信息的能力；③单位及其工作人员2年内没有违反有关禁毒的法律、行政法规规定的行为；④符合国务院药品监督管理部门公布的定点批发企业布局。

麻醉药品和第一类精神药品的定点批发企业，还应当具有保证供应责任区域内医疗机构所需麻醉药品和第一类精神药品的能力，并具有保证麻醉药品和第一类精神药品安全经营的管理制度。

（2）麻醉药品和精神药品定点批发企业的审批程序　①全国性批发企业的审批程序。

申请成为全国性批发企业，应当向所在地省、自治区、直辖市药品监督管理部门提出申请，填报《申报麻醉药品和精神药品定点经营申请表》（表5－1），报送相应资料。省、自治区、直辖市药品监督管理部门应当在5日内对资料进行审查，决定是否受理。受理的，5日内将审查意见连同企业申报资料报国家食品药品监督管理总局。国家食品药品监督管理总局应当在35日内进行审查和现场检查，做出是否批准的决定。批准的，下达批准文件。企业所在地省、自治区、直辖市药品监督管理部门根据批准文件在该企业《药品经营许可证》经营范围中予以注明。药品监督管理部门做出不予受理或不予批准决定的，应当书面说明理由。

表5－1 申报麻醉药品和精神药品定点经营申请表

企业名称		药品经营许可证号	
企业地址		邮政编码	
申报定点类别			
企业申报事由及自查情况：			
受理部门检查情况： 检查人签字： 年 月 日			
受理部门审查意见： 盖 章： 年 月 日			

②区域性批发企业的审批程序。申请成为区域性批发企业的应当向所在地设区的市级药品监督管理机构提出申请，填报《申报麻醉药品和精神药品定点经营申请表》，报送相应资料。设区的市级药品监督管理机构应当在5日内对资料进行审查，决定是否受理。受理的，5日内将审查意见连同企业申报资料报省、自治区、直辖市药品监督管理部门。省、自治区、直辖市药品监督管理部门应当在35日内进行审查和现场检查，做出是否批准的决定。批准的，下达批准文件（有效期应当与《药品经营许可证》一致），并在《药品经营许可证》经营范围中予以注明。药品监督管理部门做出不予受理或不予批准决定的，应当书面说明理由。

③专门从事第二类精神药品批发业务的企业的审批程序。专门从事第二类精神药品批发业务的企业，应当向所在地设区的市级药品监督管理机构提出申请，填报《申报麻醉药品和精神药品定点经营申请表》，报送相应资料。其程序、时限同区域性批发企业。

全国性批发企业、区域性批发企业可以从事第二类精神药品批发业务。如需开展此项业务，企业应当向所在地省、自治区、直辖市药品监督管理部门申请变更《药品经营许可证》经营范围，企业所在地省、自治区、直辖市药品监督管理部门应当在其《药品经营许可证》经营范围中加注（第二类精神药品原料药或第二类精神药品制剂）。

2. 麻醉药品和精神药品定点零售企业的审批 麻醉药品和第一类精神药品不得零售。申请零售第二类精神药品的药品零售连锁企业，应当向所在地设区的市级药品监督管理机构提出申请，填报《申报麻醉药品和精神药品定点经营申请表》，报送相应资料。设区的市级药品监督管理机构应当在20日内进行审查，做出是否批准的决定。批准的，发证部门应当在企业和相应门店的《药品经营许可证》经营范围中予以注明。不予批准的，应当书面说明理由。除经批准的药品零售连锁企业外，其他药品经营企业不得从事第二类精神药品零售活动。

（二）麻醉药品和精神药品的购销

1. 定点生产企业的销售管理 定点生产企业只能将麻醉药品和第一类精神药品制剂销售给全国性批发企业、区域性批发企业以及经批准购用的其他单位。区域性批发企业从定点生产企业购进麻醉药品和第一类精神药品制剂，须经所在地省、自治区、直辖市药品监督管理部门批准。定点生产企业只能将第二类精神药品原料药销售给全国性批发企业、区域性批发企业、专门从事第二类精神药品批发业务的企业、第二类精神药品制剂生产企业以及经备案的其他需用第二类精神药品原料药的企业。生产企业将第二类精神药品原料药销售给制剂生产企业以及经备案的其他需用第二类精神药品原料药的企业时，应当按照备案的需用计划销售。定点生产企业只能将第二类精神药品制剂销售给全国性批发企业、区域性批发企业、专门从事第二类精神药品批发业务的企业、第二类精神药品零售连锁企业、医疗机构或经批准购用的其他单位。

麻醉药品和精神药品定点生产企业应建立购买方销售档案，内容包括：①购买方合法资质；②购买麻醉药品、精神药品的批准证明文件（生产企业提供）；③企业法定代表人、主管麻醉药品和精神药品负责人、采购人员及其联系方式；④采购人员身份证明及法人委托书。销售麻醉药品和精神药品时，应当核实企业或单位资质文件、采购人员身份证明，无误后方可销售。麻醉药品和精神药品定点生产企业销售麻醉药品和精神药品不得使用现金交易。

2. 定点批发企业的购销

（1）麻醉药品和第一类精神药品的购销　全国性批发企业应当从定点生产企业购进麻醉药品和第一类精神药品，应当在每年10月底前将本年度预计完成的麻醉药品和第一类精神药品购进、销售、库存情况报国家食品药品监督管理总局。全国性批发企业在确保责任区内区域性批发企业供药的基础上，可以在全国范围内向其他区域性批发企业销售麻醉药品和第一类精神药品。全国性批发企业向医疗机构销售麻醉药品和第一类精神药品，应当向医疗机构所在地省、自治区、直辖市药品监督管理部门提出申请，药品监督管理部门应当在统筹、确定全国性批发企业与区域性批发企业在本行政区域内的供药责任区后，做出是否批准的决定。

区域性批发企业可以从全国性批发企业购进麻醉药品和第一类精神药品。为减少迂回运输，区域性批发企业需要从定点生产企业购进麻醉药品和第一类精神药品的，应当向所在地省、自治区、直辖市药品监督管理部门提出申请，并报送以下资料：①与定点生产企业签订的意向合同。②从定点生产企业购进麻醉药品和第一类精神药品的品种和理由。③运输方式、运输安全管理措施。

药品监督管理部门受理后，应当在30日内做出是否批准的决定。予以批准的，应当发给批准文件，注明有效期限（有效期不超过5年），并将有关情况报国家食品药品监督管理总局；不予批准的，应当书面说明理由。区域性批发企业应当在每年10月底前将本年度预计完成的直接从生产企业采购的麻醉药品和第一类精神药品购进、销售、库存情况报国家食品药品监督管理局。区域性批发企业直接从定点生产企业购进麻醉药品和第一类精神药品，在运输过程中连续12个月内发生过两次丢失、被盗情况的，所在地省、自治区、直辖市药品监督管理部门应当取消其直接从定点生产企业购进麻醉药品和第一类精神药品资格，并在3年内不再受理其此项申请。区域性批发企业在确保责任区内医疗机构供药的基础上，可以在本省行政区域内向其他医疗机构销售麻醉药品和第一类精神药品。因医疗急需、运输困难等特殊情况，区域性批发企业之间可以调剂麻醉药品和第一类精神药品，但仅限具体事件所涉及的品种和数量。企业应当在调剂后2日内将调剂情况分别报所在地设区的市级药品监督管理机构和省、自治区、直辖市药品监督管理部门备案。由于特殊地理位置原因，区域性批发企业需要就近向其他省级行政区内取得麻醉药品和第一类精神药品使用资格的医疗机构销售麻醉药品和第一类精神药品的，应当向所在地省、自治区、直辖市药品监督管理部门提出申请，受理申请的药品监督管理部门认为可行的，应当与医疗机构所在地省、自治区、直辖市药品监督管理部门协调，提出明确的相应区域性批发企业供药责任调整意见，报国家食品药品监督管理总局批准后，方可开展相应经营活动。

（2）第二类精神药品的购销　从事第二类精神药品批发业务的企业可以从第二类精神药品定点生产企业、全国性批发企业、区域性批发企业、其他专门从事第二类精神药品批发业务的企业购进第二类精神药品。从事第二类精神药品批发业务的企业可以将第二类精神药品销售给定点生产企业、全国性批发企业、区域性批发企业、其他专门从事第二类精神药品批发业务的企业、医疗机构和从事第二类精神药品零售的药品零售连锁企业。药品零售连锁企业总部的《药品经营许可证》经营范围中有第二类精神药品项目的，可以购进第二类精神药品；其所属门店《药品经营许可证》经营范围有第二类精神药品项目的，可以零售第二类精神药品。药品零售连锁企业对其所属的经营第二类精神药品的门店，应当严格执行统一进货、统一配送和统一管理。药品零售连锁企业门店所零售的第二类精神药品，应当由本企业直接配送，不得委托配送。

3. 麻醉药品和精神药品购销管理　企业、单位之间购销麻醉药品和精神药品一律禁止使用现金进行交易。

（1）建立购买方销售档案及供药档案　全国性批发企业向区域性批发企业销售麻醉药品和第一类精神药品时，应当建立购买方销售档案，内容包括：①省、自治区、直辖市药品监督管理部门批准其为区域性批发企业的文件。②加盖单位公章的《药品经营许可证》、《企业法人营业执照》、《药品经营质量管理规范认证证书》复印件。③企业法定代表人、主管麻醉药品和第一类精神药品负责人、采购人员及其联系方式。④采购人员身份证明及法人委托书。

全国性批发企业、区域性批发企业向医疗机构销售麻醉药品和第一类精神药品时，应当建立相应医疗机构的供药档案，内容包括《麻醉药品和第一类精神药品购用印鉴卡》、“麻醉药品和第一类精神药品采购明细”等。

全国性批发企业、区域性批发企业向其他企业、单位销售麻醉药品和第一类精神药品时，应当核实企业或单位资质文件、采购人员身份证明，无误后方可销售。全国性批发企业、区域性批发企业和专门从事第二类精神药品批发业务的企业在向其他企业、单位销售第二类精神药品时，也应当核实企业或单位资质文件、采购人员身份证明，无误后方可销售。

（2）医疗机构采购麻醉药品和第一类精神药品时的要求和规定　医疗机构向全国性批发企业、区域性批发企业采购麻醉药品和第一类精神药品时，应当持《麻醉药品和第一类精神药品购用印鉴卡》，填写“麻醉药品和第一类精神药品采购明细”，办理购买手续。销售人员应当仔细核实内容以及有关印鉴，无误后方可办理销售手续。

（3）零售药店零售第二类精神药品时的要求　零售第二类精神药品时，应当凭执业医师开具的处方，并经执业药师或其他依法经过资格认定的药学技术人员复核。处方保存2年备查。不得向未成年人销售第二类精神药品。在难以确定购药者是否为未成年人的情况下，可查验购药者身份证明。

（三）非法经营麻醉药品和精神药品的法律责任

1. 行政责任　根据《麻醉药品和精神药品管理条例》第八十二条规定，违反有关规定，致使麻醉药品和精神药品流入非法渠道造成危害，构成犯罪的，依法追究刑事责任；尚不构成犯罪的，由县级以上公安机关处5万元以上10万元以下的罚款；有违法所得的，没收违法所得；情节严重的，处违法所得2倍以上5倍以下的罚款；由原发证部门吊销其药品生产、经营和使用许可证明文件。

药品监督管理部门、卫生主管部门在监督管理工作中发现前款规定情形的，应当立即通报所在地同级公安机关，并依照国家有关规定，将案件以及相关材料移送公安机关。

2. 刑事责任　如果个人违反有关规定私自贩卖，构成贩卖毒品罪的，将依据《刑法》第三百四十七条规定予以处罚。

五、麻醉药品和精神药品的使用管理

（一）药品生产企业使用的规定

1. 药品生产企业购进麻醉药品和第一类精神药品的规定　药品生产企业需要以麻醉药品和第一类精神药品为原料生产普通药品的，应当向所在地省、自治区、直辖市人民政府药品监督管理部门报送年度需求计划，由省、自治区、直辖市人民政府药品监督管理部门汇总报国务院药品监督管理部门批准后，向定点生产企业购买。有关审批程序见图5－3。

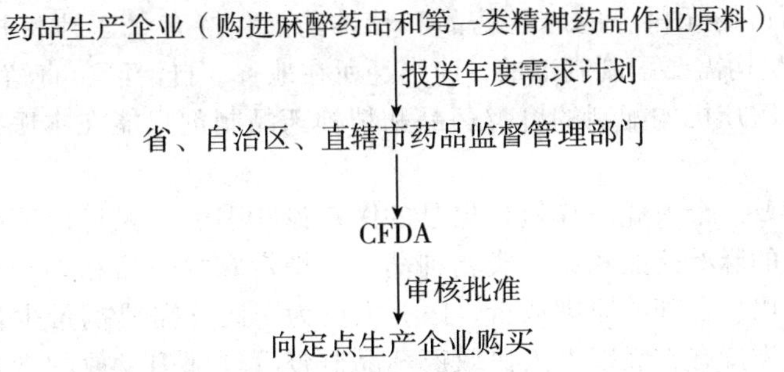

图5－3　药品生产企业购进麻醉药品和第一类精神药品审批程序图

2. 药品生产企业购进第二类精神药品的规定　药品生产企业需要以第二类精神药品为原料生产普通药品的，应当将年度需求计划报所在地省、自治区、直辖市人民政府药品监督管理部门，并向定点批发企业或者定点生产企业购买。

3. 非药品生产企业需要使用咖啡因作为原料的规定　食品、食品添加剂、化妆品、油漆等非药品生产企业需要使用咖啡因作为原料的，应当经所在地省、自治区、直辖市人民政府药品监督管理部门批准，向定点批发企业或者定点生产企业购买。

（二）科学研究、教学单位使用的规定

科学研究、教学单位需要使用麻醉药品和精神药品开展实验、教学活动的，应当经所在地省、自治区、直辖市人民政府药品监督管理部门批准，向定点批发企业或者定点生产企业购买。

需要使用麻醉药品和精神药品的标准品、对照品的，应当经所在地省、自治区、直辖市人民政府药品监督管理部门批准，向国务院药品监督管理部门批准的单位购买。

（三）医疗机构使用的规定

1. 麻醉药品和精神药品的购用要求

（1）《麻醉药品、第一类精神药品购用印鉴卡》的获得　医疗机构需要使用麻醉药品和第一类精神药品的，应当经所在地设区的市级人民政府卫生主管部门批准，取得《麻醉药品、第一类精神药品购用印鉴卡》（以下称印鉴卡）。医疗机构应当凭印鉴卡向本省、自治区、直辖市行政区域内的定点批发企业购买麻醉药品和第一类精神药品。《印鉴卡》有效期为三年。《印鉴卡》有效期满前三个月，医疗机构应当向市级卫生行政部门重新提出申请。《印鉴卡》有效期满需换领新卡的医疗机构，还应当提交原《印鉴卡》有效期期间内麻醉药品、第一类精神药品使用情况。

设区的市级人民政府卫生主管部门发给医疗机构印鉴卡时，应当将取得印鉴卡的医疗机构情况抄送所在地设区的市级药品监督管理部门，并报省、自治区、直辖市人民政府卫生主管部门备案。省、自治区、直辖市人民政府卫生主管部门应当将取得印鉴卡的医疗机构名单向本行政区域内的定点批发企业通报。

医疗机构取得印鉴卡应当具备下列条件：①有专职的麻醉药品和第一类精神药品管理人员；②有获得麻醉药品和第一类精神药品处方资格的执业医师；③有保证麻醉药品和第一类精神药品安全储存的设施和管理制度。

（2）特殊情况的规定　医疗机构抢救病人急需麻醉药品和第一类精神药品而本医疗机构无法提供时，可以从其他医疗机构或者定点批发企业紧急借用；抢救工作结束后，应当及时将借用情况报所在地设区的市级药品监督管理部门和卫生主管部门备案。

对临床需要而市场无供应的麻醉药品和精神药品，持有《医疗机构制剂许可证》和《印鉴卡》的医疗机构需要配制制剂的，应当经所在地省、自治区、直辖市人民政府药品监督管理部门批准。医疗机构配制的麻醉药品和精神药品制剂只能在本医疗机构使用，不得对外销售。

因治疗疾病需要，个人凭医疗机构出具的医疗诊断书、本人身份证明，可以携带单张处方最大用量以内的麻醉药品和第一类精神药品；携带麻醉药品和第一类精神药品出入境的，由海关根据自用、合理的原则放行。医务人员为了医疗需要携带少量麻醉药品和精神药品出入境的，应当持有省级以上人民政府药品监督管理部门发放的携带麻醉药品和精神药品证明。海关凭携带麻醉药品和精神药品证明放行。

医疗机构、戒毒机构以开展戒毒治疗为目的，可以使用美沙酮或者国家确定的其他用于戒毒治疗的麻醉药品和精神药品。具体管理办法由国务院药品监督管理部门、国务院公安部门和国务院卫生主管部门制定。

2. 麻醉药品和精神药品的使用规定

（1）麻醉药品和精神药品的处方资格的获得　医疗机构应当按照国务院卫生主管部门的规定，对本单位执业医师进行有关麻醉药品和精神药品使用知识的培训、考核，经考核合格的，授予麻醉药品和第一类精神药品处方资格。

（2）医疗机构对获得麻醉药品和精神药品处方资格的执业医师的管理　医疗机构应当

将具有麻醉药品和第一类精神药品处方资格的执业医师名单及其变更情况，定期报送所在地设区的市级人民政府卫生主管部门，并抄送同级药品监督管理部门。医务人员应当根据国务院卫生主管部门制定的临床应用指导原则，使用麻醉药品和精神药品。

执业医师取得麻醉药品和第一类精神药品的处方资格后，方可在本医疗机构开具麻醉药品和第一类精神药品处方，但不得为自己开具该种处方。

（3）对麻醉药品和精神药品处方的规定　具有麻醉药品和第一类精神药品处方资格的执业医师，根据临床应用指导原则，对确需使用麻醉药品或者第一类精神药品的患者，应当满足其合理用药需求。在医疗机构就诊的癌症疼痛患者和其他危重患者得不到麻醉药品或者第一类精神药品时，患者或者其亲属可以向执业医师提出申请。具有麻醉药品和第一类精神药品处方资格的执业医师认为要求合理的，应当及时为患者提供所需麻醉药品或者第一类精神药品。①执业医师应当使用专用处方开具麻醉药品和精神药品，单张处方的最大用量应当符合国务院卫生主管部门的规定。麻醉药品注射剂处方一次不超过三日用量，麻醉药品控（缓）释制剂处方一次不超过十五日用量，其他剂型的麻醉药品处方一次不超过七日用量。②对麻醉药品和第一类精神药品处方，处方的调配人、核对人应当仔细核对，签署姓名，并予以登记；对不符合规定的，处方的调配人、核对人应当拒绝发药。③麻醉药品和精神药品专用处方的格式由国务院卫生主管部门规定。④医疗机构应当对麻醉药品和精神药品处方进行专册登记，加强管理。麻醉药品处方至少保存3年，精神药品处方至少保存2年。

（4）麻醉药品专用卡　为提高癌症患者的生活质量，充分满足癌症疼痛患者对麻醉药品的需要，同时防止流入非法渠道，国家规定癌症患者因镇痛需长期使用麻醉药品、一类精神药品（以下简称麻醉药品）时，实行核发“麻醉药品专用卡”（以下简称“专用卡”）制度。

1）专用卡的申请及颁发　“专用卡”由县以上药品监督管理部门会同同级卫生行政部门认定的二级以上（含二级，以下同）医疗机构核发，亦可由县以上药品监督管理部门直接核发。发卡机构办理“专用卡”时，要严格审核，应建立“专用卡”发放情况档案。

癌症患者申办“专用卡”时，应提供以下材料：①第四条规定的医疗机构的诊断证明书（诊断证明书应载明诊断情况、疼痛程度和建议使用的麻醉药品类别等）；②患者本人的户口簿；③患者本人的身份证；④由患者亲属或监护人代办“专用卡”的，还应提供代办人的身份证。

异地诊治的癌症患者申办“专用卡”，应提供诊断证明书、本人身份证、户口簿或暂住证明（暂住街道办事处证明信或癌症患者亲友工作单位出示的暂住证明亦可）。申办“专用卡”时，癌症患者或代办“专用卡”的亲属或监护人应签署“癌症患者使用麻醉药品专用卡知情同意书”，并保证严格遵守有关条款。

2）更换新专用卡的要求　“专用卡”的有效期为两个月。“专用卡”使用期满后需继续使用的，可更换新卡。更换“专用卡”除不要求诊断证明书外，应按办新卡的要求重新审核。

连续使用麻醉药品6个月后，再次更换新卡时，须提供医疗机构的复诊证明。供应麻醉药品的医疗机构应对使用麻醉药品注射剂的患者建立随诊制度，并建立随诊记录。使用麻醉药品注射剂的患者每次更换新卡时，须凭医疗机构的随诊记录和复诊证明，到当地药品监督管理部门办理有关手续。更换的旧“专用卡”，由发卡机构收回存档。

“专用卡”丢失的，应到原发卡机构注销原“专用卡”，并补办新卡。患者不再使用麻醉药品时，患者亲属或监护人应及时到发卡机构办理注销手续，并交回剩余麻醉药品。交回的剩余麻醉药品由发卡机构按规定销毁。

3）专用卡使用时需要遵守的规定　执业医师既要充分满足患者镇痛需求，同时又要严格掌握药品适应症，遵守“专用卡”管理的有关规定。

执业医师开具麻醉药品处方时，应建立完整的存档病历，详细记录患者病情、疼痛控制情况、药品的名称和数量。凭“专用卡”一般不能使用注射剂。

因病情需要确需使用麻醉药品注射剂的患者，需凭具有主治医师以上技术职务任职资格的执业医师开具的诊断证明书，报所在地县级以上药品监督管理部门备案，由备案机关在“专用卡”上注明“可供应麻醉药品注射剂”并加盖公章后方可供应。患者应在具有麻醉药品使用资格的医疗机构，凭“专用卡”和具有麻醉药品处方权的执业医师开具的处方取药。发药部门应详细记录发药时间及数量。使用麻醉药品注射剂或贴剂的患者，再次领药时须将空安瓿或用过的贴剂交回。

（四）非法使用麻醉药品和精神药品的法律责任

1. 行政责任　《麻醉药品和精神药品管理条例》第82条规定，违反该条例的规定，致使麻醉药品和精神药品流入非法渠道造成危害，构成犯罪的，依法追究刑事责任；尚不构成犯罪的，由县级以上公安机关处5万元以上10万元以下的罚款；有违法所得的，没收违法所得；情节严重的，处违法所得2倍以上5倍以下的罚款；由原发证部门吊销其药品生产、经营和使用许可证明文件。

药品监督管理部门、卫生主管部门在监督管理工作中发现前款规定情形的，应当立即通报所在地同级公安机关，并依照国家有关规定，将案件以及相关材料移送公安机关。

2. 刑事责任　从事生产、运输、管理、使用国家管制的麻醉药品、精神药品的人员，违反国家规定，向吸食、注射毒品的人提供国家管制的能够使人形成瘾癖的麻醉药品、精神药品的，构成非法提供麻醉药品、精神药品罪。

根据《刑法》第355条规定，依法从事生产、运输、管理、使用国家管制的麻醉药品、精神药品的人员，违反国家规定，向吸食、注射毒品的人提供国家管制的能够使人形成瘾癖的麻醉药品、精神药品的，处3年以下有期徒刑或者拘役，并处罚金；情节严重的，处3年以上7年以下有期徒刑，并处罚金。如果向走私、贩卖毒品的犯罪分子或者以牟利为目的，向吸食、注射毒品的人提供国家规定管制的能够使人形成瘾癖的麻醉药品、精神药品的，依照本法第347条的规定定罪处罚（即按贩卖毒品罪定罪处罚）。

六、麻醉药品和精神药品的储存

（一）麻醉药品和精神药品的储存规定

1. 药用原植物种植企业、生产企业、批发企业和以及国家设立的麻醉药品储存单位的专柜储存要求　麻醉药品药用原植物种植企业、定点生产企业、全国性批发企业和区域性批发企业以及国家设立的麻醉药品储存单位，应当设置储存麻醉药品和第一类精神药品的专库。该专库应当符合下列要求：①安装专用防盗门，实行双人双锁管理；②具有相应的防火设施；③具有监控设施和报警装置，报警装置应当与公安机关报警系统联网。

全国性批发企业经国务院药品监督管理部门批准设立的药品储存点也应当符合上述的规定。麻醉药品定点生产企业应当将麻醉药品原料药和制剂分别存放。

2. 使用单位的专库或者专柜储存要求　麻醉药品和第一类精神药品的使用单位应当设立专库或者专柜储存麻醉药品和第一类精神药品。专库应当设有防盗设施并安装报警装置；专柜应当使用保险柜。专库和专柜应当实行双人双锁管理。

3. 储存时的管理要求　麻醉药品药用原植物种植企业、定点生产企业、全国性批发企业和区域性批发企业、国家设立的麻醉药品储存单位以及麻醉药品和第一类精神药品的使用单位，应当配备专人负责管理工作，并建立储存麻醉药品和第一类精神药品的专用账册。药品入库双人验收，出库双人复核，做到账物相符。专用账册的保存期限应当自药品有效期期满之日起不少于5年。

第二类精神药品经营企业应当在药品库房中设立独立的专库或者专柜储存第二类精神药品，并建立专用账册，实行专人管理。专用账册的保存期限应当自药品有效期期满之日起不少于5年。

（二）非法储存麻醉药品和精神药品的法律责任

《麻醉药品和精神药品管理条例》第67条规定，定点生产企业违反本条例的规定，有下列情形之一的，由药品监督管理部门责令限期改正，给予警告，并没收违法所得和违法销售的药品；逾期不改正的，责令停产，并处5万元以上10万元以下的罚款；情节严重的，取消其定点生产资格：①未按照麻醉药品和精神药品年度生产计划安排生产的；②未依照规定向药品监督管理部门报告生产情况的；③未依照规定储存麻醉药品和精神药品，或者未依照规定建立、保存专用账册的；④未依照规定销售麻醉药品和精神药品的；⑤未依照规定销毁麻醉药品和精神药品的。

七、麻醉药品和精神药品的运输

（一）托运或自行运输麻醉药品和精神药品的单位运输时的要求

1. 托运或自行运输麻醉药品和第一类精神药品的单位，应当向所在地省、自治区、直辖市药品监督管理部门申领《麻醉药品、第一类精神药品运输证明》（简称运输证明）。运输证明正本1份，根据实际需要可发给副本若干份，必要时可增领副本。运输证明有效期1年（不跨年度）。运输证明在有效期满前1个月重新办理，过期后3个月内将原运输证明上缴发证机关。运输第二类精神药品无需办理运输证明。

2. 对承运单位的要求

（1）对运输证明副本的要求　承运麻醉药品和第一类精神药品时，承运单位要查验、收取运输证明副本。运输证明副本随货同行以备查验。在运输途中承运单位必须妥善保管运输证明副本，不得遗失。货物到达后，承运单位应将运输证明副本递交收货单位。收货单位应在收到货物后1个月内将运输证明副本交还发货单位。

（2）对运输过程的具体要求　铁路运输应当采用集装箱或行李车运输麻醉药品和第一类精神药品。采用集装箱运输时，应确保箱体完好，施封有效。道路运输麻醉药品和第一类精神药品必须采用封闭式车辆，有专人押运，中途不应停车过夜。水路运输麻醉药品和第一类精神药品时应有专人押运。

铁路、民航、道路、水路承运单位承运麻醉药品和精神药品时，应当及时办理运输手续，尽量缩短货物在途时间，并采取相应的安全措施，防止麻醉药品、精神药品在装卸和运输过程中被盗、被抢或丢失。发生被盗、被抢、丢失的，承运单位应立即报告当地公安机关，并通知收货单位，收货单位应立即报告当地药品监督管理部门。

（3）到货后的检查验收　麻醉药品和第一类精神药品到货后，承运单位应当严格按照有关规定与收货单位办理交货手续，双方对货物进行现场检查验收，确保货物准确交付。

（二）邮寄麻醉药品和精神药品时的要求

邮寄麻醉药品和精神药品寄件人应当提交所在地省、自治区、直辖市人民政府药品监督管理部门出具的准予邮寄证明。邮政营业机构应当查验、收存准予邮寄证明；没有准予邮寄证明的，邮政营业机构不得收寄。省、自治区、直辖市邮政主管部门指定符合安全保障条件的邮政营业机构负责收寄麻醉药品和精神药品。邮政营业机构收寄麻醉药品和精神药品，应当依法对收寄的麻醉药品和精神药品予以查验。

（三）非法运输麻醉药品和精神药品的法律责任

根据《麻醉药品和精神药品管理条例》第 74 条规定，违反本条例的规定运输麻醉药品和精神药品的，由药品监督管理部门和运输管理部门依照各自职责，责令改正，给予警告，处 2 万元以上 5 万元以下的罚款。

收寄麻醉药品、精神药品的邮政营业机构未依照本条例的规定办理邮寄手续的，由邮政主管部门责令改正，给予警告；造成麻醉药品、精神药品邮件丢失的，依照邮政法律、行政法规的规定处理。

如果个人违反有关规定私自运输构成运输毒品罪的，按《刑法》第 347 条的规定予以处罚。

八、麻醉药品和精神药品的监督管理

（一）药品监督管理部门对麻醉药品和精神药品的监督管理

药品监督管理部门应当根据规定的职责权限，对麻醉药品药用原植物的种植以及麻醉药品和精神药品的生产、经营、使用、储存、运输活动进行监督检查。

1. 建立监控信息网络 省级以上人民政府药品监督管理部门根据实际情况建立监控信息网络，对定点生产企业、定点批发企业和使用单位的麻醉药品和精神药品生产、进货、销售、库存、使用的数量以及流向实行实时监控，并与同级公安机关做到信息共享。

2. 对未连接监控信息网络单位的要求 尚未连接监控信息网络的麻醉药品和精神药品定点生产企业、定点批发企业和使用单位，应当每月通过电子信息、传真、书面等方式，将本单位麻醉药品和精神药品生产、进货、销售、库存、使用的数量以及流向，报所在地设区的市级药品监督管理部门和公安机关；医疗机构还应当报所在地设区的市级人民政府卫生主管部门。

设区的市级药品监督管理部门应当每 3 个月向上一级药品监督管理部门报告本地区麻醉药品和精神药品的相关情况。

3. 对不合规定生产、经营、使用麻醉药品和精神药品的处理

（1）对滥用的麻醉药品和精神药品的处理 对已经发生滥用，造成严重社会危害的麻醉药品和精神药品品种，国务院药品监督管理部门应当采取在一定期限内中止生产、经营、使用或者限定其使用范围和用途等措施。对不再作为药品使用的麻醉药品和精神药品，国务院药品监督管理部门应当撤销其药品批准文号和药品标准，并予以公布。

（2）对存在安全隐患的麻醉药品和精神药品的处理 药品监督管理部门、卫生主管部门发现生产、经营企业和使用单位的麻醉药品和精神药品管理存在安全隐患时，应当责令其立即排除或者限期排除；对有证据证明可能流入非法渠道的，应当及时采取查封、扣押的行政强制措施，在 7 日内作出行政处理决定，并通报同级公安机关。

（3）对医疗机构未依照规定购买麻醉药品和第一类精神药品的处理 药品监督管理部门发现取得印鉴卡的医疗机构未依照规定购买麻醉药品和第一类精神药品时，应当及时通报同级卫生主管部门。接到通报的卫生主管部门应当立即调查处理。必要时，药品监督管理部门可以责令定点批发企业中止向该医疗机构销售麻醉药品和第一类精神药品。

（4）对过期、损坏的麻醉药品和精神药品的处理 麻醉药品和精神药品的生产、经营企业和使用单位对过期、损坏的麻醉药品和精神药品应当登记造册，并向所在地县级药品监督管理部门申请销毁。药品监督管理部门应当自接到申请之日起 5 日内到场监督销毁。

医疗机构对存放在本单位的过期、损坏麻醉药品和精神药品，应当按照程序向卫生主管部门提出申请，由卫生主管部门负责监督销毁。对依法收缴的麻醉药品和精神药品，除经国务院药品监督管理部门或者国务院公安部门批准用于科学研究外，应当依照国家有关规定予以销毁。

（二）发生麻醉药品和精神药品流入非法渠道的意外情形的处理

发生麻醉药品和精神药品被盗、被抢、丢失或者其他流入非法渠道的情形的，案发单位应当立即采取必要的控制措施，同时报告所在地县级公安机关和药品监督管理部门。医疗机构发生上述情形的，还应当报告其主管部门。公安机关接到报告、举报，或者有证据证明麻醉药品和精神药品可能流入非法渠道时，应当及时开展调查，并可以对相关单位采取必要的控制措施。药品监督管理部门、卫生主管部门以及其他有关部门应当配合公安机关开展工作。

九、现行主要相关法规

除《中华人民共和国药品管理法》（2015 年 4 月 24 日第十二届全国人民代表大会常务委员会第十四次会议修正）、《中华人民共和国药品管理法实施条例》（2002 年 8 月 4 日颁布）外，现行主要相关法规如下：

1. 《麻醉药品和精神药品管理条例》（国务院令第 442 号，2005 年）。
2. 《麻醉药品和精神药品生产管理办法（试行）》（国食药监安［2005］528 号，2005 年）。
3. 《麻醉药品和精神药品经营管理办法（试行）》（国食药监安［2005］527 号，2005 年）。
4. 《麻醉药品、第一类精神药品购用印鉴卡管理规定》（卫医发〔2005〕421 号，2005 年）。
5. 《麻醉药品和精神药品运输管理办法》（国食药监安［2005］660 号，2005 年）。

任务 5－2　医疗用毒性药品的管理

案例导入

案例： 2012 年 2 月，不法商贩赵某在没有取得《药品经营许可证》的情况下，非法将毒性剧烈中药川乌、草乌等销售给菜场小卖部店主刘某，刘某在明知生川乌、生草乌具有毒性的情况下，掺入食用酒精，自制药酒后销售给他人，周某等 4 人饮用后发生严重食物中毒，其中两人抢救无效当日死亡。经法医鉴定，两人系因乌头碱中毒死亡。

讨论： 赵某和刘某的行为是否违反相关的规定？

为防止中毒或死亡事故的发生，国家制定了《医疗用毒性药品管理办法》对医疗用毒性药品实行特殊管理。

一、医疗用毒性药品的概念及品种范围

1. 医疗用毒性药品的概念　医疗用毒性药品（以下简称毒性药品），系指毒性剧烈、治疗剂量与中毒剂量相近，使用不当会致人中毒或死亡的药品。

2. 医疗用毒性药品的品种范围 毒性药品管理品种分为毒性中药品种和西药毒性品种，其中毒性中药品种有28种：砒石（红砒、白砒）、砒霜、水银、生马钱子、生川乌、生草乌、生白附子、生附子、生半夏、生南星、生巴豆、斑蝥、青娘虫、红娘虫、生甘遂、生狼毒、生藤黄、生千金子、生天仙子、闹羊花、雪上一枝蒿、红升丹、白降丹、蟾酥、洋金花、红粉、轻粉、雄黄。西药毒性品种有13种：去乙酰毛花苷丙、阿托品、洋地黄毒苷、氢溴酸后马托品、三氧化二砷、毛果芸香碱、升汞、水杨酸毒扁豆碱、亚砷酸钾、氢溴酸东莨菪碱、士的宁、亚砷酸注射液、A型肉毒毒素及其制剂。

拓展阅读

国家将A型肉毒毒素及其制剂列入毒性药品管理

A型肉毒毒素是一种神经毒素，毒性非常强，在医学上它常被用来治疗眼部肌肉痉挛等症，因为可以除皱所以被引入美容领域，但都限于超微剂量。不当使用注射用A型肉毒毒素可能会引起肌肉松弛麻痹，严重时可能会引发呼吸衰竭、心力衰竭等危及生命健康的症状，所以国家从2008年7月21日起将A型肉毒毒素及其制剂列入毒性药品管理。通知要求，经批准生产A型肉毒毒素制剂的药品生产企业应严格按照《病原微生物实验室生物安全管理条例》的要求加强对生产A型肉毒毒素制剂用菌种的保藏管理，未经批准，严禁向任何单位和个人提供菌种。药品生产企业应制定该制剂年度生产计划并按照药品GMP要求进行生产，指定具有生物制品经营资质的药品批发企业作为A型肉毒毒素制剂的经销商。药品批发企业只能将A型肉毒毒素制剂销售给医疗机构，未经指定的药品经营企业不得购销A型肉毒毒素制剂。药品零售企业不得零售A型肉毒毒素制剂。对非法生产、经营和使用A型肉毒毒素的单位和个人，将依法严厉查处。

二、医疗用毒性药品的生产管理

（一）年度生产、收购、供应和配制计划的管理

1. 年度生产、收购、供应和配制计划的制定和审核 毒性药品年度生产、收购、供应和配制计划，由省、自治区、直辖市药品监督管理部门根据医疗需要制定，经省、自治区、直辖市卫生行政部门审核后，由药品监督管理部门下达给指定的毒性药品生产、收购、供应单位，并抄报国家卫生和计划生育委员会、国家食品药品监督管理总局和国家中医药管理局。

2. 生产单位不得擅自改变生产计划，自行销售。

（二）生产、加工的规定

1. 药厂必须由医药专业人员负责生产、配制和质量检验，并建立严格的管理制度，严防与其他药品混杂。每次配料，必须经两人以上复核无误，并详细记录每次生产所用原料和成品数，经手人要签字备查。所有工具、容器要处理干净，以防污染其他药品。标示量要准确无误，包装容器要有毒药标志（图5-4）。生产毒性药品及其制剂，必须严格执行生产工艺操作规程，在本单位药品检验人员的监督下准确投料，并建立完整的生产记录，保存五年备查。在生产毒性药品过程中产生的废弃物，必须妥善处理，不得污染环境。

图5-4 医疗用毒性药品标志

2. 凡加工炮制毒性中药，必须按照《中华人民共和国药典》或者省、自治区、直辖市卫生行政部门制定的《炮制规范》的规定进行。药材符合药用要求的，方可供应、配方和用于中成药生产。

三、医疗用毒性药品的经营管理

毒性药品的收购、经营，由各级药品监督管理部门指定的药品经营单位负责；配方用药由国营药店、医疗单位负责。其他任何单位或者个人均不得从事毒性药品的收购、经营和配方业务。收购、经营、加工、使用毒性药品的单位必须建立健全保管、验收、领发、核对等制度；严防收假、发错，严禁与其他药品混杂，做到划定仓间或仓位，专柜加锁并由专人保管。

四、医疗用毒性药品的使用管理

1. 医疗单位的使用管理 医疗单位供应和调配毒性药品，凭医生签名的正式处方。国营药店供应和调配毒性药品，凭盖有医生所在的医疗单位公章的正式处方。每次处方剂量不得超过二日极量。调配处方时，必须认真负责，计量准确，按医嘱注明要求，并由配方人员及具有药师以上技术职称的复核人员签名盖章后方可发出。对处方未注明“生用”的毒性中药，应当付炮制品。如发现处方有疑问时，须经原处方医生重新审定后再行调配。处方一次有效，取药后处方保存二年备查。

2. 科研和教学单位的使用管理 科研和教学单位所需的毒性药品，必须持本单位的证明信，经单位所在地县以上卫生行政部门批准后，供应部门方能发售。

3. 群众自配的使用管理 群众自配民间单、秘、验方需用毒性中药，购买时要持有本单位或者城市街道办事处、乡（镇）人民政府的证明信，供应部门方可发售。每次购用量不得超过2日极量。

五、法律责任

对违反规定，擅自生产、收购、经营毒性药品的单位或者个人，由县以上卫生行政部门没收其全部毒性药品，并处以警告或按非法所得的5至10倍罚款。情节严重、致人伤残或死亡，构成犯罪的，由司法机关依法追究其刑事责任。

当事人对处罚不服的，可在接到处罚通知之日起15日内，向作出处理的机关的上级机关申请复议。但申请复议期间仍应执行原处罚决定。上级机关应在接到申请之日起10日内作出答复。对答复不服的，可在接到答复之日起15日内向人民法院起诉。

案例讨论

案例： 美容院是否可以使用A型肉毒毒素制剂

目前很多美容院将A型肉毒毒素制剂用于除皱美容等，甚至使用仿冒产品坑害消费者。一般利用注射肉毒毒素阻断面部表情肌部分功能达到除皱目的，肉毒毒素本身是一种剧毒药，如果一次注射2000单位即可致人于死地。国内经过批准生产肉毒毒素制剂的只有一家研究所，该研究所表示，他们始终坚持一个原则：购买者需要三证俱全，即《执业医师资格证》、《医疗机构执业许可证》和《药品经营许可证》，并且一次最多只能购买20支。至于生活美容院，根本就不会向他们提供药品。

讨论： 1. A型肉毒毒素是否应按照毒性药品管理？

2. 对A型肉毒毒素如何管理？

六、现行主要相关法规

除《中华人民共和国药品管理法》（2015 年 4 月 24 日第十二届全国人民代表大会常务委员会第十四次会议修正）、《中华人民共和国药品管理法实施条例》（2002 年 8 月 4 日颁布）外，现行主要相关法规如下：

《医疗用毒性药品管理办法》（国务院令第 23 号，1988 年）。

任务 5 – 3　放射性药品的管理

案例导入

案例：2014 年 6 月 24 日下午，香港九龙 T805 次列车到达肇庆铁路口岸，市出入境检验检疫局人员发现一名女旅客经过时，核辐射监测系统立即报警，显示的监测值比本地值高出 8.26 倍。现场检疫工作人员立即启动应急预案，经排查确认放射源来自该名旅客颈部。该旅客为香港居民，自述 12 天前服用了含碘 131 的放射性药品治疗甲状腺疾病，并出示了香港医院出具的相关证明。工作人员在登记旅客信息、保存相关资料后予以放行，提醒其近期尽量避免外出以免影响他人。

讨论：1. 什么是放射性药品？

2. 我国对放射性药品如何管理？

为加强放射性药品的管理，国务院于 1989 年 1 月 13 日发布了《放射性药品管理办法》，对放射性药品的研究、生产、经营、运输、使用等作了具体规定，自发布之日起施行。

一、放射性药品的概念及品种范围

（一）放射性药品的概念

放射性药品（radioactive pharmaceuticals）是指用于临床诊断或者治疗的放射性核素制剂或者其标记药物。包括裂变制品、推照制品、加速器制品、放射性同位素发生器及其配套药盒、放射免疫分析药盒等。

放射性药品含有放射性核素，放射出的射线具有较强的穿透力，当这种射线通过人体时，可对人体组织产生电离作用。若使用不当，可对人体产生较大危害。因此国家将放射性药品纳入特殊管理药品。

（二）放射性药品品种范围

《中华人民共和国药典》（2015 年版）收载的放射性药品有 30 种，具体见表 5 – 2。

表 5 – 2　放射性药品品种

序号	品种	序号	品种
1	来昔决南钐［^{153}Sm］注射液	6	注射用亚锡喷替酸
2	氙［^{133}Xe］注射液	7	注射用亚锡植酸钠
3	邻碘［^{131}I］马尿酸钠注射液	8	注射用亚锡焦磷酸钠
4	注射用亚锡亚甲基二膦酸盐	9	注射用亚锡聚合白蛋白
5	注射用亚锡依替菲宁	10	枸橼酸镓［^{67}Ga］注射液

续表

序号	品种	序号	品种
11	氟［^{18}F］脱氧葡糖注射液	21	锝［^{99m}Tc］双半胱氨酸注射液
12	胶体磷［^{32}P］酸铬注射液	22	锝［^{99m}Tc］甲氧异腈注射液
13	高锝［^{99m}Tc］酸钠注射液	23	锝［^{99m}Tc］亚甲基二膦酸盐注射液
14	铬［^{51}Cr］酸钠注射液	24	锝［^{99m}Tc］依替菲宁注射液
15	氯化亚铊［^{201}Tl］注射液	25	锝［^{99m}Tc］植酸盐注射液
16	氯化锶［^{89}Sr］注射液	26	锝［^{99m}Tc］喷替酸盐注射液
17	碘［^{125}I］密封籽源	27	锝［^{99m}Tc］焦磷酸盐注射液
18	碘［^{131}I］化钠口服溶液	28	锝［^{99m}Tc］聚合白蛋白注射液
19	碘［^{131}I］化钠胶囊	29	磷［^{32}P］酸钠盐口服溶液
20	锝［^{99m}Tc］双半胱乙酯注射液	30	磷［^{32}P］酸钠盐注射液

二、放射性药品的管理

（一）放射性新药的研制、临床研究和审批管理

放射性新药是指我国首次生产的放射性药品。药品研制单位的放射性新药年度研制计划，应当报送中国核工业集团公司备案，并报所在地的省级药品监督管理部门，经药品监督管理部门汇总后，报国家食品药品监督管理总局备案。

放射性新药的研制内容，包括工艺路线、质量标准、临床前药理及临床研究。研制单位在制订新药工艺路线的同时，必须研究该药的理化性能、纯度（包括核素纯度）及检验方法、药理、毒理、动物药代动力学、放射性比活度、剂量、剂型、稳定性等。

研制单位对放射免疫分析药盒必须进行可测限度、范围、特异性、准确度、精密度、稳定性等方法学的研究。研制单位研制的放射性新药，在进行临床试验或者验证前，应当向国家食品药品监督管理总局提出申请，按新药审批办法的规定报送资料及样品，经审批同意后，在指定的医院进行临床研究。研制单位在放射性新药临床研究结束后，向国家食品药品监督管理总局提出申请，由国家食品药品监督管理总局审核批准，经中国核工业集团公司同意后发给新药证书。

放射性新药投入生产，需由生产单位或者取得放射性药品生产许可证的研制单位，凭新药证书（副本）向国家食品药品监督管理总局提出生产该药的申请，并提供样品，由国家食品药品监督管理总局审核发给批准文号。

（二）放射性药品的生产、经营管理

1. 开办放射性药品生产、经营企业的条件 开办放射性药品生产、经营企业，必须具备《药品管理法》规定的开办条件，符合国家的放射卫生防护基本标准，并履行环境影响报告的审批手续，取得《放射性药品生产企业许可证》、《放射性药品经营企业许可证》。无许可证的生产、经营企业，一律不得生产、经营放射性药品。

2. 放射性药品生产、经营企业审批程序 拟开办放射性药品生产、经营企业，应报所在地省级药品监督管理部门初审之后报国家食品药品监督管理总局，并经中国核工业集团公司审查同意，国家食品药品监督管理总局审核批准后，由所在地省级药品监督管理部门发给《放射性药品生产企业许可证》、《放射性药品经营企业许可证》。许可证的有效期为5

年，期满前6个月，放射性药品生产、经营企业应分别向原发证部门提出申请换发新证。

3. 放射性药品的生产、经营 国家根据需要，对放射性药品实行合理布局，定点生产。申请开办放射性药品生产、经营的企业，应征得中国核工业集团公司同意后，方可按有关规定办理筹建手续。

放射性药品生产、经营企业，必须向中国核工业集团公司报送年度生产、经营计划，并抄报国家食品药品监督管理总局。放射性药品生产企业生产已有国家标准的放射性药品，必须经国家食品药品监督管理总局征求中国核工业集团公司意见后审核批准，并发给批准文号。凡是改变已批准的生产工艺路线和药品标准的，生产企业必须按原报批程序经国家食品药品监督管理总局批准后方能生产。

放射性药品生产、经营企业，必须配备与生产、经营放射性药品相适应的专业技术人员，具有安全、防护和废气、废物、废水处理等设施，并建立严格的质量管理制度。必须建立质量检验机构，严格实行生产全过程的质量控制和检验。产品出厂前，须经质量检验。符合国家药品标准的产品方可出厂，不符合标准的产品一律不准出厂。

经批准的含有短半衰期放射性核素的药品，可以边检验边出厂，但发现质量不符合国家药品标准时，该药品的生产企业应当立即停止生产、销售，并立即通知使用单位停止使用，同时报告国家食品药品监督管理总局和中国核工业集团公司。

放射性药品的生产、供销业务由中国核工业集团公司统一管理。

（三）放射性药品的使用管理

医疗机构必须凭省级公安、环保和药品监督管理部门联合发给的《放射性药品使用许可证》，才能使用放射性药品。《放射性药品使用许可证》有效期为5年，期满前6个月，医疗机构应当向原发证的行政部门申请换发新证。

医疗机构设置核医学科、室（内位素室），必须配备与其医疗任务相适应的并经核医学技术培训的技术人员。非核医学专业技术人员未经培训，不得从事放射性药品使用工作。

持有《放射性药品使用许可证》的医疗机构，在研究配制放射性制剂并进行临床验证前，应当根据放射性药品的特点，提出该制剂的药理、毒性等资料，由省级药品监督管理部门批准，并报国家食品药品监督管理总局备案。该制剂只限本单位内使用。必须负责对使用的放射性药品进行临床质量检验、收集药品不良反应等项工作，并定期向所在地药品监督管理部门报告。

放射性药品使用后的废物（包括患者排出物），必须按国家有关规定妥善处置。

（四）放射性药品的进出口管理

放射性药品的进出口业务，由对外经济贸易部指定的单位，按照国家有关对外贸易的规定办理。进出口放射性药品，应当报国家食品药品监督管理总局审批同意后，方可办理进出口手续。

进口的放射性药品品种，必须符合我国的药品标准或者其他药用要求。进口放射性药品，必须经国家食品药品监督管理总局设置或授权的药品检验机构抽样检验，检验合格的，方准进口。经批准的短半衰期放射性核素药品，在保证安全使用的情况下，可以采取边进口检验，边投入使用的办法。进口检验机构发现药品质量不符合要求时，应当立即通知使用单位停止使用，并报告国家食品药品监督管理总局和中国核工业集团公司。

（五）放射性药品的包装、运输管理

放射性药品的包装必须安全实用，符合放射性药品质量要求，具有与放射性剂量相适应的防护装置，包装必须分内包装和外包装两部分，外包装必须贴有商标、标签、说明书和放射性药品标志（图5-5），内包装必须贴有标签。

标签必须注明药品品名、放射性比活度、装量。说明书除注明前款内容外，还须注明生产单位、批准文号、批号、主要成分、出厂日期、放射性核素半衰期、适应症、用法、用量、禁忌症、有效期和注意事项等。

放射性药品的运输，按国家运输、邮政等部门制订的有关规定执行。严禁任何单位和个人随身携带放射性药品乘坐公共交通运输工具。

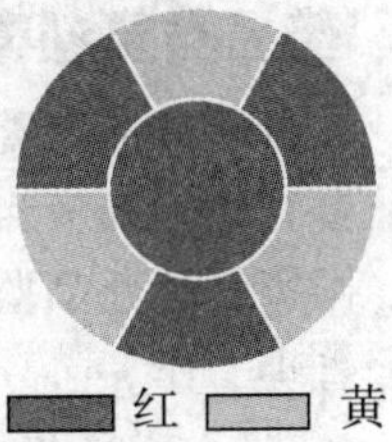

图5－5 放射性药品标志

（六）法律责任

对违反《放射性药品管理办法》规定的单位或者个人，由县以上药品监督管理部门按照《药品管理法》和有关法规的规定处罚。构成犯罪的由司法机关依法追究其刑事责任。

三、现行主要相关法规

除《中华人民共和国药品管理法》（2015年4月24日第十二届全国人民代表大会常务委员会第十四次会议修正）、《中华人民共和国药品管理法实施条例》（2002年8月4日颁布）外，现行主要相关法规如下：

《放射性药品管理办法》（国务院令第25号，1989年）。

任务5－4 药品类易制毒化学品的管理

药品类易制毒化学品是指《易制毒化学品管理条例》中所确定的麦角酸、麻黄素等物质。为加强药品类易制毒化学品管理，防止流入非法渠道，根据《易制毒化学品管理条例》，2010年3月18日卫生部发布了《药品类易制毒化学品管理办法》，规范了药品类易制毒化学品的生产、经营、购买以及监督管理，自2010年5月1日起施行。

拓展阅读

易制毒化学品

易制毒化学品是指可用于制造海洛因、甲基苯丙胺（冰毒）、可卡因等类麻醉药品和精神药品的物质，这些产品既是化工、医药等行业生产中常用的基础原料，也可以作为生产毒品的前体、原料和化学助剂。

近年来，国内制贩毒品等违法犯罪活动增多，为加强易制毒化学品的管理，遏制易制毒化学品流入非法渠道或被贩运、走私出境用于生产、加工毒品，2005年8月26日国务院发布《易制毒化学品管理条例》，对易制毒化学品的生产、经营、购买、运输和进口、出口行为作了具体规定，自2005年11月1日起施行。

易制毒化学品分为三类，第一类是可以用于制毒的主要原料，第二类、第三类是可以用于制毒的化学配剂。

一、药品类易制毒化学品

药品类易制毒化学品是指《易制毒化学品管理条例》中所确定的麦角酸、麻黄素等物质，是可以用于制毒的主要原料，列入第一类易制毒化学品管理。

药品类易制毒化学品品种目录：①麦角酸；②麦角胺；③麦角新碱；④麻黄素、伪麻黄素、消旋麻黄素、去甲麻黄素、甲基麻黄素、麻黄浸膏、麻黄浸膏粉等麻黄素类物质。以上所列物质包括可能存在的盐类；药品类易制毒化学品包括原料药及其单方制剂。

二、药品类易制毒化学品的管理

国务院批准调整易制毒化学品分类和品种，涉及药品类易制毒化学品的，国家食品药品监督管理总局应当及时调整并予公布。

国家食品药品监督管理总局主管全国药品类易制毒化学品生产、经营、购买等方面的监督管理工作。

（一）药品类易制毒化学品的生产许可管理

1. 药品类易制毒化学品的生产许可 生产药品类易制毒化学品，应当依照《易制毒化学品管理条例》和《药品类易制毒化学品管理办法》的规定取得药品类易制毒化学品生产许可。

生产药品类易制毒化学品中属于药品的品种，还应当依照《药品管理法》和相关规定取得药品批准文号。

2. 药品类易制毒化学品不得委托生产 药品类易制毒化学品以及含有药品类易制毒化学品的制剂不得委托生产。

药品生产企业不得接受境外厂商委托加工药品类易制毒化学品以及含有药品类易制毒化学品的产品；特殊情况需要委托加工的，须经国家食品药品监督管理总局批准。

（二）药品类易制毒化学品的经营许可管理

1. 药品类易制毒化学品的经营许可 经营药品类易制毒化学品，应当依照《易制毒化学品管理条例》和《药品类易制毒化学品管理办法》的规定取得药品类易制毒化学品经营许可。

2. 药品类易制毒化学品经营许可的办理 药品类易制毒化学品的经营许可，由国家食品药品监督管理总局委托省级食品药品监督管理部门办理。

（1）药品类易制毒化学品单方制剂和小包装麻黄素，纳入麻醉药品销售渠道经营，仅能由麻醉药品全国性批发企业和区域性批发企业经销，不得零售。

（2）未实行药品批准文号管理的品种，纳入药品类易制毒化学品原料药渠道经营。

申请经营药品类易制毒化学品原料药的药品经营企业，应当具有麻醉药品和第一类精神药品定点经营资格或者第二类精神药品定点经营资格。

（三）药品类易制毒化学品的购买许可管理

1. 药品类易制毒化学品的购买许可 国家对药品类易制毒化学品实行购买许可制度。购买药品类易制毒化学品的，应当办理《药品类易制毒化学品购用证明》。

2. 《药品类易制毒化学品购用证明》申请范围 ①经批准使用药品类易制毒化学品用于药品生产的药品生产企业。②使用药品类易制毒化学品的教学、科研单位。③具有药品类易制毒化学品经营资格的药品经营企业。④取得药品类易制毒化学品出口许可的外贸出口企业。⑤经农业部会同国家食品药品监督管理总局下达兽用盐酸麻黄素注射液生产计划的兽药生产企业。⑥药品类易制毒化学品生产企业自用药品类易制毒化学品原料药用于药品生产的。

3. 豁免办理《药品类易制毒化学品购用证明》的情形 ①医疗机构凭麻醉药品、第一类精神药品购用印鉴卡购买药品类易制毒化学品单方制剂和小包装麻黄素的。②麻醉药品全国性批发企业、区域性批发企业持麻醉药品调拨单购买小包装麻黄素以及单次购买麻黄素片剂6万片以下、注射剂1.5万支以下的。③按规定购买药品类易制毒化学品标准品、对照品的。④药品类易制毒化学品生产企业凭药品类易制毒化学品出口许可自营出口药品类易制毒化学品的。

4.《药品类易制毒化学品购用证明》的使用 《药品类易制毒化学品购用证明》由国家食品药品监督管理总局统一印制，有效期为3个月。只能在有效期内一次使用，不得转借、转让。购买药品类易制毒化学品时必须使用原件，不得使用复印件、传真件。

（四）药品类易制毒化学品的购销管理

1. 药品类易制毒化学品原料药购销 药品类易制毒化学品生产企业应当将药品类易制毒化学品原料药销售给取得《药品类易制毒化学品购用证明》的药品生产企业、药品经营企业和外贸出口企业。

药品类易制毒化学品经营企业应当将药品类易制毒化学品原料药销售给本省、自治区、直辖市行政区域内取得《药品类易制毒化学品购用证明》的单位。药品类易制毒化学品经营企业之间不得购销药品类易制毒化学品原料药。

2. 教学科研单位购买药品类易制毒化学品 教学科研单位只能凭《药品类易制毒化学品购用证明》从麻醉药品全国性批发企业、区域性批发企业和药品类易制毒化学品经营企业购买药品类易制毒化学品。

3. 药品类易制毒化学品单方制剂和小包装麻黄素购销 药品类易制毒化学品生产企业应当将药品类易制毒化学品单方制剂和小包装麻黄素销售给麻醉药品全国性批发企业。麻醉药品全国性批发企业、区域性批发企业应当按照《麻醉药品和精神药品管理条例》规定的渠道销售药品类易制毒化学品单方制剂和小包装麻黄素。麻醉药品区域性批发企业之间不得购销药品类易制毒化学品单方制剂和小包装麻黄素。

麻醉药品区域性批发企业之间因医疗急需等特殊情况需要调剂药品类易制毒化学品单方制剂的，应当在调剂后2日内将调剂情况分别报所在地省级食品药品监督管理部门备案。

4. 禁止使用现金或者实物交易 药品类易制毒化学品禁止使用现金或者实物进行交易。

5. 药品类易制毒化学品购买方档案 药品类易制毒化学品生产企业、经营企业销售药品类易制毒化学品，应当逐一建立购买方档案。

（1）购买方为非医疗机构的，档案内容至少包括：①购买方《药品生产许可证》、《药品经营许可证》、企业营业执照等资质证明文件复印件；②购买方企业法定代表人、主管药品类易制毒化学品负责人、采购人员姓名及其联系方式；③法定代表人授权委托书原件及采购人员身份证明文件复印件；④《药品类易制毒化学品购用证明》或者麻醉药品调拨单原件；⑤销售记录及核查情况记录。

（2）购买方为医疗机构的，档案应当包括医疗机构麻醉药品、第一类精神药品购用印鉴卡复印件和销售记录。

6. 建立核查记录 药品类易制毒化学品生产企业、经营企业销售药品类易制毒化学品时，应当核查采购人员身份证明和相关购买许可证明，无误后方可销售，并保存核查记录。

发货应当严格执行出库复核制度，认真核对实物与药品销售出库单是否相符，并确保将药品类易制毒化学品送达购买方《药品生产许可证》或者《药品经营许可证》所载明的地址，或者医疗机构的药库。

在核查、发货、送货过程中发现可疑情况的，应当立即停止销售，并向所在地食品药品监督管理部门和公安机关报告。

7. 药品类易制毒化学品使用、退货

（1）除药品类易制毒化学品经营企业外，购用单位应当按照《药品类易制毒化学品购用证明》载明的用途使用药品类易制毒化学品，不得转售；外贸出口企业购买的药品类易制毒化学品不得内销。

（2）购用单位需要将药品类易制毒化学品退回原供货单位的，应当分别报其所在地和原供货单位所在地省级食品药品监督管理部门备案。原供货单位收到退货后，应当分别向其所在地和原购用单位所在地省级食品药品监督管理部门报告。

（五）药品类易制毒化学品的安全管理

药品类易制毒化学品生产企业、经营企业、使用药品类易制毒化学品的药品生产企业和教学科研单位，应当配备保障药品类易制毒化学品安全管理的设施，建立层层落实责任制的药品类易制毒化学品管理制度。

1. 药品类易制毒化学品储存 药品类易制毒化学品生产企业、经营企业和使用药品类易制毒化学品的药品生产企业，应当设置专库或者在药品仓库中设立独立的专库（柜）储存药品类易制毒化学品。

麻醉药品全国性批发企业、区域性批发企业可在其麻醉药品和第一类精神药品专库中设专区存放药品类易制毒化学品。

教学科研单位应当设立专柜储存药品类易制毒化学品。

专库应当设有防盗设施，专柜应当使用保险柜；专库和专柜应当实行双人双锁管理。

药品类易制毒化学品生产企业、经营企业和使用药品类易制毒化学品的药品生产企业，其关键生产岗位、储存场所应当设置电视监控设施，安装报警装置并与公安机关联网。

2. 药品类易制毒化学品专用账册 药品类易制毒化学品生产企业、经营企业和使用药品类易制毒化学品的药品生产企业，应当建立药品类易制毒化学品专用账册。专用账册保存期限应当自药品类易制毒化学品有效期期满之日起不少于2年。

3. 药品类易制毒化学品进出库 药品类易制毒化学品入库应当双人验收，出库应当双人复核，做到账物相符。

（六）药品类易制毒化学品的监督管理

1. 药品类易制毒化学品监督检查机构 县级以上地方食品药品监督管理部门负责本行政区域内药品类易制毒化学品生产企业、经营企业、使用药品类易制毒化学品的药品生产企业和教学科研单位的监督检查。

2. 药品类易制毒化学品日常监督管理 药品类易制毒化学品生产企业、经营企业应当于每月10日前，向所在地县级食品药品监督管理部门、公安机关及中国麻醉药品协会报送上月药品类易制毒化学品生产、经营和库存情况；每年3月31日前向所在地县级食品药品监督管理部门、公安机关及中国麻醉药品协会报送上年度药品类易制毒化学品生产、经营和库存情况。食品药品监督管理部门应当将汇总情况及时报告上一级食品药品监督管理部门。

药品类易制毒化学品生产企业、经营企业应当按照食品药品监督管理部门制定的药品电子监管实施要求，及时联入药品电子监管网，并通过网络报送药品类易制毒化学品生产、经营和库存情况。

3. 过期、损坏的药品类易制毒化学品处理 药品类易制毒化学品生产企业、经营企业、使用药品类易制毒化学品的药品生产企业和教学科研单位，对过期、损坏的药品类易制毒化学品应当登记造册，并向所在地县级以上地方食品药品监督管理部门申请销毁。食品药品监督管理部门应当自接到申请之日起5日内到现场监督销毁。

（七）法律责任

1. 药品类易制毒化学品生产企业、经营企业、使用药品类易制毒化学品的药品生产企业、教学科研单位，未按规定执行安全管理制度的，由县级以上食品药品监督管理部门按照《易制毒化学品管理条例》第四十条第一款第一项的规定给予警告，责令限期改正，处

1万元以上5万元以下的罚款；对违反规定生产、经营、购买的易制毒化学品可以予以没收；逾期不改正的，责令限期停产停业整顿；逾期整顿不合格的，吊销相应的许可证。

2. 药品类易制毒化学品生产企业自营出口药品类易制毒化学品，未按规定在专用账册中载明或者未按规定留存出口许可、相应证明材料备查的，由县级以上食品药品监督管理部门按照《易制毒化学品管理条例》第四十条第一款第四项的规定给予警告，责令限期改正，处1万元以上5万元以下的罚款；对违反规定生产、经营、购买的易制毒化学品可以予以没收；逾期不改正的，责令限期停产停业整顿；逾期整顿不合格的，吊销相应的许可证。

3. 有下列情形之一的，由县级以上食品药品监督管理部门给予警告，责令限期改正，可以并处1万元以上3万元以下的罚款：①药品类易制毒化学品生产企业连续停产1年以上未按规定报告的，或者未经所在地省级食品药品监督管理部门现场检查即恢复生产的；②药品类易制毒化学品生产企业、经营企业未按规定渠道购销药品类易制毒化学品的；③麻醉药品区域性批发企业因特殊情况调剂药品类易制毒化学品后未按规定备案的；④药品类易制毒化学品发生退货，购用单位、供货单位未按规定备案、报告的。

4. 药品类易制毒化学品生产企业、经营企业、使用药品类易制毒化学品的药品生产企业和教学科研单位，拒不接受食品药品监督管理部门监督检查的，由县级以上食品药品监督管理部门按照《易制毒化学品管理条例》第四十二条规定责令改正，对直接负责的主管人员以及其他直接责任人员给予警告；情节严重的，对单位处1万元以上5万元以下的罚款，对直接负责的主管人员以及其他直接责任人员处1000元以上5000元以下的罚款；有违反治安管理行为的，依法给予治安管理处罚；构成犯罪的，依法追究刑事责任。

5. 违反《易制毒化学品管理条例》第三十八条规定，未经许可或者备案擅自生产、经营、购买、运输易制毒化学品，伪造申请材料骗取易制毒化学品生产、经营、购买或者运输许可证，使用他人的或者伪造、变造、失效的许可证生产、经营、购买、运输易制毒化学品的，由公安机关没收非法生产、经营、购买或者运输的易制毒化学品、用于非法生产易制毒化学品的原料以及非法生产、经营、购买或者运输易制毒化学品的设备、工具，处非法生产、经营、购买或者运输的易制毒化学品货值10倍以上20倍以下的罚款，货值的20倍不足1万元的，按1万元罚款；有违法所得的，没收违法所得；有营业执照的，由工商行政管理部门吊销营业执照；构成犯罪的，依法追究刑事责任。

对有以上违法行为的单位或者个人，食品药品监督管理部门自该行政处罚决定作出之日起3年内不予受理其药品类易制毒化学品生产、经营、购买许可的申请。

6. 食品药品监督管理部门工作人员在药品类易制毒化学品管理工作中有应当许可而不许可、不应当许可而滥许可，以及其他滥用职权、玩忽职守、徇私舞弊行为的，依法给予行政处分；构成犯罪的，依法追究刑事责任。

三、现行主要相关法规

除《中华人民共和国药品管理法》（2015年4月24日第十二届全国人民代表大会常务委员会第十四次会议修正）、《中华人民共和国药品管理法实施条例》（2002年8月4日颁布）外，现行主要相关法规如下：

1. 《麻醉药品和精神药品管理条例》（国务院令第442号，2005年）。

2. 《易制毒化学品管理条例》（国务院令第445号，2005年）。

3. 《药品类易制毒化学品管理办法》（卫生部令第72号，2010年）。

任务5-5 部分含特殊管理药品的复方制剂管理

案例导入

案例：据统计，全国20多个省、市、自治区曾破获麻黄碱类复方制剂犯罪案件，2009年至2011年，全国缴获流入非法渠道的麻黄碱类复方制剂120.47吨。部分地区已形成"非法买卖麻黄碱类复方制剂→加工、提炼麻黄碱类物质→制造甲基苯丙胺"的一条产业链。

讨论：1. 我国对麻黄碱类药品如何管理？

2. 我国对含麻黄碱类复方制剂如何管理？

根据我国《药品管理法》的规定，麻醉药品、精神药品、医疗用毒性药品和放射性药品，国家实行特殊管理，而含特殊管理药品的复方制剂没有划定为特殊管理药品，其在药品生产、经营许可上不同于特殊管理药品的管理规定。从分类管理的角度来看，含特殊管理药品的复方制剂既有按处方药管理的，也有按非处方药管理的。但是，部分含特殊管理药品的复方制剂，如含可待因类复方口服固体制剂、曲马多类复方口服固体制剂、甘草浸膏（或流浸膏）类复方口服制剂和复方地芬诺酯片，因其所含成分的特性，使之具有不同于一般药品的管理风险。如果管理不善，导致其从药用渠道流失，则会被滥用或用于提取制毒。因此，近年来为了加强对部分含特殊管理药品的复方制剂的管理，国家食品药品监督管理部门连续发布了多个关于加强部分含特殊管理药品的复方制剂管理的规范性文件。

原国家食品药品监督管理局于2009年8月18日发布了《关于切实加强部分含特殊管理药品复方制剂销售管理的通知》（国食药监安［2009］503号）。该通知从三个方面进一步加强了对含特殊管理药品复方制剂的监管：一是进一步规范含特殊管理药品复方制剂的购销行为；二是切实加强含特殊管理药品复方制剂销售行为的监督检查；三是严厉查处违法违规行为。

国家食品药品监督管理总局办公厅于2013年7月8日发布了《关于进一步加强含可待因复方口服溶液、复方甘草片和复方地芬诺酯片购销管理的通知》（食药监办药化监［2013］33号）。该通知对含可待因复方口服溶液（附有品种目录）、复方甘草片和复方地芬诺酯片等含特殊药品复方制剂的购销管理，尤其是销售渠道管理，提出了更加严格的规定，以保障公众健康。

国家食品药品监督管理总局办公厅于2014年6月5日发布《关于进一步加强含麻醉药品和曲马多口服复方制剂购销管理的通知》（食药监办药化监［2014］111号），该通知附件列出了需加强管理的32种含麻醉药品和曲马多口服复方制剂的产品名单（以下简称含特复方）。

国家食品药品监督管理总局、公安部、国家卫生和计划生育委员会在2015年4月3日联合发布《关于将含可待因复方口服液体制剂列入第二类精神药品管理的公告》（2015年第10号），将含可待因的复方口服液体制剂（包括口服溶液剂、糖浆剂）列入第二类精神药品管理，涉及到的具体品种有8种（见下文含磷酸可待因口服液体制剂），《含特复方》中所列其余24种复方制剂一律列入必须凭处方销售的药品范围，无医生处方严禁销售，严禁现金交易，一律不得通过互联网销售。

一、部分含麻醉药品、精神药品复方制剂的管理

（一）部分含麻醉药品、精神药品复方制剂的品种范围

部分列入加强管理的含麻醉药品、精神药品复方制剂的产品名单整理见表5-3。

表5-3　部分列入加强管理的含麻醉药品、精神药品复方制剂的产品名单

序号	类别	品种
1	含可待因复方口服液体制剂	(1) 复方磷酸可待因溶液 (2) 复方磷酸可待因溶液（Ⅱ） (3) 复方磷酸可待因口服溶液 (4) 复方磷酸可待因口服溶液（Ⅲ） (5) 复方磷酸可待因糖浆 (6) 可愈糖浆 (7) 愈酚待因口服溶液 (8) 愈酚伪麻待因口服溶液
2	含可待因类复方口服固体制剂（含可待因≤15mg的复方制剂；含双氢可待因≤10mg的复方制剂；含羟考酮≤5mg的复方制剂）	(1) 阿司待因片 (2) 阿司可咖胶囊 (3) 阿司匹林可待因片 (4) 氨酚待因片 (5) 氨酚待因片（Ⅱ） (6) 氨酚双氢可待因片 (7) 复方磷酸可待因片 (8) 可待因桔梗片 (9) 氯酚待因片 (10) 洛芬待因缓释片 (11) 洛芬待因片 (12) 萘普待因片 (13) 愈创罂粟待因片
3	含甘草浸膏（或流浸膏）类复方口服制剂	(1) 复方甘草片 (2) 复方甘草口服溶液 (3) 复方枇杷喷托维林颗粒 (4) 尿通卡克乃其片
4	含精神药品的复方制剂	(1) 复方曲马多片 (2) 氨酚曲马多片 (3) 氨酚曲马多胶囊 (4) 氨酚氢可酮片
5	含地芬诺醋的复方制剂	复方地芬诺醋片
6	含福尔可定口服复方制剂	(1) 复方福尔可定口服溶液 (2) 复方福尔可定糖浆

（二）部分含麻醉药品、精神药品复方制剂的经营管理

由于含可待因复方口服液体制剂（包括口服溶液剂、糖浆剂）现已列入第二类精神药品管理，因此，下文所述"含特殊管理药品复方制剂"不再包括8种含可待因复方口服液体制剂。

具有《药品经营许可证》的企业均可经营含特殊管理药品复方制剂。药品生产企业和药品批发企业可以将含特殊管理药品复方制剂销售给药品批发企业、药品零售企业和医疗

机构（另有规定的除外）。

1. 合法资质审核 药品批发企业购销含特殊管理药品复方制剂时，应对供货单位和购货单位的资质进行严格审核，确认其合法性后，方可进行含特殊管理药品复方制剂购销活动。

药品批发企业应留存购销方资质证明复印件、采购人员（销售人员）法人委托书和身份证明复印件、核实记录等，并按 GSP 的要求建立客户档案。

2. 药品购销管理 药品批发企业从药品生产企业直接购进的复方甘草片、复方地芬诺酯片等含特殊管理药品复方制剂，可以将此类药品销售给其他批发企业、零售企业和医疗机构；如果从药品批发企业购进的，只能销售给本省（区、市）的药品零售企业和医疗机构。

药品批发企业购进含特殊管理药品复方制剂时，应向供货单位索要符合规定的销售票据。销售票据、资金流和物流必须一致。

药品批发企业销售含特殊管理药品复方制剂时，必须按规定开具销售票据提供给购货单位，销售票据、资金流和物流必须一致。

3. 药品出库复核与配送管理 药品批发企业销售含特殊管理药品复方制剂时，应当严格执行出库复核制度，认真核对实物与销售出库单是否相符，并确保将药品送达购买方《药品经营许可证》所载明的仓库地址、药品零售企业注册地址或医疗机构的药库。

药品批发企业销售出库的含特殊管理药品复方制剂送达购买方后，购买方应查验货物，查验无误后，收货人员应在销售方随货同行单的回执联上签字。销售方应查验返回的随货同行单回执联记载内容有无异常，并保存备查。

4. 药品零售管理 因为含特殊管理药品复方制剂不是特殊管理药品，所以公众在零售药店是可以购买到的。但是，根据国家食品药品监督管理部门的相关规定，部分含特殊管理药品复方制剂零售有一定的管理限制。

药品零售企业销售含特殊管理药品复方制剂时，处方药应当严格执行处方药与非处方药分类管理有关规定，复方甘草片、复方地芬诺酯片列入必须凭处方销售的处方药管理，严格凭医师处方开具的处方销售；除处方药外，非处方药一次销售不得超过 5 个最小包装（含麻黄碱复方制剂另有规定除外）。

复方甘草片、复方地芬诺酯片应同含麻黄碱类复方制剂一并设置专柜，由专人管理专册登记，上述药品登记内容包括：药品名称、规格、销售数量、生产企业、生产批号。

药品零售企业销售含特殊管理药品复方制剂时，如发现超过正常医疗需求，大量、多次购买上述药品的，应当立即向当地食品药品监督管理部门报告。

5. 禁止事项及其他要求 药品生产企业和药品批发企业禁止使用现金进行含特殊管理药品复方制剂交易，并一律不得通过互联网销售。

销售含特殊管理药品复方制剂时，企业如发现购买方资质可疑或采购人员身份可疑的，应报请所在地设区的市级药品监督管理部门协助核实，药品监督管理部门核查发现可疑的，应立即通报同级公安机关。

2016 年 2 月 20 日，国家食品药品监督管理总局发布公告决定暂停执行《关于药品生产经营企业全面实施药品电子监管有关事宜的公告》（2015 年第 1 号）中药品电子监管的有关规定。

国家食品药品监督管理总局组织修改并于 2016 年 6 月 30 日经总局局务会议审议通过的《药品经营质量管理规范》规定，企业应当在药品采购、储存、销售、运输等环节采取有效的质量控制措施，确保药品质量，并按照国家有关要求建立药品追溯系统，实现药品可追溯。

拓展阅读

严厉查处部分含特殊药品复方制剂的违法违规行为

各级食品药品监管部门对监督检查中发现的违法违规行为必须严肃查处。药品生产、经营企业违反药品 GMP、GSP 有关规定销售含特殊药品复方制剂的，按照《药品管理法》第七十九条严肃查处，对药品生产企业还应责令整改，整改期间收回药品 GMP 证书；对直接导致含特殊药品复方制剂流入非法渠道的药品生产、药品批发企业，按照《药品管理法》第七十九条情节严重处理，吊销《药品生产许可证》或《药品经营许可证》。对涉嫌触犯刑律的，要及时移送公安机关处理。国家局将适时在全国范围内通报药品生产、经营企业的违法违规行为。

——关于切实加强部分含特殊药品复方制剂销售管理的通知

（国食药监安［2009］503号）

二、含麻黄碱类复方制剂的管理

（一）经营行为管理

1. 购销资质 具有蛋白同化制剂、肽类激素定点批发资质的药品经营企业，方可从事含麻黄碱类复方制剂的批发业务。

严格审核含麻黄碱类复方制剂购买方资质，购买方是药品批发企业的必须具有蛋白同化制剂、肽类激素定点批发资质；药品零售企业应从具有经营资质的药品批发企业，购进含麻黄碱类复方制剂。

2. 跟踪核实 药品批发企业销售含麻黄碱类复方制剂时，应当核实购买方资质证明材料、采购人员身份证明等情况，核实无误后方可销售，并跟踪核实药品到货情况，核实记录保存至药品有效期后一年被查。

3. 禁止事项及其他要求 除个人合法购买外，禁止使用现金进行含麻黄碱类复方制剂的交易。

发现含麻黄碱类复方制剂购买方存在异常情况时，应当立即停止销售，并向有关部门报告。

（二）销售管理

2012 年 9 月 4 日，原国家食品药品监督管理局、公安部、卫生部联合发布《关于加强含麻黄碱类复方制剂管理有关事宜的通知》（国食药监办［2012］260 号），该通知对含麻黄碱类复方制剂的销售管理作出了新的规定，主要包括以下几个方面。

1. 按处方药管理 将单位剂量麻黄碱类药物含量大于 30mg（不含 30mg）的麻黄碱类复方制剂，列入必须凭处方销售的处方药管理。医疗机构应当严格按照《处方管理办法》开具处方。药品零售企业必须凭执业医师开具的处方销售上述药品。

2. 单剂含量限制 含麻黄碱类复方制剂每个最小包装规格麻黄碱类药物含量：口服固体制剂不得超过 720mg，口服液体制剂不得超过 800mg。

3. 药品零售管理 药品零售企业销售含麻黄碱类复方制剂，应当查验购买者的身份证，并对其姓名和身份证号码予以登记。除处方药按处方剂量销售外，一次销售不得超过 2 个最小包装。

查验购买者身份证，系指购买者合法有效的身份证件，包括居民身份证、军人证件、护照等。

药品零售企业不得开架销售含麻黄碱类复方制剂，应当设置专柜由专人管理、专册登记、登记内容包括药品名称、规格、销售数量、生产企业、生产批号、购买人姓名、身份证号码。

4. 销售渠道管理 药品零售企业发现超过正常医疗需求，大量、多次购买含麻黄碱类复方制剂的，应当立即向当地食品药品监督管理部门和公安机关报告。

含麻黄碱类复方制剂的生产企业应当切实加强销售管理，严格管控产品销售渠道，确保所生产的药品在药用渠道流通。

三、现行主要相关法规

除《中华人民共和国药品管理法》(2015 年 4 月 24 日第十二届全国人民代表大会常务委员会第十四次会议修正)、《中华人民共和国药品管理法实施条例》(2002 年 8 月 4 日颁布) 外，现行主要相关法规如下：

1. 《关于含麻醉药品复方制剂管理的通知》(国食药监安［2004］71 号)。
2. 《关于切实加强部分含特殊药品复方制剂销售管理的通知》(国食药监安［2009］503 号)。
3. 《关于进一步加强含可待因复方口服溶液、复方甘草片和复方地芬诺酯片购销管理的通知》(食药监办药化监〔2013〕33 号)。
4. 《关于进一步加强含麻醉药品和曲马多口服复方制剂购销管理的通知》(食药监办药化监〔2014〕111 号)。
5. 《关于加强含可待因复方口服液体制剂管理的通知》(食药监药化监〔2015〕46 号)。
6. 《关于将含可待因复方口服液体制剂列入第二类精神药品管理的公告》(国家食品药品监督管理总局、公安部、国家卫生和计划生育委员会 2015 年第 10 号)。
7. 《药品经营质量管理规范》(2016 年 7 月 20 日国家食品药品监督管理总局发布)。
8. 《关于进一步加强含麻黄碱类复方制剂管理的通知》(国食药监办［2008］613 号)。
9. 《关于加强含麻黄碱类复方制剂管理有关事宜的通知》(国食药监办［2012］260 号)。

任务 5－6 含兴奋剂药品的管理

案例导入

案例：1998 年环法自行车赛冠军、意大利人潘塔尼于意大利当地时间 2004 年 2 月猝死在意大利里米尼附近的一个旅馆中，年仅 34 岁。潘塔尼的死在后来被认为是运动生涯中大量服用违禁药品 EPO（促红细胞生成素）所致，因为在 1998 年夺得环法冠军后潘塔尼再没取得什么突出的成绩，但却陷入多起禁药丑闻中，为此他还在 2002 年 6 月被禁赛 8 个月。

讨论：1. 目前兴奋剂包括哪些类别?

2. 药品零售企业可以销售兴奋剂吗?

含兴奋剂药品，在临床上应用广泛，有许多含兴奋剂药品品种在零售药店中可以购买到，就其治疗作用和不良反应而言，并无特别的含义。对于普通患者，只要按药品说明书和医嘱服用含兴奋剂药品是安全无危害的，之所以要加强含兴奋剂药品的管理，主要是针对运动员的职业特点及滥用兴奋剂对人体健康造成的危害。

为提高竞技能力而使用的能暂时性改变身体条件和精神状态的药物和技术，不仅损害奥林匹克精神，破坏运动竞赛的公平原则，而且严重危害运动员身体健康。为此，国际奥委会严禁运动员使用兴奋剂，我国政府对兴奋剂实行严格管理，禁止使用兴奋剂。

为了防止在体育运动中使用兴奋剂，保护体育运动参加者的身心健康，维护体育竞赛的公平竞争，2004年1月13日国务院发布《反兴奋剂条例》（国务院令第398号），自2004年3月1日起施行。2014年7月29日《国务院关于修订部分行政法规的决定》（国务院令第653号）对其中个别条款作了修订。

一、含兴奋剂药品

（一）兴奋剂含义

兴奋剂是一个约定俗成的概念，无论是世界反兴奋剂组织公布的，还是各国有关反兴奋剂方面的立法，均未对兴奋剂作出定义。兴奋剂作为体育词汇使用时，其含义与临床医学或毒品称谓中的"兴奋剂"并不完全一致。兴奋剂在英语中称"Dope"，原义为"供赛马使用的一种鸦片麻醉混合剂"。由于运动员为提高成绩而最早服用的药物大多属于刺激剂类兴奋剂药物，所以尽管后来被禁用的其他类型药物并不都具有兴奋性（如利尿剂），甚至有的还具有抑制性（如β-阻断剂），国际上对禁用药物仍习惯沿用兴奋剂的称谓。因此，如今通常所说的兴奋剂不再是单指那些起兴奋作用的药物，而实际上是对禁用药物的统称。《反兴奋剂条例》所称的兴奋剂是指兴奋剂目录所列的禁用物质等。

（二）兴奋剂目录

兴奋剂目录由国务院体育主管部门会同国务院食品药品监督管理部门、国务院卫生主管部门、国务院商务主管部门和海关总署制定、调整并公布。现行兴奋剂目录是《2016年兴奋剂目录》。

1. 国家体育总局、商务部、卫生计生委、海关总署、国家食品药品监督管理总局于2015年12月24日联合发布2016年兴奋剂目录公告，《2016年兴奋剂目录》自2016年1月1日起施行。

《2016年兴奋剂目录》分为两个部分。第一部分是兴奋剂品种，第二部分是对运动员进行兴奋剂检查的有关规定。

2. 我国公布的2016年兴奋剂目录，将兴奋剂品种分为七大类，共计267个品种，具体品种详见《2016年兴奋剂目录》，该目录中品种类别见表5-4。

表5-4 《2016年兴奋剂目录》品种类别

序号	大类	小类/品种	现有品种数
1	蛋白同化制剂	其品种特别繁多，多数为雄性激素的衍生物	78
2	肽类激素	①人体生长激素（HGH）；②红细胞生成素（EPO）；③胰岛素；④促性腺素	41
3	麻醉药品	①哌替啶类；②阿片生物碱类	13
4	刺激剂（含精神药品）	①精神刺激药；②拟交感神经安类药物；③咖啡因类；④杂类中枢神经刺激物质	71
5	药品类易制毒化学品	麻黄碱、甲基麻黄碱、伪麻黄碱	3
6	医疗用毒性药品	士的宁	1
7	其他品种	β-受体阻断剂、利尿剂等	60

需要说明的有三点，一是目录所列物质包括其可能存在的盐及光学异构体；二是目录所列物质中属于药品的，还包括其原料药及单方制剂；三是目录所列蛋白同化制剂品种包括其可能存在的盐、酯、醚及光学异构体。

（三）兴奋剂分类

1968 年反兴奋剂运动刚开始时，国际奥委会规定的违禁药物为四大类，随后逐渐增加，目前兴奋剂种类已经达到七大类。虽然在分类时表述有所不同，但基本上是按照这些物质的药理作用来分类的。包括：刺激剂、蛋白同化制剂、麻醉止痛药、利尿剂、血液兴奋剂、肽类激素和 β－阻断剂。从药品管理方面来讲，主要是麻醉药品、精神药品、医疗用毒性药品等特殊管理药品和药品类易制毒化学品、激素等处方药品。

1. 刺激剂 这类药物能够增加运动员的机敏性，暂时减轻疲劳感并增加攻击性。是一类最早使用和最早禁用的兴奋剂，因为只有这一类兴奋剂对神经肌肉的药理作用才是真正的“兴奋作用”。安非他明（苯丙胺）是这类药物的典型代表。在 20 世纪 50 年代，安非他明曾是体育界滥用最严重的一种兴奋剂。这类药物按药理学特点和化学结构可分为下几种：

（1）精神刺激药 包括苯丙胺和相关衍生物及其盐类。

（2）拟交感神经胺类药物 这是一类仿内源性儿茶酚胺的肾上腺素和去甲肾上腺素作用的物质，以麻黄碱和相关衍生物及其盐类为代表。

（3）咖啡因类 此类又称为黄嘌呤类，因其带有黄嘌呤基团。

（4）杂类中枢神经刺激物质 如：尼可刹米、胺苯唑和士的宁。

2. 蛋白同化制剂（合成类固醇） 这类药物又称同化激素，俗称合成类固醇。这是一类功能与人体雄性激素类似的人工合成物，能够明显促进肌肉的生长，增加肌肉的力量和耐力。合成类固醇不像安非他明那样会使服用者突然虚脱或死亡，它的副作用是在不知不觉中缓慢发生的，常常发生在运动员退役后很长时间。这类药物滥用会对心血管系统、肝脏、生殖系统产生不可逆转的破坏发生，而且是一类致癌物质。

作为兴奋剂使用的蛋白同化制剂（合成类固醇），其衍生物和商品剂型品种特别繁多，多数为雄性激素的衍生物。这是目前使用范围最广，使用频度最高的一类兴奋剂，也是药检中的重要对象，国际奥委会只是禁用了一些主要品种，但其禁用谱一直在不断扩大。

3. 麻醉止痛药 这类药物能够产生欣快感或心理刺激，使服用者超越正常的疼痛忍受界限而尽力表现自己，而这本身对运动员的健康就是一种危险。吗啡是这类药物的代表。长期使用这类药物会导致成瘾，即使停止服用也会出现诸如流泪、流涕、呕吐、腹痛、腹泻等反应的戒断症状。使用过量时甚至会出现呼吸抑制、昏睡等强烈反应，对服用者身心健康危害极大。这类药物按药理学特点和化学结构可分为以下两大类：

（1）哌替啶类 杜冷丁、二苯哌己酮、美沙酮，以及他们的盐类和衍生物，其主要功能性化学基团是派替啶。

（2）阿片生物碱类 包括吗啡、可待因、乙基吗啡（狄奥宁）、海洛因、喷他佐辛（镇痛新），以及他们的盐类和衍生物，化学核心基团是从阿片中提取出来的吗啡生物碱。

4. 利尿剂 这是一类通过影响肾脏的尿液生成过程来增加排尿的药物。在体育运动中常被用于迅速减轻体重，也被用来尽快排尿以降低尿中含有禁用药物的浓度从而逃避药检。滥用利尿剂可发生严重的副作用，对健康造成损害。几乎所有的利尿剂均严重影响肾脏代谢，多数利尿剂能引起电解质紊乱，造成低血钾和缺钾、脂肪代谢紊乱、糖代谢改变等。有时，可因大量排尿使体液及电解质过度丧失而引起暂时性或永久性耳聋甚至突然死亡。

5. 血液兴奋剂 这类药物又称血液回输，是采用输血的手段诱发红细胞增多以提高运动能力的一种手段。于 1988 年汉城奥运会正式被国际奥委会列入禁用范围。这种兴奋剂的副作用是加重心血管的血液循环，引起代谢性休克。若输别人的血，会出现过敏反应，引起急性溶血并伴随肾功能损害；另外，还有感染肝炎、艾滋病等血液传染病的危险。

6. 肽类激素 这类物质大多以激素的形式存在于人体。肽类激素的作用是通过刺激肾上腺皮质生长、红细胞生成等实现促进人体生长发育。红细胞生成素是这类药物的代表，它可以促进红细胞的生成，使血液中红细胞的浓度保持在一个较高的水平。大量摄入会降低自身内分泌水平，损害身体健康，还可能引起心血管疾病、糖尿病等，滥用肽类激素，也会形成较强的心理依赖。

7. β-受体阻断剂 此类药物以抑制性为主，在体育运动中运用比较少，是临床常用的治疗高血压、心律失常的药物。这种药物通常用来降低血压、减轻心率和镇定情绪、减轻比赛前的紧张和焦虑，有时还用于帮助休息和睡眠。1988年，国际奥委会决定将这类药物新增为禁用兴奋剂。β-阻断剂的副作用包括可导致心功能抑制和继发性的心力衰竭，哮喘病人的突发性支气管痉挛以及引起中枢神经系统的抑郁症甚至男性性功能障碍。

二、兴奋剂管理

《反兴奋剂条例》规定，国家对兴奋剂目录所列进入禁用物质实行严格管理，任何单位和个人不得非法生产、销售、进出口。《反兴奋剂条例》对蛋白同化制剂、肽类激素的生产、经营、销售流向、进出口环节的管理作出了严格的规定，同时对含兴奋剂药品的警示语也作出了明确规定。

1. 兴奋剂的管理层次 根据《反兴奋剂条例》的规定，我国对含兴奋剂药品的管理，可体现为三个层次。

（1）实施特殊管理 兴奋剂目录所列禁用物质属于麻醉药品、精神药品、医疗用毒性药和药品类易制毒化学品的，其生产、销售、进口、运输和使用，依照药品管理法和有关行政法规的规定，实施特殊管理。

（2）实施严格管理 兴奋剂目录所列蛋白同化制剂、肽类激素，属于我国尚未实施特殊管理的禁用物质。依照《药品管理法》、《反兴奋剂条例》的规定，参照我国有关特殊管理药品的管理措施和国际通行做法，其生产、销售、进口和使用环节实施严格管理。

（3）实施处方药管理 除上述实施特殊管理和严格管理的品种外，兴奋剂目录所列的其他禁用物质，实施处方药管理。

2. 含兴奋剂药品标签和说明书管理 《反兴奋剂条例》第17条规定，药品、食品中含有兴奋剂目录所列禁用物质的，生产企业应当在包装标识或者产品说明书上用中文注明“运动员慎用”字样。

药品经营企业在验收含兴奋剂药品时，应检查药品标签或说明书上是否按规定标注“运动员慎用”字样。

3. 蛋白同化制剂、肽类激素的经营管理 依法取得《药品经营许可证》的药品批发企业，具备一定条件并经所在地省级药品监督管理部门批准后，方可经营蛋白同化制剂、肽类激素，否则不得经营蛋白同化制剂、肽类激素。

（1）经营蛋白同化制剂、肽类激素时，应严格审核蛋白同化制剂、肽类激素供货单位和购货单位的合法资质证明材料，建立客户档案。

（2）对进口的蛋白同化制剂、肽类激素品种的审核，除查验进口药品注册证书复印件外，还应当查验进口准许证复印件。

（3）蛋白同化制剂、肽类激素的验收、检查、保管、销售和出入库登记记录应当保存至超过蛋白同化制剂、肽类激素有效期2年。

蛋白同化制剂、肽类激素应储存在专库或专柜中，应有专人负责管理。

（4）除胰岛素外，药品零售企业不得经营蛋白同化制剂或者其他肽类激素。

4. 蛋白同化制剂、肽类激素的销售及使用管理

（1）蛋白同化制剂、肽类激素的生产企业只能向医疗机构、具有同类资质的生产企业、具有蛋白同化制剂、肽类激素经营资质的药品批发企业销售蛋白同化制剂肽类激素。

（2）蛋白同化制剂、肽类激素的批发企业只能向医疗机构、蛋白同化制剂、肽类激素的生产企业和其他具有经营资质的药品批发企业销售蛋白同化制剂、肽类激素。

（3）蛋白同化制剂、肽类激素的生产企业或批发企业除按上述规定销售外，还可以向药品零售企业销售肽类激素中的胰岛素。

（4）医疗机构只能凭具有处方权的执业医师开具的处方，向患者提供蛋白同化制剂、肽类激素，处方应当保存2年。

（5）严禁药品零售企业销售胰岛素外的蛋白同化制剂或其他肽类激素，药品零售企业必须凭处方销售胰岛素以及其他规定可以销售的含兴奋剂药品。零售药店的执业药师应对购买含兴奋剂药品的患者或消费者提供用药指导。

药师需要了解哪些常用的感冒药含有麻黄素类成分，哪些降血压药含有利尿剂成分，哪些中药制剂含有天然的违禁成分的，在调剂处方时要加强对处方的审核，发现处方中含有含兴奋剂药品且患者为运动员时，需进一步核对并确认无误后，方可调剂该类药品，并提供详细的用药指导，严格防范含兴奋剂药品的使用疏漏。

三、现行主要相关法规

除《中华人民共和国药品管理法》（2015年4月24日第十二届全国人民代表大会常务委员会第十四次会议修正）、《中华人民共和国药品管理法实施条例》（2002年8月4日颁布）外，现行主要相关法规如下：

1.《反兴奋剂条例》（国务院令第398号，2004年）。

2.《国务院关于修改部分行政法规的决定》（国务院令第653号，2014年）。

3.《蛋白同化制剂和肽类激素进出口管理办法》（国家食品药品监督管理总局、海关总署、国家体育总局令第9号，2014年）。

4.《关于兴奋剂目录调整后有关药品管理的通告》（国家食品药品监督管理总局2015年第54号）。

5.《2016年兴奋剂目录》（国家体育总局、商务部、卫生计生委、海关总署、国家食品药品监督管理总局于2015年12月24日联合发布）。

任务5－7 疫苗的管理

案例导入

案例：2016年3月11日山东省济南市公安局透漏，2010年以来，庞某与其医科学校毕业的女儿孙某，从上线疫苗批发企业人员及其他非法经营者处非法购进25种儿童、成人用二类疫苗，未经严格的冷链存储、运输销往全国18个省市，涉案金额达5.7亿元。

讨论：1. 疫苗为什么需要冷链运输？

2. 未冷链运输的疫苗会怎么样？

疫苗作为用于健康人体控制传染性疾病的生物制品，其流通和预防接种的质量安全与维护公众健康密切相关。为了加强对流通和预防接种的管理，预防、控制传染病的发生、流行，保障人体健康和公共卫生，根据《药品管理法》第 104 条的规定，2005 年 3 月 24 日国务院颁布《疫苗流通和预防接种管理条例》（国务院第 434 号令，以下简称《条例》），该《条例》于 2005 年 6 月 1 日起施行，根据 2016 年 4 月 23 日《国务院关于修改〈疫苗流通和预防接种管理条例〉的决定》（国务院第 668 号令）进行了修订，并重新发布。

修订后的《条例》共 76 条，包括总则、疫苗流通、疫苗接种、保障措施、预防接种异常反应的处理、监督管理、法律责任、附则共八章内容，适用于疫苗的流通、预防接种及其监督管理。

为加强疫苗储存、运输管理，保证疫苗质量，保障预防接种的安全和有效性，根据《条例》第 16 条规定，原卫生部和国家食品药品监督管理局组织编写了《疫苗储存和运输管理规范》（以下简称《规范》），并于 2006 年 3 月 8 日，以卫疾控发［2006］104 号文件发布，自发布之日起施行。

《规范》包括总则、疫苗储存、运输中的管理，疫苗储存、运输的温度监测，疫苗储存、运输的设施设备，附则等 5 章共 25 条内容；适用于《条例》中规定的疫苗储存、运输过程中的管理。

《规范》要求，疾病预防控制机构、疫苗生产企业、疫苗批发企业应具有从事疫苗管理的专业技术人员，接种单位应有专（兼）职人员负责疫苗管理。疾病预防控制机构、接种单位、疫苗生产企业、疫苗批发企业应配备保证疫苗质量的储存、运输设施设备，建立疫苗储存、运输管理制度，做好疫苗的储存、运输工作。

一、疫苗及其流通管理

（一）疫苗

1. 疫苗的定义 疫苗是指为了预防、控制传染病的发生、流行，用于人体预防接种的疫苗类预防性生物制品。

2. 疫苗的分类 疫苗根据其性质、成分、剂型等有不同的分类方法，《条例》规定，疫苗分为两类，即，第一类疫苗和第二类疫苗。

第一类疫苗，是指政府免费向公民提供，公民应当依照政府的规定受种的疫苗，包括国家免疫规划确定的疫苗，省、自治区、直辖市人民政府在执行国家免疫规划时增加的疫苗，以及县级以上人民政府或者其卫生主管部门组织的应急接种或者群体性预防接种所使用的疫苗。

国家免疫规划，是指按照国家或者省、自治区、直辖市确定的疫苗品种、免疫程序或者接种方案，在人群中有计划地进行疫苗接种，以预防和控制特定传染病的发生和流行。

第二类疫苗，是指由公民自费并且自愿受种的其他疫苗。

接种第一类疫苗由政府承担费用，接种第二类疫苗由受种者或者其监护人承担费用。

3. 疫苗的包装标识 《条例》第 13 条规定，疫苗生产企业应当在其供应的纳入国家免疫规划疫苗的最小外包装的显著位置，标明“免费”字样以及国务院卫生主管部门规定的“免疫规划”专用标识。具体管理办法由国务院食品药品监督管理部门会同国务院卫生主管部门制定。

根据《条例》的相关规定，原国家食品药品监督管理局、卫生部于 2005 年 6 月 6 日发布《关于纳入国家免疫规划疫苗包装标注特殊标识的通知》（国食药监注［2005］257 号），规定自 2006 年 1 月 1 日起，凡纳入国家免疫规划的疫苗制品的最小外包装上，须标明“免费”字样以及“免疫规划”专用标识，有关事项具体要求如下：

（1）目前国家免疫规划的疫苗包括：麻疹疫苗、脊髓灰质炎疫苗、百白破联合疫苗、卡介苗、乙型肝炎疫苗（不包括成人预防用乙型肝炎疫苗），以及各省、自治区、直辖市人民政府增加的免费向公民提供的疫苗。

（2）“免费”字样应当标注在疫苗最小外包装的显著位置，字样颜色为红色，宋体字，大小可与疫苗通用名称相同。

（3）“免疫规划”专用标识应当印刷在疫苗最小外包装的顶面的正中处，标识样式见所附图样（颜色为宝石蓝色）。

图 5－6 “免疫规划”专用标识

（4）自 2006 年 1 月 1 日起上市的纳入国家免疫规划的疫苗，其包装必须标注“免费”字样以及“免疫规划”专用标识（图 5－6）。

（二）疫苗采购配送

1. 疫苗的采购 《条例》规定，疫苗采购，全部纳入省级公共资源交易平台。

第一类疫苗的采购，由依照国家有关规定负责采购的部门根据省级疾病预防控制机构制定的使用计划，依法与疫苗生产企业签订政府采购合同，约定疫苗的品种、数量、价格等内容。

省级疾病预防控制机构应当根据国家免疫规划和本地区预防、控制传染病的发生、流行的需要，制定本地区第一类疫苗的使用计划，并向依照国家有关规定负责采购第一类疫苗的部门报告，同时报同级人民政府卫生主管部门备案。使用计划应当包括疫苗的品种、数量、供应渠道与供应方式等内容。

第二类疫苗由省级疾病预防控制机构组织在省级公共资源交易平台集中采购，由县级疾病预防控制机构向疫苗生产企业采购。

2. 疫苗的配送 疫苗生产企业应当直接向县级疾病预防控制机构配送第二类疫苗，或者委托具备冷链储存、运输条件的企业配送。接受委托配送第二类疫苗的企业不得委托配送。

从事疫苗配送的，还应当配备 2 名以上专业技术人员专门负责疫苗质量管理和验收工作。专业技术人员应当具有预防医学、药学、微生物学或者医学等专业本科以上学历及中级以上专业技术职称，并有 3 年以上从事疫苗管理或者技术工作经历。

（三）疫苗供应与销售要求

疫苗生产企业应当按照政府采购合同的约定，向省级疾病预防控制机构或者其指定的其他疾病预防控制机构供应第一类疫苗，不得向其他单位或者个人供应。

1. 第一类疫苗的分发 第一类疫苗分发至接种单位采取逐级分发形式，特殊情况时有关疾病预防控制机构可以直接将第一类疫苗分发至接种单位。

（1）省级疾病预防控制机构应当做好分发第一类疫苗的组织工作，并按照使用计划将第一类疫苗组织分发到设区的市级疾病预防控制机构或者县级疾病预防控制机构。

（2）县级疾病预防控制机构应当按照使用计划将第一类疫苗分发到接种单位和乡级医疗卫生机构。乡级医疗卫生机构应当将第一类疫苗分发到承担预防接种工作的村医疗卫生机构。

（3）医疗卫生机构不得向其他单位或者个人分发第一类疫苗；分发第一类疫苗，不得收取任何费用。

（4）传染病暴发、流行时，县级以上地方人民政府或者其卫生主管部门需要采取应急接种措施的，设区的市级以上疾病预防控制机构可以直接向接种单位分发第一类疫苗。

2. 第二类疫苗的销售和供应 由县级疾病预防控制机构通过省级公共资源交易平台向疫苗生产企业采购后供应给本行政区域的接种单位。

县级疾病预防控制机构向接种单位供应第二类疫苗可以收取疫苗费用以及储存、运输费用。疫苗费用按照采购价格收取，储存、运输费用按照省、自治区、直辖市的规定收取。收费情况应当向社会公开。

3. 疫苗生产企业、疾病预防控制机构、接种单位应当依照《药品管理法》《药品管理法实施条例》和国务院食品药品监督管理部门、卫生主管部门的规定建立疫苗追溯体系，如实记录疫苗的流通、使用信息，实现疫苗最小包装单位的生产、储存、运输、使用全过程可追溯。

（四）疫苗购销证明文件

1. 疫苗生产企业在销售疫苗时，应当提供由药品检验机构依法签发的生物制品每批检验合格或者审核批准证明复印件，并加盖企业印章；销售进口疫苗的，还应当提供进口药品通关单复印件，并加盖企业印章。

2. 疾病预防控制机构、接种单位在接收或者购进疫苗时，应当向疫苗生产企业索取前款规定的证明文件，并保存至超过疫苗有效期2年备查。

3. 疫苗生产企业应当依照《药品管理法》和国务院食品药品监督管理部门的规定，建立真实、完整的销售记录，并保存至超过疫苗有效期2年备查。

4. 疾病预防控制机构应当依照国务院卫生主管部门的规定，建立真实、完整的购进、储存、分发、供应记录，做到票、账、货、款一致，并保存至超过疫苗有效期2年备查。

5. 疾病预防控制机构接收或者购进疫苗时应当索要疫苗储存、运输全过程的温度监测记录；对不能提供全过程温度监测记录或者温度控制不符合要求的，不得接收或者购进，并应当立即向药品监督管理部门、卫生主管部门报告。

6. 疾病预防控制机构、接种单位对包装无法识别、超过有效期、脱离冷链、经检验不符合标准、来源不明的疫苗，应当如实登记，向所在地县级人民政府药品监督管理部门报告，由县级人民政府药品监督管理部门会同同级卫生主管部门按照规定监督销毁。疾病预防控制机构、接种单位应当如实记录销毁情况，销毁记录保存时间不得少于5年。

（五）疫苗冷链管理要求

冷链，是指为保证疫苗从疫苗生产企业到接种单位运转过程中的质量而装备的储存、运输冷藏设施、设备。

《条例》规定，疾病预防控制机构、接种单位、疫苗生产企业、接受委托配送疫苗的企业应当遵守疫苗储存、运输管理规范，保证疫苗质量。疫苗储存、运输的全过程应当始终处于规定的温度环境，不得脱离冷链，并定时监测、记录温度。对于冷链运输时间长、需要配送至偏远地区的疫苗，省级疾病预防控制机构应当提出加贴温度控制标签的要求。

由原卫生部和国家食品药品监督管理局颁布的《疫苗储存和运输管理规范》，对疫苗冷链管理提出了明确要求。

1. 省级疾病预防控制机构和设区的市级、县级疾病预防控制机构及疫苗生产企业应具备符合疫苗储存、运输温度要求的设施设备：①用于疫苗储存的冷库，其容积应与生产、经营、使用规模相适应；②冷库应配有自动监测、调控、显示、记录温度状况以及报警的设备，备用发电机组或安装双路电路和备用制冷机组；③用于疫苗运输的冷藏车；冷藏车应能自动调控、显示和记录温度状况。

2. 疾病预防控制机构、接种单位、疫苗生产企业、疫苗批发企业应按以下要求对储存疫苗的温度进行监测和记录。①应采用自动温度记录仪对普通冷库、低温冷库进行温度记录。②应采用温度计对冰箱（包括普通冰箱、冰衬冰箱、低温冰箱）进行温度监测。温度计应分别放置在普通冰箱冷藏室及冷冻室的中间位置，冰衬冰箱的底部及接近顶盖处，低温冰箱的中间位置。每天上午和下午各进行一次温度记录。③冷藏设施设备温度超出疫苗储存要求时，应采取相应措施并记录。

3. 疾病预防控制机构、疫苗生产企业、疫苗批发企业应对运输过程中的疫苗进行温度监测并记录。记录内容包括疫苗名称、生产企业、供货（发送）单位、数量、批号及有效期、启运和到达时间、启运和到达时的疫苗储存温度和环境温度、运输过程中的温度变化、运输工具名称和接送疫苗人员签名。

4. 疫苗生产企业、疫苗批发企业在销售疫苗时，疾病预防控制机构在供应或分发疫苗时，均应提供疫苗运输的设备、时间、温度记录等资料，以保证疫苗运输质量的可追溯性。

5. 疾病预防控制机构、疫苗生产企业、疫苗批发企业应有专人对疫苗储存、运输设施设备进行管理和维护。接种单位应对疫苗储存设备进行维护。

二、疫苗的监督管理

（一）管理部门职责

《条例》规定，国家实行有计划的预防接种制度，推行扩大免疫规划。

1. 国务院卫生主管部门根据全国范围内的传染病流行情况、人群免疫状况等因素，制定国家免疫规划；会同国务院财政部门拟订纳入国家免疫规划的疫苗种类，报国务院批准后公布。

省、自治区、直辖市人民政府在执行国家免疫规划时，根据本行政区域的传染病流行情况、人群免疫状况等因素，可以增加免费向公民提供的疫苗种类，并报国务院卫生主管部门备案。

2. 国务院卫生主管部门负责全国预防接种的监督管理工作。县级以上地方人民政府卫生主管部门负责本行政区域内预防接种的监督管理工作。

3. 国务院食品药品监督管理部门负责全国疫苗的质量和流通的监督管理工作。省、自治区、直辖市人民政府药品监督管理部门负责本行政区域内疫苗的质量和流通的监督管理工作。

（二）监督检查

药品监督管理部门依照《药品管理法》及其实施条例的有关规定，对疫苗在储存、运输、供应、销售、分发和使用等环节中的质量进行监督检查，并将检查结果及时向同级卫生主管部门通报。

药品监督管理部门根据监督检查需要对疫苗进行抽查检验的，有关单位和个人应当予以配合，不得拒绝。

（三）建立追溯制度

国家建立疫苗全程追溯制度。国务院食品药品监督管理部门会同国务院卫生主管部门制定统一的疫苗追溯体系技术规范。

疫苗生产企业、疾病预防控制机构、接种单位应当依照《药品管理法》、本《条例》和国务院食品药品监督管理部门、卫生主管部门的规定建立疫苗追溯体系，如实记录疫苗的流通、使用信息，实现疫苗最小包装单位的生产、储存、运输、使用全过程可追溯。

国务院食品药品监督管理部门会同国务院卫生主管部门建立疫苗全程追溯协作机制。

（四）问题疫苗处理

1. 药品监督管理部门在监督检查中，对有证据证明可能危害人体健康的疫苗及其有关材料可以采取查封、扣押的措施，并在 7 日内作出处理决定；疫苗需要检验的，应当自检验报告书发出之日起15日内作出处理决定。

2. 疾病预防控制机构、接种单位、疫苗生产企业发现假劣或者质量可疑的疫苗，应当立即停止接种、分发、供应、销售，并立即向所在地的县级人民政府卫生主管部门和药品监督管理部门报告，不得自行处理。

接到报告的卫生主管部门应当立即组织疾病预防控制机构和接种单位采取必要的应急处置措施，同时向上级卫生主管部门报告；接到报告的药品监督管理部门应当对假劣或者质量可疑的疫苗依法采取查封、扣押等措施。

案例讨论

案例：截至2016年4月11日，山东济南非法经营疫苗系列案件共立刑事案件192起，刑事拘留202人，已批准逮捕22人；已查实涉案药品经营企业45家；初步核实涉案疫苗流入接种单位59家。根据已查明情况，依法依纪对国家食品药品监管总局、国家卫生计生委和山东等17个省（区、市）相关责任人予以问责，有关方面先行对357名公职人员等予以撤职、降级等处分。

讨论：《疫苗流通和预防接种管理条例》对涉及疫苗的违法行为有哪些处罚措施？

三、现行主要相关法规

除《中华人民共和国药品管理法》（2015年4月24日第十二届全国人民代表大会常务委员会第十四次会议修正）、《中华人民共和国药品管理法实施条例》（2002年8月4日颁布）外，现行主要相关法规如下：

1. 《疫苗流通和预防接种管理条例》（中华人民共和国国务院令第434号，2005年）。
2. 《关于纳入国家免疫规划疫苗包装标注特殊标识的通知》（国食药监注［2005］257号）。
3. 《关于印发《疫苗储存和运输管理规范》的通知》（卫疾控发［2006］104号）。
4. 《国务院关于修改〈疫苗流通和预防接种管理条例〉的决定》（中华人民共和国国务院令第668号，2016年）。

任务对接

任务	知识能力要求
麻醉药品和精神药品的生产、经营及储存与运输	(1) 药品生产企业申报麻醉药品、精神药品定点生产申请表的填写及《麻醉药品和精神药品定点生产批件》的获取 (2) 能按照麻醉药品、精神药品生产计划及安全管理的要求开展相关药品的生产 (3) 能按照规定销售给经批准购用的单位或者个人 (4) 麻醉药品和精神药品定点生产企业能按照要求建立购买方销售档案 (5) 掌握申领《麻醉药品、第一类精神药品运输证明》所需要的材料及程序 (6) 能按照规定合法的进行麻醉药品和精神药品的储存与运输

续表

任务	知识能力要求
麻醉药品和精神药品的使用	(1) 购进麻醉药品和精神药品作为原料药品的生产企业明白如何按照要求向定点企业购买 (2) 开展实验和教学活动的科学研究、教学单位明白如何按照要求向定点企业购买麻醉药品和精神药品 (3) 掌握医疗机构获得《麻醉药品和第一类精神药品购用印鉴卡》的程序及要求，明白如何凭借此卡获得需要的药品及如何正确的对患者使用麻醉药品和精神药品
医疗用毒性药品管理	(1) 能够严格按照生产工艺操作规程生产，准确投料，建立完整的生产记录并保存。能够对生产过程中产生的废弃物妥善处理，不得污染环境 (2) 能按照规定经营毒性药品 (3) 能按照规定凭医生签名的正式处方调配毒性药品 (4) 明白科研和教学单位如何获取所需的毒性药品
放射性药品管理	(1) 熟悉放射性药品的概念及《药典》收载的放射性药品品种 (2) 熟悉放射性药品研究、生产、经营、使用、进出口、包装、运输的监督管理
药品类易制毒化学品管理	(1) 掌握药品类易制毒化学品概念、品种及流通、使用的管理 (2) 熟悉药品类易制毒化学品的生产管理及法律责任
部分含特殊管理药品的复方制剂管理	(1) 掌握部分含麻醉药品、精神药品复方制剂和含麻黄碱类复方制剂的经营管理 (2) 熟悉部分含麻醉药品、精神药品复方制剂的品种范围；含麻黄碱类复方制剂的销售管理
含兴奋剂药品的管理	(1) 掌握兴奋剂目录和分类；含兴奋剂药品标签和说明书管理 (2) 熟悉蛋白同化制剂、肽类激素的销售及使用管理 (3) 了解兴奋剂的界定
疫苗的管理	(1) 掌握疫苗采购、配送、供应与销售的有关规定；假劣或者质量可疑的疫苗的处理措施 (2) 能整理疫苗购销所需的证明文件；能开展问题疫苗的报告工作 (3) 熟悉疫苗的界定、分类及疫苗冷链管理要求 (4) 了解我国疫苗监督管理部门及其主要职责

目标检测

一、A 型题（最佳选择题）

1. 从事麻醉药品和第一类精神药品生产的生产企业，须经哪个部门审批（　　）

A. 国家卫生部　　B. 国家食品药品监督管理部门　　C. 省卫生厅

D. 省级药监部门　　E. 市级药监部门

2. 依照《麻醉药品和精神药品管理条例》规定，没有要求必须设置麻醉药品和第一类精神药品专库的企业是（　　）
A. 麻醉药品药用原植物种植企业
B. 定点生产企业
C. 全国性批发企业和区域性批发企业
D. 国家设立的麻醉药品储存单位
E. 麻醉药品和第一类精神药品的使用单位
3. 医疗用毒性药品系指（　　）
A. 连续使用后易产生生理依赖性，能成瘾癖的药品
B. 毒性剧烈，连续使用后易产生较大毒副作用的药品
C. 正常用法用量下出现与用药目的无关的或意外不良反应的药品
D. 直接作用中枢神经系统，毒性剧烈的药品
E. 毒性剧烈、治疗剂量与中毒剂量相近，使用不当会致人中毒或死亡的药品
4. 根据《医疗用毒性药品管理办法》，下列叙述错误的是（　　）
A. 医疗单位供应和调配毒性药品，凭医师签名的正式处方
B. 调配处方时，必须认真负责计量准确
C. 对处方未注明“生用”的毒性中药，应当付炮制品
D. 每次处方剂量不得超过3日极量
E. 处方一次有效，取药后处方保存2年备查
5. 麻黄素类物质属于（　　）
A. 麻醉药品　　B. 精神药品　　C. 医疗用毒性药品
D. 放射性药品　　E. 易制毒化学品
6. 药品类易制毒化学品专用账册保存期限为自药品有效期期满之日起不少于（　　）
A. 1年　　B. 2年　　C. 3年　　D. 4年　　E. 5年
7. 含麻醉药品、精神药品复方制剂的品种范围不包括（　　）
A. 含地芬诺酯（苯乙哌啶）复方制剂　　B. 复方甘草片
C. 含麻黄碱类复方制剂　　D. 含可待因复方口服液体制剂
E. 口服固体制剂每剂量单位仅含可待因以含可待因碱计不超过15mg
8. 可以从事含麻黄碱类复方制剂的批发业务的单位是（　　）
A. 具有蛋白同化制剂、肽类激素定点批发资质的药品经营企业
B. 具有特殊管理药品定点批发资质的药品经营企业
C. 药品批发企业
D. 药品零售企业
E. 医疗机构
9. 下列关于兴奋剂的叙述正确的是（　　）
A. 兴奋剂使用后均具有兴奋性
B. 《反兴奋剂条例》所称的兴奋剂是指《兴奋剂目录》所列的禁用物质等
C. 我国对《兴奋剂目录》所列药品均实施特殊管理
D. 所有兴奋剂均应在说明书上用中文注明“运动员禁用”字样
E. 药品零售企业不得经营不得销售胰岛素
10. 疫苗生产企业应当依照《药品管理法》和国务院食品药品监督管理部门的规定，建立真实、完整的销售记录，其保存期限是（　　）

A. 至少1年　　B. 至少2年　　C. 超过疫苗有效期2年
D. 最多2年　　E. 至少5年

二、B型题（配伍选择题）

[11～13]

A. 全国性批发企业
B. 区域性批发企业
C. 省、自治区、直辖市人民政府药品监督管理部门
D. 麻醉药品批发企业
E. 精神药品批发企业

11. 应当从定点生产企业购进麻醉药品和第一类精神药品（　　）
12. 可以从全国性批发企业购进麻醉药品和第一类精神药品，经省级药品监督管理部门批准也可以从定点生产企业购进麻醉药品和第一类精神药品（　　）
13. 定点生产企业应当严格按照麻醉药品和精神药品年度生产计划安排生产，并依照规定向哪个部门报告生产情况（　　）

[14～18]

A. 红白　　B. 蓝白　　C. 绿白　　D. 红黄　　E. 黑白

14. 麻醉药品标志为（　　）
15. 精神药品标志为（　　）
16. 医疗用毒性药品标志为（　　）
17. 放射性药品标志为（　　）
18. 外用药品标志为（　　）

[19～20]

A. 阿莫西林胶囊　　B. 扑热息痛片　　C. 胰岛素
D. 蛋白同化制剂　　E. 肽类激素

19. 上述可以开架自选销售的药品是（　　）
20. 上述可以在药品零售企业销售的兴奋剂是（　　）

三、X型题（多项选择题）

21. 麻醉药品目录、精神药品目录是由哪些部门共同制定、调整并公布（　　）
A. 国务院食品药品监督管理部门　　B. 国务院卫生主管部门
C. 国务院公安部门　　D. 国家农业主管部门
E. 省食品药品监督管理部门
22. 不得零售的是（　　）
A. 麻醉药品　　B. 胰岛素　　C. 第一类精神药品
D. 毒性药品　　E. 第二类精神药品
23. 根据《医疗用毒性药品管理办法》，下列叙述错误的是（　　）
A. 采购的毒性中药材，包装材料上无须标上毒性药标志
B. 生产含有毒性药材的中成药时，须在本单位药品检验员的监督下准确投料
C. 科研和教学单位所需的毒性药品，凭本单位介绍信，在指定的供应部门购买
D. 擅自收购毒性药品，可处没收非法所得，并处以警告
E. 医疗单位供应和调配毒性药品每次处方剂量不得超过3日极量

24. 以下关于药品类易制毒化学品说法正确的是（　　）
   A. 不得委托生产
   B. 禁止使用现金或者实物进行交易
   C.《药品类易制毒化学品购用证明》由国家食品药品监督管理总局统一印制，有效期为1年
   D. 入库应当双人验收，出库应当双人复核，做到账物相符。
   E. 教学科研单位应当设立专柜储存药品类易制毒化学品，实行双人双锁管理
25. 药品零售企业销售含特殊管理药品复方制剂时，下列哪些叙述是正确的（　　）
   A. 公众在零售药店是可以购买到的
   B. 部分含特殊管理药品复方制剂零售有一定的管理限制
   C. 复方甘草片、复方地芬诺酯片列入必须凭处方销售的处方药管理
   D. 复方甘草片、复方地芬诺酯片应设置专柜，由专人管理专册登记
   E. 如发现超过正常医疗需求，大量、多次购买上述药品的，应当拒绝销售
26.《2016年兴奋剂目录》所列的肽类激素包括（　　）
   A. 人体生长激素　　B. 红细胞生成素　　C. 胰岛素
   D. 促性腺素　　E. 雄性激素的衍生物
27. 下列说法正确的是（　　）
   A. 国家对麻醉药品药用原植物以及麻醉药品和精神药品实行管制
   B. 任何单位、个人不得进行麻醉药品药用原植物的种植以及麻醉药品和精神药品的实验研究、生产、经营、使用、储存、运输等活动
   C. 国家对麻醉药品和精神药品实行定点生产、定点经营制度
   D. 国家对麻醉药品药用原植物的种植、麻醉药品和精神药品的生产实行总量控制
   E. 定点生产企业生产麻醉药品和精神药品，应当依照《药品管理法》的规定取得药品批准文号，未取得药品批准文号的，不得生产麻醉药品和精神药品
28. 疾病预防控制机构、接种单位、疫苗生产企业发现假劣或者质量可疑的疫苗，应（　　）
   A. 立即停止接种、分发、供应、销售　　B. 不得自行处理
   C. 报告所在地县以上卫生主管部门　　D. 报告所在地县以上药品监督管理部门
   E. 同时向上级卫生主管部门报告
29. 药品批发企业购销含特殊管理药品复方制剂时，按GSP的要求建立客户档案需留存的资料有（　　）
   A. 购销方资质证明复印件
   B. 采购人员（销售人员）法人委托书复印件
   C. 采购人员（销售人员）身份证复印件
   D. 产品宣传册
   E. 核实记录
30. 纳入国家免疫规划疫苗的最小外包装的要求（　　）
   A. 标明“免费”字样
   B. 卫生主管部门规定的“免疫规划”专用标识
   C. 疫苗生产企业的质量服务电话
   D. 省级疾病预防控制机构的举报电话
   E. 县级疾病预防控制机构的举报电话

实训5 麻醉药品和精神药品经营、使用资格申办模拟

【实训目的】

通过模拟申办麻醉药品和精神药品经营、使用资格，加深对麻醉药品和精神药品经营、使用管理的理解，强化特药特管意识。

【实训要求】

以5人为一组，根据《麻醉药品和精神药品管理条例》要求，结合药品生产、经营企业、医疗机构及科研、教学单位具体情况，模拟麻醉药品和精神药品经营和使用资格的申办。

【实训内容】

一、申办准备

1. 要求学生提前查阅、熟悉《麻醉药品和精神药品管理条例》中申办麻醉药品和精神药品经营、使用资格的相关规定。

2. 教师提供拟申办麻醉药品和精神药品经营、使用资格的药品生产企业、药品经营企业、医疗机构及科研、教学单位的基本情况。

3. 每个小组拟出申办提纲。

二、申办内容

1. 模拟申办全国性批发企业、区域性批发企业，模拟申办药品零售连锁企业第二类精神药品经营资格，模拟申办药品生产企业、科研教学单位及医疗机构麻醉药品和精神药品使用资格。

2. 每个小组从以上实训内容中随机抽取二项汇报，先由各组同学互评，再由教师点评。

三、申办报告

针对申办过程中发现的问题分析、思考，完成实训报告。

【实训评价】

根据学生实训准备情况、工作态度、完成质量和实训报告撰写质量实施评价。

（樊 迪 李歆平 王明军）

项目 6

中药管理

学习目标

知识要求 **1. 掌握** 中药的概念及其分类；国家重点保护的野生药材物种的分级及药材名称；中药品种保护的范围、等级划分。

2. 熟悉 关于中药材的生产、经营和使用规定；中药饮片管理规定；中药保护品种的保护措施。

3. 了解 中药创新体系建设；中药材生产质量管理规范；进口药材规定。

技能要求 1. 能够区别国家重点保护的野生药材的级别和中药品种保护等级。

2. 能依法合规生产、经营、使用中药饮片。

任务 6－1 中药与中药创新体系建设认知

案例导入

案例：王某为贵州省一个乡镇的居民，由于跟当地的“赤脚医生”学过一段时间后便自行在当地自己上山采集药材自己给患者看病。后来因一病人服用王某所谓的“中药”后病情加重，经查实王某给病人服用的“中药”为当地一种杂草，尚无报道有医疗相关作用，对人体伤害较大。告诫患者生病后要到正规医疗机构就诊。

讨论：1. 什么是中药？

2. 中药有哪些相关产物？

中医药是中华民族在与疾病长期斗争的过程中积累的宝贵财富，其有效的实践和丰富的知识中蕴含着深厚的科学内涵，是中华民族优秀文化的重要组成部分，为中华民族的繁衍昌盛和人类健康做出了不可磨灭的贡献。

党和政府一直关注和重视中医药工作，通过制定一系列方针、政策，保护和促进了中医药事业的发展，特别是改革开放以来，有关中医药的各项政策和法规得到进一步落实、中药现代化、中医药创新体系等一系列新措施陆续出台，为中药治病救人、康复保健奠定了坚实的基础。

一、中药及其分类

中药是指在中医药理论指导下用以防病治病的药物。中药具有独特的理论体系和形式，充分反映了我国历史、文化、自然资源等方面的特点，它是中医药理论体系中的重要组成部分，除遵循中医药理论外，还有着独特的理论内涵和实践基础。

中药包括中药材、中药饮片和中成药三大部分。其中：

中药材是指药用植物、动物、矿物的药用部分采收后经产地初加工形成的原料药材。

中药饮片简称“饮片”，是指在中医药理论指导下，根据辨证施治和调剂、制剂的需要，对中药材进行特殊加工炮制后的成品。

中成药简称“成药”。“成药”是根据疗效确切、应用范围广泛的处方、验方或秘方，具备一定质量规格，批量生产供应的药物。在“成药”生产中，为有别于西药，故称之为“中成药”。

民族药是指我国某些地区少数民族经长期医疗实践的积累并用少数民族文字记载的药品，如藏药、蒙药、苗药、白族药、彝族药、维吾尔族药等，在使用上有一定的地域性。各民族医药是中华民族传统医药的组成部分，应不断发掘、整理、总结，充分发挥其保护各族人民健康的作用。

二、中药创新体系建设

为了贯彻落实《国家中长期科学和技术发展规划纲要（2006－2020年）》，指导全国中医药创新发展工作，科技部、卫生部、国家中医药管理局、国家食品药品监督管理局、教育部、国家民族事务委员会、农业部、商务部、文化部、国家人口和计划生育委员会、国家质量监督检验检疫总局、国家林业局、国家知识产权局、中国科学院、中国工程院、国家自然科学基金委员会等十六个部门联合制定了《中医药创新发展规划纲要（2006－2020年）》。

（一）指导思想

坚持以人为本、为人类健康服务的根本宗旨，按照“自主创新、重点跨越、支撑发展、引领未来”的新时期科技工作方针。

（二）基本原则

坚持“继承与创新并重、中医中药协调发展、现代化与国际化相互促进、多学科结合”的基本原则，推动中医药传承与创新发展。

（三）战略目标

中医药创新发展的总体目标是：通过科技创新支撑中医药现代化发展，不断提高中医药对我国经济和社会发展的贡献率，巩固和加强我国在传统医药领域的优势地位；重点突破中医药传承和医学及生命科学创新发展的关键问题，争取成为中国科技走向世界的突破口之一；促进东西方医学优势互补、相互融合，为建立具有中国特色的新医药学奠定基础；应用全球科技资源推进中医药国际化进程，弘扬中华民族优秀文化，为人类卫生保健事业做出新贡献。

（四）基本任务

中医药创新发展的基本任务是：“继承、创新、现代化、国际化”。

1. 继承 系统继承中医药的宝贵知识和经验是中医药发展创新的源泉和基础。

2. 创新 推动传统医学和现代医学协同发展，促进医学科学体系创新是中医药现代化的长远目标。

3. 现代化 推进中医药现代化发展的主要任务是：建设现代中医诊疗体系，开展中医药防治重大、疑难疾病以及预防、保健、康复作用的研究；建立中医药疗效、安全性评价方法与标准；研发中医诊疗技术与专用仪器设备，提高中医诊疗水平。选择疗效确切的传统中药进行深人细致的系统研究和开发（“二次开发”）；开展以中药为基源的药品、食品、保健品、化妆品和农用、兽用等高附加值的新产品研发；提高中药产品的质量标准和技术水平。发展绿色中药材种植（养殖）业，促进中药材规范化生产，确保中药产业可持续发展；研制适用于中药生产的工程技术及其装备，提高中药制造业水平；加强对中药商业及其流通方式的现代化研究。

4. 国际化 中医药国际化发展的主要任务是：建立符合中医药特点的标准规范并争取成为传统医药的国际标准；加强符合国际市场需求的医疗、保健产品研究开发；争取中医药的合法地位，使中医药能够进入西方国家医院、药房和医疗保险系统；建立国际化的中医药研究与技术平台、信息平台和人才队伍；积极推进中医药医疗、教学、科研、生产合作与学术、技术交流；通过联合办医、办学、合办研究机构等，使中医药知识与文化得到有效的传播。

（五）优先领域

1. 中药产业发展 以建立现代中药产业链、保障中医药疗效为目标，不断提高中药产业和产品创新能力，为市场提供疗效确切、品质优良、安全方便、质量可控的中药产品，为培育健康产业服务。

2. 基础理论研究 以证实和阐明中医药的科学内涵为目的，充分运用中医药学的历史积累、实践经验和现代系统科学、复杂科学的思想方法与技术手段开展多学科交叉研究，为建立具有中国特色的新医药学打下基础。

3. 标准规范研究 以构建符合自身特点的中医药标准规范体系、提高中医药标准水平为目标，在借鉴现代医药和其他国家传统医药经验的基础上，争取使中医药标准规范成为国际传统医药标准规范。

4. 创新体系建设 以构建服务于中医药现代化和国际化发展的知识与技术创新体系为目的，加强符合中医药自身特点的方法学研究和平台建设以及人才培养，提高自主创新能力。

5. 国际科技合作 以应用全球科技资源推动中医药进人国际主流市场为目标，以我为主开展国际传统医药科技合作和交流，促进国际社会对中医药的理解和以中医药为代表的传统医药的推广应用。

（六）政策措施

1. 加大投入 集成国家相关计划支持中医药创新发展，形成项目联动机制。

2. 政策扶持制定若干鼓励中医药发展的政策法规，推动适合中医药特点的标准规范的建立与完善，加强中医药知识产权和资源的保护与利用；建立成果、信息管理和推广、共享机制；制定积极的人才政策，营造良好的创新环境，吸引跨学科人才和海内外人才，建设一支多学科、跨领域、产学研、海内外结合的人才队伍。

3. 组织协调 加强中医药发展战略和机制研究，协调相关部门和各级政府推动本规划纲要的实施。

三、现行主要相关法规

除《中华人民共和国药品管理法》（2015 年 4 月 24 日第十二届全国人民代表大会常务委员会第十四次会议修正）、《中华人民共和国药品管理法实施条例》（2002 年 8 月 4 日颁布）外，现行主要相关法规和发展规划如下：

1.《国务院关于扶持和促进中医药事业发展的若干意见》（国发〔2009〕22 号）。

2.《中医药创新发展规划纲要（2006－2020 年）》（科技部、卫生部、国家中医药管理局、国家食品药品监督管理局等 16 部委于 2007 年 3 月 21 日发布）。

3.《中药材保护与发展规划（2015－2020 年）》（国办发〔2015〕27 号）。

任务6-2 中药材管理

案例导入

案例：谢某为四川省凉山州一个偏远乡镇的居民，一天去深山游玩时发现了一株十分好看的植株，在旁边还有一些，于是便挖了一些放在自家阳台上种植。一天镇上的警察去村里办事刚好看到了阳台上开花的竟然是罂粟，便急忙找到谢某，说她已经违法，不该种植罂粟，并解释了罂粟的管理要求。考虑到谢某并不认识罂粟，且没有其他违法活动，在批评教育后拔掉了阳台上的罂粟。

讨论：为什么谢某不能种罂粟？罂粟危害有多大？国家对罂粟有哪些管理要求？

一、中药材生产质量管理

中药材生产作为中药产业发展的基础部分，直接制约着中药其他产业的发展。中药材是中药饮片和中成药生产的原料，中药材生产关系到中药材的供应、质量和临床疗效。因此，搞好中药材生产和质量是中药产业发展的关键。

1. 中药材种植养殖管理

（1）中药材资源的保护和利用　各地要高度重视中药材资源的保护、利用和可持续发展，加强中药材野生资源的采集和抚育管理，采集使用国家保护品种，要严格按规定履行审批手续。严禁非法贩卖野生动物和非法采挖野生中药材资源。

（2）中药材规范化种植、养殖　各地要在全国中药材资源普查的基础上结合本地中药材资源分布、自然环境条件、传统种植养殖历史和道地药材特性，加强中药材种植养殖的科学管理，按品种逐一制定并严格实施种植养殖和采集技术规范，统一建立种子种苗繁育基地，合理使用农药和化肥，按年限、季节和药用部位采收中药材，提高中药材种植养殖的科学化、规范化水平。禁止在非适宜区种植养殖中药材，严禁使用高毒、剧毒农药，严禁滥用农药、抗生素、化肥，特别是动物激素类物质、植物生长调节剂和除草剂。

（3）加强中药材质量控制　加快技术、信息和供应保障服务体系建设，完善中药材质量控制标准以及农药、重金属等有害物质限量控制标准；加强检验检测，防止不合格的中药材流入市场。鼓励和引导中药饮片、中成药生产企业逐步使用可追溯的中药材为原料，在传统主产区建立中药材种植养殖和生产加工基地，保证中药材质量稳定。

2. 中药材产地初加工管理　产地初加工是指在中药材产地对中药材进行洁净、除去非药用部位、干燥等处理，是防止霉变虫蛀、便于储存运输、保障中药材质量的重要手段。各地要结合地产中药材的特点，加强对中药材产地初加工的管理，逐步实现初加工规范化、集中化、产业化。

（1）要对地产中药材逐品种制定产地初加工规范，统一质量控制标准，改进加工工艺，提高中药材产地初加工水平，避免粗制滥造导致中药材有效成分流失、质量下降。严禁滥用硫磺熏蒸等方法，二氧化硫等物质残留必须符合国家规定。严厉打击产地初加工过程中掺杂使假、染色增重、污染霉变、非法提取等违法违规行为。

（2）确定适宜的采收时间和方法，有计划地进行野生抚育、轮采与封育，以利生物的繁衍与资源的更新。根据产品质量及植物单位面积产量或动物养殖数量，并参考传统采收经验等因素确定适宜的采收时间，包括采收期、采收年限，以及采收方法。

（3）对药用部分采收后的要求。药用部分采收后，经过拣选、清洗、切制或修整等适宜的加工，需干燥的应采用适宜的方法和技术迅速干燥，并控制温度和湿度，使中药材不受污染，有效成分不被破坏。鲜用药材可采用冷藏、砂藏、罐贮、生物保鲜等适宜的保鲜方法，尽可能不使用保鲜剂和防腐剂。如必须使用时，应符合国家对食品添加剂的有关规定。采收及初加工过程中应尽可能排除非药用部分及异物，特别是杂草及有毒物质，剔除破损、腐烂变质的部分。

3. 中药材自种、自采、自用的管理规定　自种、自采、自用中草药是指乡村中医药技术人员自己种植、采收、使用，不需特殊加工炮制的植物中草药。《中共中央、国务院关于进一步加强农村卫生工作的决定》提出了在规范农村中医药管理和服务的基础上，允许乡村中医药技术人员自种、自采、自用中草药的要求。

为了加强乡村中医药技术人员自种自采自用中草药的管理，规范其服务行为，切实减轻农民医药负担，保障农民用药安全有效，2006年7月31日，卫生部、国家中医药管理局发布《关于加强乡村中医药技术人员自种自采自用中草药管理的通知》。通知要求自种自采自用中草药的人员应同时具备以下条件：①熟悉中草药知识和栽培技术、具有中草药辨识能力；②熟练掌握中医基本理论、技能和自种自采中草药的性味功用、临床疗效、用法用量、配伍禁忌、毒副反应、注意事项等。

乡村中医药技术人员不得自种自采自用下列中草药：①国家规定需特殊管理的医疗用毒性中草药；②国家规定需特殊管理的麻醉药品原植物；③国家规定需特殊管理的濒稀野生植物药材。根据当地实际工作需要，乡村中医药技术人员自种自采自用的中草药，只限于其所在的村医疗机构内使用，不得上市流通，不得加工成中药制剂。自种自采自用的中草药应当保证药材质量，不得使用变质、被污染等影响人体安全、药效的药材。对有毒副反应的中草药，乡村中医药技术人员应严格掌握其用法用量，并熟悉其中毒的预防和救治。发现可能与用药有关的毒副反应，应按规定及时向当地主管部门报告。乡村民族医药技术人员自种自采自用民族草药的管理参照上述条款执行。

拓展阅读

中药材 GAP

中药材 GAP 全称为《中药材生产质量管理规范》（Good Agricultural Practice），是中药材生产和质量管理的基本准则，适用于中药材生产企业生产中药材（含植物、动物药）的全过程，自2002年6月1日起施行。其核心是药材质量要求的八字方针：真实（具有地道性，种质鉴定清楚）、优质（有效成分或活性成分要达到药用标准）、可控（生产过程环境因素的可控制性）、稳定（有效成分达到药典要求，且含量波动在一定范围内）。制定 GAP 的目的是规范中药材生产，保证中药材质量，促进中药标准化、现代化。

中药材 GAP 认证是非强制性的，采取自愿原则。认证是对申请 GAP 认证的企业，种植或养殖某些特定中药材能力进行认证，对生产的产品发放批准文号。自 2003年11月1日起，国家食品药品监督管理局正式受理中药材 GAP 的认证申请，并组织认证试点工作。《中药材 GAP 证书》有效期一般为5年，生产企业在《中药材 GAP 证书》有效期满前6个月，按照规定重新申请中药材 GAP 认证。

2016年2月3日，国务院印发《关于取消13项国务院部门行政许可事项的决定》（国发〔2016〕10号），取消中药材生产质量管理规范（GAP）认证。

二、中药材专业市场管理

中药材专业市场是历史形成的，承载着浓厚的中医药文化，成为中药产业链的重要环节。我国现有的17个中药材专业市场，是1996年经国家中医药管理局、医药管理局、卫生部、国家工商行政管理局审核批准设立，从设立之初就要求由地方政府直接领导的市场管理委员会进行管理，后来近20年没有审批新的中药材专业市场。

1. 中药材专业市场经营具备条件 进入中药材市场经营中药材者应具有专业人员。取得证照，进入中药材专业市场经营中药材的企业和个体工商户必须依照法定程序向市场所在地省级药品监督管理部门申请并取得《药品经营许可证》，向工商行政管理部门申请办理《营业执照》。证照齐全者准予进入中药材专业市场固定门店从事中药材批发业务。

2. 中药材专业市场管理的措施

（1）禁止开办非法中药材市场 除现有17个中药材专业市场外，各地一律不得开办新的中药材专业市场。

（2）明确市场管理责任 中药材专业市场所在地人民政府要按照“谁开办，谁管理”的原则，承担起管理责任，明确市场开办主体及其责任。

（3）逐步建立公司化经营模式 中药材专业市场要建立健全交易管理部门和质量管理机构，完善市场交易和质量管理的规章制度，逐步建立起公司化的中药材经营模式。

（4）提高市场电子、信息、物流水平 要构建中药材电子交易平台和市场信息平台，建设中药材流通追溯系统，配备使用具有药品现代物流水平的仓储设施设备，提高中药材仓储、养护技术水平，切实保障中药材质量。

（5）禁止性规定 严禁销售假劣中药材；严禁未经批准以任何名义或方式经营中药饮片、中成药和其他药品；严禁销售国家规定的27种毒性药材；严禁非法销售国家规定的42种濒危药材。

拓展阅读

我国中药材专业市场

我国现有中药材专业市场共17个，分别是：河北保定市（安国），黑龙江哈尔滨市（三棵树），安徽亳州市，江西宜春市（樟树），山东菏泽市（舜王城），河南许昌市（禹州），湖北黄冈市（蕲州），湖南长沙市（岳阳花板桥）、邵阳市（邵东廉桥），广东广州市（清平）、揭阳市（普宁），广西玉林市，重庆渝中区（解放路），四川成都市（荷花池），云南昆明市（菊花园），陕西西安市（万寿路），甘肃兰州市（黄河）。其中，安徽亳州中药材市场、河北安国中药材市场、河南禹州中药材市场、江西樟树中药材市场4家，都有着悠久的历史，被誉为“四大药都”。

三、进口药材管理

2005年11月24日发布了《进口药材管理办法（试行）》（国家食品药品监督管理局令

第22号，自2006年2月1日起施行），该规定对药材进口有明确规定。进口药材申请与审批：进口药材申请人，应当是中国境内取得《药品生产许可证》或者《药品经营许可证》的药品生产企业或者药品经营企业。药材进口申请包括首次进口和非首次进口药材申请；《进口药材批件》分为一次性有效批件和多次使用批件。国家对濒危特种药材或者首次进口药材的进口申请，颁发一次性有效批件，有效期为1年，多次使用批件的有效期为2年。《进口药材批件》编号格式为：国药材进字+4位年号+4位顺序号。国家食品药品监督管理部门对濒危物种药材或者首次进口药材的进口申请，颁发一次性有效批件。

目前我国主要传统的进口药材有豆蔻、血竭、羚羊角、广角、豹骨、沉香、牛黄、麝香、砂仁、西红花、胖大海、西洋参、海马等。

四、野生药材资源保护

近年来，我国药用野生资源破坏极其严重，有100多种中药资源量急剧下降。其中，冬虫夏草、川贝母、川黄连、麻黄等野生资源破坏严重，人参、三七、杜仲、天麻的野生个体已很难发现。野生中药材的滥采挖，导致了大面积植被被毁、生态环境日趋恶化。宁夏因甘草滥采乱挖已损失了800万亩草原，全国每年因采收麻黄而破坏的草场达到2700平方公里。因此，加强对野生药材资源的保护和管理刻不容缓。

国家对野生药材资源实行保护、采猎相结合的原则，并创造条件开展人工种养。在我国境内采猎、经营野生药材的任何单位或个人，除国家另有规定外，都必须遵守《野生药材资源保护管理条例》。

（一）国家重点保护野生药材物种的分级和管理部门

国家重点保护的野生药材物种分为三级管理：

一级保护野生药材物种系指濒临灭绝状态的稀有珍贵野生药材物种。

二级保护野生药材物种系指分布区域缩小，资源处于衰竭状态的重要野生药材物种。

三级保护野生药材物种系指资源严重减少的主要常用野生药材物种。

国家重点保护的野生药材物种名录共收载了野生药材物种76种，中药材42种。其中一级保护的野生药材物种有4种，中药材4种；二级保护的野生药材物种27种，中药材17种；三级保护的野生药材物种45种，中药材21种。

国家药品监督管理部门会同国务院野生动物、植物管理部门负责制定国家重点保护的野生药材物种名录的工作。县以上药品监督管理部门会同同级野生动物、植物管理部门制定采猎、收购二、三级保护野生药材物种的计划，报上一级药品监督管理部门批准。县以上药品监督管理部门会同同级野生动物、植物管理部门确定禁止采猎区、禁止采猎期和禁止使用采猎的工具。

国家药品监督管理部门负责确定采药证的格式，县以上药品监督管理部门会同同级野生动物、植物管理部门负责采药证的核发。国家药品监督管理部门会同国务院有关部门负责确定实行限量出口和出口许可证制度的品种，确定野生药材的规格、等级标准。

（二）国家重点保护野生药材采猎管理

1. 对一级保护野生药材物种的管理 禁止采猎一级保护野生药材物种。一级保护野生药材物种属于自然淘汰的，其药用部分由各级药材公司负责经营管理，但不得出口。

2. 对二、三级保护野生药材物种的管理 采猎、收购二、三级保护野生药材物种的，必须按照批准的计划执行。采猎二、三级保护野生药材物种的，不得在禁止采猎区、禁止采猎期进行采猎，不得使用禁用工具进行采猎。采猎二、三级保护野生药材物种的，必须持有采药证。

取得采药证后，需要进行采伐或狩猎的，必须分别向有关部门申请采伐证或狩猎证。二、三级保护野生药材物种属于国家计划管理的品种，由中国药材公司统一经营管理；其余品种由产地县药材公司或其委托单位按照计划收购。二、三级保护野生药材物种的药用部分，除国家另有规定外，实行限量出口。

拓展阅读

国家对赛加羚羊、穿山甲、稀有蛇类及其产品实行标识管理试点

国家林业局、卫生部、工商行政管理总局、国家食品药品监督管理局、国家中医药管理局2007年11月发布了《关于加强赛加羚羊、穿山甲、稀有蛇类资源保护和规范其产品入药管理的通知》，决定对赛加羚羊、穿山甲、稀有蛇类及其产品实行标识管理试点，进一步加强资源保护和规范其产品入药管理。为确保对资源消耗总量的宏观控制，所有赛加羚羊、穿山甲原材料仅限用于定点医院临床使用和中成药生产，并不得在定点医院外以零售方式公开出售。自2008年1月1曰起，对含赛加羚羊角、穿山甲片和稀有蛇类原材料的成药和产品，开始实行标识管理试点；自2008年3月1日起，所有含赛加羚羊角、穿山甲片和稀有蛇类原材料的成药和产品，须在其最小销售单位包装上加载“中国野生动物经营利用管理专用标识”后方可进入流通。

（三）国家重点保护的野生药材出口管理规定

一级保护野生药材物种属于自然淘汰的，其药用部分由各级药材公司负责经营管理，但不得出口。

二、三级保护野生药材物种的药用部分，除国家另有规定外，实行限量出口。

违反保护野生药材物种出口管理的，由工商行政管理部门或者有关部门没收其野生药材和全部违法所得，并处以罚款。

（四）国家重点保护的野生药材名录

1. 一级保护药材名称 虎骨、豹骨、羚羊角、鹿茸（梅花鹿）。

2. 二级保护药材名称 鹿茸（马鹿茸）、麝香（3个品种）、熊胆（2个品种）、穿山甲、蟾酥（2个品种）、哈蟆油、金钱白花蛇、乌梢蛇、蕲蛇、蛤蚧、甘草（3个品种）、黄连（3个品种）、人参、杜仲、厚朴（2个品种）、黄柏（2个品种）、血竭。

3. 三级保护药材名称 川贝母（4个品种）、伊贝母（2个品种）、刺五加、黄芩、天冬、猪苓、龙胆（4个品种）、防风、远志（2个品种）、胡黄连、肉苁蓉、秦艽（4个品种）、细辛（3个品种）、紫草、五味子（2个品种）、蔓荆子（2个品种）、诃子（2个品种）、山茱萸、石斛（5个品种）、阿魏（2个品种）、连翘（2个品种）、羌活（2个品种）。

（五）中药材保护的其他管理规定

1. 实行国家管理的品种 第一类：野生、名贵品种。麝香、杜仲、厚朴、甘草；第二类：产地集中，调剂面大的品种。黄连、当归、川芎、生地、白术、白芍、茯苓、麦冬、黄芪、贝母、金银花、牛膝、延胡索、桔梗、菊花、连翘、山茱萸、三七、人参、牛黄。

2. 市场上严禁非法倒卖的走私活动的中药材品种（34种） 麝香、牛黄、人参、三七、黄连、贝母、鹿茸、冬虫夏草、天麻、珍珠、虎骨、熊胆、枸杞、杜仲、厚朴、全蝎、肉桂、沉香、山茱萸、蟾酥、银花、巴戟、阿胶、犀角、广角、羚羊角、乳香、没药、血竭、砂仁、檀香、公丁香、豹骨、西红花等。

（六）法律责任

1. 对擅自进入野生药材资源保护区者的处罚 进入野生药材资源保护区从事科研、教学、旅游等活动者，必须经该保护区管理部门批准。进入设在国家或地方自然保护区范围内野生药材资源保护区的，还须征得该自然保护区主管部门的同意。对于违反规定者，当地县以上药品监督管理部门和自然保护区主管部门有权制止；造成损失的，必须承担赔偿责任。

2. 对擅自采收野生药材物种者的处罚 违反采猎、收购野生药材物种规定的单位或个人，由当地县以上药品监督管理部门会同同级有关部门没收其非法采猎的野生药材及使用工具，并处以罚款。

3. 对擅自经营野生药材物种者的处罚 对违反收购、经营、出口管理规定者，工商行政管理部门或有关部门没收其野生药材和全部违法所得，并处以罚款。

4. 对破坏野生药材资源情节严重者的处罚 情节严重构成犯罪者，由司法机关依法追究刑事责任。

5. 对保护野生药材资源管理部门工作人员的处罚 保护野生药材资源管理部门工作人员徇私舞弊的，由所在单位或上级管理部门给予行政处分；造成野生药材资源损失的，须承担赔偿责任。

案例讨论

案例：青川“11.5”非法猎杀珍贵野生动物案

2014年9月20日至11月5日期间，李某、杨某、张某等9人多次相互邀约，驾驶越野车进入青川县唐家河国家级自然保护区内，使用单管猎枪、步枪、火药枪猎杀黑熊1只、斑羚2只、猕猴2只。2014年10月18日，李某将猎杀的黑熊以2.6万的价格出售给何某、刘某。经鉴定，黑熊、斑羚、猕猴均系国家二级重点保护动物。

2014年11月6日，青川县森林公安局分别对李某、张某、杨某、董某以涉嫌非法狩猎罪，对李某、白某、王某以涉嫌非法杀害珍贵野生动物罪立案侦查，同月19日对何某、刘某以涉嫌非法收购珍贵野生动物制品罪立案侦查。经审查后，青川县人民检察院从2015年3月4日到6月30日，分别对上述11名被告提起公诉。

讨论：1. 村民随意猎杀野生药材动物的行为是否违法？

2. 野生药材资源保护的管理规定有哪些？如何处罚？

五、现行主要相关法规

除《中华人民共和国药品管理法》（2015年4月24日第十二届全国人民代表大会常务委员会第十四次会议修正）、《中华人民共和国药品管理法实施条例》（2002年8月4日颁布）外，现行主要相关法规如下：

1.《进口药材管理办法（试行）》（国家食品药品监督管理局令第22号，自2006年2月1日起施行）。

2.《中药材生产质量管理规范认证管理办法（试行）》及《中药材GAP认证检查评定标准（试行）》（国家食品药品监督管理局于2003年9月19日公布）。

任务 6－3 中药饮片管理

案例导入

案例：某零售药店日常也经营中药饮片，某日药店老板发现其他药房有些中药饮片价格比他的低许多，经发现这些药店都是在当地一家药农那里买的，他们自己种植后直接卖给药房所以价格低，后来该药店老板也向药农购买后直接销售给顾客，后被药品监督管理部门查处，并追究相关人员责任给予处罚。

讨论：1. 该案例违反了哪些相关规定？

2. 药农可以将中药直接卖给零售药店吗？

3. 药农如何出售自己的中药饮片？

中药饮片生产是以中医理论为指导的我国特有的制药技术。中药饮片既可根据中药处方直接调配煎汤（剂）服用，又可作为中成药生产的原料供制药厂使用，其质量好坏，直接影响中医临床疗效，直接关系到公众用药安全和中药现代化的进程。

一、中药饮片生产与经营管理

（一）中药饮片生产经营行为监管

1. 中药饮片生产监管

（1）《药品管理法》规定：“中药饮片的炮制，必须按照国家药品标准炮制，国家药品标准没有规定的，必须按照省、自治区、直辖市药品监督管理部门制定的炮制规范炮制。”“生产新药或者已有国家标准的药品，须经国家药品监督管理部门批准，并发给批准文号；但是，生产没有实施批准文号管理的中药材和中药饮片除外。”“实行批准文号管理的中药材、中药饮片品种目录由国务院药品监督管理部门会同国务院中医药管理部门制定。”

（2）《药品管理法实施条例》规定：生产中药饮片，应当选用与药品质量相适应的包装材料和容器；包装不符合规定的中药饮片，不得销售。

（3）中药饮片包装必须印有或贴有标签。中药饮片的标签必须注明品名、规格、产地、生产企业、产品批号、生产日期，实施批准文号管理的中药饮片还必须注明批准文号。中药饮片在发运过程中必须要有包装。每件包装上必须注明品名、产地、日期、调出单位等，并附有质量合格的标志。对不符合上述要求的中药饮片，一律不准销售。

（4）生产中药饮片必须持有《药品生产许可证》、《药品 GMP 证书》；必须以中药材为起始原料，使用符合药用标准的中药材，并应尽量固定药材产地；必须严格执行国家药品标准和地方中药饮片炮制规范、工艺规程；必须在符合药品 GMP 条件下组织生产，出厂的中药饮片应检验合格，并随货附纸质或电子版的检验报告书。批发零售中药饮片必须持有《药品经营许可证》、《药品 GSP 证书》，必须从持有《药品 GMP 证书》的生产企业或持有《药品 GSP 证书》的经营企业采购。批发企业销售给医疗机构、药品零售企业和使用单位的中药饮片，应随货附加盖单位公章的生产、经营企业资质证书及检验报告书（复印件）。

（5）严禁生产企业外购中药饮片半成品或成品进行分包装或改换包装标签等行为。严禁经营企业从事饮片分包装、改换标签等活动；严禁从中药材市场或其他不具备饮片生产经营资质的单位或个人采购中药饮片。

2. 中药饮片经营监管 批发零售中药饮片必须持有《药品经营许可证》、《药品GSP证书》，必须从持有《药品GMP证书》的生产企业或持有《药品GSP证书》的经营企业采购。批发企业销售给医疗机构、药品零售企业和使用单位的中药饮片，应随货附加盖单位公章的生产、经营企业资质证书及检验报告书（复印件）。

（二）毒性中药饮片定点生产和经营管理的规定

1. 毒性中药饮片生产管理

（1）毒性中药饮片定点生产原则 国家药品监督管理部门对毒性中药材的饮片，实行统一规划，合理布局，定点生产。毒性中药材的饮片定点生产原则如下：①对于市场需求量大，毒性药材生产较多的地区定点要合理布局，相对集中，按省区确定2～3个定点企业。②对于一些产地集中的毒性中药材品种，如朱砂、雄黄、附子等，要全国集中统一定点生产，供全国使用。逐步实现以毒性中药材主产区为中心择优定点。③毒性中药材的饮片定点生产企业，要符合《医疗用毒性药品管理办法》等规范要求。

（2）加强毒性中药饮片生产过程管理 加强对定点生产毒性中药材的饮片企业的管理，建立健全毒性中药材的饮片的各项生产管理制度，包括生产管理、质量管理、仓储管理、营销管理等。强化和规范毒性中药材的饮片生产工艺技术管理，制定切实可行的工艺操作规程，建立批生产记录，保证生产过程的严肃性、规范性。加强毒性中药材的饮片包装管理，毒性中药材的饮片严格执行《中药饮片包装管理办法》，包装要有突出、鲜明的毒药标志。建立毒性中药材的饮片生产、技术经济指标统计报告制度。定点生产的毒性中药饮片，应销往具有经营毒性中药饮片资格的经营单位或直销到医疗单位。

2. 毒性中药饮片的经营管理 具有经营毒性中药资格的企业采购毒性中药饮片，必须从持有毒性中药材的饮片定点生产证的中药饮片生产企业和具有经营毒性中药资格的批发企业购进，严禁从非法渠道购进毒性中药饮片。毒性中药饮片必须按照国家有关规定，实行专人、专库（柜）、专账、专用衡器，双人双锁保管。做到账、货、卡相符。

二、医疗机构中药饮片的管理

为加强对医疗机构中药饮片的监管，2007年3月12日国家中医药管理局、卫生部印发《医院中药饮片管理规范》。明确对各级各类医院中药饮片的人员配备要求、采购、验收、保管、调剂、临方炮制、煎煮等管理进行了规定。

1. 人员要求 医院应配备与医院级别相适应的中药学技术人员。直接从事中药饮片技术工作的，应当是中药学专业技术人员。三级医院应当至少配备一名副主任中药师以上专业技术人员，二级医院应当至少配备一名主管中药师以上专业技术人员，一级医院应当至少配备一名中药师或相当于中药师以上专业技术水平的人员。

负责中药饮片验收的，在二级以上医院应当是具有中级以上专业技术职称和饮片鉴别经验的人员；在一级医院应当是具有初级以上专业技术职称和饮片鉴别经验的人员。

负责中药饮片临方炮制工作的，应当是具有三年以上炮制经验的中药学专业技术人员。

中药饮片煎煮工作应当由中药学专业技术人员负责，具体操作人员应当经过相应的专业技术培训。

2. 采购 医院应当建立健全中药饮片采购制度。医院采购中药饮片，由仓库管理人员依据本单位临床用药情况提出计划，经本单位主管中药饮片工作的负责人审批签字后，依照药品监督管理部门有关规定从合法的供应单位购进中药饮片。应当验证生产经营企业的

《药品生产许可证》或《药品经营许可证》、《企业法人营业执照》和销售人员的授权委托书、资格证明、身份证，并将复印件存档备查。购进国家实行批准文号管理的中药饮片，还应当验证注册证书并将复印件存档备查。医院与中药饮片供应单位应当签订“质量保证协议书”。医院应当定期对供应单位供应的中药饮片质量进行评估，并根据评估结果及时调整供应单位和供应方案。严禁擅自提高饮片等级、以次充好，为个人或单位谋取不正当利益。

3. 验收 医院对所购的中药饮片应按有关规定验收。医院对所购的中药饮片，应当按照国家药品标准和省、自治区、直辖市药品监督管理部门制定的标准和规范进行验收，验收不合格的不得入库。对购入的中药饮片质量有疑义需要鉴定的，应当委托国家认定的药检部门进行鉴定。有条件的医院，可以设置中药饮片检验室、标本室，并能掌握《中华人民共和国药典》收载的中药饮片常规检验方法。购进中药饮片时，验收人员应当对品名、产地、生产企业、产品批号、生产日期、合格标识、质量检验报告书、数量、验收结果及验收日期逐一登记并签字。购进国家实行批准文号管理的中药饮片，还应当检查核对批准文号。发现假冒、劣质中药饮片，应当及时封存并报告当地药品监督管理部门。

4. 保管 医院对中药饮片的保管应符合要求。中药饮片仓库应当有与使用量相适应的面积，具备通风、调温、调湿、防潮、防虫、防鼠等条件及设施。中药饮片出入库应当有完整记录。中药饮片出库前，应当严格进行检查核对，不合格的不得出库使用。应当定期进行中药饮片养护检查并记录检查结果。养护中发现质量问题，应当及时上报本单位领导处理并采取相应措施。

5. 调剂与临方炮制 医院对中药饮片调剂和临方炮制要符合国家有关规定。中药饮片调剂室应当有与调剂量相适应的面积，配备通风、调温、调湿、防潮、防虫、防鼠、除尘设施，工作场地、操作台面应当保持清洁卫生。中药饮片调剂室的药斗等储存中药饮片的容器应当排列合理，有品名标签。药品名称应当符合《中华人民共和国药典》或省、自治区、直辖市药品监督管理部门制定的规范名称。标签和药品要相符。

中药饮片装斗时要清斗，认真核对，装量适当，不得错斗、串斗。医院调剂用计量器具应当按照质量技术监督部门的规定定期校验，不合格的不得使用。

中药饮片调剂人员在调配处方时，应当按照《处方管理办法》和中药饮片调剂规程的有关规定进行审方和调剂。对存在“十八反”、“十九畏”、妊娠禁忌、超过常用剂量等可能引起用药安全问题的处方，应当由处方医生确认（“双签字”）或重新开具处方后方可调配。

中药饮片调配后，必须经复核后方可发出。二级以上医院应当由主管中药师以上专业技术人员负责调剂复核工作，复核率应当达到100%。医院应当定期对中药饮片调剂质量进行抽查并记录检查结果。中药饮片调配每剂重量误差应当在5%以内。

罂粟壳不得单方发药，必须凭有麻醉药处方权的执业医师签名的淡红色处方方可调配，每张处方不得超过三日用量，连续使用不得超过七天，成人一次的常用量为每天3~6g。处方保存三年备查。

医院进行临方炮制，应当具备与之相适应的条件和设施，严格遵照国家药品标准和省、自治区、直辖市药品监督管理部门制定的炮制规范炮制，并填写“饮片炮制加工及验收记录”，经医院质量检验合格后方可投入临床使用。

6. 煎煮 医院开展中药饮片煎煮服务，应当有与之相适应的场地及设备，卫生状况良好，具有通风、调温、冷藏等设施。医院应当建立健全中药饮片煎煮的工作制度、操作规程和质量控制措施并严格执行。中药饮片煎煮液的包装材料和容器应当无毒、卫生、不易破损，并符合有关规定。

三、中药配方颗粒的管理规定

中药配方颗粒是由单味中药饮片经水提、浓缩、干燥、制粒而成，在中医临床配方后，供患者冲服使用。中药配方颗粒是对传统中药饮片的补充。又称免煎中药饮片、新饮片等。

中药配方颗粒在疗效、价格及包装规格方面还存在争议。认为中药配方颗粒作为传统饮片的代用品存在一些问题：中药配方颗粒不会有“群药共煎”的所有有效成分。疗效方面，主要是单味中药浓缩颗粒的简单混合使用与饮片合煎可能存在差别而影响疗效，且价格远远高于饮片。

国家药品监督管理局于2001年7月制定了《中药配方颗粒管理暂行规定》。明确中药配方颗粒从2001年12月1日起纳入中药饮片管理范畴，实行批准文号管理。在未启动实施批准文号管理前仍属科学研究阶段，该阶段采取选择试点企业研究、生产，试点临床医院使用。试点生产企业、品种、临床医院的选择将在全国范围内进行。试点结束后，中药配方颗粒的申报及生产管理将另行规定。

2013年6月26日国家食品药品监督管理总局办公厅以食药监办药化管［2013］28号发布《关于严格中药饮片炮制规范及中药配方颗粒试点研究管理等有关事宜的通知》。针对出现了将尚处在科研阶段的科研产品或按制剂管理的产品列入炮制规范等问题，需要严格管理。中药配方颗粒仍处于科研试点研究，国家食品药品监督管理总局将会同相关部门推进中药配方颗粒试点研究工作，发现问题，总结经验，适时出台相关规定。此前，各省级食品药品监督管理部门不得以任何名义自行批准中药配方颗粒生产。

为加强对中药配方颗粒的管理，引导产业健康发展，更好地满足中医临床需求，国家食品药品监督管理总局2015年12月24日分布了《中药配方颗粒管理办法（征求意见稿）》，面向社会公开征求意见。

拓展阅读

中药配方颗粒生产企业

目前，拥有中药配方颗粒试点生产企业资质企业如下：

1. 江阴天江药业有限公司
2. 广东一方药业
3. 培力（南宁）药业有限公司
4. 深圳三九现代中药有限公司
5. 四川绿色药业科技发展股份有限公司
6. 北京康仁堂药业有限公司

四、现行主要相关法规

除《中华人民共和国药品管理法》（2015年4月24日第十二届全国人民代表大会常务委员会第十四次会议修正）、《中华人民共和国药品管理法实施条例》（2002年8月4日颁布）外，现行主要相关法规如下：

1.《医院中药饮片管理规范》（2007年3月12日国家中医药管理局和卫生部发布）。
2.《国家中医药管理局中药饮片包装管理办法（试行）》（国中医药生［1998］11号）。
3.《关于加强中药饮片包装监督管理的通知》（2003年12月18日国家食品药品监督

管理局公布）。

4.《医疗用毒性药品管理办法》（国务院令第23号，1988年）。

5.《关于严格中药饮片炮制规范及中药配方颗粒试点研究管理等有关事宜的通知》（食药监办药化管〔2013〕28号）。

6.《中药配方颗粒管理暂行规定》（2001年7月国家药品监督管理局印发）。

任务6－4 中药品种保护

案例导入

案例：一天小伟和妈妈去药店买云南白药气雾剂，无意间小伟妈妈忽然发现云南白药气雾剂的背面及说明书中主要成分写的是" 国家保密方"，而小伟妈妈又看了其他药品都有成分，以为药店卖的是假药，便询问营业员，结果营业员也只是说这是厂家的事儿，没给小伟妈妈解释清楚。这让小伟妈妈更加怀疑，于是便气冲冲地找店长询问，店长知道后便给小伟妈妈普及了国家中药保护品种的相关概念。这才让小伟妈妈明白了国家保密方的意思，并不是假药。

讨论：1. 为什么云南白药是国家保密方？国家对中药保密方的确定原则有哪些？

2. 保密方的保密年限是多少？

3. 怎么申请国家保密方？

一、中药品种保护的目的和意义

《药品管理法》明确规定国家实行中药品种保护制度。我国《中药品种保护条例》于1993年1月1日起施行。在《中药品种保护条例》规定，国家鼓励研制开发临床有效的中药品种，对质量稳定、疗效确切的中药品种实行分级保护制度。其目的是为了提高中药品种的质量，保护中药生产企业的合法权益、促进中药事业的发展。中药品种保护制度的实施，促进了中药质量和信誉的提升，起到了保护先进、促进老药再提高的作用；保护了中药生产企业的合法权益，使一批传统名贵中成药和创新中药免除了被低水平仿制，调动了企业研究开发中药新药的积极性；维护了正常的生产秩序，促进了中药产业的集约化、规模化和规范化生产，促进了中药名牌产品的形成和科技进步。

二、中药保护品种的范围和等级划分

1. 中药保护品种的范围 适用于中国境内生产制造的中药品种，包括中成药、天然药物的提取物及其制剂的提取物和中药人工制品。依照《中药品种保护条例》，受保护的中药品种，必须是列入国家药品标准的品种。申请专利的中药品种，依照专利法的规定办理。

2. 中药保护品种的等级划分 对受保护的中药品种分为一级和二级进行管理。中药一级保护品种的保护期限分别为30年、20年、10年，中药二级保护品种的保护期限为7年。

（1）申请中药一级保护品种应具备的条件 符合下列条件之一的中药品种，可以申请一级保护。①对特定疾病有特殊疗效的；②相当于国家一级保护野生药材物种的人工制成品；③用于预防和治疗特殊疾病的。

对特定疾病有特殊疗效，是指对某一疾病在治疗效果上取得重大突破性进展。

相当于国家一级保护野生药材物种的人工制成品是指列为国家一级保护物种药材的人工

制成品；或目前虽属于二级保护物种，但其野生资源已处于濒危状态物种药材的人工制成品。

“特殊疾病”，是指严重危害百姓身体健康和正常社会生活、经济秩序的重大疑难疾病、危急重症、烈性传染病和罕见病。用于预防和治疗特殊疾病的中药品种，其疗效应明显优于现有治疗方法。

（2）申请中药二级保护品种应具备的条件　符合下列条件之一的中药品种，可以申请二级保护：①符合上述一级保护的品种或者已经解除一级保护的品种；②对特定疾病有显著疗效的；③从天然药物中提取的有效物质及特殊制剂。

对特定疾病有显著疗效，是指能突出中医辨证施治、对症下药的理法特色，具有显著临床应用优势，或对主治的疾病、证候或症状的疗效优于同类品种。

从天然药物中提取的有效物质及特殊制剂，是指从中药、天然药物中提取的有效成分、有效部位制成的制剂，且具有临床应用优势。

三、中药保护品种的保护措施

1. 中药一级保护品种的保护措施

（1）该品种的处方组成、工艺制法在保护期内由获得《中药保护品种证书》的生产企业和有关的药品监督管理部门、单位和个人负责保密，不得公开。负有保密责任的有关部门、企业和单位应按照国家有关规定，建立必要的保密制度。

（2）向国外转让中药一级保护品种的处方组成、工艺制法，应当按照国家有关保密的规定办理。

（3）因特殊情况需要延长保护期的，由生产企业在该品种保护期满前6个月，依照中药品种保护的申请办理程序申报。由国家药品监督管理部门确定延长的保护期限，不得超过第一次批准的保护期限。

2. 中药二级保护品种的保护措施　中药二级保护品种在保护期满后可以延长保护期限，时间为7年，由生产企业在该品种保护期满前6个月，依据条例规定的程序申报。

3. 其他规定　除临床用药紧张的中药品保护品种另有规定外，被批准保护的中药品种在保护期内仅限于已获得《中药保护品种证书》的企业生产。

对已批准保护的中药品种，如果在批准前是由多家企业生产的，其中未申请《中药保护品种证书》的企业应当自公告发布之日起6个月内向国家药品监督管理部门申报，按规定提交完整的资料，经指定的药品检验机构对申报品种进行质量检验，达到国家药品标准的，经国家药品监督管理部门审批后，补发批准文件和《中药保护品种证书》，对未达到国家药品标准的，国家药品监督管理部门依照药品管理的法律、行政法规的规定，撤销该中药品种的批准文号。

中药保护品种在保护期内向国外申请注册时，必须经过国家药品监督管理部门批准同意。否则，不得办理。

四、中药品种保护申请

1. 中药品种保护的申请程序　中药生产企业向所在地省级药品监督管理部门提出申请，经初审签署意见后，报国家药品监督管理部门（在特殊情况下，中药生产企业也可直接向国家药品监督管理部门提出申请）。国家药品监督管理部门委托国家中药品种保护审评委员会进行审评并根据审评结论作出审批意见。

2. 中药品种保护初次申请所需提交资料

（1）《中药品种保护申请表》。

（2）证明性文件　药品批准证明文件（复印件），初次保护申请企业还应提供其为原研企业的相关证明资料；《药品生产许可证》及《药品 GMP 证书》（复印件）；现行国家药品标准、说明书和标签实样；专利权属状态说明书及有关证明文件。

（3）申请保护依据与理由综述。

（4）批准上市前、后的研究资料。

（5）拟改进提高计划与实施方案。

3. 中药品种保护期间国家局提前终止保护，收回其保护审批件及证书的情形

（1）保护品种生产企业的《药品生产许可证》被撤销、吊销或注销的。

（2）保护品种的药品批准文号被撤销或注销的。

（3）申请企业提供虚假的证明文件、资料、样品或者采取其他欺骗手段取得保护审批件及证书的。

（4）保护品种生产企业主动提出终止保护的。

（5）累计 2 年不缴纳保护品种年费的。

（6）未按照规定完成改进提高工作的。

（7）其他不符合法律、法规规定的。

注：已被终止保护的品种的生产企业，不得再次申请该品种的中药品种保护。

五、现行主要相关法规

除《中华人民共和国药品管理法》（2015 年 4 月 24 日第十二届全国人民代表大会常务委员会第十四次会议修正）、《中华人民共和国药品管理法实施条例》（2002 年 8 月 4 日颁布）外，现行主要相关法规如下：

《中药品种保护条例》（国务院令第 106 号 1992 年发布，1993 年 1 月 1 日起施行）。

任务对接

任务	知识能力要求
中药与中药创新体系建设认知	（1）掌握中药的概念和分类 （2）了解中药创新体系建设
中药材管理	（1）掌握国家重点保护的野生药材物种的分级及药材名称 （2）熟悉关于中药材的生产、经营和使用规定 （3）了解中药材生产质量管理规范 （4）了解进口药材规定
中药饮片管理	（1）熟悉中药饮片生产与经营管理 （2）熟悉医疗机构中药饮片的管理 （3）了解中药配方颗粒的监管
中药品种保护	（1）掌握中药品种保护的范围、等级划分 （2）熟悉中药保护品种的保护措施 （3）了解中药品种保护的目的和意义 （4）了解中药品种保护申请

目标检测

一、A型题（最佳选择题）

1. 对麻醉药品药用原植物实施监督管理（　　）
   A. 国务院药品监督管理部门
   B. 国务院药品监督管理部门会同国务院农业主管部门
   C. 国务院公安部门
   D. 国务院卫生主管部门
   E. 县级以上地方公安机关
2. 限量出口的是（　　）
   A. 二、三级保护野生药材物种
   B. 一、二级保护野生药材物种
   C. 一级保护野生药材物种
   D. 三级保护野生药材物种
   E. 二级保护野生药材物种
3. 我国野生中药材实行几级保护（　　）
   A. 1级　B. 2级　C. 3级　D. 4级　E. 5级
4. 我国重点保护的野生中药材有多少种（　　）
   A. 42　B. 76　C. 56　D. 60　E. 64
5. 罂粟壳连续使用不得超过（　　）
   A. 3天　B. 5天　C. 7天　D. 2周　E. 3周
6. 中药二级保护品种的保护期限为（　　）
   A. 5年　B. 7年　C. 10年　D. 15年　E. 20年

二、B型题（配伍选择题）

A. 凹叶厚朴　B. 甘肃贝母　C. 云南白药气雾剂
D. 羚羊角　E. 大黄

[7～10]

7. 一级保护野生药材（　　）
8. 二级保护野生药材（　　）
9. 三级保护野生药材（　　）
10. 中药一级保护品种（　　）

三、X型题（多项选择题）

11. 生产中药饮片必须持有（　　）
    A.《药品生产许可证》　B.《药品GMP证书》　C.《药品GSP证书》
    D.《中药材GAP证书》　E.《药品经营许可证》
12. 中药一级保护品种的保护期限分别为（　　）
    A. 30　B. 20　C. 15　D. 10　E. 7

实训 6－1 调研当地中药饮片生产经营情况

【实训目的】

了解中药饮片的管理规定。能快速正确判断中药饮片生产企业、经营企业是否符合中药饮片的相关管理规定。

【实训要求】

以 4～6 人为一组，进入当地中药饮片生产企业或中药饮片批发企业或零售药店等地开展中药饮片管理规定的实施情况的调研，对照相关中药饮片的管理规定，了解中药饮片生产、经营的实施情况及存在的问题，并写出调研报告。（注：由于调研量较大，每小组可以选定一个调研方向。）

【实训内容】

一、调研准备

1. 根据调研内容，各小组提前查阅、熟悉《药品管理法》及其实施条例或其他与中药饮片管理相关的规定。

2. 各自拟出调研提纲、设计好调查问卷。调研提纲与问卷需任课老师审核修改后认可同意。

3. 通过教师帮助或自行联系当地中药饮片生产企业、药品批发企业或零售药店，调研各企业单位数量均为 1～2 家。

4. 准备好身份证明、介绍信、笔记本、调查问卷等。在企业单位允许的情况下，必要时可准备录像、录音、照相设备。

二、调研内容

1. 了解中药饮片生产企业生产的各环节中实施中药饮片管理规定的情况，针对中药饮片生产企业生产的具体的中药饮片能查阅对比其是否符合炮制规范。

列出调研中收集的中药饮片生产企业生产的品种、产地、规格、炮制方法，尽量选取有代表性的品种。

2. 了解药品批发企业购销环节实施中药饮片管理规定的情况。调研药品批发企业购销过程中对购销企业和品种合法性的审核及相关资料、记录的保存情况。

3. 了解零售药店采购、使用环节实施中药饮片管理规定的情况。调研不同规模零售药店采购、使用环节实施中药饮片管理规定的情况。

三、调研报告

根据每个小组设计的调研问卷进行调研后形成不少于 800 字的调研报告，要求符合调研报告的格式要求，能根据相关中药饮片的相关管理法规，分析问题所在，给出相应的整改建议。

【实训评价】

各组同学对各自中药饮片生产经营调研报告进行互评，交流心得与体会。在此基础上，教师进行总评。

实训 6－2　调研当地中药配方颗粒的使用情况

【实训目的】

利用所学知识，了解当地医院药房、社会诊所等中药配方颗粒使用情况。

【实训要求】

以 5 人为一组，利用周末和课余时间到医院药房、社会诊所去了解中药配方颗粒的使用情况包括其价格、医生对中药配方颗粒的态度，收集社会上患者、医生对中药配方颗粒的了解情况以及与一般中药饮片销售量的差别。

【实训内容】

一、 调研准备

1. 根据调研内容，各小组提前查阅、熟悉中药配方颗粒管理相关的规定。

2. 各自拟出调研提纲、设计好调查问卷。调研提纲与问卷需任课老师审核修改后认可同意。

3. 通过教师帮助或自行联系当地医院药房、社会诊所 2～3 家，调研医生和患者对中药配方颗粒的认可度和使用情况。

4. 准备好身份证明、介绍信、笔记本、调查问卷等。

二、 调研内容

1. 列出所调研医院药房使用中药配方颗粒的类别、品种、销售占比等总体情况。

2. 列出所调研诊所中药配方颗粒所涉及的类别、品种、销售占比等总体情况。

3. 开展患者对中药配方颗粒的认可度情况的调查。

三、 调研报告

根据每个小组设计的调研问卷进行调研后形成不少于 800 字的调研报告，要求符合调研报告的格式要求，能根据相关中药饮片的相关管理法规，分析问题所在，给出相应的整改建议。

【实训评价】

各组同学对中药配方颗粒使用调研报告进行互评，交流心得与体会。在此基础上，教师进行总评。

（李洁玉）

项目 7

药品信息管理

学习目标

知识要求 **1. 掌握** 药品标签的内容及书写印制要求；药品说明书的内容和格式；药品广告审查发布标准；药品的政府定价、政府指导价和市场调节价的定价原则及依据。

2. 熟悉 药品广告批准文号的格式，药品广告的法律责任；药品价格管理的法律规定。

3. 了解 药品说明书、标签、药品广告的概念和作用；药品广告的审查和程序；违法药品价格管理政策的处罚。

技能要求 1. 能够根据国家对药品标签和说明书管理规定的要求，正确的解读药品标签和说明书的内容，并能协助企业设计制作合格的药品标签和说明书。

2. 能够正确理解药品广告管理要求，运用药品广告审查标准和审查流程的要求申请及获得药品广告批准文号，并按管理要求合法地发布药品广告。

3. 能按照国家法律法规的要求申请制定以及适时合理的调整药品价格，并依法执行国家药品价格政策。

任务 7－1 药品标签和说明书管理

案例导入

案例：某食品药品监管局在日常监督检查中，在 A 药品批发企业冰箱内发现该企业购进××药品生产企业生产的“人血清蛋白”89 瓶，每瓶内包装标签上载明：“批准文号：国药准字 S1097008，规格：20%·5g”。每瓶内装“人血清蛋白使用说明书”一份，载明：“批准文号：国药准字 S1097009，规格：蛋白浓度 20%，装量为 10g/瓶”。很明显，该药品的标签与说明书内容不符。

讨论：1. 本案属于什么性质的违法行为案件？

2. 本案是否违反了《药品管理法》和《药品说明书和标签管理规定》中的条款？应作如何处理？

我国《药品管理法》第五十四条规定：“药品包装必须按照规定印有或者贴有标签并附有说明书。”为规范药品说明书和标签的管理，2006 年 3 月 10 日国家食品药品监督管理局发布了《药品说明书和标签管理规定》，自 2006 年 6 月 1 日起施行。

一、药品标签管理

药品标签是药品信息的重要来源之一，不仅是广大医护人员和患者治疗用药的依据，也是药品生产、经营企业向公众介绍药品特性、指导合理用药和普及医药知识的主要媒介。

（一）药品标签的含义及分类

药品标签是指药品包装上印有或者贴有的内容。分为内标签和外标签。①药品内标签是指直接接触药品的包装上的标签。②外标签是指内标签以外的其他包装上的标签。

（二）药品标签和说明书内容的管理

在中国境内上市销售的药品，其标签和说明书内容应当符合《药品说明书和标签管理规定》要求，并由国家食品药品监督管理部门予以核准。

1. 药品标签和说明书的核准内容 药品标签和说明书由国家食品药品监督管理部门予以核准，药品生产企业印制时，应当按照国家食品药品监督管理部门规定的格式和要求、根据核准的内容印制标签和说明书，不得擅自增加或删改原批准的内容。药品的标签应当以说明书为依据，其内容不得超出说明书的范围，不得印有暗示疗效、误导使用和不适当宣传产品的文字和标识。

药品包装必须按照规定印有或者贴有标签。也不得夹带其他任何介绍或者宣传产品、企业的文字、音像及其他资料。

因此，药品标签不得印制“××省专销”、“原装正品”、“进口原料分装”、“驰名商标”、“专利药品”、“××监制”、“××总经销”、“××总代理”等字样。但是，“企业识别码”、“企业防伪标识”、“企业形象标志”等文字图案可以印制。

“印刷企业”、“印刷次数”等与药品的使用无关的，不得在药品标签中标注。

2. 文字要求 药品标签和说明书应当使用国家语言文字工作委员会公布的规范化汉字，增加其他文字对照的，应当以汉字表述为准。

3. 科学表述 药品标签和说明书的文字表述应当科学、规范、准确，并跟踪药品上市后的安全性和有效性情况，及时提出修改药品说明书的申请。非处方药说明书还应当使用容易理解的文字表述，以便患者自行判断、选择和使用。

4. 明晰标识 药品说明书和标签中的文字应当清晰易辨，标识应当清楚醒目，不得有印字脱落或者粘贴不牢等现象，不得以粘贴、剪切、涂改等方式进行修改或者补充。麻醉药品、精神药品、医疗用毒性药品、放射性药品、外用药品和非处方药等国家规定有专用标识的，其标签和说明书必须印有规定的专用标识。

5. 加注警示 为保护公众健康和指导正确合理用药的目的，药品生产企业可以主动提出在药品标签或说明书上加注警示语，国家食品药品监督管理部门也可以要求药品生产企业在标签和说明书上加注警示语。

根据《反兴奋剂条例》，药品中含有兴奋剂目录所列禁用物质的，其标签和说明书应当注明“运动员慎用”字样。

6. 药品标签和说明书中的药品名称及注册商标要求 药品标签和说明书中标注的药品名称必须符合国家食品药品监督管理部门公布的药品通用名称和商品名称的命名原则，并与药品批准的证明文件的相应内容一致。

（1）药品通用名称 药品通用名称是指列入国家药品标准中的药品名称。该名称在药品标签上标注时应当显著、突出，其字体、字号和颜色必须一致，并符合以下要求：①对于横版标签，必须在上1/3范围内显著位置标出。②对于竖版标签，必须在右1/3范围内显著位置标出。③不得选用草书、篆书等不易识别的字体，不得使用斜体、中空、阴影等形式对字体进行修饰。④字体颜色应当使用黑色或者白色，与相应的浅色或者深色背景形成强烈反差。⑤除因包装尺寸的限制而无法同行书写的，不得分行书写。以企业名称等作为标签底纹的，不得以突出显示某一名称来弱化药品通用名称。

（2）药品商品名称　药品商品名称是指经国家食品药品监督管理部门批准的特定企业使用的该药品专用的商品名称。该名称不得与通用名称同行书写，其字体和颜色不得比通用名称更突出和显著，其字体以单字面积计算，不得大于通用名称所用字体的1/2。

根据《关于进一步规范药品名称管理的通知》的规定，自2006年6月1日起，属于下列情形的药品可以申请使用商品名称：①新化学结构、新活性成分且在保护期、过渡期或者监测期内的药品。②在我国具有化合物专利，且该专利在有效期内的药品。2006年6月1日前批准使用的商品名称可以继续使用，除此之外其他药品一律不得使用商品名。同一企业生产的同一药品，成分相同但剂型或规格不同的，也必须使用同一商品名，药品广告宣传中不得单独使用商品名。

（3）注册商标　注册商标是指国家工商行政管理局商标局依照法定程序核准注册的商标。注册商标具有排他性、独占性、唯一性等特点，属于注册商标所有人所独占，受法律保护，任何企业或个人未经注册商标所有权人许可或授权，均不可自行使用，否则将承担侵权责任。

药品标签中禁止使用未经注册的商标（包括所有未取得《商标注册证》的商标）以及其他未经国家食品药品监督管理部门批准的药品名称。药品标签使用注册商标的，应当印刷在药品标签的边角。含文字的注册商标，其字体以单字面积计不得大于通用名称所用字体的四分之一。

（三）药品标签内容的管理

1. 药品内标签　应包含药品通用名称、适应症或者功能主治、规格、用法用量、生产日期、产品批号、有效期、生产企业等内容。包装尺寸过小无法全部标明上述内容的，至少应标注药品通用名称、规格、产品批号、有效期等内容。

2. 药品外标签　应包含药品通用名称、成分、性状、适应症或者功能主治、规格、用法用量、不良反应、禁忌、注意事项、贮藏、生产日期、产品批号、有效期、批准文号及生产企业等内容。适应症或者功能主治、用法用量、不良反应、禁忌、注意事项不能全部注明的，应当注明主要内容“详见说明书”字样。

3. 原料药标签　应包含药品名称、包装规格、生产日期、产品批号、有效期、贮藏、执行标准、批准文号、生产企业以及运输注意事项或其他标记。

4. 中药饮片的包装标签　必须注明品名、规格、产地、生产企业、产品批号、生产日期。实施批准文号管理的中药饮片还必须注明药品批准文号。

5. 用于运输、储藏的包装标签　至少应当注明药品通用名称、包装规格、生产日期、产品批号、有效期、批准文号、贮藏、生产企业。也可以根据需要注明包装数量、运输注意事项或者其他标记等必要内容。

对贮藏有特殊要求的药品，应当在标签的醒目位置注明。

6. 规格相同或不同的药品标签　同一药品生产企业生产的同一药品，药品规格和包装规格均相同的，其标签的内容、格式及颜色必须一致；药品规格或者包装规格不同的，其标签应当明显区别或者规格项明显标注。同一药品生产企业生产的同一药品，分别按处方药与非处方药管理的，两者的包装颜色应当明显区别。

（四）有效期的标注方法

药品标签中的有效期应当按照年、月、日的顺序标注，年份用四位数字表示，月、日分别各用两位数表示。其具体标注格式为“有效期至××××年××月”或者“有效期至××××年××月××日”；也可以用数字和其他符号表示为“有效期至××××.××.”

或者“有效期至××××/××/××”等。

预防用生物制品有效期的标注按照国家食品药品监督管理部门批准的注册标准执行，治疗用生物制品有效期的标注应自分装日期计算，其他药品有效期的标注应自生产日期计算。

有效期若标注到日，应当为起算日期对应年月日的前1天；若标注到月，应当为起算月份对应年月的前1个月。

如果由于包装尺寸或者技术设备等原因，有效期确难以标注为“有效期至某年某月”的，可以标注有效期的实际期限，如“有效期24个月”。

（五）专用标识的管理

麻醉药品、精神药品、医疗用毒性药品、放射性药品、外用药品和非处方药品等国家规定有专用标识的药品，其标签上必须印有规定的标识（图7-1）。

图7-1 药品专用标识示图

二、药品说明书管理

药品说明书是药品信息最基本、最重要的来源，它与药品的研制、生产、销售、使用、贮运等众多环节密切相关。是指导医护人员和社会公众正确购买及使用药品、以及药师开展合理用药咨询服务的重要依据之一。因此，为了确保人们用药安全，一方面要保证药品质量合格，另一方面要遵守用药规范。对于一种药品的规范使用，最具法律效应的参考资料是药品说明书。

（一）药品说明书的概念及作用

1. 药品说明书的概念 药品说明书是指药品生产企业印制并提供的，包含药理学、毒理学、药效学、医学等药品安全性、有效性重要科学数据和结论的、用以指导临床正确使用药品的技术资料。药品说明书是该药品的一项重要文件，是指导医师、药师和患者选择和使用药品的主要依据，具有科学上、医药学上和法律上的意义。

药品说明书由药品生产企业依照国家规定的格式要求以及批准的内容编写，上市销售的药品最小包装内应附有药品说明书。药品说明书的具体格式、内容和书写要求由国家食品药品监督管理部门制定并发布。

2. 药品说明书的作用

（1）介绍药品特性 药品说明书由药品生产企业按照国家要求的格式及内容撰写，是对药品主要特征的介绍，药品说明书的内容应科学严谨，实事求是，不应任意夸大宣传，错误导向或有意回避。药品说明书的解释应充实细致，除外标签中所述的各项外，还需增加：禁慎用症状，与饮食、症状初起或其他与时间因素有关的用药方法，服用时的调配方法，如振摇、溶解、稀释，贮藏及放置条件等。

（2）指导合理用药　药品说明书应当包含药品安全性、有效性的重要科学数据、结论和信息，用以指导安全、合理使用药品。①药品说明书可以帮助医师和患者严格、准确地掌握药物适应症，并按规定用法给药。②可使医师和患者掌握药物不良反应、禁忌症、注意事项、相互作用和配伍禁忌等，以确保治疗安全。③医师准确掌握药品说明书信息，包括作用机制、药品配伍、代谢排泄，便于选择更合理的治疗方案，以取得更好的治疗效果。

（3）普及医药知识　药品说明书的文字通俗易懂，并且增加有忠告语或警示语，提醒患者仔细阅读药品说明书，这不仅增加患者用药知识，同时提高用药的安全性。由于临床上常有患者对医师隐瞒某些病史，而这些病史可能正好是某种药物使用的禁忌，因此患者自身充分理解药品说明书的内容对于确保安全用药是非常必要的。

（4）保护医师，减少医疗纠纷　按照国际惯例，药品说明书是所有国家医师、药师、患者使用药品唯一具有法律依据的临床用药资料。世界各国将药品说明书置于法律法规的管理下，并在医疗事故的处理中，将其作为裁判的依据。目前，我国对医疗事故的处理要求使用“举证倒置”的形式，而药品说明书是评价医师用药是否得当的重要依据之一。法律为严格按药品说明书进行规范治疗的行为提供安全保障，所以掌握药品说明书能保护医师，减少医疗纠纷和事故的发生。

3. 药品说明书的编写要求　药品说明书对疾病名称、药学专业名词、药品名称、临床检验名称和结果的表述，应当采用国家统一颁布或规范的专用词汇，度量衡单位应当符合国家标准的规定。药品说明书应当列出全部活性成分或者组方中的全部中药药味。注射剂和非处方药还应当列出所用的全部辅料名称。药品处方中含有可能引起严重不良反应的成分或者辅料的，应当予以说明。

4. 药品说明书修改的规定　药品生产企业应当主动跟踪药品上市后在安全性和有效性方面出现的问题，需要对药品说明书进行修改的，应当及时提出修改申请。根据药品不良反应监测、药品再评价结果等信息，国家食品药品监督管理部门也可以要求药品生产企业修改药品说明书。药品说明书获准修改后，药品生产企业应当将修改的内容立即通知相关的药品经营企业、使用单位及其他部门，并按要求及时使用修改后的说明书和标准。

药品说明书应当充分包含药品不良反应信息，详细注明药品不良反应。药品生产企业未根据药品上市后的安全性、有效性情况及时修改说明书或者未将药品不良反应在说明书中充分说明的，由此引起的不良后果由该生产企业承担。

（二）药品说明书的编写要点

药品说明书可以帮助患者了解药品的主要成分、适应症、用法用量、副作用、贮藏条件及注意事项。但是，如果是处方药，仅凭说明书还难以全面了解、正确使用该药品，病人切不可凭借一份处方药说明书擅自“对号入座”、乱用药，必须在医务人员指导下使用。

1. 药品名称　有时一种药品可以有通用名称、商品名称。

2. 药品成分　若是复方制剂则标明主要成分。

3. 适应症或功能主治　化学药品标“适应症”，中药标“功能主治”。它是药品生产企业在充分的动物药效学实验及临床人体实验的基础上确定的，并经食品药品监督管理部门审核后才允许刊印，往往包含很多适应症或功能主治，有的也标明药理作用和用途。

4. 规格　包括药品最小计算单位的含量及每个包装所含药品的数量。

5. 用法用量　如果没有特别说明，一般标明的剂量为成人的常用剂量，并以药品的含量为单位，若小儿或老人使用须按规定的剂量使用。

6. 药品不良反应及副作用 药品的各种不良反应包含在这一栏中。

7. 注意事项或禁忌 安全剂量范围小的药品必标此栏，注意事项还包括孕妇、哺乳期、慢性病等特殊患者应注意的内容，以及其他药品合理的禁忌等。

8. 贮存 如需特殊贮藏条件的药品，则在此栏标明，如避光、冷藏等。

9. 批准文号、生产批号、有效期或失效期 批准文号是鉴别假药、劣药的重要依据。目前药品批准文号为“国药准字” + “字母” + “八位数字”（如国药准字 H20050903），生产批号表示具体生产日期，有效期或失效期为药品质量可以保证的期限。

（三）药品说明书各项内容书写要求

2006 年 5 月 10 日，国家食品药品监督管理局以“国食药监注〔2006〕202 号”文下发了《关于印发化学药品与生物制品说明书规范细则的通知》，对化学药品和生物制品说明书各项内容书写要求做了明确的规定。2006 年 6 月 22 日，国家食品药品监督管理局以“国食药监注〔2006〕283 号”文下发了《关于印发中药、天然药物处方药说明书格式内容书写要求及撰写指导原则的通知》，对中药、天然药物处方药说明书各项内容书写要求作了明确规定。

现将化学药品和治疗用生物制品说明书，预防用生物制品说明书，中药、天然药物处方药说明书、化学药品非处方药说明书和中成药非处方药说明书等五类药品说明书的格式与书写要求列表综述，见表 7－1。

表 7－1 化学药品和治疗用生物制品，中药、天然药物和中成药说明书书写要求

【核准和修改日期】	核准日期为国家食品药品监督管理部门批准该药品注册的时间。修改日期为此后历次修改的时间。核准和修改日期应当印制在说明书首页左上角。修改日期位于核准日期下方，按时间顺序逐行书写
【特殊药品、非处方药、外用药品标识】（在说明书首页右上方标注）	凡国家药品标准中用法项下规定只可外用，不可口服、注射、滴入或吸入，仅用于体表或某些特定黏膜部位的液体、半固体或固体中药、天然药物，均需标注外用药品标识。 对于既可内服，又可外用的中药、天然药物，可不标注外用药品标识
【说明书标题】	“×××说明书”，其中的“×××”是指该药的通用名称。 （1）如果是处方药，则必须标注：“请仔细阅读说明书并在医师指导下使用”，并印制在说明书标题下方。 （2）如果是非处方药，则必须标注：“请仔细阅读说明书并按说明或在药师指导下购买和使用”，并印制在说明书标题下方，该忠告语采用加粗字体印刷
【警示语】	是指对药品严重不良反应及其潜在的安全性问题的警告，还可以包括药品禁忌、注意事项及剂量过量等需要提示用药人群特别注意的事项。有该方面内容的，应当在说明书标题下以醒目的黑体字注明。无该方面内容的不列该项。 含有化学药品（维生素类除外）的中药复方制剂，应注明本品含××（化学药品通用名称）
【药品名称】（按下列顺序列出）	（1）通用名称：《中国药典》收载的品种，其中通用名称应当与药典一致；或者与国家批准的该品种药品标准中的药品名称一致；药典未收载的品种，其名称应当符合药品通用名称命名原则。 （2）商品名称：未批准使用商品名称的药品不列该项。 （3）英文名称：无英文名称的药品不列该项。 （4）汉语拼音

续表

【成分】	(1) 化学药品和治疗用生物制品说明书：①列出活性成分的化学名称、化学结构式、分子式、分子量。②复方制剂可以不列出每个活性成分的化学名称、化学结构式、分子式、分子量内容。本项可以表达为“本品为复方制剂，其组分为：…”。组分按一个制剂单位（如每片、粒、支、瓶等）分别列出所含的全部活性成分及其量。③多组分或者化学结构尚不明确的化学药品或者治疗用生物制品，应当列出主要成分名称，简述活性成分来源。④处方中含有可能引起严重不良反应的辅料的，该项下应当列出该辅料名称。⑤注射剂应当列出全部辅料名称。 (2) 预防用生物制品说明书：包括该制品的主要成分（如生产用毒株或基因表达提取物等）和辅料、生产用细胞、简述制备工艺、成品剂型和外观等。冻干制品还应增加冻干保护剂的主要成分。 (3) 中药、天然药物处方药说明书：应列出处方中所有的药味或有效部位、有效成分等。注射剂还应列出所有的全部辅料名称；处方中含有可能引起严重不良反应的辅料的，在该项下也应列出该辅料名称。成分排序应与国家批准的该品种药品标准一致，辅料列于成分之后。对于处方已列入国家秘密技术项目的品种，以及获得中药一级保护的品种，可不列此项。 (4) 化学药品非处方药说明书：处方组成及各成分含量应与该药品注册批准证明文件一致。成分含量按每一个制剂单位（如每片、粒、支、瓶等）计。单一成分的制剂须写明成分通用名称及含量，并注明所有辅料成分。表达为“本品每×含××××××。辅料为：××××××”。复方制剂须写明全部活性成分组成及各成分含量，并注明所有辅料成分。表达为“本品为复方制剂，每×含××××××。辅料为：×××××××”。 (5) 中成药非处方药说明书：除《中药品种保护条例》规定的情形外，必须列出全部处方组成和辅料，处方所含成分及药味排序应与药品标准一致。处方中所列药味其本身为多种药材制成的饮片，且该饮片为国家药品标准收载的，只需写出该饮片名称
【性状】	包括药品的外观、臭、味、溶解度以及物理常数等，依次规格描述；性状应符合国家药品标准
【作用类别】	(仅化学药品非处方药说明书有此项) 按照国家食品药品监督管理部门公布的该药品非处方药类别书写，如“解热镇痛类”
【适应症】(化学药)或【功能主治】(中成药)	(1) 处方药应当根据该药品的用途、采用准确的表述方式，明确用于预防、治疗、诊断、缓解或者辅助治疗某种疾病（状态）或者症状；与国家批准的该品种药品标准中的功能主治或适应症一致。 (2) 非处方药应按照国家食品药品监督管理部门公布的非处方药功能主治内容书写，并不得超出国家食品药品监督管理部门公布的该药品非处方药适应症（功能主治）范围。 (3) 预防用生物制品说明书则标注为【接种对象】：注明适宜接种的易感人群、接种人群的年龄、接种的适宜季节等，以及【作用与用途】明确该制品的主要作用，如“用于×××疾病的预防”
【规格】	(1) 化学药品和治疗用生物制品指每支、每片或其他每一单位制剂中含有主药（或效价）的重量或含量或装量。生物制品应标明每支（瓶）有效成分的效价（或含量及效价）及装量（或冻干制剂的复溶后体积）。表示方法一般按照《中国药典》要求规范书写，有两种以上规格的应当分别列出。 (2) 中药、天然药物处方药应与国家批准的该品种药品标准中的规格一致。同一药品生产企业生产的同一品种，如规格或包装规格不同，应使用不同的说明书。

续表

	(3) 化学药品非处方药指每支、每片或其他每一单位制剂中含有主药的重量、含量或装量。生物制品应标明每支(瓶)有效成分的效价(或含量)及装量(或冻干制剂的复溶体积)。计量单位必须以中文表示。每一说明书只能写一种规格。 (4) 中成药非处方药应与药品标准一致。数字以阿拉伯数字表示，计量单位必须以汉字表示。每一说明书只能写一种规格。 (5) 预防用生物制品应明确该制品每 1 次人用剂量及有效成分的含量或效价单位，及装量(或冻干制剂的复溶后体积)
【用法用量】	(1) 化学药品和治疗用生物制品应当包括用法和用量两部分。需按疗程用药或者规定用药期限的，必须注明疗程、期限；详细列出该药品的用药方法，准确列出用药的剂量、计量方法、用药次数以及疗程期限，并应当特别注意与规格的关系。用法上有特殊要求的应当按实际情况详细说明。 (2) 中药、天然药物处方药应与国家批准的该品种药品标准中的用法用量一致。 (3) 化学药品非处方药用量按照国家食品药品监督管理部门公布的该药品非处方药用量书写。数字以阿拉伯数字表示，所有重量或容量单位必须以汉字表示。用法可根据药品的具体情况，在国家食品药品监督管理部门公布的该药品非处方药用法用量和适应症范围内描述，用法不能对用药人有其他方面的误导或暗示；需提示患者注意的特殊用法用量应当在注意事项中说明。老年人或儿童等特殊人群的用法用量不得使用“儿童酌减”或“老年人酌减”等表述方法，可在【注意事项】中注明“儿童用量(或老年人用量)应咨询医师或药师”。 (4) 中成药非处方药用量按照国家食品药品监督管理部门公布的该药品非处方药用量书写。数字以阿拉伯数字表示，所有重量或容量单位必须以汉字表示。用法可根据药品的具体情况，在国家食品药品监督管理部门公布的该药品非处方药用法用量和功能主治范围内描述，用法不能对用药人有其他方面的误导或暗示，需提示用药人注意的特殊用法用量应当在注意事项中说明。 (5) 预防用生物制品则标注【免疫程序和剂量】明确接种部位、接种途径(如肌内注射、皮下注射、划痕接种等)。特殊接种途径的应描述接种的方法、全程免疫程序和剂量(包括免疫针次、每次免疫的剂量、时间间隔、加强免疫的时间及剂量)。每次免疫程序因不同年龄段而不同的，应当分别作出规定。冻干制品应当规定复溶量及复溶所用的溶媒
【不良反应】	(1) 处方药应当实事求是地详细列出该药品不良反应。并按不良反应的严重程度、发生的频率或症状的系统性列出；尚不清楚有无不良反应的，可在该项下以“尚不明确”来表述。 (2) 预防用生物制品应包括接种后可能出现的偶然或者一过性反应的描述，以及对于出现的不良反应是否需要特殊处理建议。 (3) 非处方药在本项目下应当实事求是地详细列出该药品已知的或者可能发生的不良反应。并按不良反应的严重程度、发生的频率或症状的系统性列出。国家食品药品监督管理部门公布的该药品不良反应内容不得删减。同时，标注“不良反应”的定义

续表

【禁忌】	(1) 处方药应当列出该药品不能应用的各种情况，例如禁止应用该药品的人群、疾病等情况；尚不清楚有无禁忌的，可在该项下以“尚不明确”来表述。 (2) 预防用生物制品列出禁止使用或者暂缓使用该制品的各种情况。 (3) 非处方药应列出该药品不能应用的各种情况，如禁止应用该药品的人群或疾病等情况。国家食品药品监督管理部门公布的该药品禁忌内容不得删减。【禁忌】内容应采用加重字体印刷
【注意事项】	(1) 处方药应当列出使用时必须注意的问题，包括需要慎用的情况（如肝、肾功能的问题），影响药物疗效的因素（如食物、烟、酒），用药过程中需观察的情况（如过敏反应，定期检查血象、肝功能、肾功能）及用药对于临床检验的影响等。如有药物滥用或者药物依赖性内容，应在该项下列出；如有与中医理论有关的证候、配伍、妊娠、饮食等注意事项，应在该项下列出；处方中如含有可能引起严重不良反应的成分或辅料，应在该项下列出；注射剂如需进行皮内敏感试验的，应在该项下列出；中药和化学药品组成的复方制剂，必须列出成分中化学药品的相关内容及注意事项。尚不清楚有无注意事项的，可在该项下以“尚不明确”来表述。 (2) 非处方药应当列出使用该药必须注意的问题，包括需要慎用的情况（如肝、肾功能的问题），影响药物疗效的因素（如食物、烟、酒等），孕妇、哺乳期妇女、儿童、老人等特殊人群用药，用药对于临床检验的影响，滥用或药物依赖情况，以及其他保障用药人自我药疗安全用药的有关内容。必须注明“对本品过敏者禁用，过敏体质者慎用”“本品性状发生改变时禁止使用”“如正在使用其他药品，使用本品前请咨询医师或药师”“请将本品放在儿童不能接触的地方”。对于可用于儿童的药品必须注明“儿童必须在成人监护下使用”。处方中含兴奋剂的品种应注明“运动员应在医师指导下使用”。对于是否适用于孕妇、哺乳期妇女、儿童、老人等特殊人群尚不明确的，必须注明相应人群应在医师指导下使用。如有与中医理论有关的证候、配伍、饮食等注意事项，应在该项下列出。中药和化学药品组成的复方制剂，应注明本品含化学药品通用名称，并列出成分中化学药品的相关内容及注意事项。国家食品药品监督管理部门公布的该药品注意事项内容不得删减。【注意事项】内容应采用加重字体印刷。 (3) 预防用生物制品列出使用的各种注意事项。以特殊接种途径进行免疫的制品，应明确接种途径，如注明“严禁皮下或肌内注射”。使用前检查包装容器、标签、外观、有效期是否符合要求。还包括疫苗包装容器开启时，对制品使用的要求（如需振摇），冻干制品的重溶时间等。疫苗开启后应在规定的时间内使用，以及由于接种该制品而出现的紧急情况的应急处理办法等。减毒活疫苗还需在该项下注明：本品为减毒活疫苗，不推荐在该疾病流行季节使用
【孕妇及哺乳期妇女用药】（仅处方药有此项）	着重说明该药品对妊娠、分娩及哺乳期母婴的影响，并写明可否应用本品及用药注意事项。未进行该项实验且无可靠参考文献的，应当在该项下予以说明。如中成药未进行该项相关研究，可不列此项。如有该人群用药需注意的内容，应在【注意事项】项下予以说明
【儿童用药】（仅处方药有此项）	主要包括儿童由于生长发育的关系而对于该药品在药理、毒理或药代动力学方面与成人的差异，并写明可否应用本品及用药注意事项。未进行该项实验且无可靠参考文献的，应当在该项下予以说明。如中成药进行过该项相关研究，应说明儿童患者可否应用该药品。可应用者，需应说明用药须注意的事项。如未进行该项相关研究，可不列此项。如有该人群用药需注意的内容，应在【注意事项】项下予以说明

续表

【老年用药】（仅处方药有此项）	主要包括老年人由于机体各种功能衰退的关系而对于该药品在药理、毒理或药代动力学方面与成人的差异，并写明可否应用本品及用药注意事项。未进行该项实验且无可靠参考文献的，应当在该项下予以说明。如中成药进行过该项相关研究，应对老年患者使用该药品特殊情况予以说明。包括使用限制、特定监护需要、与老年患者用药相关的危险性，以及其他与用药有关的安全性和有效性的信息。如未进行该项相关研究，可不列此项。如有该人群用药需注意的内容，应在【注意事项】项下予以说明
【药物相互作用】	(1) 化学药品处方药应列出与该药产生相互作用的药品或者药品类别，并说明相互作用的结果及合并用药的注意事项。未进行该项实验且无可靠参考文献的，应当在该项下予以说明。 (2) 中成药处方药如进行过该项相关研究，应详细说明哪些或哪类药物与本药品产生相互作用，并说明相互作用的结果。未进行该项相关研究，可不列此项，但注射剂除外，注射剂必须以“尚无本品与其他药物相互作用的信息”来表述。 (3) 应列出与该药产生相互作用的药物及合并用药的注意事项。未进行该项实验且无可靠参考文献的，应当在该项下予以说明。必须注明“如与其他药物同时使用可能会发生药物相互作用，详情请咨询医师或药师”
【药物过量】（仅化学药品和治疗用生物制品有此项）	详细列出过量应用该药品可能发生的毒性反应、剂量及处理方法。未进行该项实验且无可靠参考文献的，应当在该项下予以说明
【临床试验】（仅处方药具有）	(1) 化学药品：为本品临床试验概述，应当准确、客观地进行描述。包括临床试验的给药方法、研究对象、主要观察指标、临床试验的结果（包括不良反应）等。没有进行临床试验的药品不书写该项内容。 (2) 中成药：对于 2006 年 7 月 1 日之前批准注册的中药、天然药物，如在申请药品注册时经国家食品药品监督管理部门批准进行过临床试验的应当描述为“本品于××××年经××批准进行过××例临床试验”。对于 2006 年 7 月 1 日之后批准注册的中药、天然药物，如申请药品注册时，经国家食品药品监督管理部门批准进行过临床试验的，应描述该药品临床试验的概况，包括研究对象、给药方法、主要观察指标、有效性和安全性结果等。未按规定进行过临床试验的，可不列此项
【药理毒理】（仅处方药具有）	(1) 化学药品包括药理作用和毒理研究两部分内容：药理作用为临床药理中药物对人体作用的有关信息。也可列出与临床适应症有关或有助于阐述临床药理作用的体外试验和（或）动物实验的结果。复方制剂的药理作用可以为每一组成成分的药理作用。毒理研究所涉及的内容是指与临床应用相关，有助于判断药物临床安全性的非临床毒理研究结果。应当描述动物种属类型，给药方法（剂量、给药周期、给药途径）和主要毒性表现等重要信息。复方制剂的毒理研究内容应当尽量包括复方给药的毒理研究结果，若无该信息，应当写入单药的相关毒理内容。未进行该项实验且无可靠参考文献的，应当在该项下予以说明。 (2) 中成药申请药品注册时，按规定进行过系统相关研究的，应列出药品作用和毒理研究两部分内容：药理作用是指非临床药理试验结果，应分别列出与已明确的临床疗效密切相关的主要药效试验结果。毒理研究是指非临床安全性试验结果，应分别列出主要毒理试验结果。未进行相关研究的，可不列此项

续表

【药代动力学】（仅处方药具有）	（1）化学药品应当包括药物在体内吸收、分布、代谢和排泄的全过程及其主要的药代动力学参数，以及特殊人群的药代动力学参数或特征。说明药物是否通过乳汁分泌、是否通过胎盘屏障及血-脑屏障等。应以人体临床试验结果为主，如缺乏人体临床试验结果，可列出非临床试验的结果，并加以说明。未进行该项实验且无可靠参考文献的，应当在该项下予以说明。 （2）中成药应包括药物在体内吸收、分布、代谢和排泄过程以及药代动力学的相关参数，一般应以人体临床试验结果为主，如缺乏人体临床试验结果，可列出非临床试验的结果，并加以说明。未进行相关研究的，可不列此项
【贮藏】	应与国家批准的该品种药品标准〔贮藏〕项下的内容一致。需要注明具体温度的，应按《中国药典》中的要求进行标注。如：置阴凉处（不超过20℃）保存。有特殊要求的应注明相应温度。生物制品应当同时注明制品保存和运输的环境条件，特别应明确具体温度
【包装】	包括直接接触药品的包装材料和容器及包装规格，并按该顺序表述。包装规格一般是指上市销售的最小包装的规格
【有效期】	有效期应以月为单位描述，可以表述为：××个月（×用阿拉伯数字表示）。
【执行标准】	应列出目前执行的国家药品标准的名称、版本及编号，或名称及版本，或名称及编号。如《中国药典》2015年版二部。或者药品标准编号，如 WS_1—XG—015—2002
【批准文号】	是指国家批准该药品的药品批准文号，进口药品注册证号或者医药产品注册证号。麻醉药品、精神药品、蛋白同化制剂和肽类激素还需注明药品准许证号
【生产企业】	国产药品该项内容应当与《药品生产许可证》载明的内容一致，进口药品应当与提供的政府证明文件一致。并按下列方式列出： 企业名称： 生产地址： 邮政编码： 电话和传真号码：（须标明区号） 网址：（如无网址可不写，此项不保留） 如有问题可与生产企业联系 该内容必须标注，并采用加重字体印刷在【生产企业】项后

（四）药品说明书的格式要求

1. 化学药品和治疗用生物制品说明书格式

核准日期（CFDA批准药品注册时间）

修改日期（按历次修改的时间顺序逐行书写）

特殊药品、外用药品标识（位置）

×××（通用名）说明书

请仔细阅读说明书并在医师指导下使用

警示语（位置）

【药品名称】	【注意事项】
通用名称：	【孕妇及哺乳妇女用药】
商品名称：	【儿童用药】

续表

英文名称：	【老年用药】
汉语拼音：	【药物相互作用】
【成分】	【药物过量】
化学名称：	【临床试验】
化学结构式：	【药理毒理】
分子式：	【药代动力学】
分子量：	【贮藏】
【性状】	【包装】
【作用类别】	【有效期】
【适应症】/【功能主治】	【执行标准】
【规格】	【批准文号】
【用法用量】	【生产企业】
【不良反应】	
【禁忌】	

2. 中药、天然药物处方药说明书格式

核准日期

修改日期

特殊药品、外用药品标识（位置）

×××（通用名）说明书

请仔细阅读说明书并在医师指导下使用

警示语位置

【药品名称】	【药代动力学】
通用名称：	【贮藏】
汉语拼音：	【包装】
【成分】	【有效期】
【性状】	【执行标准】
【功能主治】/【适应症】	【批准文号】
【规格】	【生产企业】
【用法用量】	企业名称：
【不良反应】	生产地址：
【禁忌】	邮政编码：
【注意事项】	电话号码：
【孕妇及哺乳妇女用药】	传真号码：
【儿童用药】	注册地址：
【老年用药】	网　　址：
【药物相互作用】	
【药理毒理】	

3. 化学药品非处方药说明书格式

非处方药、外用药品标识位置

×××说明书

请仔细阅读说明书并按说明使用或在药师指导下购买和使用

警示语位置

【药品名称】

【成分】

【性状】

【作用类别】

【适应症】

【规格】

【用法用量】

【不良反应】

【禁忌】

【注意事项】

【药物相互作用】

【药理作用】

【贮藏】

【包装】

【有效期】

【执行标准】

【批准文号】

【说明书修订日期】

【生产企业】

2006年以来，国家食品药品监督管理局颁布（批准）实施的与药品说明书和标签有关的行政法规及文件见表7－2。

表7－2 我国与药品说明书和标签有关的行政法规及文件

法规或文件名称	法规文号
药品说明书和标签管理规定	国家食品药品监督管理局令第24号
关于加强《药品说明书和标签管理规定》实施工作的通知	国食药监办［2007］311号
关于《药品说明书和标签管理规定》有关问题解释的通知	国食药监注［2007］49号
国家食品药品监督管理局关于印发非处方药说明书规范细则的通知	国食药监注［2006］540号
关于公布非处方药说明书范本的通知	国食药监注［2007］54号
关于进一步规范药品名称管理的通知	国食药监注［2006］99号
关于进一步加强非处方药说明书和标签管理的通知	国食药监注［2006］610号
关于实施《药品说明书和标签管理规定》有关事宜的公告	国食药监注［2006］100号
放射性药品说明书规范细则	国食药监注［2006］264号
关于印发非处方药说明书规范细则的通知	国食药监注［2006］540号
关于印发化学药品和生物制品说明书规范细则的通知	国食药监注［2006］202号
关于印发中药、天然药物处方药说明书格式内容书写要求及撰写指导原则的通知	国食药监注［2006］283号

任务7－2 药品广告管理

案例导入

案例：2013年3月，某市××公司职工孙某在报纸上看到一则消息，某市“源生康药店”关于“奥妙牌生发灵”的广告：“脱发者使用一个月后即能生发，且发给本店信誉卡，三年内有效”等宣传。孙某于是到该药店，花了1260元购买了一个疗程的药品。30天后，孙某又再次到该药店，药店经理要求其再购买一个疗程的药品。孙某半信半疑的又再次购买并使用了一个月后，但仍没见头发长出。孙某又一次来到该药店。发现销售人员和该药品已撤走不知去向。于是，孙某找到该药店经理要求退款，药店经理认为：销售“奥妙牌生发灵”是外地L经销商来我店租赁柜台经营的，药店只是收取一定的租金。因此，药店与此事无关，拒绝退款。

讨论：1. 该药品的广告内容是否真实、合法？发布药品广告的依据是什么？
2. 该药店是否负有一定的责任？

由于药品广告对人们用药安全、有效、经济的重大影响，对合理用药的重要指导作用，以及对医药企业发展的重大影响，更因为当今社会药品广告的问题层出不穷、治理难度较大，许多国家在药品管理法律法规中，明确规定了对药品广告的管理；在WHO制定的《药品促销道德准则》中，对药品广告的管理和企业的促销道德也提出明确要求。

拓展阅读

我国药品广告管理发展历史

1959年，由卫生部、化工部和商业部联合发布了《关于未大批生产的药品不登宣传广告的通知》，首次对药品的广告宣传进行规定。

1982年，由国务院发布了《广告管理暂行条例》，其对药品广告做了专门规定。

1985年，由国家工商局和卫生部联合发布了《药品广告管理办法》。

1995年，国家工商局、卫生部再次发布了《药品广告审查标准》和《药品广告审查办法》，进一步明确了药品广告的申请、审查程序和管理内容。

2000年1月1日起，我国实施处方药和非处方药分类管理制度，为加强对处方药的广告媒体和内容的管理，保证人民用药安全，2001年，国家药品监督管理局先后发布了《关于国家药品监督管理局停止受理药品广告申请的通知》、《关于停止在大众媒介发布小容量注射剂药品广告的通知》和《关于加强药品广告审查监督管理工作的通知》等。

2007年，由国家食品药品监督管理局和国家工商行政管理总局再次联合发布了《药品广告审查办法》和《药品广告审查发布标准》。

一、药品广告的概念与作用

1. 药品广告的概念 药品广告是指利用各种媒介或形式发布的广告含有药品名称、药品适应症（功能主治）或者与药品有关的其他内容，为药品广告。

2. 药品广告的作用 广告在商品经济中，具有不可忽视的沟通产销的媒介作用。在现代药品市场营销中，广告已成为药品促销的重要手段。药品广告的作用主要体现在以下三个方面：

（1）传递药品信息 药品广告是传播药品信息的一种经济、快捷和有效的方式。是使医生、药师、患者了解有关药品的性能、成分、适应症、作用机制、用法用量、注意事项等信息的重要手段，有助于医生或患者选择用药。同时，药品广告的传播，特别是非处方药的广告宣传，对增强人们自我保健意识，培养新的保健需求具有一定作用，对制药企业扩大药品销售量和开发新产品都具有积极作用。

（2）促进销售，开拓市场 广告能够广泛地、经常地接近客户，刺激和激发消费者的购买欲望。因此，在新产品的推广以及开拓市场方面广告能起到开路先锋的作用，是进行市场渗透的有力武器。

（3）树立或加深商品形象，增强企业竞争力 市场中同品种同规格的药品很多，药品商标和商品名是药品生产企业的重要标志。因此，药品商标和商品名是否赢得顾客的信赖，直接影响着企业产品的销售量。药品广告是树立或加深药品商标、商品名或企业名称印象，进而提升企业信誉的重要途径。也是医药产品进行市场渗透，保护和扩大市场占有率的有力武器。

二、药品广告审查标准

随着社会主义市场经济的不断发展，药品广告日益增多。为了进一步规范药品广告活动，保证药品广告的真实性和合法性，禁止虚假广告欺骗和误导消费者，国务院食品药品监督管理部门及工商行政管理部门多次颁布相应的法律法规，对药品广告从内容审查以及品种确定均应加强和规范管理。

拓展阅读

广告管理相关的法律法规及行政规章

名称	主席（局长）令序号	实施日期
药品广告审查办法	第27号国家药监局令	2007年5月1日
药品广告审查发布标准	第27号国家工商总局令	2007年5月1日
中华人民共和国价格法	第92号主席令	1998年5月1日
中华人民共和国广告法	第22号主席令	2015年9月1日

（一）不得发布广告的药品

不得发布广告的药品包括：①麻醉药品、精神药品、医疗用毒性药品、放射性药品，药品类易制毒化学品，戒毒治疗的药品、医疗器械和治疗方法以及国家食品药品监督管理总局认定的特殊管理的药品。②医疗机构配制的制剂。③国家食品药品监督管理总局明令停止或禁止生产、销售和使用的药品。④军队特需药品。⑤批准试生产的药品。

（二）国家有关管理部门指定的医学、药学专业刊物

根据《中华人民共和国药品管理法》第六十条规定，截止2012年3月，国家食品药品监督管理局、国家工商行政管理局和新闻出版署先后25次以“国药监市〔2001〕39号”、“国药监市〔2001〕278号”、“国药监市〔2001〕534号”等文确定《中华内科杂志》、《中华外科杂志》、《中华妇产科杂志》、《中华儿科杂志》等561种刊物为允许刊播处方药广告的医学、药学专业刊物。指定的专业刊物应符合以下条件：①经国家新闻出版部门批准，具有国内统一刊号（CN）。②由医药卫生科研教育机构、学术团体等专业部门主办。③以医药卫生专业技术人员、管理人员为主要读者对象。

（三）药品广告内容

1. 原则 药品在发布广告时必须遵循客观、真实、准确、科学的原则，不得含有虚假、欺骗的内容以误导消费者。

2. 药品广告的内容

（1）依据 药品广告的内容应以国家批准的该药品质量标准和使用说明书为依据，任何单位不得随意扩大广告的范围。

（2）药品广告中不得出现的情形 ①含有不科学的表示功效的断言或者保证的。②说明治愈率或者有效率的。③与其他药品的功效和安全性进行比较的。④违反科学规律，明示或者暗示包治百病、适应所有症状的。⑤含有“安全无毒副作用”、“毒副作用小”等内容的。⑥含有明示或者暗示中成药为“天然”药品，因而安全性有保证等内容的。⑦含有明示或者暗示该药品为正常生活和治疗病症所必需等内容的。⑧含有明示或者暗示服用该药能应付现代紧张生活和升学、考试等需要、能够帮助提高成绩、使精力旺盛、增强竞争力、增高、益智等内容的。⑨其他不科学的用语或者表示，如“最新技术”、“最高科学”、“最先进制法”等。

（3）药品广告中不得含有的内容 ①含有不科学的表述或者使用不恰当的表现形式，引起公众对所处健康状况和所患疾病产生不必要的担忧和恐惧，或者使公众误解不使用该药品会患某种疾病或加重病情的。②含有免费治疗、免费赠送、有奖销售、以药品作为礼品或者奖品等促销药品的内容的；③含有“家庭必备”或者类似内容的；④含有“无效退款”、“保险公司保险”等保证内容的；⑤含有评比、排序、推荐、指定、选用、获奖等综合性评价内容的。

（4）药品广告中禁止性规定 ①药品广告不得利用医药科研单位、学术机构、医疗机构或者专家、医师、患者的名义和形象作证明的内容；②药品广告不得使用国家机关和国家机关工作人员的名义；③药品广告不得含有军队单位或者军队人员的名义、形象。不得利用军队装备、设施从事药品广告宣传；④药品广告不得含有涉及公共信息、公共事件或者其他与公共利益相关联的内容，如各类疾病信息、经济社会发展成果或医药科学以外的科技成果。⑤药品广告不得在未成年人出版物和广播电视频道、节目、栏目上发布。药品广告不得以儿童为诉求对象，不得以儿童名义介绍药品。⑥药品广告不得含有医疗机构的名称、地址、联系办法、诊疗项目、诊疗方法以及有关义诊、医疗（热线）咨询、开设特约门诊等医疗服务的内容。⑦处方药可以在国家卫生部门和国家食品药品监督管理部门共同指定的医学、药学专业刊物上发布广告，但不得在大众传播媒介发布广告或以其他方式进行以公众为对象的广告宣传。不得以赠送医学、药学专业刊物等形式向公众发布处方药广告。⑧处方药名称与该药品的商标、生产企业字号相同的，不得使用该商标、企业字号在医学、药学专业刊物以外的媒介变相发布广告。也不得以处方药名称或以处方药名称注册的商标以及企业字号为各种活动冠名。⑨药品广告内容涉及药品适应症或功能主治、药理作用等内容的宣传，应以国家食品药品监督管理局批准的说明书为准，不得进行扩大或

恶意隐瞒的宣传，不得含有说明书以外的理论、观点等内容。⑩非处方药广告不得利用公众对于医药学知识的缺乏，使用公众难以理解和容易引起混淆的医学、药学术语，造成公众对药品功效与安全性的误解。

三、药品广告审查与监督

（一）药品广告审查机关和监督管理机关

省级药品监督管理部门是药品广告审查机关，负责本行政区域内药品广告的审查工作；县级以上工商行政部门是药品广告的监督管理机关，有权对违法广告依法做出处理。

国家食品药品监督管理总局对药品广告审查机关的药品广告审查工作进行指导和监督，对药品广告审查机关违反《药品广告审查办法》的行为，依法予以处理。

（二）药品广告的审查程序

拟发布药品广告的企业需在不同的媒体发布广告，首先应向省级食品药品监督管理部门提出申请，并提交相应的证明文件。经审查合格，取得药品广告批准文号，方可在媒体上发布药品的广告。

药品广告审查机关收到药品广告批准文号申请后，对申请材料齐全并符合法定要求的，发给《药品广告受理通知书》；申请材料不齐全或者不符合法定要求的，应当场或在 5 个工作日内一次告知申请人需要补正的全部内容。

药品广告审查机关应当自受理之日起 10 个工作日内，对申请人提交的证明文件的真实性、合法性、有效性进行审查，并依法对广告内容进行审查。对审查合格的药品广告，发给药品广告批准文号；对审查不合格的药品广告，应当作出不予核发药品广告批准文号的决定，书面通知申请人并说明理由，同时告知申请人享有依法申请行政复议或者提起行政诉讼的权利。

药品广告的审查程序见图 7－2。

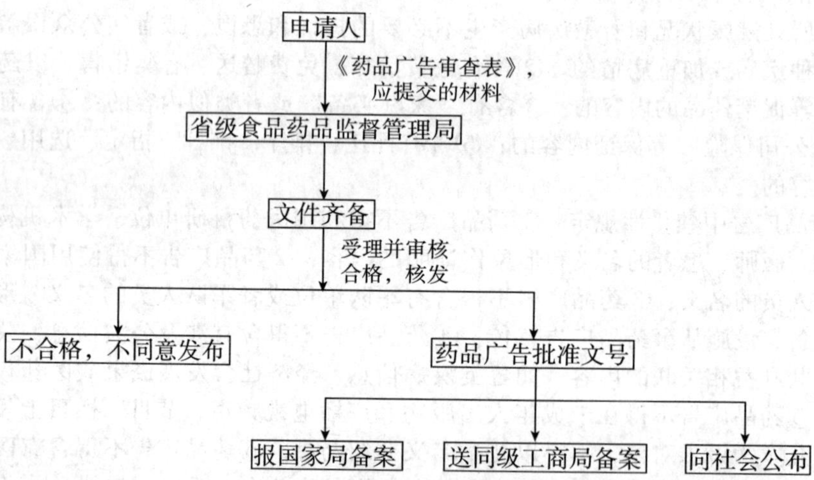

图 7－2 药品广告的审查程序

对批准的药品广告，药品广告审查机关应报国家食品药品监督管理总局备案，并将批准的《药品广告审查表》送同级广告监督管理机关备案；《药品广告审查表》由广告申请人自行保存 2 年备查。国家食品药品监督管理总局对备案中存在问题的药品广告，应责成药品广告审查机关予以纠正。

（三）申请药品广告批准文号应提交的材料

1. 申请药品广告批准文号应当提交《药品广告审查表》，并附与发布内容相一致的样稿（样片、样带）和药品广告申请的电子文件，同时提交以下真实、合法、有效的证明文件：①申请人《营业执照》、《药品生产许可证》或《药品经营许可证》复印件。②申请人是药品经营企业的，应提交药品生产企业同意其作为申请人的证明文件原件。③药品批准证明文件（含《进口药品注册证》、《医药产品注册证》）复印件、质量标准、说明书复印件和实际使用的包装标签及说明书。④非处方药品广告需提交非处方药注册登记证书复印件。⑤申请进口药品广告批准文号的，应当提交进口药品代理机构的相关资格证明文件的复印件。⑥代办人应提交委托书原件和《营业执照》复印件等主体资格证明文件。⑦涉及药品商品名、注册商标、专利等内容的，应当提交相关有效证明文件的复印件以及其他确认广告内容真实性的证明文件。所有复印件应加盖持有单位的原印章。

2. 异地发布药品广告备案应提交的材料有：①《药品广告审查表》复印件。②批准的药品说明书复印件。③电视广告和广播广告要提交与通过审查内容相一致的录音带、光盘或其他介质载体。

（四）药品广告批准文号格式

药品广告批准文号格式为："（省简称）×药广审（视、声、文）第0000000000号"，其中"0"由10位数字组成，前6位代表审查年月，后4位代表广告批准序号；"视"、"声"、"文"代表用于广告媒介形式的分类代号。

药品广告批准文号的有效期为1年。有效期满后继续发布的，应当在期满前两个月向原药品广告审查机关重新提出申请。

四、法律责任

（一）药品广告的行政处罚

药品广告的行政处罚，见表7－3。

表7－3　药品广告的行政处罚

处罚情况	处罚措施
(1)《药品生产许可证》《药品经营许可证》被吊销的，药品批准证明文件被撤销、注销的，国家食品药品监督管理部门或者省级食品药品监督管理部门责令停止生产、销售和使用的药品	药品广告审查机关应当注销药品广告批准文号
(2) 任意扩大产品适应症（功能主治）范围、绝对化夸大药品疗效、严重欺骗和误导消费者的	省级以上药品监督管理部门一经发现，应当采取行政强制措施，暂停该药品在辖区内的销售，同时责令违法发布药品广告的企业在当地相应的媒体发布更正启事； 违法发布药品广告的企业按要求发布更正启事后，省级以上药品监督管理部门应当在15个工作日内做出解除行政强制措施的决定；需要进行药品检验的，药品监督管理部门应当自检验报告书发出之日起15日内，做出是否解除行政强制措施的决定

续表

处罚情况	处罚措施
(3) 篡改经批准的药品广告内容进行虚假宣传的	药品监督管理部门责令立即停止该药品广告的发布，撤销该品种药品广告批准文号，1年内不受理该品种的广告审批申请
(4) 对提供虚假材料申请药品广告审批的	①被药品广告审查机关在受理审查中发现的，1年内不受理该企业该品种的广告审批申请； ②取得药品广告批准文号的，药品广告审查机关在发现后应当撤销该药品广告批准文号，并3年内不受理该企业该品种的广告审批申请；被收回、注销或者撤销药品广告批准文号的药品广告，必须立即停止发布；异地药品广告审查机关停止受理该企业该药品广告批准文号的广告备案
(5) 异地发布药品广告未向发布地药品广告审查机关备案的	发布地药品广告审查机关发现后，应当责令限期办理备案手续，逾期不改正的，停止该药品品种在发布地的广告发布活动

（二）药品广告的法律责任

①《药品管理法》第92条明确规定，药品广告的内容及广告的媒体违反了“药品管理法”的有关规定，应依据《中华人民共和国广告法》进行处罚，并由发布广告批准文号的药品监督管理部门撤销广告批准文号，1年内不得受理该品种的广告申请；构成犯罪的，应依法追究刑事责任。②食品药品监督管理部门及工商行政管理部门不依法履行审查职责，批准发布含有虚假内容或者其他违反法律、行政法规的内容药品广告，对直接责任的主管人员和其他直接责任人员应依法给予行政处分；构成犯罪的依法追究刑事责任。

自2015年9月1日起，修订后新颁布施行的《中华人民共和国广告法》对违反有关药品广告的行为做了严格的规定。具体情况见表7－4。

表7－4 《中华人民共和国广告法》中违反有关药品广告行为的处罚

处罚情况	处罚措施
(1) 发布虚假广告的	由工商行政管理部门责令停止发布广告，责令广告主在相应范围内消除影响，处广告费用三倍以上五倍以下的罚款，广告费用无法计算或者明显偏低的，处二十万元以上一百万元以下的罚款。
(2) 发布虚假广告，欺骗、误导消费者，使购买商品或者接受服务的消费者的合法权益受到损害的	由广告主依法承担民事责任。广告经营者、广告发布者不能提供广告主的真实名称、地址和有效联系方式的，消费者可以要求广告经营者、广告发布者先行赔偿。
(3) 发布含有不得发布广告的药品或限制发布广告的药品	由工商行政管理部门责令停止发布广告，对广告主处二十万元以上一百万元以下的罚款，情节严重的，并可以吊销营业执照，由广告审查机关撤销广告审查批准文件、一年内不受理其广告审查申请。
(4) 广播电台、电视台、报刊音像出版单位发布违法广告，或者以新闻报道形式变相发布广告，或者以介绍健康、养生知识等形式变相发布医疗、药品、医疗器械、保健食品广告	工商行政管理部门依照本法给予处罚的，应当通报新闻出版广电部门以及其他有关部门。新闻出版广电部门以及其他有关部门应当依法对负有责任的主管人员和直接责任人员给予处分；情节严重的，并可以暂停媒体的广告发布业务。

任务 7－3　药品价格管理

案例导入

案例：消费者赵女士向 × × 市物价局价格举报中心投诉称，她在市区 S 药店购买了“百梅止咳颗粒”和“琥乙红霉素颗粒”各一盒，共花去了 75 元，后来她却在 T 药店发现同样的这两种药各一盒总共只要 45 元。赵女士认为 S 药店存在乱收费行为。

讨论：1. 我国药品价格的形成机制？

2. 药品市场调节价的定价原则是什么？

价格指商品价值的货币表现。它是国民经济的综合反映，是各方面经济活动主体利益关系调节机制的核心因素；而药品的价格则关系到国家制药工业、医药商品和医疗机构的健康发展。为了控制卫生保健费用的支出，许多国家对药品价格的管理越来越严格，世界大多数国家对医药价格设立了专门机构进行管理，如法国的药物经济委员会、西班牙的卫生部和消费事务部、意大利的国家经济委员会、德国的保险商协会、瑞士的社会保险局、英国的卫生部和制药协会、澳大利亚的药物定价局、瑞典的价格竞争委员会等，同时也制定了相应的药品价格管理法规。

拓展阅读

世界各国政府控制药品价格的办法

政府控制办法	国别
控制报销处方药价	法国、瑞典、意大利、西班牙、奥地利、比利时
控制报销利润率	英国、希腊、西班牙、澳大利亚
控制促销费用	英国、法国、西班牙
控制流通差价率	欧洲大多数国家、澳大利亚、加拿大、日本
控制参考价格	德国、荷兰、瑞典、瑞士、丹麦、爱尔兰、葡萄牙
控制报销药物目录	法国、荷兰、瑞典、瑞士、丹麦、芬兰、希腊、西班牙、意大利、葡萄牙、爱尔兰、奥地利、比利时
控制不可报销药物目录	英国、德国、法国、荷兰、瑞典、意大利、西班牙
强制性药物经济数据	瑞典

推进药品价格改革、建立科学合理的药品价格形成机制是推进价格改革的重要内容，也是深化医药卫生体制改革的重要任务，对于加快完善现代市场体系和转变政府职能，促进医疗卫生事业和医药产业健康发展，满足人民群众不断增长的医疗卫生需求，减轻患者不合理的医药费用负担，具有重要意义。为加快推进药品价格改革，逐步建立以市场为主导的药品价格形成机制，最大限度减少政府对药品价格的直接干预，2015 年 5 月 4 日，国家发展和改革委员会、国家卫生计生委、人力资源和社会保障部、工业和信息化部、财政

部、商务部、食品药品监管总局联合印发了《推进药品价格改革的意见》（发改价格［2015］904号）。

一、基本原则

坚持放管结合，强化价格、医保、招标采购等政策的衔接，充分发挥市场机制作用，同步强化医药费用和价格行为综合监管，有效规范药品市场价格行为，促进药品市场价格保持合理水平。

二、改革药品价格形成机制

除麻醉药品和第一类精神药品外，取消药品政府定价，完善药品采购机制，发挥医保控费作用，药品实际交易价格主要由市场竞争形成。

1. 医保基金支付的药品 由医保部门会同有关部门拟定医保药品支付标准制定的程序、依据、方法等规则，探索建立引导药品价格合理形成的机制。

2. 专利药品、独家生产药品 建立公开透明、多方参与的谈判机制形成价格。

3. 医保目录外的血液制品、国家统一采购的预防免疫药品、国家免费艾滋病抗病毒治疗药品和避孕药具 通过招标采购或谈判形成价格。

4. 麻醉药品和第一类精神药品 仍暂时实行最高出厂价格和最高零售价格管理。

5. 其他药品 由生产经营者依据生产经营成本和市场供求情况，自主制定价格。

三、强化医药费用和价格行为综合监管

（一）完善药品采购机制

卫生计生部门要按照规范公立医院和基层医疗卫生机构药品采购的相关要求和措施，坚持药品集中采购方向，根据药品特性和市场竞争情况，实行分类采购，促进市场竞争，合理确定药品采购价格。要调动医疗机构、药品生产经营企业、医保经办机构等多方参与积极性，引导各类市场主体有序竞争。

（二）强化医保控费作用

医保部门要会同有关部门，在调查药品实际市场交易价格基础上，综合考虑医保基金和患者承受能力等因素制定医保药品支付标准。在新的医保药品支付标准制定公布前，医保基金暂按现行政策支付。做好医保、招标采购政策的衔接配合，促进医疗机构和零售药店主动降低采购价格。定点医疗机构和药店应向医保、价格等部门提交药品实际采购价格、零售价格以及采购数量等信息。同步推进医保支付方式改革，建立医疗机构合理用药、合理诊疗的内在激励机制，减轻患者费用负担。

（三）强化医疗行为监管

卫生计生部门要建立科学合理的考核奖惩制度，加强医疗机构诊疗行为管理，控制不合理使用药品医疗器械以及过度检查和诊疗，强化医药费用控制。要逐步公开医疗机构诊疗门（急）诊次均费用、住院床日费用、检查检验收入占比等指标，并纳入医疗机构目标管理责任制和绩效考核目标。加快药品供应保障信息平台建设，促进价格信息公开。

（四）强化价格行为监管

价格主管部门要通过制定药品价格行为规则，指导生产经营者遵循公平、合法和诚实信用的原则合理制定价格，规范药品市场价格行为，保护患者合法权益。要健全药品价格监测体系，探索建立跨部门统一的信息平台，掌握真实交易价格数据，重点做好竞争不充分药品出厂（口岸）价格、实际购销价格的监测和信息发布工作，对价格变动频繁、变动幅度较大，或者与国际价格、同类品种价格以及不同地区间价格存在较大差异的，要及时

研究分析，必要时开展成本价格专项调查。要充分发挥12358全国价格举报管理信息系统的作用，建立全方位、多层次的价格监督机制，正面引导市场价格秩序。对价格欺诈、价格串通和垄断行为，依法严肃查处。

四、现行主要相关法规

除《中华人民共和国价格法》、《中华人民共和国药品管理法》（2015年4月24日第十二届全国人民代表大会常务委员会第十四次会议修正）、《中华人民共和国药品管理法实施条例》（2002年8月4日颁布）外，现行主要相关法规如下：

1.《关于改进低价药品价格管理有关问题的通知》（发改价格［2014］856号，2014年4月26日国家发展和改革委员会发布）。

2.《推进药品价格改革的意见》（发改价格［2015］904号，2015年5月4日国家发展和改革委员会、国家卫生计生委、人力资源和社会保障部、国家食品药品监督管理总局等七部委发布）。

拓展阅读

我国药品价格管理

药品价格有三种管理形式：政府定价、政府指导价和市场调节价。

我国药品价格管理经历了三个阶段，即：①国家计划，统一定价。②市场调节价，由经营者自主定价。③政府定价和市场调节价相结合。为了适应社会主义市场经济体制的要求，促进药品市场竞争，降低医药费用，让患者享受到质量优良、价格合理的药品，原国家计委、国家发展和改革委员会多次发文，加强和规范药品价格的管理。

任务对接

任务	知识能力要求
药品生产经营企业	（1）熟悉药品标签管理；能够协助企业设计合格的药品标签。 （2）熟悉药品说明书内容、格式和规范书写以及管理要求；能协助企业设计合格的药品说明书。 （3）熟悉药品广告管理的法律法规要求。能协助企业申请并获得药品广告批准文号。并能依照法规要求合法的开展药品广告发布活动。 （4）熟悉药品价格管理的法律法规要求。
医疗机构	（1）能为医护人员、患者和社会公众正确解读药品说明书。 （2）熟悉药品说明书的管理要求。

目标检测

一、A 型题（最佳选择题）

1. 有效期若标注到日，应当为起算日期对应年月日的（　　）
   A. 后一天　　B. 前一天　　C. 前一个月
   D. 后一个月　　E. 相应的当天
2. 药品广告的审查批准机关是（　　）
   A. 国家药品监督管理局
   B. 省级药品监督管理局
   C. 省级工商行政管理局
   D. 省卫生厅
   E. 地、市药品监督管理局
3. 药品商品名称的字体以单字面积计不得大于通用名称所用字体的（　　）
   A. 1/2　　B. 1/4　　C. 2 倍　　D. 4 倍　　E. 1 倍
4. 药品包装、标签、说明书必须按照（　　）规定的要求印制
   A. 国家食品药品监督管理总局　　B. 省级食品药品监督管理局
   C. 省级工商行政管理局　　D. 地、市药品监督管理局
   E. 省卫生厅
5. 药品商品名称须经哪个部门批准后才可以在标签和说明书上标注（　　）
   A. 国家工商行政管理部门　　B. 国家卫生行政管理部门
   C. 国家质量监督管理部门　　D. 国家食品药品监督管理部门
   E. 省级食品药品监督管理部门
6. 对贮藏有特殊要求的药品，应当在标签的什么位置注明（　　）
   A. 醒目　　B. 正中
   C. 上 1/3 范围内　　D. 右 1/3 范围内
   E. 左 1/3 范围内
7. 每件药品的电子监管码是（　　）
   A. 一类一码　　B. 一批一码　　C. 一件一码
   D. 一个品种一码　　E. 一个规格一码
8. 我国药品价格定价形式分为（　　）
   A. 政府定价、政府指导价、经营者自主定价、市场调节价四类
   B. 政府定价、政府指导价和市场调节价三类
   C. 政府指导价、经营者自主定价两类
   D. 政府定价、政府指导价两类
   E. 政府定价、经营者自主定价两类

二、B 型题（配伍选择题）

[9～11]
   A. 广告主　　B. 广告经营者　　C. 广告发布者
   D. 广告受众　　E. 广告监管部门

9. 制作药品广告的广告公司是（　　）
10. 发布药品广告的电视台是（　　）

11. 发布药品广告的药品生产企业是（ ）

三、X 型题（多项选择题）

12. 药品标签中有效期标注的正确格式是（ ）
   A. 有效期至××××年××月
   B. 有效期至××××年××月××日
   C. 有效期至××××.××.
   D. 有效期至××××/××/××
   E. 有效期至××××年
13. 药品内标签因包装尺寸过小无法全部标明规定内容的，至少应当标注的内容有（ ）
   A. 药品通用名称 B. 药品商品名称 C. 规格
   D. 产品批号 E. 有效期
14. 药品通用名称字体颜色应当使用（ ）
   A. 红色 B. 绿色 C. 黑色 D. 白色 E. 蓝色
15. 下列药品中，不得发布广告的是（ ）
   A. 新药 B. 处方药 C. 非处方药
   D. 毒性药品 E. 医院制剂
16. 药品说明书上不可缺少的项目是（ ）
   A. 药理毒理 B. 药代动力学 C. 药物相互作用
   D. 不良反应 E. 孕妇及哺乳期妇女用药
17. 实行政府定价或政府指导价的药品是（ ）
   A. 基本医疗保险用药目录中的药品 B. 预防用药
   C. 垄断经营的特殊药品 D. 必要的老年用药
   E. 必要的儿科用药

实训 7－1 药品标签、说明书分析讨论

【实训目的】

通过对药品标签、说明书和包装的实例分析讨论，熟悉药品标签、说明书和包装按照规定须印制有的内容、格式和要求。加深学生对药品标签和说明书管理的法律法规的理解，并能应用相关法律法规判断其是否符合规定要求。

【实训要求】

以每 5 人左右为一个小组，分别各收集 10 种中药、化学药品和抗生素等常用药品的标签、说明书和包装。对照《药品管理法》、《药品说明书和标签管理规定》以及相关法律法规的要求，了解药品标签、说明书和包装在实际运作中存在的问题，在此基础上撰写出分析报告。

【实训内容】

一、 准备工作

1. 提前收集《药品管理法》、《药品说明书和标签管理规定》以及其他相关法规对药品标签、说明书的要求，并上网查阅相关文章。

2. 各收集 10 种中药、化学药品和抗生素等常用药品的标签、说明书和包装。

二、 药品标签、说明书观察分析与研讨

1. 学生对所收集到的药品标签、说明书和包装进行观察分析，其中的项目和内容是否

齐全和完整。

2. 研讨分析药品生产企业在药品标签、说明书和包装的书写格式、内容与印制要求等方面实际存在的问题。

三、 调研报告

每个学生依据实训要求，撰写出一份调研分析报告。

【实训评价】

教师根据学生研讨学习态度和分析报告撰写的质量实施评价。

实训 7－2 违法药品广告分析讨论

【实训目的】

通过对违法药品广告案例的分析讨论，熟悉药品广告审查标准的内容。加深学生对药品广告管理的法律法规的理解，提升对药品广告管理的认识。

【实训要求】

以每 5 人左右为一个小组，分别各收集 10 种处方药与非处方药的药品广告。对照《药品管理法》《广告法》《药品广告审查办法》和《药品广告审查发布标准》以及相关法律法规的要求，了解药品广告在实际运作发布中存在的问题，在此基础上撰写出实训实践调研报告。

【实训内容】

一、 准备工作

1. 提前收集《药品管理法》、《中华人民共和国广告法》、《药品广告审查办法》以及其他相关法规对药品广告管理的要求，并上网查阅相关文章。

2. 各收集 10 种处方药与非处方药的药品广告。

二、 药品广告管理活动的分析与研讨

1. 依据相关法律法规的规定以及药品广告审查标准的内容，学生对所收集到的处方药与非处方药的药品广告进行对比、查找、分析。其中，是否存在有虚假广告；未经审批擅自发布药品广告；在大众媒体上有无变相或违法的发布处方药广告；擅自篡改审查内容发布药品广告等情形。

2. 研讨如何依照药品广告批准文号审查流程申请并获得药品广告批准文号。

三、 调研报告

每个学生依据实训要求，撰写出一份调研分析报告。

【实训评价】

教师根据学生研讨学习态度和分析报告撰写的质量实施评价。

（尹　书）

项目 8

药品注册管理

学习目标

知识要求 **1. 掌握** 新药及药品注册的概念；药品注册申请的类型；药品注册的分类；药品上市许可的概念和申请条件。

2. 熟悉 新药研发过程及基本要求；药物临床试验申请与审批；药品上市后变更的概念、申请条件及延续申请期限；药品知识产权内容与药品专利内容。

3. 了解 注册资料 CTD 格式；专利链接制度的内容及专利例外制度的法律内涵。

技能要求 1. 能够运用药品注册管理的法规知识，正确辨别药品注册申请的类型及药品注册分类。

2. 能够借助法规文件进行药品注册申请申报资料的整理。

3. 对药品侵权案例具有初步的判断能力。

任务 8-1 药品注册申请

案例导入

案例：1961 年，德国医生在妇产学科会议上报告了一些海豹肢畸形儿的病例，引起了大家的重视。通过调查，证明这种畸形与患者的母亲在怀孕期间服用“反应停”有关，这就是震惊全世界的药物灾难——“反应停”事件。这次灾难的受害者超过 15000 人，涉及到 17 个国家。而美国是少数几个幸免于难的发达国家之一。其实美国在 1960 年就有一家制药公司申请反应停上市销售，当时美国 FDA 官员凯尔西博士在审查时发现，该药缺乏美国药品监督管理法规所要求的足够的临床试验资料，于是顶住压力坚持向该公司要求更多的研究数据，否则拒绝其上市申请。由于凯尔西博士的坚持，这场灾难没有波及美国，但在美国社会却引起了公众对药品监督和注册审批的普遍重视，更加严格了药品注册审批。

讨论：为什么要进行药品注册审批？

在药物发展的历史上曾发生过很多由于药品注册审批不严而造成的“药害”事件，人类为此付出了十分痛苦的代价。“药害”事件的发生主要由于药物注册管理没有法制化，对上市药品的安全性、有效性没有科学的评价标准所致。因此，严格执行药品注册管理制度，对药品市场准入实行科学公正的审批，是保证药品安全、有效和质量可控的重要手段。

药品注册工作是保障药品质量的源头，也是药品监管工作的中心环节。近年来，随着我国医药产业的快速发展，为提高药品审评审批质量，鼓励研究和创制新药，药品注册审批制度不断改革。

一、药品注册

（一）药品注册的概念

药品注册是指国家药品监督管理部门根据药品注册申请人的申请，依照法定程序和相关要求，对拟上市药品的安全性、有效性、质量可控性等进行综合性评价，作出行政许可决定的过程。

（二）药品注册申请人

药品注册申请人是指提出药品注册申请并承担相应法律责任的机构。境内申请人应当是在中国境内合法登记的法人机构，境外申请人应当是境外合法制药厂商。境外申请人办理进口药品注册，应当由其驻中国境内的办事机构或者由其委托的中国境内代理机构办理。

药品注册申请人对药品研制及申报全过程负责，其中包括研发和委托研发的以及使用他人的用于药品注册的数据、资料、样品等合规性和可评价性负责。申请人应建立相应的药物研究和样品试制质量管理体系，以确保药物研究及样品试制过程规范、全程可追溯。

拓展阅读

药品上市许可持有人制度试点方案

2016年6月6日国务院正式发布《药品上市许可持有人制度试点方案》（国办发〔2016〕41号），确定在北京、天津等十个省、直辖市开展药品上市许可持有人制度试点，允许药品研发机构或者科研人员作为药品注册申请人（以下简称申请人），提交药物临床试验申请、药品上市申请，申请人取得药品上市许可及药品批准文号的，可以成为药品上市许可持有人（以下简称持有人）。

持有人不具备相应生产资质的，须委托试点行政区域内具备资质的药品生产企业（以下称受托生产企业）生产批准上市的药品。持有人具备相应生产资质的，可以自行生产，也可以委托受托生产企业生产。持有人对药品质量在其整个生命周期内承担主要责任。

二、药品注册申请的分类与受理

1. 药品注册申请分类 药品注册申请包括药物临床试验申请（以下简称临床试验申请）、药品上市申请（以下简称上市申请）、药品上市后注册事项变更的补充申请以及延续申请。

2. 药品注册申请的受理 药品注册申请的受理分为以下两种情形：①临床试验申请和药品上市申请由国家食品药品监督管理总局进行受理，申请人应向国家食品药品监督管理总局提出申请，并按要求报送申报资料。②药品上市后注册事项变更的补充申请以及延续申请由食品药品监督管理部门进行受理，申请人应向食品药品监督管理部门提交申请并如实报送有关资料。

三、药品注册的分类

我国对药品注册实行分类审批管理。根据《药品注册管理办法》（局令 28 号），按照药品有效成分的性质，将药品注册分为中药、天然药物，化学药品，生物制品三大类。

（一）中药、天然药物注册分类

中药、天然药物注册分类包括：①未在国内上市销售的从植物、动物、矿物等物质中提取的有效成分及其制剂。②新发现的药材及其制剂。③新的中药材代用品。④药材新的药用部位及其制剂。⑤未在国内上市销售的从植物、动物、矿物等物质中提取的有效部位及其制剂。⑥未在国内上市销售的中药、天然药物复方制剂。⑦改变国内已上市销售中药、天然药物给药途径的制剂。⑧改变国内已上市销售中药、天然药物剂型的制剂。⑨已有国家标准的中药、天然药物。

（二）化学药品注册分类

为鼓励新药创制，严格审评审批，提高药品质量，促进产业升级，2015 年 8 月 9 日国务院印发《关于改革药品医疗器械审评审批制度的意见》（国发〔2015〕44 号），明确调整药品注册分类。2015 年 11 月 4 日，第十二届全国人民代表大会常务委员会第十七次会议审议通过《关于授权国务院在部分地方开展药品上市许可持有人制度试点和有关问题的决定》，同意国务院组织开展药品注册分类改革。为落实上述政策要求，满足实际工作需要，国家食品药品监督管理总局 2016 年 3 月 4 日制定发布《化学药品注册分类改革工作方案》，本方案仅针对原化学药品注册分类进行调整。

1. 境内外均未上市的创新药 指含有新的结构明确的、具有药理作用的化合物，且具有临床价值的药品。

2. 境内外均未上市的改良型新药 指在已知活性成分的基础上，对其结构、剂型、处方工艺、给药途径、适应症等进行优化，且具有明显临床优势的药品。

（1）含有用拆分或者合成等方法制得的已知活性成分的光学异构体，或者对已知活性成分成酯，或者对已知活性成分成盐（包括含有氢键或配位键的盐），或者改变已知盐类活性成分的酸根、碱基或金属元素，或者形成其他非共价键衍生物（如络合物、螯合物或包合物），且具有明显临床优势的原料药及其制剂。

（2）含有已知活性成分的新剂型（包括新的给药系统）、新处方工艺、新给药途径，且具有明显临床优势的制剂。

（3）含有已知活性成分的新复方制剂，且具有明显临床优势。

（4）含有已知活性成分的新适应症的制剂。

3. 境内申请人仿制境外上市但境内未上市原研药品的药品 该类药品应与原研药品的质量和疗效一致。

原研药品指境内外首个获准上市，且具有完整和充分的安全性、有效性数据作为上市依据的药品。

4. 境内申请人仿制已在境内上市原研药品的药品 该类药品应与原研药品的质量和疗效一致。

5. 境外上市的药品申请在境内上市

（1）境外上市的原研药品（包括原料药及其制剂）申请在境内上市。

（2）境外上市的非原研药品（包括原料药及其制剂）申请在境内上市。

（三）生物制品注册分类

1. 治疗用生物制品注册分类

（1）未在国内外上市销售的生物制品。

（2）单克隆抗体。

（3）基因治疗、体细胞治疗及其制品。

（4）变态反应原制品。

（5）由人的、动物的组织或者体液提取的，或者通过发酵制备的具有生物活性的多组分制品。

（6）由已上市销售生物制品组成新的复方制品。

（7）已在国外上市销售但尚未在国内上市销售的生物制品。

（8）含未经批准菌种制备的微生态制品。

（9）与已上市销售制品结构不完全相同且国内外均未上市销售的制品（包括氨基酸位点突变、缺失，因表达系统不同而产生、消除或者改变翻译后修饰，对产物进行化学修饰等）。

（10）与已上市销售制品制备方法不同的制品（例如采用不同表达体系、宿主细胞等）。

（11）首次采用DNA重组技术制备的制品（例如以重组技术替代合成技术、生物组织提取或者发酵技术等）。

（12）国内外尚未上市销售的由非注射途径改为注射途径给药，或者由局部用药改为全身给药的制品。

（13）改变已上市销售制品的剂型但不改变给药途径的生物制品。

（14）改变给药途径的生物制品（不包括上述12项）。

（15）已有国家药品标准的生物制品。

2. 预防用生物制品注册分类

（1）未在国内外上市销售的疫苗。

（2）DNA疫苗。

（3）已上市销售疫苗变更新的佐剂，偶合疫苗变更新的载体。

（4）由非纯化或全细胞（细菌、病毒等）疫苗改为纯化或者组份疫苗。

（5）采用未经国内批准的菌毒种生产的疫苗（流感疫苗、钩端螺旋体疫苗等除外）。

（6）已在国外上市销售但未在国内上市销售的疫苗。

（7）采用国内已上市销售的疫苗制备的结合疫苗或者联合疫苗。

（8）与已上市销售疫苗保护性抗原谱不同的重组疫苗。

（9）更换其他已批准表达体系或者已批准细胞基质生产的疫苗；采用新工艺制备并且实验室研究资料证明产品安全性和有效性明显提高的疫苗。

（10）改变灭活剂（方法）或者脱毒剂（方法）的疫苗。

（11）改变给药途径的疫苗。

（12）改变国内已上市销售疫苗的剂型，但不改变给药途径的疫苗。

（13）改变免疫剂量或者免疫程序的疫苗。

（14）扩大使用人群（增加年龄组）的疫苗。

（15）已有国家药品标准的疫苗。

四、药品注册监管

国家食品药品监督管理总局（CFDA）主管全国药品注册工作，负责对药物临床试验、药品上市、药品上市后注册事项变更以及延续进行审批。CFDA应建立科学规范、完善高效的审评审批体系，定期发布药品注册受理，检查、检验、审评、审批的进度和结论以及相关人员等相关信息并接受社会监督。

省级食品药品监督管理部门对行政区域内非临床研究机构、临床试验机构以及药品生产企业等从事的与药品注册相关的研发活动进行监督管理，并对行政区域内申报的注册项目进行现场检查及抽检，完成CFDA委托的药品注册事项。

药品审评机构（以下简称药审机构）负责药品注册申请的审评。药审机构以科学为依据，按照透明、清晰、一致和可预见性原则，建立审评质量管理体系。每年初向社会公布上一年度各类药品注册申请中技术审评、现场检查和药品注册检验进展情况与所用时限的统计情况报告，以及预计本年度的各类药品注册申请技术审评各环节的时限。

五、现行主要相关法规

除《中华人民共和国药品管理法》（2015 年 4 月 24 日第十二届全国人民代表大会常务委员会第十四次会议修正）、《中华人民共和国药品管理法实施条例》（2002 年 8 月 4 日颁布）外，现行主要相关法规如下：

1. 《药品注册管理办法（修订）征求意见稿》（国家食品药品监督管理总局于 2016 年 7 月 25 日发布）。

2. 《关于化学药品注册分类改革工作方案的公告》（国家食品药品监督管理总局于 2016 年 3 月 9 日发布）。

3. 《国务院关于改革药品医疗器械审评审批制度的意见》（国务院于 2015 年 8 月 18 日发布）。

任务 8－2　新药研发与临床试验申请的管理

案例导入

案例： 国内某知名制药公司自 2002 年起开始研发抗癌药，历经反复的研究和试验获得 CFDA 批准已经进入临床试验阶段。前期的临床试验数据非常有利，公司称有望在 2015 年完成Ⅲ期临床试验获得上市许可。然而，2015 年 10 月份，该药Ⅲ期临床试验结束后，对试验数据进行分析，发现该药与对照组相比对肺癌的治疗作用并无显著性差异，建议停止临床试验。公司损失惨重，股价也因此受到严重影响。

讨论： 1. 新药研发的过程及特点是什么？
2. 临床试验的基本要求是什么？

一、新药研发

（一）新药的定义与分类

《国务院关于改革药品医疗器械审评审批制度的意见》中指出为提高药品质量，建立科学高效的药品审评审批体系，将新药的定义调整为未在中国境内外上市销售的药品，根据物质基础的原创性和新颖性，分为创新药和改良型新药。《化学药品注册分类改革工作方案》中明确规定，新注册分类 1、2 类别药品，按照《药品注册管理办法》中新药的程序申报；新注册分类 1 为创新药，强调含有新的结构明确的、具有药理作用的化合物；新注册分类 2 为改良型新药，强调在已知活性成分的基础上对其结构、剂型、处方工艺、给药途径、适应症等进行优化，且具有明显临床优势的药品。

（二）新药研发过程

创新药物作为制药企业研发的重点，已经成为企业生存与发展的源动力。新药的研发是一项复杂的系统工程，涉及化学、生物、医学、药学等多个学科。近年来随着研发难度和成本的增加及各类产品的竞争，还有专利到期后廉价仿制药的冲击，制药企业在新药研发的投入也愈加谨慎。一个成功上市的化学药品，需要花费时间大约10~20年，整个过程需经历：①筛选先导化合物；②临床前研究；③临床试验；④生产上市后研究。

1. 药物临床前研究 为申请药品注册而进行的临床前研究，也称药物非临床研究，包括药物的合成工艺、提取方法、理化性质及纯度、剂型选择、处方筛选、制备工艺、检验方法、质量标准、稳定性、药理毒理、动物药代动力学研究等。

（1）临床前研究的内容

1）药学研究包括药品名称和命名依据，证明性文件，立题目的与依据，对主要研究成果的总结和评价；原料药生产工艺研究，制剂处方及工艺研究，确证化学结构或组分研究；质量研究；药品标准起草及说明、样品检验、辅料、稳定性试验、包装材料和容器有关试验等；中药制剂还包括原药材的来源、加工及炮制等；生物制品还包括菌毒种、细胞株、生物组织等起始材料的质量标准、保存条件、遗传稳定性及免疫学的研究等。

2）药理毒理研究包括药效学研究；药代动力学研究；临床前药物安全性评价，如急性毒性试验，长期毒性试验，过敏性、溶血性和局部刺激性试验，致突变试验，生殖毒性试验，致癌毒性试验，依赖性试验等。

3）试验结果评价通过评价药学研究、药理毒理研究的试验结果，为后期开展临床研究提供安全性方面的参考数据。但这些数据不能完全当作评价药物安全的绝对标准，一种新药，只有经过全面的药理毒理研究、严格的临床试验，甚至上市后观察，才能肯定其安全性。

（2）临床前研究的质量管理　《药品注册管理办法（修订稿）》第三十四条规定，药品临床前研究应当执行有关管理规定，其中安全性评价研究必须执行《药物非临床研究质量管理规范》（GLP）。规范中要求非临床药物研究机构应具有与研究项目相适应的条件，如组织机构和人员、设施、仪器设备和管理制度等，以确保所有试验数据和资料的真实性、完整性和可靠性。

使用境外药物研究机构提供的药物试验研究资料的，必须附有境外提供资料的药物研究机构出具的证明文件，并经国家食品药品监督管理总局认可。

为进一步推进药物非临床研究实施GLP，从源头上提高药物研究水平，保证药物研究质量，经研究决定，自2007年1月1日起，未在国内上市销售的化学原料药及其制剂、生物制品；未在国内上市销售的从植物、动物、矿物等物质中提取的有效成分、有效部位及其制剂和从中药、天然药物中提取的有效成分及其制剂；中药注射剂的新药非临床安全性评价研究必须在经过GLP认证，符合GLP要求的实验室进行。否则，其药品注册申请将不予受理。

2. 药物临床试验 药物临床试验必须经国家食品药品监督管理总局批准后才可实施。临床试验要严格按照《药物临床试验质量管理规范》（GCP）的要求执行。

（1）临床试验的基本要求　药物临床试验是指任何人体（病人或健康志愿者）上进行的药物系统性研究，以证实或揭示试验用药物的作用、不良反应及药物的吸收、分布、代谢和排泄情况，目的是确定实验药物的有效性与安全性。临床试验分为Ⅰ、Ⅱ、Ⅲ、Ⅳ期以及生物等效性试验。临床试验可按照Ⅰ、Ⅱ、Ⅲ期顺序实施或者交叉重叠，也可在已有临床试验数据基础上开展相应的临床试验。

Ⅰ期临床试验　是初步的临床药理学及人体安全性评价试验。Ⅰ期临床试验要求健康志愿者作为受试者进行试验，是药品第一次用于人体的探索性研究。其目的在于观察人体对于新药的耐受程度和药代动力学，为制订给药方案提供依据。Ⅰ期临床试验人数为20~30例。

Ⅱ期临床试验　是对治疗作用的初步评价阶段。Ⅱ期临床试验阶段根据具体研究目的，采取多种形式，包括随机盲法对照试验。其目的在于对新药的有效性和安全性做出评价，同时为Ⅲ期临床试验和给药剂量方案提供依据。Ⅱ期临床试验病例数要求不少于 100 例。

Ⅲ期临床试验　是对治疗作用确证的阶段。也是为药品注册申请获得批准提供依据的关键阶段。在之前Ⅰ、Ⅱ期临床试验的基础上，进行扩大的多中心临床试验，进一步收集该药治疗作用及安全性方面的数据。其目的在于进一步评价新药的有效性和安全性，评价利益与风险关系，为制定药品使用说明提供充分数据。试验一般为具有足够样本量的随机盲法对照试验。Ⅲ期临床试验病例数不少于 300 例。

Ⅳ期临床试验　比较特殊，是新药上市后应用的评价研究阶段。其目的是考察在广泛的使用条件下药物的疗效和不良反应，可以评价在普通或者特殊人群中使用的利益与风险关系以及改进给药剂量等。Ⅳ期临床试验为开放试验，不要求设对照组，试验病例数不少于 2000 例。

罕见病、特殊病种及其他情况，要求减少临床研究病例数或者免做临床试验的，必须经国家食品药品监督管理总局审查批准。

（2）临床试验的质量管理　为了保证药物临床试验过程规范、结果科学可靠，保护受试者的权益并保障其安全，参照国际公认原则，国家食品药品监督管理总局根据《药品管理法》、《药品管理法实施条例》的要求，颁布了《药物临床试验质量管理规范》（GCP），并于 2003 年 9 月 1 日起正式实施。GCP 是进行临床试验、人体生物利用度或生物等效性试验的实施依据，是临床试验全过程的标准规定。包括临床试验前的准备与必要条件、受试者的权益保障、方案设计、组织实施、监查、稽查、记录、分析总结和报告等内容。

药物临床试验场所　药物临床试验机构的设施与条件应满足安全有效地进行临床试验的需要。在我国，临床试验机构需要依法进行资格认定。申请人在获得药物临床试验批准后，应从具有药物临床试验资格的机构中选择承担药物临床试验的机构。

临床试验用药管理　临床试验所用药物应当严格按照 GMP 要求制备，经检验合格后才能用于临床试验。疫苗类制品、血液制品、CFDA 规定的其他生物制品应当由 CFDA 指定的药品检验机构进行检验。临床试验药物使用由临床试验者负责，必须保证按照研究方案使用于受试者，不得把药物交给任何非临床试验者。临床试验用药物不得销售。

临床试验风险管理　临床试验必须有科学依据。在进行人体试验前，必须周密考虑该试验的目的及要解决的问题，应当权衡对受试者和公众健康预期的受益与风险，预期的受益应超过可能出现的损害。临床试验方案必须符合科学性和伦理的合理性要求。临床试验机构和临床试验者有义务采取必要措施，最大程度保障受试者权益。伦理委员会和知情同意书是保障受试者权益的主要措施。研究者未经申请人和或伦理委员会同意，不应偏离或改变试验方案，对任何临床试验偏离方案的行为都应当记录存档并给予合理解释，并告知申请人。伦理委员会在临床试验危及受试者权益时应进行紧急审查，保护受试者的安全和权益。在药物临床试验的过程中，应当密切注意药物不良反应，必须本着受试者的权益、安全和健康高于对科学和社会利益的考虑的原则，按照规定进行报告和处理。出现大范围、非预期的药物不良反应，或确证临床试验药物有严重质量问题，国家食品药品监督管理总局或省级药品监督管理部门可以采取紧急控制措施，责令暂停或终止临床研究，申请人和临床试验单位必须立即停止临床试验。

拓展阅读

生物等效性试验

生物等效性试验，是指用生物利用度研究的方法，以药代动力学参数为指标，比较同一种药物的相同或者不同剂型的制剂，在相同的试验条件下，其活性成分吸收程度和速度有无统计学差异的人体试验。重点在于以预先确定的等效标准和限度进行的比较，是保证含同一药物活性成分的不同制剂体内行为一致性的依据，是判断后研发产品是否可替换已上市药品使用的依据。生物等效性试验的病例数为18~24例。

二、临床试验申请与审批

（一）药品注册申报资料

药品注册必须按照规定要求的申报资料项目报送申请资料。申请资料主要包括四个部分，分别是综述资料、药学研究资料、药理毒理研究资料和临床研究资料。药物的类别、申报的阶段、注册分类不同，申报资料也不同。现以化学药品申报资料项目为例进行说明。

1. 化学药品注册分类1、2、3、5.1类申报资料项目

第一部分　概要

（1）药品名称。

（2）证明性文件。①注册分类1、2、3类证明性文件；②注册分类5.1类证明性文件。

（3）立题目的与依据。

（4）自评估报告。

（5）上市许可人信息。

（6）原研药品信息。

（7）药品说明书、起草说明及相关参考文献。

（8）包装、标签设计样稿。

第二部分　主要研究信息汇总表

（9）药学研究信息汇总表。

（10）非临床研究信息汇总表。

（11）临床研究信息汇总表。

第三部分　药学研究资料

（12）（3.2.S）原料药（注：括号内为CTD格式的编号，以下同）。①（3.2.S.1）基本信息；②（3.2.S.2）生产信息；③（3.2.S.3）特性鉴定；④（3.2.S.4）原料药的质量控制；⑤（3.2.S.5）对照品；⑥（3.2.S.6）包装材料和容器；⑦（3.2.S.7）稳定性。

（13）（3.2.P）制剂。①（3.2.P.1）剂型及产品组成；②（3.2.P.2）产品开发；③（3.2.P.3）生产；④（3.2.P.4）原辅料的控制；⑤（3.2.P.5）制剂的质量控制；⑥（3.2.P.6）对照品；⑦（3.2.P.7）稳定性。

第四部分　非临床研究资料

（14）非临床研究资料综述。

（15）主要药效学试验资料及文献资料。

（16）安全药理学的试验资料及文献资料。

（17）单次给药毒性试验资料及文献资料。

(18) 重复给药毒性试验资料及文献资料。

(19) 遗传毒性试验资料及文献资料。

(20) 生殖毒性试验资料及文献资料。

(21) 致癌试验资料及文献资料。

(22) 依赖性试验资料及文献资料。

(23) 过敏性（局部、全身和光敏毒性）、溶血性和局部（血管、皮肤、粘膜、肌肉等）刺激性等特殊安全性试验资料及文献资料。

(24) 其他安全性试验资料及文献资料。

(25) 非临床药代动力学试验资料及文献资料。

(26) 复方制剂中多种成分药效、毒性、药代动力学相互影响的试验资料及文献资料。

第五部分　临床试验资料

(27) 临床试验综述资料。

(28) 临床试验计划及研究方案。

(29) 数据管理计划、统计分析计划。

(30) 临床研究者手册。

(31) 知情同意书样稿、伦理委员会批准件；科学委员会审查报告。

(32) 临床试验报告。

(33) 临床试验数据库电子文件（原始数据库、衍生的分析数据库及其变量说明文件）。

(34) 数据管理报告、统计分析报告。

2. 化学药品注册分类4、5.2类申报资料项目

第一部分　概要

(1) 药品名称。

(2) 证明性文件。①注册分类4类证明性文件②注册分类5.2类证明性文件

(3) 立题目的与依据。

(4) 自评估报告。

(5) 上市许可人信息。

(6) 原研药品信息。

(7) 药品说明书、起草说明及相关参考文献。

(8) 包装、标签设计样稿。

第二部分　原料药

(9)（2.3.S，注：括号内为CTD格式的编号，以下同）原料药药学研究信息汇总表。

(10)（3.2.S）原料药药学申报资料。①（3.2.S.1）基本信息；②（3.2.S.2）生产信息；③（3.2.S.3）特性鉴定；④（3.2.S.4）原料药的质量控制；⑤（3.2.S.5）对照品；⑥（3.2.S.6）包装材料和容器；⑦（3.2.S.7）稳定性。

第三部分　制剂

(11)（2.3.P）制剂药学研究信息汇总表。

(12)（3.2.P）制剂药学申报资料。①（3.2.P.1）剂型及产品组成；②（3.2.P.2）产品开发；③（3.2.P.3）生产信息；④（3.2.P.4）原辅料的控制；⑤（3.2.P.5）制剂的质量控制；⑥（3.2.P.6）对照品；⑦（3.2.P.7）稳定性。

(13)（2.4.P）制剂非临床研究信息汇总表。

(14) 制剂非临床研究申报资料。①（4.2.2）药代动力学；②（4.2.3）毒理学。

(15)（2.5.P）制剂临床试验信息汇总表。

（16）制剂临床试验申报资料。①（5.2）临床试验项目汇总表；②（5.3）生物等效性试验报告；（5.3.1.2.1）空腹生物等效性试验报告；（5.3.1.2.2）餐后生物等效性试验报告；（5.3.1.4）方法学验证及生物样品分析报告；③（5.3.5.4）其他临床试验报告；④（5.4）参考文献。

拓展阅读

药品命名原则

化学药品的命名原则：①药品名称读音应清晰易辨，全词不宜过长，且应避免与目前已经使用的药品名称混淆；②属于同一药效类别的药物，其名称应力求用适当的方法使之显示这一关系；③凡是易令病人从解剖学、生理学、病理学和治疗学角度猜测药效的名称，一般不应采用。

中成药的命名原则：①根据实际剂型命名，剂型名列于后。②如为单味成药：采用药材名与剂型结合命名，如三七片、苦参片。③复方中成药：采用方内主要药材名称缩合命名，名称一般不超过五个字，如枸菊地黄丸，由枸杞、菊花、地黄等八味药组成；采用主要药材名与功效结合命名，此命名法过去比较常见，如千柏鼻炎片；以几味药命名或加注的，如四味土木香散、十一味参芪片。

（二）临床试验申请与审批程序

申请人在研制药物过程中，拟以在中国境内上市为目的，开展临床试验的，应当向国家食品药品监督管理总局提出临床试验申请，或者进行生物等效性试验的备案。《药品注册管理办法》在临床试验申请审批程序上强调了公开、公正的原则；在质量标准上强调可控性和可操作性，将新药审批与推行 GMP、GLP、GCP 结合起来，逐步与国际接轨。

1. 新药临床研究申报审批

（1）提出申请　申请人完成新药临床前研究，根据药物的新颖性、已有的临床试验数据、已知和未知风险等决定是否提交临床试验申请。达到申请临床试验的条件后，向国家食品药品监督管理总局提出申请，填写《药品注册申请表》并按照申报要求提交申报资料。申请人需按照药物研发的科学规律，提交药物研制资料和临床试验方案，并提交立题依据、总体研究计划及研究者手册。

（2）形式审查　国家食品药品监督管理总局在规定时限内对申报资料进行形式审查，符合要求的出具药品注册申请受理通知书；不符合要求的，出具药品注册申请不予受理通知书，并说明理由。

（3）初步审查　国家食品药品监督管理总局药审机构应当自受理之日起 30 日内组织对申报资料进行初步审查，提出初步审查意见。符合要求的，进入技术审评环节；不符合要求的，不予批准，发给《审批意见通知件》，并说明理由。

（4）技术审查　国家食品药品监督管理总局药审机构对申请人提交的临床试验方案及其支持资料和数据、受试者保护和风险控制措施等进行审查，形成技术审评报告。审查期间可基于审查需要，启动非临床安全性评价方面的现场检查。

（5）批准临床　国家食品药品监督管理总局依据技术审评报告和相关法规，在规定时限内作出审批决定，符合规定的，予以批准，发给《药物临床试验批件》；不符合规定的，不予批准，发给《审批意见通知件》，并说明理由。

药物临床试验申请审批流程，见图 8－1。

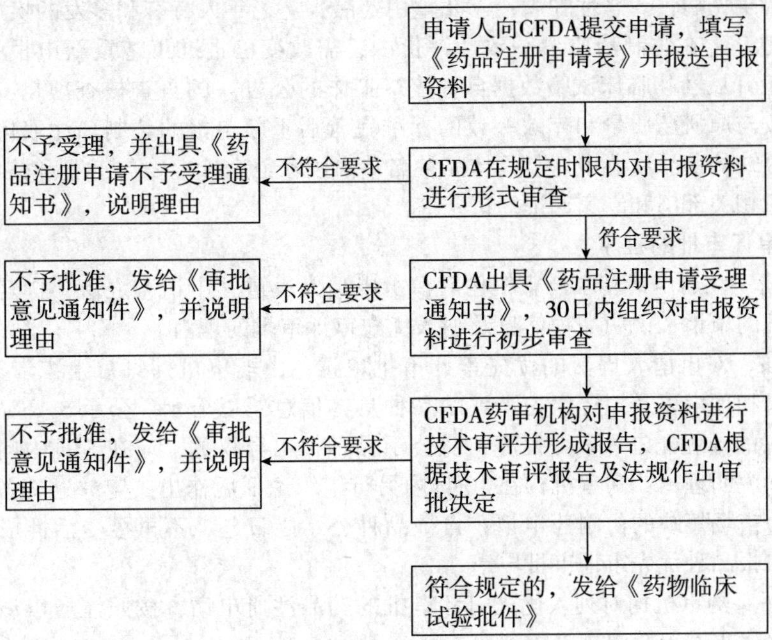

图 8－1　临床试验的审批流程

案例讨论

案例：某制药企业自主研发的某种用于治疗肿瘤的化学药品，目前国内外均未申报，临床存在明确需求。现本品已经完成药物非临床研究，拟申请进入药物临床试验阶段。

讨论：1. 该药品的注册分类？
2. 药物临床试验申请审批的程序。

（三）优先审评审批

为加强药品注册管理，加快具有临床价值的新药和临床急需仿制药的研发上市，解决药品注册申请积压的矛盾，国家食品药品监督管理总局于 2016 年 2 月 26 日发布了“关于解决药品注册申请积压实行优先审评审批的意见”，鼓励以临床价值为导向的药物创新，对依法需要加快审评的药物优先审评审批，详细规定了优先审评审批范围、程序和要求。

1. 优先审评审批范围

（1）具有明显临床价值，符合下列情形之一的药品注册申请　①未在中国境内外上市销售的创新药注册申请。②转移到中国境内生产的创新药注册申请。③使用先进制剂技术、创新治疗手段、具有明显治疗优势的药品注册申请。④专利到期前 3 年的药品临床试验申请和专利到期前 1 年的药品生产申请。⑤申请人在美国、欧盟同步申请并获准开展药物临床试验的新药临床试验申请；在中国境内用同一生产线生产并在美国、欧盟药品审批机构同步申请上市且通过了其现场检查的药品注册申请。⑥在重大疾病防治中具有清晰的临床定位的中药（含民族药）注册申请。⑦列入国家科技重大专项或国家重点研发计划的新药注册申请。

（2）防治下列疾病且具有明显临床优势的药品注册申请　①艾滋病；②肺结核；③病毒性肝炎；④罕见病；⑤恶性肿瘤；⑥儿童用药品；⑦老年人特有和多发的疾病。

（3）其他　①在仿制药质量一致性评价中，需改变已批准工艺重新申报的补充申请；②列入《关于开展药物临床试验数据自查核查工作的公告》的自查核查项目，申请人主动撤回并改为按与原研药质量和疗效一致的标准完善后重新申报的仿制药注册申请；③临床急需、市场短缺的药品注册申请。具体品种名单由国家卫生计生委与工业和信息化部提出，药审机构组织相关部门和专家论证后确定。

2. 优先审评审批的程序

（1）申请　注册申请转入药审机构后，由申请人通过“申请人之窗”向药审机构提交优先审评审批的申请，说明品种信息及纳入优先审评审批的理由。

（2）审核　对申请人提交的优先审评审批申请，由药审机构每月组织专家审核论证，并将审核结果和理由以及拟定优先审评的品种具体信息予以公示。公示5日（工作日，下同）内无异议的即优先进入审评程序；对公示品种提出异议的，应在5日内向药审机构提交书面意见并说明理由；药审机构在10日内另行组织论证后作出决定并通知各相关方。对于临床急需、市场短缺的仿制药申请，自该品种公示之日起，不再接受活性成分和给药途径相同的新申报品种优先审评审批申请。

（3）审评　药审机构对列入优先审评审批的药品注册申请，按照注册申请转入药审机构的时间顺序优先配置资源进行审评。

（4）报送　药审机构在收到样品生产现场检查报告和样品检验结果后5日内完成综合审评报告，3日内报送国家食品药品监督管理总局审批。对于在综合审评过程中发现需要重新审评的情况，则根据具体情况优先安排。

（5）审批　国家食品药品监督管理总局在接到药审机构报送的审核材料后10日内作出审批决定。

拓展阅读

“首仿” 品种实行优先审评评定

根据《“首仿”品种实行优先审评评定的基本原则》征求意见稿，纳入优先审评的“首仿”品种需同时满足以下条件：

（1）同品种仅有一家进口上市。其中，同品种指相同活性成分、相同给药途径的产品，并将特殊制剂与普通制剂区分开，如将微球注射剂与普通注射剂视为两个不同品种。这意味着国内“首仿”无需介意目前已上市的进口厂家是原研生产厂家还是进口仿制药厂家的，“首仿”药仅仅是针对国内生产厂家。

（2）待审评同品种中，按药审机构承办日期先后顺序属于第一家的，若“首仿”注册申请审评没有通过，则按药审机构承办日期先后按序增补后一家申报的注册申请。

（3）已经超出法定审评期限。根据药品注册管理办法，所谓“药品注册时限”，是药品注册的受理、审查、审批等工作的最长时间，根据法律法规的规定中止审批或者申请人补充资料等所用时间不计算在内。

三、新药监测期的管理

国家食品药品监督管理部门根据保护公众健康的要求，对批准上市的新药品种设立监测期，以继续对该新药的安全性进行监测。监测期内国家食品药品监督管理部门不再受理其他企业生产和进口该药品。

（一）监测期时间设置

新药的监测期自批准该新药上市之日起计算，最长不超过5年。对于不同新药，根据其现有的安全性研究资料、境内外研究状况，确定不同的监测期限。（表8－1）

表8－1　新药监测期设置

监测期限	中药、天然药物	化学药品	治疗用生物制品	预防用生物制品
5	1类	1类	1类	1类
4	2～6类	2.2、2.3	2～12类	2～8类
3	7～8类	2.1、2.4	14（不包括12）	9～11类

（二）新药监测期内其他药物的申请审批

1. 新药进入监测期之日起，国家食品药品监督管理总局不再受理其他申请人的同品种上市申请。该新药监测期满后，其他申请人可提出同品种的上市申请。

2. 新药进入监测期之日起，药审机构已经受理其他申请人该新药的上市申请，可以按照审评和审批程序继续办理该申请，符合规定的，国家食品药品监督管理总局批准该新药上市，一并进行监测。

3. 设立监测期的新药从获准上市之日起2年内未上市使用的，国家食品药品监督管理总局可以批准其他申请人提出该品种的上市申请，并重新对该新药进行监测。

（三）监测期内新药的管理

药品生产企业应当经常考察生产工艺、质量、稳定性、疗效及不良反应等情况，每年向所在地省、自治区、直辖市药品监督管理局报告。药品生产、经营、使用及检验、监督单位发现新药存在严重质量问题、严重或非预期的不良反应时，必须及时向省、自治区、直辖市食品药品监督管理部门报告。省、自治区、直辖市食品药品监督管理部门应立即组织调查，并报告国家食品药品监督管理总局。

四、药品技术转让

药品技术转让，是指药品技术的所有者依据《药品技术转让注册管理规定》的要求，将药品生产技术转让给受让方药品生产企业，并由受让方药品生产企业申请药品注册的过程。药品技术转让包括新药技术转让和药品生产技术转让。

（一）新药技术转让有关规定

1. 新药技术转让的转让条件　以下情形可在新药监测期届满前提出新药技术转让的注册申请：①持有《新药证书》的；②持有《新药证书》并取得药品批准文号的。

对于仅持有《新药证书》、尚未进入新药监测期的制剂或持有《新药证书》的原料药，自《新药证书》核发之日起，应当在按照《药品注册管理办法》附件六相应制剂的注册分类所设立的监测期届满前提出新药技术转让的申请。

2. 新药技术转让合同方　新药技术转让的转让方与受让方应当签订转让合同。对于仅持有《新药证书》，但未取得药品批准文号的新药技术转让，转让方应当为《新药证书》所有署名单位。对于持有《新药证书》并取得药品批准文号的新药技术转让，转让方除

《新药证书》所有署名单位外，还应当包括持有药品批准文号的药品生产企业。

3. 转让方及受让方的要求 转让方应当将转让品种的生产工艺和质量标准等相关技术资料全部转让给受让方，并指导受让方试制出质量合格的连续3个生产批号的样品。受让方药品生产企业必须取得《药品生产许可证》和《药品生产质量管理规范》认证证书。转让的新药应当与受让方《药品生产许可证》和《药品生产质量管理规范》认证证书中载明的生产范围一致。新药技术转让注册申请获得批准之日起，受让方应当继续完成转让方原药品批准证明文件中载明的有关要求，例如药品不良反应监测和Ⅳ期临床试验等后续工作。

（二）药品生产技术转让

1. 药品生产技术转让条件 属于下列情形之一的，可以申请药品生产技术转让：①持有《新药证书》或持有《新药证书》并取得药品批准文号，其新药监测期已届满的；持有《新药证书》或持有《新药证书》并取得药品批准文号的制剂，不设监测期的；仅持有《新药证书》、尚未进入新药监测期的制剂或持有《新药证书》不设监测期的原料药，自《新药证书》核发之日起，按照《药品注册管理办法》附件六相应制剂的注册分类所设立的监测期已届满的；②未取得《新药证书》的品种，转让方与受让方应当均为符合法定条件的药品生产企业，其中一方持有另一方50%以上股权或股份，或者双方均为同一药品生产企业控股50%以上的子公司的；③已获得《进口药品注册证》的品种，其生产技术可以由原进口药品注册申请人转让给境内药品生产企业。

2. 转让方的要求 转让方在转让药品生产技术时，应当与受让方签订转让合同，并将所涉及的药品的处方、生产工艺、质量标准等全部资料和技术转让给受让方，指导受让方完成样品试制、规模放大和生产工艺参数验证实施以及批生产等各项工作，并试制出质量合格的连续3个生产批号的样品。受让方生产的药品应当与转让方生产的药品质量一致。

3. 受让方的要求 受让方的药品处方、生产工艺、质量标准等应当与转让方一致，不应发生原料药来源、辅料种类、用量和比例，以及生产工艺和工艺参数等影响药品质量的变化。受让方的生产规模应当与转让方的生产规模相匹配，受让方生产规模的变化超出转让方原规模十倍或小于原规模十分之一的，应当重新对生产工艺相关参数进行验证，验证资料连同申报资料一并提交。

（三）药品技术转让的申请与审批

1. 提出申请 申请药品技术转让，应当填写《药品补充申请表》，按照补充申请的程序和规定以及《药品技术转让注册管理规定》附件的要求向受让方所在地省、自治区、直辖市药品监督管理部门报送有关资料和说明。

（1）对于持有药品批准文号的，应当同时提交持有药品批准文号的药品生产企业提出注销所转让品种药品批准文号的申请。

（2）对于持有《进口药品注册证》、同时持有用于境内分包装的大包装《进口药品注册证》的，应当同时提交转让方注销大包装《进口药品注册证》的申请。已经获得境内分包装批准证明文件的，还要提交境内分包装药品生产企业提出注销所转让品种境内分包装批准证明文件的申请。

（3）对于已经获准药品委托生产的，应当同时提交药品监督管理部门同意终止委托生产的相关证明性文件。

2. 初审 药品技术转让应当由转让方与受让方共同向受让方所在地省级食品药品监督管理部门提出申请。省级食品药品监督管理部门在受理申请后，应对受让方的生产现场、样品生产与检验记录进行检查，并进行抽样，同时通知药品检验所进行检验。省级食品药品监督管理部门对抽样药品检验报告书和有关资料进行审查并提出意见，报送国家食品药品监督管理总局，并由总局药审机构对申报资料进行审评，做出技术审评意见。

3. 批准 国家食品药品监督管理总局依据药审机构的综合意见，决定是否批准生产。符合规定的，发给药品批准文号；如转让前已取得的药品批准文号，应同时注销转让方原药品批准文号。

五、注册资料 CTD 格式

为提高我国药物研发的质量和水平，逐步实现与国际接轨，在研究人用药品注册技术要求国际协调会（ICH）通过技术文件（Common Technical Docrment，简称 CTD）的基础上，结合我国药物研发的实际情况，国家食品药品监督管理局自 2010 年开始对化学药品注册申报资料进行 CTD 格式要求。随着该项工作的不断推进，国家食品药品监督管理总局于 2016 年 5 月发布《化学药品新注册分类申报资料要求（试行）》，提出化学药品新注册分类 1、2、3、5. 1 的药学部分申报资料，均需按照 CTD 格式整理并提交。对于注册分类 5 类的药品，也可以报送 ICH 规定的全套 CTD 资料。注册分类 1 类申请生产，注册分类 2、3、5. 1 类申请临床试验与申请生产除按照申报资料要求报送外，同时需填写化学药 CTD 格式主要研究信息汇总表，并提交电子版。化学药品新注册分类 4、5. 2 类的药学研究部分及制剂的非临床和临床试验部分都要求 CTD 格式提交申报资料。

CTD 格式文件是国际公认的文件编写格式，共由五个模块组成。模块 1 是地区特异性的，模块 2、3、4 和 5 在各个地区是统一的。模块 1：行政信息和法规信息。本模块包括那些对各地区特殊的文件，例如申请表或在各地区被建议使用的标签，其内容和格式可以由每个地区的相关注册机构来指定。模块 2：CTD 文件概述。本模块是对药物质量，非临床和临床试验方面内容的高度总结概括，必须由合格的和有经验的专家来担任文件编写工作。模块 3：质量部分。文件提供药物在化学、制剂和生物学方面的内容。模块 4：非临床研究报告。文件提供原料药和制剂在毒理学和药理学试验方面的内容。模块 5：临床研究报告。文件提供制剂在临床试验方面的内容。

六、现行主要相关法规

除《中华人民共和国药品管理法》（2015 年 4 月 24 日第十二届全国人民代表大会常务委员会第十四次会议修正）、《中华人民共和国药品管理法实施条例》（2002 年 8 月 4 日颁布）外，现行主要相关法规如下：

1.《药品注册管理办法（修订）》（2016 年 7 月 25 日国家食品药品监督管理总局发布征求意见稿）。

2.《药品注册管理办法》（国家食品药品监督管理局令第 28 号，2007 年）。

3.《关于化学药品注册分类改革工作方案的公告》（国家食品药品监督管理总局于 2016 年 3 月 9 日发布）。

4.《化学药品新注册分类申报资料要求的通告》（国家食品药品监督管理总局于 2016 年 5 月 4 日发布）。

5.《国务院关于改革药品医疗器械审评审批制度的意见》（国务院于 2015 年 8 月 18 日发布）。

6.《关于解决药品注册申请积压实行优先审评审批的意见》（国家食品药品监督管理总局于 2016 年 2 月 26 日发布）。

7.《药品技术转让注册管理规定》（国家食品药品监督管理局于 2009 年 8 月 19 日发布）。

任务 8－3 药品上市管理

案例导入

案例：某企业经过数年努力，成功研发出了仿制药品帕罗西汀。该企业想进行该药品上市，但如何注册审批却很茫然。

讨论：1. 该企业应向哪个部门提交注册申请？

2. 该注册申请应具备哪些条件？

一、药品上市许可管理

（一）药品上市许可概念

药品的上市许可是申请人对拟在中国境内上市药品的安全性、有效性、质量可控性等完成研究评价后，向国家食品药品监督管理总局提出上市申请，食品药品监管总局作出行政许可决定的过程。

（二）药品上市许可申请条件

药品上市许可申请应具备以下条件：①药品上市许可的研究工作应当按照相应的技术要求和指导原则开展，其样品试制应当与申请人的上市生产规模相适应。临床验证样品应当与上市后药品处方工艺、质量控制相一致。②申请药品上市许可的研究资料和数据可以来源于符合我国法规和相关国际通行原则的研究机构或者实验室，并符合相应评价原则和指南的要求。使用的研究资料和数据非申请人所有的，应当提供研究资料和数据所有者许可使用的证明文件。③临床试验取得的数据用于在中国境内申请药品上市许可的，应当提交临床试验的全部研究资料。中国受试者样本量应当足够用于评价该试验药物在中国患者中的安全性和有效性等要求。预防用生物制品应当保证具有在中国境内的流行病学保护数据及临床数据支撑，中国境内无流行病例的除外。

（三）药品上市申报与审批程序

1. 提出申请 申请人拟申请药品上市，应当向国家食品药品监督管理总局提交申请资料。国家食品药品监管总局应当在规定时限内，对申报资料进行形式审查。符合要求的，出具受理通知书；不符合要求的，出具不予受理通知书，并说明理由。

2. 初步审查 国家食品药品监督管理总局药审机构应当自受理之日起30日内组织对申报资料进行初步审查，提出初步审查意见。符合要求的，进入技术审评环节；不符合要求的，不予批准，发给《审批意见通知件》，并说明理由。

3. 技术审评 国家食品药品监督管理总局药审机构应当先对申报资料进行技术审评，提出问题清单反馈申请人，并可以根据需要通知核查部门开展现场检查和抽样。核查部门在完成现场检查和抽样后，抽取的样品送指定的药品检验机构开展注册检验。国家食品药品监督管理总局药审机构在收到申请人根据问题清单的补充资料后，再综合现场检查和注册检验等报告作出技术审评结论。

4. 行政审批 国家食品药品监督管理总局对审评程序合规性、公平性进行审查，并作出审批决定。审查发现审评程序存在明显缺陷、结论不明确或者需进一步补充说明的，应当退回食品药品监管总局药审机构，重新作出技术审评结论。国家食品药品监督管理总局依据技术审评结论和相关法规，在规定时限内作出审批决定。符合规定的，予以批准，发给药品注册批件；不符合规定的，不予批准，发给《审批意见通知件》，并说明理由。批准药品上市申请的，同时核准药品标准、生产工艺以及标签、说明书等。核准的生产工艺仅发给申请人。

药品上市申报与审批流程见图8-2。

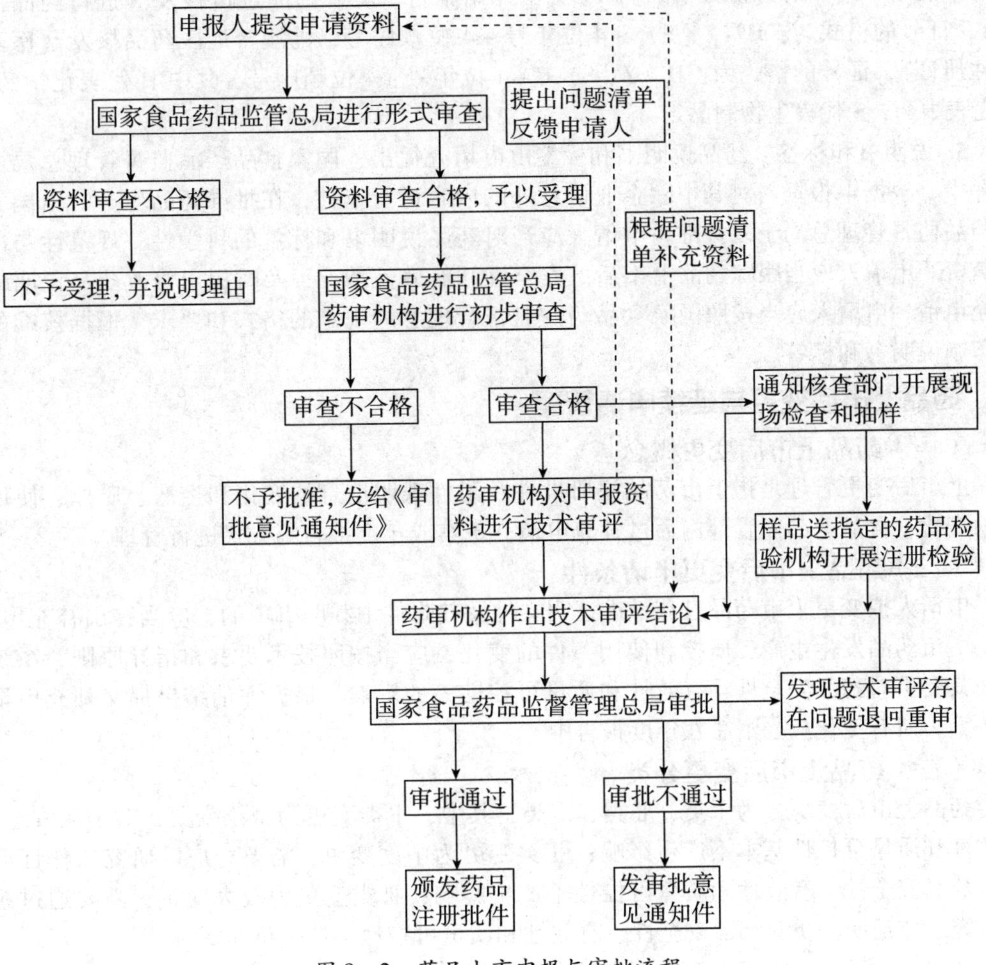

图8-2 药品上市申报与审批流程

（四）药品批准证明文件

药品批准证明文件是药品注册申请被批准后，国家食品药品监督管理部门发给注册申情人的法定证明文件，是药品获得"合法身份"的证据。药品批准证明文件包括：新药证书（如果是新药）、药品注册批件、药品注册批件的附件（质量标准、说明书、药品包装）、药品批准文号等。

1. 新药证书 新药批准后，国家食品药品监督管理总局发给新药申请人的法定权属证明文件。新药证书号的格式为：国药证字H（Z、S）+4位年号+4位顺序号，其中H代表化学药品、Z代表中药，S代表生物制品。

2. 药品注册批件 国家食品药品监督管理总局对某药品生产企业生产该品种，决定是否予以批准的证明文件。《药品注册管理办法》中规定了新药或者仿制药的生产申请，符合规定的，由CFDA发给《药品注册批件》。

3. 批准文号 批准文号是国产药品的身份证明，自1981年开始施行。药品批准文号的格式为：国药准字H（Z、S、J）+4位年号+4位顺序号，其中H代表化学药品，Z代表中药，S代表生物制品，J代表进口药品分包装。

4. 进口药品注册证及医药产品注册证 境外或者港澳台地区药品进入境内的批准证明文件。是进口药品的身份证明，自1999年开始施行。境外药品进口核发《进口药品注册证》，证号的格式为：H（Z、S）+4位年号+4位顺序号；港澳台地区药品核发《医药产品注册证》，证号的格式为：H（Z、S）C+4位年号+4位顺序号，其中H代表化学药品，Z代表中药，S代表生物制品。

5. 说明书和标签 药品说明书和标签由申请人提出，国家食品药品监督管理总局药品审评中心根据申报资料对其中除企业信息外的内容进行审核，在批准药品生产时由国家食品药品监督管理总局予以核准。申请人应当对药品说明书和标签的科学性、规范性与准确性负责。申请人应当跟踪药品上市后的安全性和有效性情况，及时提出修改药品说明书的补充申请。申请人应当按照国家食品药品监督管理总局规定的格式和要求、根据核准的内容印制说明书和标签。

二、药品上市后变更与延续申请管理

（一）药品上市后变更概念

上市后变更管理是指上市药品注册批件及附件载明信息的变化和生产、质控、使用条件的变化，食品药品监管部门通过补充申请、备案或年度报告等方式进行管理。

（二）药品上市后变更申请条件

申请人拟变更上市药品已获批准证明文件及其附件中载明事项的，应当提出补充申请。如已上市药品发生生产、质控和使用条件的变化，应当按照技术要求和指导原则，系统性评估其变更对药品安全性、有效性和质量可控性等的影响，根据评估结果提交补充申请或者备案。所有变化应当汇总在年度报告中。

（三）药品上市后变更分类

药品上市后变更分为Ⅰ类、Ⅱ类、Ⅲ类。其中，Ⅰ类变更为微小变更，对药品安全性、有效性和质量可控性基本不产生影响；Ⅱ类变更为中度变更，需要相应的研究工作证明变更对药品安全性、有效性和质量可控性不产生影响；Ⅲ类变更为较大变更，需要通过系列的研究工作证明变更对药品安全性、有效性和质量可控性不产生负面影响。

（四）药品上市后变更申报与审批

申请人依据变更事项，向食品药品监督管理部门提交补充申请并如实报送有关资料。符合要求的，出具受理通知书；不符合要求的，出具不予受理通知书，并说明理由。

对于补充申请，药审机构应当自受理之日起30日内组织对申报资料进行初步审查，提出初步审查意见。不符合要求的，不予批准，发给《审批意见通知件》，并说明理由；符合要求并需要技术审评的，进入技术审评环节；符合要求不需要技术审评的，出具审查报告，进入审批环节。

在技术审评环节中，药审机构可根据技术审评的需要，通知核查部门开展现场检查和抽样，核查部门在完成现场检查和抽样后，抽取的样品送指定的药品检验机构开展药品注册检验。药审机构综合现场检查和样品注册检验等报告作出技术审评结论。

药审机构根据技术审评结论和有关法规，应在规定时限内作出审批决定，符合规定的，予以批准，发给药品补充批件；不符合规定的，不予批准，发给《审批意见通知件》，并说明理由。

（五）药品上市后延续申请

药品注册批件有效期届满需要延续的，应当在有效期届满 3 个月前申请延续。食品药品监督管理部门在有效期届满前作出是否准予延续的决定；逾期未作决定的，视为准予延续。

批准药品注册批件效期延续的，可依据其风险控制情况，批准其延续的期限。

三、法律责任

（一）行政责任

1. 有《行政许可法》第六十九条规定情形的，国家食品药品监督管理总局根据利害关系人的请求或者依据职权，可以撤销有关的药品批准证明文件。

2. 食品药品监督管理部门及其工作人员违反本法的规定，有下列情形之一的，由其上级行政机关或者监察机关责令改正；情节严重的，对直接负责的主管人员和其他直接责任人员依法给予行政处分：①对符合法定条件的药品注册申请不予受理的；②不在受理场所公示依法应当公示的材料的；③在受理、审评、审批过程中，未向申请人、利害关系人履行法定告知义务的；④申请人提交的申报资料不齐全、不符合法定形式，不一次告知申请人必须补正的全部内容的；⑤未依法说明不受理或者不批准药品注册申请理由的；⑥依法应当举行听证而不举行听证的。

3. 食品药品监督管理部门及其工作人员在药品注册过程中索取或者收受他人财物或者谋取其他利益，构成犯罪的，依法追究刑事责任；尚不构成犯罪的，依法给予行政处分。

4. 药品检验机构在承担药品审批所需要的检验工作时，出具虚假检验报告的，依照《药品管理法》第八十六条的规定处罚。

5. 食品药品监督管理部门擅自收费或者不按照法定项目和标准收费的，由其上级行政机关或者监察机关责令退还非法收取的费用；对直接负责的主管人员和其他直接责任人员依法给予行政处分。

6. 在药品注册中未按照规定实施 GLP、GCP 或者 GMP 的，依照《药品管理法》第七十八条的规定处罚。已批准进行临床试验首次申请的，撤销批准该临床试验批件。

7. 申请人在申报药品注册申请时，报送虚假药品注册申报资料和样品的，食品药品监督管理部门不予受理或者对该申报药品注册申请不予批准，对申请人给予警告，1 年内不受理该申请人提出的该药品的注册申请，已批准进行临床试验首次申请的，撤销批准该临床试验批件，并处 1 万元以上 3 万元以下罚款，3 年内不受理该申请人提出的该临床试验申请。已批准上市许可的，撤销药品批准证明文件，5 年内不受理其申请，并处 1 万元以上 3 万元以下罚款。

食品药品监督管理部门对报送虚假资料和样品的申请人和注册专员建立不良行为记录，并予以公布。

8. 具有下列情形之一的，由食品药品监督管理总局注销药品批准文号，并予以公布：①批准证明文件的有效期未满，申请人自行提出注销药品批准文号的；②批准证明文件的有效期届满后，未提出变更批件有效期的补充申请的，以及变更批件有效期的补充申请未获得批准的；③《药品生产许可证》被依法吊销或者缴销的；④按照《药品管理法》第四十二条和《药品管理法实施条例》第四十一条的规定，对不良反应大或者其他原因危害人体健康的药品，撤销批准证明文件的；⑤已被依法撤销药品批准证明文件的；⑥其他依法应当注销药品批准证明文件的情形。

（二）刑事责任

食品药品监督管理部门在药品注册过程中有下列情形之一的，由其上级行政机关或者监察机关责令改正，对直接负责的主管人员和其他直接责任人员依法给予行政处分；构成犯罪的，依法追究刑事责任：①对不符合法定条件的申请作出准予注册决定或者超越法定职权作出准予注册决定的；②对符合法定条件的申请作出不予注册决定或者不在法定期限内作出准予注册决定的；③违反本办法第十七条的规定未履行保密义务的。

四、现行主要相关法规

除《中华人民共和国药品管理法》（2015 年 4 月 24 日第十二届全国人民代表大会常务委员会第十四次会议修正）、《中华人民共和国药品管理法实施条例》（2002 年 8 月 4 日颁布）外，现行主要相关法规如下：

《药品注册管理办法》（修订稿）（2016 年 7 月 22 日国家食品药品监督管理总局办公厅公开征求意见）。

拓展阅读

国内外官方网站药品注册信息查询链接

一、国内官方网站药品注册信息查询

1. 国家食品药品监督管理总局网站

包括已批准信息、药品注册受理信息、药品注册批准信息、批准临床研究的新药、药品注册批件发送信息、药品注册进度查询、批件送达信息。

2. 国家药品审评中心网站

包括药品审评排队基本情况、CTD 格式申报资料审评序列、任务调整品种浏览、详细进度查询。

二、国外官方网站药品注册信息查询

1. FDA

包括 Drug Information，Approved Drug Products with Therapeutic Equivalence Evaluations，Drug Approvals and Databases，Approvals and Clearance.

2. EMEA&EDQM

包括 European Public Assessment Reports，Pending EC decisions，Withdrawn applications，CEPs.

任务 8－4　药品知识产权保护

案例导入

案例：某制药公司新药研究开发部门的科研人员，通过 8 年的潜心研究，终于在 2014 年 2 月 16 日成功研发了一种治疗心脏疾病的新药。该药物在我国市场上还没有生产销售过。实验表明，其疗效明显优于以往的同类药物，而且不良反应少，若该药能够成功上市，必将有良好的应用前景。

讨论：1. 该企业可通过哪些途径来保护其新药的知识产权？

2. 知识产权的种类有哪些？

医药行业既是关系国计民生和人们身心健康的特殊领域，也是高新技术运用广泛、无形资产集中的主要领域。因此，世界各国对医药领域的知识产权保护问题都十分重视。我国对医药知识产权的保护有药品专利权保护、商标权保护和著作权保护等。加强医药知识产权保护，对于鼓励医药科技创新，推动医药科技产业化发展，提高医药企业竞争意识和能力，加强医药国际交流与贸易等都有着极其重要的意义。

一、药品知识产权

（一）我国药品知识产权保护的发展历程

1. 药品的专利权保护 药品实行专利保护，已成为国际上知识产权法律发展趋势。专利保护是药品知识产权保护的有效途径之一。1985 年 4 月 1 日《中华人民共和国专利法》的实施，标志着我国专利制度的建立。该法于 1992 年、2000 年和 2008 年进行了三次修订。我国第一部《专利法》规定，药品的制备方法可以申请专利，但药物本身不给予专利保护。1993 年修订实施的《专利法》扩大了药品专利的授予范围，新化合物、药物制剂，新化合物和药物制剂的制备方法及新用途均可申请专利保护。至此，我国对医药产品的保护已从相对保护上升到绝对保护，从而使我国药品专利保护与国际相接轨。

2. 药品的商标权保护 我国法律对医药领域的知识产权保护起步较晚，最早涉及药品知识产权保护是对药品商标的保护。1983 年 1 月 1 日实施的《中华人民共和国商标法》，此后于 1993 年、2001 年和 2013 年进行了三次修订。1984 年 9 月 20 日颁布了《中华人民共和国药品管理法》，并于 2001 年、2013 年和 2015 年先后修订了三次。与之配套的《中华人民共和国药品管理法实施条例》自 2002 年 9 月施行。法律中规定了药品必须使用注册商标，从而把药品纳入强制性商标保护的范围。几部法律强化了对药品商标的保护，有效的阻止了驰名商标被抢注的现象，促使我国医药企业开创知名品牌之路。

3. 药品的著作权保护 自 20 世纪 90 年代起，以 1991 年 6 月《著作权法》实施为标志，中国逐步建立起著作权法律制度。近年来，我国 2001 年和 2010 年两次对《著作权法》进行了修改，并颁布实施了《计算机软件保护条例》、《著作权法实施条例》、《著作权行政处罚实施办法》和《著作权集体管理条例》等一系列法规规章，使医药著作权保护有了较为完善的法律基础。

4. 药品的行政保护 在《专利法》、《商标法》等法律进行药品知识产权保护的同时，我国相关部门还出台了一系列药品保护的行政法规和规章。1987 年 3 月 24 日卫生部颁布了《关于新药保护和技术转让的规定》，对一至四类新药的保护期、技术许可与转让作了规定，有效保护了新药所有者的专利权。1999 年 4 月 12 日国家药品监督管理局进一步修订颁布了《新药保护和技术转让的规定》，延长了新药的保护期，新药种类由四类扩大到五类。随着我国加入 WTO 及《药品管理法》和《药品管理法实施条例》的颁布实施，新药的保护也发生改变。2002 年 12 月 1 日国家药品监督管理局颁布了《药品注册管理办法》（试行），同时废止了《新药保护和技术转让的规定》。该办法中引入了专利保护的链接条款及未披露数据的保护内容。2005 年 5 月 1 日出台了新的《药品注册管理办法》，2007 年 7 月 10 日又重新修订了《药品注册管理办法》，该办法于 2007 年 10 月 1 日起施行。由此适应了 WTO 关于知识产权的相关原则，进一步实现了与国际接轨。

为了扩大对外经济技术合作与交流，有效维护外国药品专利权人的合法权益。根据 1992 年中美两国签署的《中华人民共和国与美利坚合众国政府关于保护知识产权的谅解备忘录》，1992 年 12 月 19 日国务院颁布了《药品行政保护条例》，1992 年 12 月 30 日国家医药管理局颁布了《药品行政保护条例实施细则》（2000 年 4 月 14 日国家药品监督管理局对

《药品行政保护条例实施细则》进行了修订）。对于符合一定条件的外国专利药品及其制造方法给予行政保护，在一定历史时期内《药品行政保护条例》对药品知识产权的保护起到了重要作用。

目前，我国已基本建立了以《专利法》、《商标法》等为主的法律保护和以《中药品种保护条例》、《药品行政保护条例》等为主的行政保护有机结合的药品知识产权保护体系，同时我国已先后加入多种知识产权国际公约和组织。加入 WTO 后，我国将进一步履行各种与知识产权有关的国际条约，使药品知识产权保护体系日臻完善。

（二）药品知识产权的范围

医药知识产权是人们基于对脑力劳动在医药领域中所创造的一切智力成果依法享有的权利的总称。《世界知识产权组织公约》第 2 条第 8 款和《与贸易有关的知识产权协议》第一部分第 1 条第 2 款对知识产权范围作出了规定，只要其中的某项权利与医药有关，就可纳入到医药知识产权研究范围。据此我们将医药知识产权的范围界定为以下几种。

1. 医药专利权 医药专利也分为发明、实用新型和外观设计。具有新颖性、创造性和实用性的医药新产品、新配方、新剂型、新生产工艺、新加工处理方法、新医疗器械，具有新颖性的医药外观设计包括药品包装、药品造型以及根据《中药品种保护条例》有关规定取得行政保护的中药品种等。

2. 医药商标权 医药商标主要是医药企业用以标明自己的医药产品和服务的一种专用标记。如“潘高寿”、“东阿阿胶”、“同仁堂”、“太极”等。

3. 医药著作权 医药著作权主要是医药类专著、百科全书、文献、产品说明书、医药计算机软件、数据库、网络系统等作品的版权，如药物信息咨询系统、GMP 管理系统等的版权。

4. 医药商业秘密 医药商业秘密是指不为公众所知悉的，能为权利人带来经济利益，医药企业对其采取保密措施的生产经营和技术信息。如中药组方、炮制方法等。

5. 医药植物新品种 指经过人工培育的中药材新品种和对野生植物加以开发、具备新颖性、创造性和稳定性的中药材新品种。如树形金银花、大果枸杞等。

（三）医药知识产权的特征

医药知识产权和其他知识产权一样，属于民事权利的范畴。与其他民事权利相比，它具有以下独特的法律特征。

1. 无形性 医药知识产权是人们对非物质性、无形性的智力成果所拥有的权利，其客体只能是无形财产的所有权和使用权，而不是有形物的使用权和所有权。由于知识产权客体的无形性，使得法律上对知识产权保护、侵权认定及知识产权贸易比有形财产在相同情况下更为复杂。

2. 法定性 医药知识产权的种类和内容是由法律直接予以规定的，不允许当事人自由创设。如专利权和商标权取得要严格依照法律规定的申请、审批程序进行；专利权、商标权和著作权的保护期限法律都有明确规定。

3. 专有性 专有性又称独占性、排他性和垄断性，即这些权利一经法律确认或授予，就为权利人所专有。知识产权所有人在法定保护期内享有此权利的所有权和使用许可权。其他人未经权利人许可，不得使用此知识产权。

4. 时间性 法律规定了对医药知识产权的保护有一定的期限，即知识产权仅在法定保护期内受到保护。超过这一期限专有权则终止，其智力成果就可为人类所共享，成为社会公共财富。如各国对专利权的保护期限一般为 10 ~ 20 年，商标权一般为 10 年。

5. 地域性 医药知识产权的效力受空间限制。依一个国家的法律确认和授予的知识产权，仅在该国内受到保护，在其他国家则不发生法律效力。若知识产权人希望在他国享有独占权，则应依他国法律规定申请取得，除本国签有国际公约和双边协定之外。

拓展阅读

与知识产权保护相关的国际组织

1. 世界知识产权组织（WIPO）是目前国际社会中处理国际性知识产权问题的唯一管理机构，隶属于联合国。根据1967年7月14日由51个国家在斯德哥尔摩签署的《建立世界知识产权组织公约》成立。WIPO的主要宗旨是通过国与国之间的合作和与其他国际组织的合作，促进全世界对知识产权的保护，具体职责有7个方面。

2. 世界贸易组织（WTO），于1995年1月1日建立。其前身是1947年建立的《关税与贸易总协定》（GATT）缔约组织。WTO是世界各国、地区管理贸易政策的国际机构，在商品、服务以及知识产权等的国际贸易、交流与协作方面发挥着经济联合国的作用，是20世纪以来新的世界性多边贸易体制的典型体现。《与贸易有关的知识产权协定》（TRIPS）草案，于1991年在GATT缔约国的乌拉圭回合谈判中获得通过。WTO正式成立后，专门成立知识产权理事会，监督和管理TRIPS的实施，它已成为世界知识产权组织以外另一个管辖知识产权的国际经济贸易组织。

二、药品专利保护

（一）药品专利概述

1. 概念 医药专利即指专利权，是指国家专利主管机关依照法定条件和程序授予符合医药专利条件的申请人在法定保护期内享有专有权。

2. 主体 医药专利权的主体是指符合法律规定资格申请并取得医药专利权的单位和个人。

依据专利权法的规定，医药专利权的主体包括：

（1）发明人或设计人 发明人是指完成发明创造的人；设计人是指完成实用新型或外观设计的人。其中，发明人或设计人完成的是职务发明创造，申请专利的权利属于其所在单位。申请被批准后，该单位为专利权人。发明人或设计人完成的是非职务发明创造，申请专利的权利属于发明人或设计人。申请被批准后，该发明人或设计人为专利权人。

拓展阅读

职务发明创造与非职务发明创造

执行本单位的任务或者主要是利用本单位的物质技术条件所完成的发明创造为职务发明创造。职务发明创造申请专利的权利属于该单位；申请被批准后，该单位为专利权人。非职务发明创造，申请专利的权利属于发明人或者设计人；申请被批准后，该发明人或者设计人为专利权人。利用本单位的物质技术条件所完成的发明创造，单位与发明人或者设计人订有合同，对申请专利的权利和专利权的归属作出约定的，从其约定。

（2）共同发明创造人 共同发明创造人是指由两个以上单位或者个人合作完成的发明创造、一个单位或者个人接受其他单位或者个人委托所完成的发明创造。依《专利法》规定，除另有协议外，申请专利的权利属于完成或者共同完成的单位或者个人；申请被批准后，申请的单位或者个人为专利权人。

（3）合法受让人 发明人或设计人可以依法将自己的专利申请权和专利权转让给其他个人或者单位。如通过继承、受赠或合同转让等方式成为专利权人。

（4）外国人或外国组织 在中国没有经常居所或者营业所的外国人、外国企业或者外国其他组织在中国申请专利的，依照其所属国同中国签订的协议或者共同参加的国际条约，或者依照互惠原则依法办理。

拓展阅读

有关专利保护的国际公约

1.《保护工业产权巴黎公约》（简称《巴黎公约》），于1883年3月20日在巴黎签订，是保护工业产权最早、最主要的国际公约。《巴黎公约》的实质性内容，主要是在国民待遇、优先权待遇、专利和商标的独立性、共同规则强制许可等方面形成共识。

2.《专利合作公约》（PCT），于1970年6月19日在美国华盛顿签订，1978年1月24日正式生效，是继《巴黎公约》之后又一个重要的国际性专利公约。《专利合作公约》的宗旨是：简化国际间申请专利的手续，加快信息传播，加强对发明的法律保护，促进缔约国的技术进步和经济发展。

3. 客体 依我国《专利法》的规定，专利分为发明、实用新型及外观设计三类。

4. 内容

（1）专利权人的主要权利 ①独占权。专利权人有自己制造、使用和销售专利产品，或使用专利方法的权利，即实施专利的权利。但这种权利要在保护期内行使。②许可权。专利权人有许可他人实施其专利权的权利。任何单位或者个人实施他人专利的，应当与专利权人订立书面实施许可合同，向专利权人支付专利使用费。被许可人无权允许合同规定以外的任何单位或者个人实施该专利。③转让权。《专利法》规定，专利申请权和专利权可以转让。中国单位或者个人向外国人转让专利申请权或者专利权的，必须经国务院有关主管部门批准。转让专利申请权或者专利权的，当事人应当订立书面合同，并向国务院专利行政部门登记，由国务院专利行政部门予以公告。专利申请权或者专利权的转让自登记之日起生效。④标记权。专利权人依法享有在其专利产品或产品包装上标明专利标记和专利号。发明人或设计人不论是否为专利权人，都有在专利文件上署名的权利。

（2）专利权人的主要义务 ①缴纳专利年费的义务。②合理行使专利权的义务。③奖励发明人或设计人的义务。

（二）专利权的授予条件

1. 发明和实用新型专利权的授予条件

（1）新颖性 新颖性是授予专利权的最基本的条件之一。依据我国《专利法》第22条第2款规定，新颖性是指申请日以前没有同样的发明或实用新型在国内外出版物上公开发表过，在国内公开使用过或者其他方式为公众所知，也没有同样的发明或者实用新型由他人向专利局提出过申请并且记载在申请日以后公布的专利申请文件中。简而言之就是说，申请专利的技术方案不能与现有技术的内容一样，其关键问题是该技术方案没有“公开”，或者说在于一个“新”字。

在有些情况下，虽然技术方案以某些方式公开了，但考虑到社会稳定和公平性问题，在一段时间内，视为未公开。我国《专利法》第24条规定，申请专利的发明创造在申请日以前6个月内，有下列情形之一的，不丧失新颖性：在中国政府主办或者承认的国际展览会上首次展出的；在规定的学术会议或者技术会议上首次发表的；他人未经申请人同意而泄露其内容的。

（2）创造性　创造性是授予专利权的必要条件之一，也是专利审查的重点内容。我国《专利法》规定，创造性是指与申请日以前已有的技术相比，该发明具有突出的实质性特点和显著的进步，该实用新型有实质性特点和进步。由此可知，发明要求的创造性程度高于实用新型。总之，实质性特点和进步，是创造性的客观标志。所谓“实质性特点”，是指一项发明创造与现有技术相比具有本质性的区别。所谓“进步”，是指一项发明创造与现有技术相比有所提高（改良），而不是倒退（改劣）。

（3）实用性　实用性是授予专利权的必要条件之一。专利法上的实用性审查相对于新颖性和创造性要简单些。所谓实用性是指该发明或实用新型能够制造或使用，并且能产生积极的效果。它具体包括两方面含义：一是可实施性，二是有益性。这说明获得专利的发明创造不能仅是一种纯理论方案，它必须能够解决技术问题，必须能够在实际生产中得到应用。

2. 外观设计专利权的授予条件　授予专利权的外观设计只须具备新颖性。是指应当同申请日以前在国内外出版物上公开发表过或者国内公开使用过的外观设计不相同和不相近似。可见，对于外观设计新颖性的要求，出版物方式的书面公开以世界地域为标准，使用公开则以本国地域为标准。此外，授予专利权的外观设计，还应当具有美感并能实际应用于工业生产。

3. 不能授予专利权的情形　依据我国《专利法》规定，对以下各项不授予专利权：①违反国家法律、社会公德或者妨害公共利益的发明创造。②科学发现。③智力活动的规则和方法。④疾病的诊断和治疗方法。⑤动物和植物品种。⑥用原子核变换方法获得的物资。但对动物和植物品种产品的生产方法，可以依照本法规定授予专利权。

（三）药品专利权的申请与审批

1. 药品专利权的申请

（1）申请原则　根据《专利法》（2000年修订）规定，专利的申请遵循以下基本原则：①书面申请原则。即办理专利申请手续时，必须采用书面形式。②单一性原则。即一件专利申请只限于一项发明创造。③先申请原则。即两个或两个以上申请人就同样的发明申请专利时，专利权授予最先申请的人。④优先权原则。申请人自发明或实用新型在外国第一次提出专利申请之日起12个月内，或外观设计在外国第一次提出专利申请之日起6个月内，又在中国就相同主题提出申请的，依照该外国同中国签订的协议或者共同参加的国际条约，或者依照相互承认优先权的原则，可以享有优先权。申请人自发明或实用新型在中国第一次提出专利申请之日起12个月内，又向国务院专利行政主管部门就相同主题提出专利申请的，可以享有优先权。

（2）申请文件　专利申请既可以由专利申请权人自己申请，亦可以委托专利代理人申请。申请医药发明或实用新型专利的，提交请求书、说明书及其摘要和权利要求书等文件；申请外观专利设计的，应当提交请求书以及该外观设计的图片或者照片等文件，并且应当写明使用该外观设计的产品及其所属类别。

案例讨论

案例：浙江某医药研究所，其科研人员通过近6年的科技攻关，于2015年6月底研发出一种抗肿瘤的药物。该药物在我国市场上还未生产销售过，该医药研究所正打算为这一药物申请专利保护。

讨论：1. 药品申请专利应具备哪些条件？

2. 专利申请的原则有哪些？

2. 药品专利权的审批

（1）药品发明专利的审批程序　我国对发明专利实行早期公开与请求审查制相结合的审查制度，具体程序如下：

1）初步审查　国务院专利行政部门收到申请人提交的发明专利申请后，进行初步审查。初步审查的目的在于查明该申请在形式上是否符合专利法规定的要求。

初步审查的内容主要是：发明专利申请文件是否齐全完备，格式是否正确规范，专利是否属于授权的范围等。

2）早期公开　早期公开是指国务院专利行政部门收到发明专利申请后，经初步审查认为符合本法要求的，自申请日起满18个月，即行公布。国务院专利行政部门可以根据申请人的请求，早日公布其申请。早期公开有利于促进信息交流，能有效避免他人重复研究和重复申请。

3）实质审查　实质审查又称请求审查制，即发明专利申请自申请日起3年内，国务院专利行政部门可以根据申请人随时提出的请求，对其申请进行实质审查。申请人无正当理由逾期不请求实质审查的，该申请即被视为撤回。实质审查，更加侧重于发明是否具备新颖性、创造性和实用性。

4）授权公告　发明专利申请经实质审查没有发现驳回理由的，由国务院专利行政部门作出授予发明专利权的决定，发给发明专利证书，同时予以登记和公告。发明专利权自公告之日起生效。

（2）药品实用新型和外观设计的审批程序　我国对实用新型和外观设计专利采取初审登记制度。即该类专利申请经初步审查没有发现驳回理由的，由国务院专利行政部门作出授予实用新型专利权或者外观设计专利权的决定，发给相应的专利证书，同时予以登记和公告。实用新型专利权和外观设计专利权自公告之日起生效。

（3）复审　专利申请人对国务院专利行政部门驳回申请的决定不服的，可自收到通知之日起3个月内向国务院专利行政部门内部设立的专利复审委员会请求复审。专利申请人对复审决定不服的，可自收到通知之日起3个月内向人民法院起诉。

（四）药品专利权的保护期限、终止和无效

1. 保护期限　《专利法》规定：发明专利权的保护期限为20年，实用新型和外观设计专利权保护期限为10年，均自申请日起计算。

2. 终止情形

（1）专利权期限届满自行终止。

（2）专利权人以书面声明放弃其专利权。

（3）专利权人不按时缴纳年费而终止。

专利权终止后，专利人的发明创造就成为公共财富，任何人都可利用。

3. 宣告无效 《专利法》规定：自授权日起满6个月内，任何单位和个人认为该专利权的授予不符合专利法规定的，都可以请求专利复审委员会宣告该专利无效。宣告无效的专利视为自始即不存在。

案例讨论

案例：某制药企业的新药研究人员经过5年的艰苦研究，将两种抗感冒药物组成新的复方制剂，该制剂为控释剂型。其特点是每天只需要给药一次，方便患者用药，且新剂型可以提高药物的治疗效果，并减少不良反应，这一药品在我国市场上没有生产和销售过。

讨论：1. 该企业能否就该药品申请专利？

2. 如何进行申请专利保护？

（五）药品专利权的保护

1. 保护范围 《专利法》规定，发明或者实用新型专利权的保护范围以其权利要求的内容为准，说明书及附图可以用于解释权利要求。外观设计专利权的保护范围以表示在图片或者照片中的该外观设计专利产品为准。

2. 专利侵权 专利侵权行为是指除法律规定以外，任何单位或者个人未经专利权人许可，以生产经营为目的实施他人专利的行为。依我国《专利法》规定，专利侵权行为具体有以下几种：

（1）制造、使用、销售或进口他人的发明或实用新型专利产品。

（2）使用他人的专利方法。

（3）使用、销售或进口依照他人专利方法直接获得产品。

（4）制造、销售或进口他人的外观设计专利产品。

3. 专利侵权法律责任

（1）民事责任 ①停止侵权。它是针对正在实施的专利侵权行为。专利侵权人应当依专利管理机关的处理决定或者人民法院的裁决立即停止。②赔偿损失。专利侵权行为给专利权人造成损失的，专利侵权人要依法赔偿损失。③消除影响。专利侵权行为给专利产品的市场商誉造成损失时，要以公开的方式为其消除不良影响。

（2）行政责任 专利管理机关有权责令专利侵权人停止侵权行为、责令改正、罚款等，专利管理机关应当事人的请求，还可以就赔偿数额进行调解。

（3）刑事责任 依《专利法》和《刑法》规定，对于情节严重、构成犯罪的专利侵权行为应当追究其刑事责任。

三、药品注册中的专利链接

（一）概念

药品专利链接是指仿制药上市申请与批准上市的创新药品专利相“链接”，即仿制药注册申请应当考虑先前已上市药品的专利状况，从而避免可能的专利侵权。

（二）我国药品注册中的专利链接规定

1. 信息公示规定 药品监督管理部门应当向申请人提供可查询的药品注册受理、检查、检验、审评、审批的进度和结论等信息。药品监督管理部门应当在行政机关网站或者注册申请受理场所公开下列信息：①药品注册申请事项、程序、收费标准和依据、时限，需要提交的全部材料目录和申请书示范文本；②药品注册受理、检查、检验、审评、审批各环节人员名单和相关信息；③已批准的药品目录等综合信息。

2. 数据独占规定 申请药品上市许可的研究资料和数据可以来源于符合我国法规和相关国际通行原则的研究机构或者实验室，并符合相应评价原则和指南的要求。使用的研究资料和数据非申请人所有的，应当提供研究资料和数据所有者许可使用的证明文件。

3. 仿制药申请上市规定 对他人已获得中国专利权的药品，申请人可以提出上市申请。国家食品药品监督管理总局按照本办法予以审查，符合规定的核发药品注册批件。

4. 药品专利状况和不侵权声明规定 申请人应当对其申请注册的药物或者使用的处方、工艺、用途等，提供申请人或者他人在中国的专利及其权属状态的说明；他人在中国存在专利的，申请人应当提交对他人的专利不构成侵权的声明。对申请人提交的说明或者声明，国家食品药品监督管理部门应当在行政机关网站予以公示。

5. 监测期保护规定 国家食品药品监督管理总局根据保护公众健康的要求，可以对批准上市的新药品种设立监测期。监测期自新药批准上市之日起计算，最长不得超过5年。

新药进入监测期之日起，不再受理其他申请人的同品种上市申请。待监测期满后，可受理其他申请人的同品种上市申请。

拓展阅读

美国药品专利链接制度

1984年美国开创了药品专利链接制度，目前已形成了较为完备的制度体系。该制度包括：

（1）专利声明制度：仿制药申请人应当随申请向FDA提交有关药品专利状态的说明，以防止所申请药品涉嫌专利侵权。

（2）橘皮书制度：被FDA批准的药品名单、药品专利情况和独占期等信息通过橘皮书公布。

（3）仿制药简化申请制度：仿制药的上市申报，无需重复进行NDA（新药上市许可申请）已证明的安全性、有效性研究，只需进行生物等效性研究，加快低成本仿制药的上市；

（4）数据独占制度：对不同类别的仿制药赋予不同的数据保护和市场独占期保护，以弥补药品因FDA审批所占用的时间；

（5）监管审批机构链接制度：加强药品注册审批机构和专利审批机构的沟通，以防所注册药品涉嫌专利侵权；适当延长药品专利期限以弥补药品因注册审批期间而受到的经济损失。

四、现行主要相关法规

《中华人民共和国药品管理法》（2015年4月24日第十二届全国人民代表大会常务委员会第十四次会议修正）、《中华人民共和国药品管理法实施条例》（2002年8月4日颁布））外，现行主要相关法规如下：

《中华人民共和国专利法》（2008年12月27日第三次修正）。

任务对接

任务	知识能力要求
药品注册申请	(1) 掌握药品注册与药品注册申请的类型 (2) 熟悉药品注册监管 (3) 熟悉药品注册的分类
新药研发与药物临床试验申请	(1) 掌握新药的概念、药品批准文件；新药监测期 (2) 熟悉新药研究过程及基本要求 (3) 熟悉临床试验申请与审批流程
药品上市管理	(1) 掌握药品上市许可的概念和申请条件，了解药品上市许可的申报审批程序 (2) 掌握药品上市后变更的概念、申请条件及延续申请期限，了解药品上市变更的分类及申报审批程序 (3) 熟悉资料申报人、食品药品监管部门及其工作人员违法行为应承担的法律责任
药品知识产权保护	(1) 掌握药品知识产权的概念及范围，了解其特征 (2) 掌握药品专利权的概念、主体、客体、内容及授予条件，了解药品专利的申请与审批，保护期限 (3) 熟悉药品注册中的专利链接的概念及有关规定

目标检测

一、A 型题（最佳选择题）

1.《药品注册管理办法》不适用于（　　）

A. 药品注册检验　　B. 药品经营　　C. 药品进口

D. 药品审批　　E. 药物临床试验

2. 根据《药品注册管理办法》，初步评价药物对目标适应症患者的治疗作用和安全性的临床试验属于（　　）

A. Ⅰ期临床试验　　B. Ⅱ期临床试验　　C. Ⅲ期临床试验

D. Ⅳ期临床试验　　E. 生物等效性试验

3. 完成新药审批程序后，国家食品药品监督管理部门根据保护公众健康的要求，可以对批准上市的新药品种设立监测期，对该新药的安全性继续进行监测。新药的监测期自批准该新药上市之日起计算，不超过（　　）

A. 三年　　B. 七年　　C. 十年　　D. 五年　　E. 二年

4. 国家食品药品监督管理总局药审机构应当自受理之日起（　　）内对药品上市申报资料初步审查。

A. 10 日　　B. 15 日　　C. 30 日　　D. 60 日　　E. 90 日

5. 药品注册批件有效期届满需要延续的，应当在有效期届满（　　）前申请延续。
A. 1 个月　　B. 2 个月　　C. 3 个月　　D. 6 个月　　E. 9 个月

6. 不可申请专利的是（　　）
A. 新化合物　　B. 药物制备方法　　C. 药品外观设计
D. 科学新发现　　E. 药物剂型

7.《专利法》规定：发明专利权的期限为（　　）
A. 10 年　　B. 15 年　　C. 20 年　　D. 25 年　　E. 30 年

8.《专利法》规定：实用新型和外观设计专利权期限为（　　）
A. 5 年　　B. 10 年　　C. 15 年　　D. 20 年　　E. 25 年

二、B 型题（配伍选择题）

[9～11]
A. 生物制品　　B. 中成药　　C. 化学药品　　D. 进口药品　　E. 中药饮片

根据《药品注册管理办法》

9. 药品批准文号为"国药准字 H20070272"的药品属于（　　）

10. 药品批准文号为"国药准字 S20123008"的药品属于（　　）

11. 药品批准文号为"国药准字 Z20090356"的药品属于（　　）

三、X 型题（多项选择题）

12. 根据《药品注册管理办法》，药品注册是指国家食品药品监督管理总局根据药品注册申请人的申请，依照法定程序，对拟上市药品的（　　）等进行综合性评价，作出行政许可决定的过程。
A. 安全性　　B. 有效性　　C. 经济性　　D. 均一性　　E. 质量可控性

13. 药物临床前研究包括（　　）
A. 药物的合成工艺　　B. 制剂处方及工艺研究　　C. 人体安全性评价试验
D. 质量研究　　E. 药理毒理研究

14. 专利的申请应遵循的基本原则是（　　）
A. 书面原则　　B. 多样化原则　　C. 单一性原则
D. 先申请原则　　E. 优先权原则

15. 专利权的终止的情况包括（　　）
A. 专利权期限届满自行终止　　B. 专利权人以书面声明放弃其专利权
C. 专利权人以口头声明放弃其专利权　　D. 专利权人不按时缴纳年费
E. 专利权人违法犯罪被判处刑罚

实训 8－1　模拟某种药品注册申请

【实训目的】

1. 学会查阅药品注册相关的法律法规的发布和更新。
2. 正确判断药品注册申请类型。
3. 学会提交药品注册申请及申报资料的整理。

【实训要求】

1. 实验分组，教师给出具体药品注册申请项目内容，根据所学内容首先讨论确定药品注册分类。

2. 学习使用与注册相关的网站，各小组模拟药品注册流程，将所用网站的名称、网址、可查阅的资料信息及查阅路径进行整理。

3. 通过上网搜集信息，列出本组申报资料的详细目录，写出每项资料的目的意义、写作思路和框架、获得来源、法规要求。

4. 下载安装药品注册申请表报盘程序，按照要求，填写药品注册申请表。

5. 以小组为单位，汇报成果。

【实训内容】

1. 学习使用与注册相关的网站。

（1）国家食品药品监督管理总局网址：http：//www. sfda. gov. cn/

（2）总局药品审评中心网址：http：//www. cde. org. cn/

（3）美国食品药品监督管理局 FDA 网址：http：//www. fda. gov/

（4）欧盟药监局：http：//www. ema. europa. eu/ema/

（5）丁香园论坛网址：http：//xdrug. dxy. cn/bbs/board/

（6）药智网网址：http：//www. yaozh. com/

2. 申报资料整理申请药品注册必须按照《药品注册管理办法》所规定申报资料项目报送申请资料。申报资料侧重于综述资料、药学研究资料、药理毒理研究资料、临床试验资料四个方面。按照药物的类别、申请阶段、注册分类的类别等分别作了不同的要求。

【实训评价】

各组之间相互对网络查阅资料的路径、申报资料目录及药品注册申请表进行互评。教师根据互评结果及小组汇报进行总评。

实训 8－2　辨别药品通用名、商品名和商标

【实训目的】

理解药品通用名、商品名和商标的含义及三者之间的区别，在实际生活中能够准确判断识别。

【实训要求】

以 5 人为一组，进入校内模拟药房，在不同的货架上随机抽取药品进行辨别药品的通用名、商品名和商标，力求准确无误。明确自身存在的问题，在此基础上撰写实训报告。

【实训内容】

1. 清洁校内模拟药房货架、柜台。

2. 领取实训材料。

3. 各小组成员在不同的货架上随机抽取药品进行辨别。

4. 实训情况拍照与清场，归还实训材料。

【实训评价】

各组同学对各自药品辨别情况进行互评，交流心得与体会。在此基础上，教师进行总评。学生各自形成实训报告。

（卞晓霞　张蓓蓓）

项目 9

药品生产管理

学习目标

知识要求 **1. 掌握** 药品生产企业开办的基本条件；从事药品生产活动的法定凭证及管理；药品生产质量管理规范的基本内容和要求。

2. 熟悉 《药品生产许可证》申办流程；GMP 认证的基本内容和要求；药品生产监督检查的主要内容。

3. 了解 药品生产许可管理制度及药品委托生产的管理。

技能要求 1. 能根据国家现行 GMP 等法规要求，正确开展药品生产和质量管理工作，确保生产药品的合格性。

2. 能运用申办药品生产许可证、GMP 认证等的有关规定，进行《药品生产许可证》的申领、GMP 的认证申请等工作。

3. 能根据相关规定，进行药品委托生产及生产监督检查等工作。

任务 9-1 药品生产准入与监督管理

案例导入

案例：小王是某校药学专业的毕业生，近日就业于拟新筹建的药品生产企业，领导派给他一个新任务，完成药品生产许可证的申办。

讨论：1. 小王应向何部门申办？有哪些申办条件和要求？

2. 需要提交哪些材料？

3. 申办过程中应注意哪些问题？

一、药品生产和药品生产企业

（一）药品生产

药品生产是指药品生产企业将原料加工制备成能供医疗用的药品的过程。药品的生产包括原料药生产和制剂生产。

1. 原料药的生产 原料药有植物、动物或其他生物产品、无机物和有机化合物等。原料药的生产根据原材料性质的不同、加工制造方法的不同，大体可分：

（1）生药的加工制造 生药一般为来自植物、动物和矿物等，通常为植物或动物机体、器官、分泌物以及矿物。我国传统用中药进行加工处理的方法称为炮制，中药材必须经过蒸、炒、炙、锻等炮制操作制成中药饮片。

（2）药用元素和化合物的加工制造 主要包括从天然物（植物、动物）分离提取制备；用化学合成法（合成法、半合成法）制备，如维生素、甾体、激素等。

(3) 用生物技术　包括通过普通生物技术、基因工程、细胞工程、蛋白质工程、发酵工程等获得的生物材料的生物制品。生产材料有微生物、细胞、各种动物和人体的细胞及体液等。

2. 制剂的生产　制剂生产是指将原料药制成一定剂型（供临床使用的制剂）的生产。由各种来源和不同方法制得的原料药，需进一步制成适合于医疗或预防用的形式，即药物制剂（或称药物剂型），用于患者，如大输液、粉针剂、水针剂、片剂、胶囊剂、颗粒剂、丸剂、软膏剂等。各种不同的剂型有不同的加工制造方法。

（二）药品生产的特点

药品生产属于工业生产，具有一般工业生产的共性。但由于药品是受法律管理最严格的一种商品，药品品种很多，产品质量要求高，因此药品生产具有以下特点：

1. 准入条件严　《药品管理法》规定：所有的药品生产企业必须取得《药品生产许可证》后才具有药品生产资格；药品生产企业必须取得国家食品药品监督管理部门核发的药品批准文号才能生产药品；药品生产企业必须通过药品 GMP 认证，取得 GMP 认证证书才允许生产药品。

2. 品种规格多，生产技术复杂　由于人体和疾病的复杂性，随着医药学的发展，药品的品种和规格日益增多，现有的药品已达数万种。人们对高效、特效、速效、不良反应小、有效期长、价格低的药品需求不断增长，促使药品不断地更新换代。药品的生产技术涉及化学、药学、生物学、医学、化学工程等诸多领域，生产过程中许多问题必须综合运用多种科学知识和技术来解决。

3. 产品质量要求严格　药品的特殊性决定了药品质量的严格性。一般产品有合格品、次品和等外品之分，有些产品的次品、等外品仍具有一定使用价值。药品则不同，不合格品完全不能使用。药品出厂要经过严格的质量检验，必须符合法定的药品标准。

4. 生产管理规范化　由于药品与公众的健康和生命息息相关，为了保证药品质量，国家颁布和修订了《药品生产质量管理规范》。生产企业必须依法实施《药品生产质量管理规范》，加强药品生产各环节的管理。

（三）药品生产企业

1. 药品生产企业的概念　生产企业是应用现代科学技术，自主地从事商品生产、经营活动，实行独立核算，具有法人地位的经济实体。

药品生产企业，亦即制药企业，我国往往将其称为“药厂”。《药品管理法》第一百零二条规定：药品生产企业，是指生产药品的专营企业或者兼营企业。

2. 药品生产企业的性质　同其他商品的生产企业一样，药品生产企业具有企业的基本性质和特征。企业作为商品经济的一种组织形式和基本单位，具有以下基本性质：

(1) 经济性　企业是从事经济性活动的组织，这是企业的首要特性。作为企业，它或者从事商品生产，或者从事商品交换，或者充当生产与流通的媒介。总之，通过商品生产和交换，为他人（或组织）提供使用价值，借以实现商品的价值，即为经济性之含义。

(2) 营利性　企业是从事生产、经营活动的经济组织，其生产、经营活动是以获取利润为目的的，否则，就不能称其为企业。

(3) 独立性　企业以营利为目的，但并非一切以营利为目的的经济组织都是企业。作为企业，必须具有独立性。即它必须独立完成一个生产过程，独立核算，自负盈亏，是一个独立的经济实体。

二、药品生产企业开办

《药品管理法》规定：“开办药品生产企业，须经企业所在地省、自治区、直辖市人民政府食品药品监督管理部门批准并发给《药品生产许可证》，凭《药品生产许可证》到工商行政管理部门办理登记注册。无《药品生产许可证》的，不得生产药品”。

（一）药品生产企业的开办条件

1. 具有依法经过资格认定的药学技术人员、工程技术人员及相应的技术工人 人员是药品生产的首要条件。“依法经过资格认定”的药学技术人员，是指依照国家有关规定，取得药师、工程师等专业技术职称，具有药品生产所需要的专业技术的人员。

2. 具有与药品生产相适应的厂房、设施和卫生环境 为保证生产药品的质量，消除可能产生的污染、混淆、差错等质量隐患，对药品生产的厂房、设施和卫生条件必须有严格的规定，确保药品生产的“硬件”符合《药品生产质量管理规范》的要求。

3. 具有能对所生产药品进行质量管理和质量检验的机构、人员及必要的仪器设备 能够对本企业生产的药品进行质量管理和质量检验，是国家对药品生产企业最基本的要求。没有符合《药品生产质量管理规范》要求的质量管理和质量检验机构、人员及必要的仪器设备，就不可能保证药品生产的质量。

4. 具有保证药品质量的规章制度 开办药品生产企业不仅“硬件”要符合要求，相应的“软件”也是必须的。即建立健全企业规章制度，科学规范管理，使之真正起到保证药品质量的关键作用。

5. 其他条件 开办药品生产企业应符合国家发布的药品行业发展规划和产业政策。

（二）药品生产企业开办的法定程序

药品生产企业的申请人，应当向拟办企业所在地省级食品药品监督管理部门提出申请，省级食品药品监督管理部门收到申请后，应当根据不同情况分别作出处理，并应在自收到申请之日起30个工作日内，作出决定。具体开办法定程序见图9-1。

（三）申办药品生产许可证需提交的材料

申请《药品生产许可证》，应当向省级食品药品监督管理局提交下列材料：

1. 《药品生产许可证核发申请表》，同时提交《药品生产许可证》管理系统客户端程序导出的后缀为XKZ的电子文件（总局药品生产许可证管理系统）。

2. 申请人的基本情况及其相关证明文件（包括所在市局意见）。

3. 拟办企业的基本情况，包括拟办企业名称、生产品种、剂型、设备、工艺及生产能力；拟办企业的场地、周边环境、基础设施等条件说明以及投资规模等情况说明（包括土地使用证明或租赁合同、环境保护、安全消防等有关合格证明）。

4. 工商营业执照及组织机构代码证复印件，生产地址及注册地址、企业类型、法定代表人或者企业负责人。

5. 拟办企业的组织机构图（注明各部门的职责及相互关系、部门负责人）。

6. 拟办企业的法定代表人、企业负责人、部门负责人简历、学历和职称证书；依法经过资格认定的药学及相关专业技术人员、工程技术人员、技术工人登记表，并标明所在部门及岗位；高级、中级、初级技术人员的比例情况表。

7. 拟办企业的周边环境图、总平面布置图、仓储平面布置图、质量检验场所平面布置图；

8. 拟办企业生产工艺布局平面图（包括更衣室、盥洗间、人流和物流通道、气闸等，并标明人、物流向和空气洁净度等级），空气净化系统的送风、回风、排风平面布置图，工艺设备平面布置图。

9. 拟生产的范围、剂型、品种、质量标准及依据。

10. 拟生产剂型及品种的工艺流程图，并注明主要质量控制点与项目。

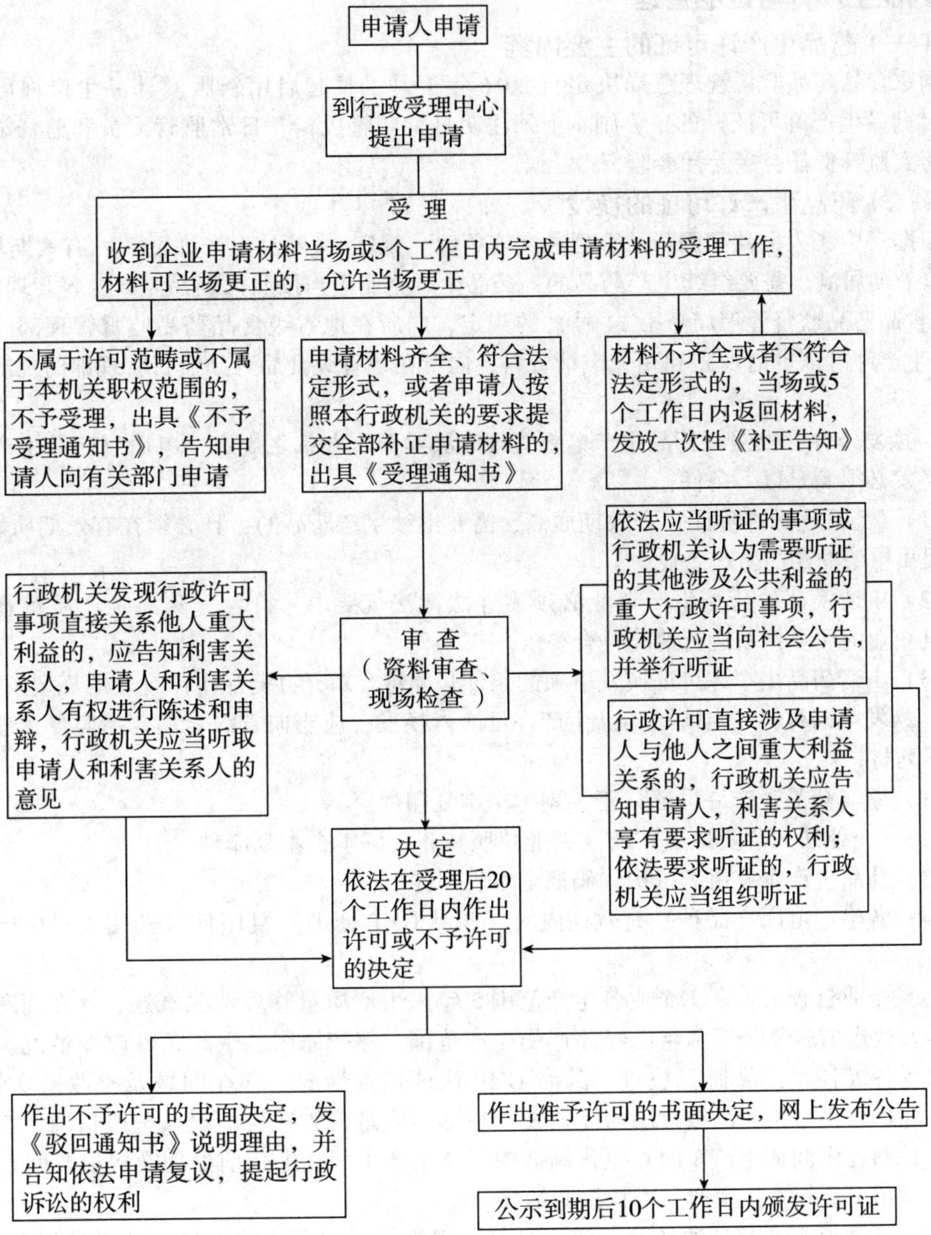

图9-1 药品生产企业开办的法定程序

11. 空气净化系统、制水系统、主要设备验证概况；生产、检验仪器、仪表、衡器校验情况。

12. 主要生产设备及检验仪器目录。

13. 拟办企业生产管理、质量管理文件目录。

14. 企业法定代表人、企业负责人、质量负责人等生产质量管理人员、技术人员无《药品管理法》第七十六条规定的情形，以及全部申请材料内容真实的承诺书。

三、药品生产许可证的管理

（一）药品生产许可证的主要内容

国家食品药品监督管理总局决定自2016年1月1日起启用新版《药品生产许可证》。新版《药品生产许可证》的正、副本上须注明日常监管机构、日常监管人员和监督举报电话，落实监管责任，接受社会监督。

（二）药品生产许可证的换发

根据《中华人民共和国药品管理法实施条例》规定，《药品生产许可证》有效期均为5年。有效期届满、需要继续生产药品的，药品生产企业应当按照《药品生产监督管理办法》（国家食品药品监督管理局令第14号）的规定，向所在地省级食品药品监督管理部门提交《药品生产许可证申请表》和相关申请资料，向所在地省级食品药品监督管理部门提出换证申请。

1. 换发条件 根据《药品生产监督管理办法》第十九条之规定，申请《药品生产许可证》换发必须满足以下条件：

（1）《药品生产许可证》有效期届满，需要继续生产药品的，且必须在有效期届满前6个月提出申请的药品生产企业。

（2）申请换证的药品生产企业必须遵守法律法规要求，符合《药品生产质量管理规范》且企业的质量体系运行情况符合要求。

（3）申请药品生产许可证换发事项的条件必须符合新开办药品生产企业的规定条件。

2. 换发申请材料 申请《药品生产许可证》换发，应当向省级食品药品监督管理部门提交下列材料：

（1）原《药品生产许可证》正、副本全本复印件。

（2）《企业法人营业执照》或《营业执照》正、副本全本复印件。

（3）药品生产企业组织机构代码证全本复印件。

（4）各生产范围（品种）有效期内的《药品GMP证书》复印件（药用辅料生产企业除外）。

（5）企业自查报告。①企业各生产范围5年来生产质量管理情况概述、存在问题、风险分析及改进措施。②近两年已经停产的生产范围、停产原因、生产条件改变情况。③近两年接受各级各类药品监督检查、药品GMP认证检查情况、存在问题及整改落实情况。④近5年内有不合格药品被食品药品监督管理部门质量公告通告情况及整改情况。⑤厂外车间（原料药中间体生产车间、生化制剂中间体生产车间、中药前处理及提取车间）生产质量管理情况。⑥委托生产、委托检验情况。

（6）企业所有药品品种目录，包括品名、规格、剂型、批准文号、是否常年生产等。新开办企业或新增生产范围尚未取得药品批准证明文件的，报送药品注册受理单和注册进度的相关证明。

（7）企业5年以来组织机构、生产和质量主要管理人员以及生产、检验条件的变动及备案情况。

（8）药品不良反应监测工作开展情况（仅限制剂生产企业）。

（9）生产质量管理制度目录（仅限药用辅料生产企业提报），主要生产设备、检验仪器目录，生产车间平面布局图及文字简介（包括周边环境、土建面积、净化级别、净化面积、生产线布局、人员和设备配备、生产和检验能力等）。

3. 换发流程 《药品生产许可证》换发流程见图9-2。

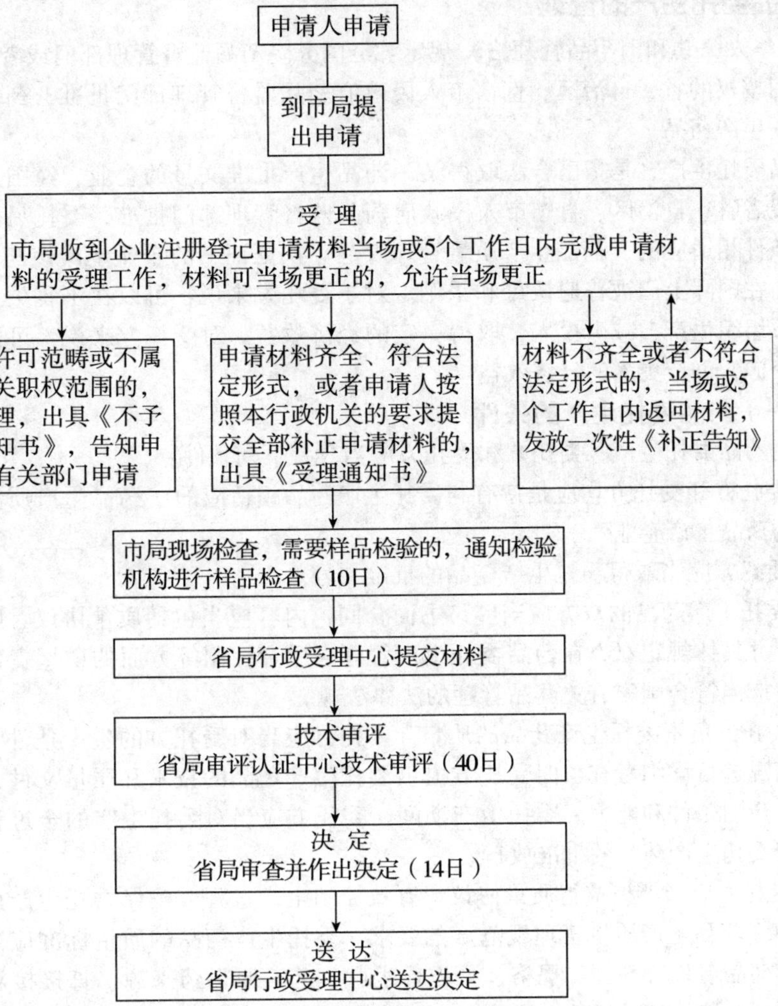

图 9-2 药品生产许可证换发流程

（三）药品生产许可证的变更

1. 许可变更内容 本辖区内药品生产企业申请变更《药品生产许可证》生产范围、生产地址或申请变更《药品生产许可证》企业名称、法定代表人、企业负责人、注册地址、企业类型的审批。

2. 申请许可变更条件 申请人应当具备下列条件，方可允许变更：

（1）药品生产企业变更《药品生产许可证》许可事项的，应当在原许可事项发生变更 30 日前，向原发证机关提出《药品生产许可证》变更申请。

（2）药品生产企业变更《药品生产许可证》登记事项的，应当在工商行政管理部门核准变更后 30 日内，向原发证机关申请《药品生产许可证》变更登记。

（3）变更的事项条件应符合首次核准的条件。

（4）应当符合国家制定的药品行业发展规划和产业政策，防止重复建设。

四、药品委托生产的管理

《中华人民共和国药品管理法》规定：经国务院药品监督管理部门或者国务院药品监督管理部门授权的省、自治区、直辖市人民政府药品监督管理部门批准，药品生产企业可以接受委托生产药品。

药品委托生产，是指已合法取得某一药品生产批准文号的企业，经国务院药品监督管理部门或者省、自治区、直辖市人民政府药品监督管理部门批准，委托另一持有与该药品的生产条件相适应的《药品生产质量管理规范》认证证书的企业生产该药品的行为。委托生产目前在国际上已被普遍认可和采纳。对于委托方来说，可以在不丧失该药品批准文号的前提下组织生产，减少投入，取得一定的经济效益。对受托方来说，可以充分利用企业的生产资源，创造更多的经济效益。

（一）药品委托生产的条件

申请药品委托生产，委托方和受托方应当具备下列条件：

1. 委托方和受托方均应是持有与委托生产药品相适应的《药品生产质量管理规范》认证证书的药品生产企业。

2. 委托方应当取得委托生产药品的批准文号。

3. 委托生产药品的双方应当签订书面合同，内容应当包括质量协议，明确双方的权利与义务，并具体规定双方在药品委托生产管理、质量控制等方面的质量责任及相关的技术事项，且应当符合国家有关药品管理的法律法规。

4. 委托方负责委托生产药品的质量。委托方应当对受托方的生产条件、技术水平和质量管理情况进行详细考查，向受托方提供委托生产药品的技术和质量文件，确认受托方具有受托生产的条件和能力。委托生产期间，委托方应当对委托生产的全过程进行指导和监督，负责委托生产药品的批准放行。

5. 受托方应当严格执行质量协议，有效控制生产过程，确保委托生产药品及其生产符合注册和《药品生产质量管理规范》的要求。委托生产药品的质量标准应当执行国家药品标准，其药品名称、剂型、规格、处方、生产工艺、原料药来源、直接接触药品的包装材料和容器、包装规格、标签、说明书、批准文号等应当与委托方持有的药品批准证明文件的内容相同。

6. 委托方和受托方有关药品委托生产的所有活动应当符合《药品生产质量管理规范》的相关要求。

7. 在委托生产的药品包装、标签和说明书上，应当标明委托方企业名称和注册地址、受托方企业名称和生产地址。

8. 麻醉药品、精神药品、药品类易制毒化学品及其复方制剂，医疗用毒性药品，生物制品，多组分生化药品，中药注射剂和原料药不得委托生产。国家食品药品监督管理总局可以根据监督管理工作需要调整不得委托生产的药品。放射性药品的委托生产按照有关法律法规规定办理。

（二）药品委托生产的申请流程

药品委托生产的申请，由委托方向国家食品药品监督管理总局或者省、自治区、直辖市食品药品监督管理部门提出申请，并提交申请材料。注射剂、生物制品（不含疫苗制品、血液制品）和跨省、自治区、直辖市的药品委托生产申请，由国家食品药品监督管理总局负责受理和审批。其他药品委托生产申请，由委托生产双方所在地省、自治区、直辖市食品药品监督管理部门负责受理和审批。

经审查符合规定的，予以批准，向委托方发放《药品委托生产批件》；不符合规定的，书面通知委托方并说明理由，同时告知其享有依法申请行政复议或者提起行政诉讼的权利。《药品委托生产批件》有效期不得超过2年，且不得超过该药品批准证明文件规定的有效期限。《药品委托生产批件》有效期届满需要继续委托生产的，委托方应当在有效期届满30日前，办理延期手续。委托生产合同终止的，委托方应当及时办理《药品委托生产批件》的注销手续。

五、药品生产监督检查

药品生产监督管理是指药品监督管理部门依法对药品生产条件和生产过程进行审查、许可、监督检查等管理活动。国家食品药品监督管理总局主管全国药品生产监督管理工作；各省、自治区、直辖市食品药品监督管理部门负责本行政区域内的药品生产监督管理工作。

（一）药品生产监督检查的主要内容

国家食品药品监督管理总局可以直接对药品生产企业进行监督检查，并对省、自治区、直辖市食品药品监督管理部门的监督检查工作及其认证通过的生产企业《药品生产质量管理规范》的实施及认证情况进行监督和抽查。各省、自治区、直辖市食品药品监督管理部门负责本行政区域内药品生产企业的监督检查工作，应当建立实施监督检查的运行机制和管理制度，明确设区的市级食品药品监督管理机构和县级食品药品监督管理机构的监督检查职责。

监督检查的主要内容是药品生产企业执行有关法律、法规及实施《药品生产质量管理规范》的情况，监督检查包括《药品生产许可证》换发的现场检查、《药品生产质量管理规范》跟踪检查、日常监督检查等。

各级食品药品监督管理部门组织监督检查时，应当制订检查方案，明确检查标准，如实记录现场检查情况，检查结果应当以书面形式告知被检查单位。需要整改的应当提出整改内容及整改期限，并实施跟踪检查。

在进行监督检查时，食品药品监督管理部门应当指派两名以上检查人员实施监督检查，检查人员应当向被检查单位出示执法证明文件。食品药品监督管理部门工作人员对知悉的企业技术秘密和业务秘密应当保密。

（二）药品生产企业需提供的情况和材料

药品监督检查时，药品生产企业应当提供有关情况和以下材料：

1. 企业生产情况和质量管理情况自查报告。
2. 《药品生产许可证》副本和营业执照复印件，《药品生产许可证》事项变动及审批情况。
3. 企业组织机构、生产和质量主要管理人员以及生产、检验条件的变动及审批情况。
4. 药品生产企业接受监督检查及整改落实情况。
5. 不合格药品被质量公报通告后的整改情况。
6. 检查机关需要审查的其他必要材料。

（三）监管部门记载的主要内容

监督检查完成后，药品监督管理部门在《药品生产许可证》副本上载明检查情况。主要记载以下内容：

1. 检查结论。
2. 生产的药品是否发生重大质量事故，是否有不合格药品受到药品质量公报通告。
3. 药品生产企业是否有违法生产行为，及其查处情况。

拓展阅读

《药品管理法》第十条、第十一条、第十二条规定

第十条　除中药饮片的炮制外，药品必须按照国家药品标准和国务院药品监督管理部门批准的生产工艺进行生产，生产记录必须完整准确。药品生产企业改变影响药品质量的生产工艺的，必须报原批准部门审核批准。

中药饮片必须按照国家药品标准炮制；国家药品标准没有规定的，必须按照省、自治区、直辖市人民政府药品监督管理部门制定的炮制规范炮制。省、自治区、直辖市人民政府药品监督管理部门制定的炮制规范应当报国务院药品监督管理部门备案。

第十一条　生产药品所需的原料、辅料，必须符合药用要求。

第十二条　药品生产企业必须对其生产的药品进行质量检验；不符合国家药品标准或者不按照省、自治区、直辖市人民政府药品监督管理部门制定的中药饮片炮制规范炮制的，不得出厂。

六、现行主要相关法规

除《中华人民共和国药品管理法》（2015 年 4 月 24 日第十二届全国人民代表大会常务委员会第十四次会议修正）、《中华人民共和国药品管理法实施条例》（2002 年 8 月 4 日颁布）外，现行主要相关法规如下：

1. 《药品生产监督管理办法》（国家食品药品监督管理局令第 14 号，2004 年）。
2. 《药品委托生产监督管理规定》（国家食品药品监督管理局令 2014 年第 36 号公告）。

任务 9－2　《药品生产质量管理规范》认知

案例导入

案例：小张就职于某药品生产企业，现公司招收了一批新员工，公司决定让小张对新员工进行药品 GMP 管理规定的培训。

讨论：1. GMP 对药品生产质量管理的哪些方面做了规定？
　　　2. GMP 对硬件、软件及人员是怎样规定的？

一、药品生产的相关概念

药品生产包含了物料的采购、原辅料的加工、质量控制、审核放行、贮存、发运等一系列活动。与药品生产相关的概念如下。

1. 操作规程　指经批准用来指导设备操作、维护与清洁、验证、环境控制、取样和检验等药品生产活动的通用性文件，也称标准操作规程。

2. 重新加工　指将某一生产工序生产的不符合质量标准的一批中间产品或待包装产品的一部分或全部，采用不同的生产工艺进行再加工，以符合预定的质量标准。

3. 返工　指将某一生产工序生产的不符合质量标准的一批中间产品或待包装产品、成品的一部分或全部返回到之前的工序，采用相同的生产工艺进行再加工，以符合预定的质量标准。

4. 工艺规程 指为生产特定数量的成品而制定的一个或一套文件，包括生产处方、生产操作要求和包装操作要求，规定原辅料和包装材料的数量、工艺参数和条件、加工说明（包括中间控制）、注意事项等内容。

5. 回收 指在某一特定的生产阶段，将以前生产的一批或数批符合相应质量要求的产品的一部分或全部，加入到另一批次中的操作。

6. 纠偏限度 指系统的关键参数超出可接受标准，需要进行调查并采取纠正措施的限度标准。

7. 文件 指 GMP 所指的文件包括质量标准、工艺规程、操作规程、记录、报告等。

二、GMP 概述

GMP 是在社会发展中医药实践经验教训的总结和人类智慧的结晶。质量保证和在药品生产中应有规范的想法由来已久。人类社会经历了十二次较大药物灾难，特别是 20 世纪最大的药物灾难“反应停”事件后引起公众的不安和对药品监督及法律的兴趣，美国于 1962 年修改了《联邦食品药品化妆品法》。

《药品生产质量管理规范》最早是由美国坦普尔大学六位制药专家提出的全面质量管理方案，是专为制药工业进行质量管理制定的。它的英文全称是：Good Manufacturing Practice for Drugs，简称为药品 GMP。

1963 年美国国会第一次颁布 GMP 成为法令。美国 FDA 即食品药物管理局经过实施 GMP，确实收到实效。1967 年 WHO 在出版的《国际药典》（1967 年版）的附录中进行了收载。1969 年第 22 届世界卫生大会，WHO 建议各成员国的药品生产采用 GMP 制度，以确保药品质量和参加“国际贸易药品质量签证体制”简称“签证体制”。1973 年日本制药工业协会提出了自己的 GMP。1974 年日本政府颁布 GMP，进行指导推行。1975 年 WHO 正式公布 GMP。1977 年第 28 届世界卫生大会时 WHO 再次向成员国推荐 GMP，并确定为 WHO 的法规。GMP 经过修订后，收载于《世界卫生组织正式记录》第 226 号附件 12 中。WHO 提出的 GMP 制度是药品生产全面质量管理的一个重要组成部分，是保证药品质量，并把发生差错事故、混药、各类污染的可能性降到最低程度所规定的必要条件和最可靠的办法。1978 年美国再次颁行经修订的 GMP。1980 年日本决定正式实施 GMP。

此后，英国、日本及大多数欧洲国家开始宣传、认识、起草本国的 GMP。欧洲共同体委员会颁布了欧共体的 GMP。到 1980 年有 63 个国家颁布了 GMP；目前，已有 100 多个国家实行了 GMP 制度。随着社会的发展，科技的进步，各国在执行 GMP 的过程中不断地对其进行修改和完善，并制订了各项详细规则和各种指导原则。如英国 1985 年已经出版第四版 GMP 指导，对实施 GMP 作出具体规定。日本也不断修改 GMP，对各条款作出详细规定，并对制药企业按 GMP 自检要求也予以详细规定。1988 年日本政府制订了原料药 GMP，1990 年正式实施。

三、我国 GMP 实施简史

新中国成立以来，我国制药工业有了很大发展，已经建成一套初具规模的药品科研、生产、销售体系。过去，我们用以“三检三把关”为代表的质量检查方法，“三检”即自检、互检、专职检验。“三把关”即把好原材料、包装材料的质量关，力求做到不合标准的原材料、包装材料不用于生产；把好中间体（半成品）质量关，严格控制中间体的质量标准；把好成品质量关，不合格的成品不准出厂。还有许多质量管理活动，如“四消灭一保证”（消灭差错、消灭混药、消灭异物混入、消灭整批退货，保证不合格的产品不出厂）、质量评比、全优竞赛、评选质量信得过小组等提高产品质量的活动。在我国制药工业不发达的时候，这些质量管理工作曾经发挥过重要作用。但这种管理缺乏基本的质量管理理论知识，没有形成一套完整的、有效的、系统的、科学的管理制度，质量管理意识还没有真正树立，企业职工文化素质亟待提高。为适应我国医药工业的发展，急需制定相应的对策，实施 GMP。

GMP 在我国是 20 世纪 70 年代末随着对外开放政策和出口药品的需要而受到各方面的重视，并在一些企业和某些产品生产中得到部分的应用。中国医药工业公司于 1982 年制订了《药品生产管理规范（试行本）》。1985 年经修改，由原国家医药管理局作为《药品生产管理规范》推行并颁发，作为行业的 GMP 要求正式执行。同时由中国医药工业公司编制了《药品生产管理规范实旋指南》（1985 年版），于当年 12 月颁发，在推动我国药品生产企业实施 GMP 制度方面，发挥了积极的作用。

1988 年 3 月 17 日卫生部以（88）卫药字第 20 号文件“关于颁布《药品生产质量管理规范》的通知”下达了我国法定的 GMP。之后又进行修订，颁布了 1992 年修订版。1993 年中国医药工业公司颁布了修订的《药品生产管理规范实施指南》。

随着 GMP 的发展，国际间实施了药品 GMP 认证。我国卫生部于 1995 年 7 月 11 日下达卫药发（1995）第 53 号“关于开展药品 GMP 认证工作的通知”。药品 GMP 认证是国家依法对药品生产企业（车间）和药品品种实施药品 GMP 监督检查并取得认可的一种制度，是国际药品贸易和药品监督管理的重要内容，也是确保药品质量稳定性、安全性和有效性的一种科学的先进的管理手段。同年，成立中国药品认证委员会（缩写为 CCCD）。1998 年国家药品监督管理局成立后，建立了国家药品监督管理局药品认证管理中心。

国家药品监督管理局 1999 年 6 月 18 日以第 9 号令颁布《药品生产质量管理规范》（1998 年修订）。

2001 年修订的《药品管理法》第九条规定：药品生产企业必须按照《药品生产质量管理规范》组织生产；药品监督管理部门按照规定对药品生产企业是否符合《药品生产质量管理规范》的要求进行认证，对认证合格的，发给认证证书。《药品管理法》赋予了强制实施《药品生产质量管理规范》的法律依据，为提高药品质量，促进医药工业的发展奠定了法律基础。截至 2004 年 6 月，实现了所有原料药和制剂均在符合药品生产质量管理规范的条件下生产的目标。《药品生产质量管理规范》成为药品生产和质量管理的基本准则，依法实施《药品生产质量管理规范》已成为药品生产企业的基本要求。

2011 年 2 月 12 日卫生部发布《药品生产质量管理规范（2010 年修订）》（以下简称新版 GMP），2011 年 3 月 1 日起施行。新建药品生产企业、药品生产企业新建（改、扩建）车间应符合新版药品 GMP 的要求。现有药品生产企业将给予不超过 5 年的过渡期，并依据产品风险程度，按类别分阶段达到新版药品 GMP 的要求。

四、实施 GMP 的目的

GMP 是为保证药品在规定的质量下持续生产的体系。制订和实施 GMP 的主要目的主要表现在以下几方面：①将人为的差错控制在最低的限度，防止对药品的污染和降低质量，保护消费者的利益，保证人们用药安全有效。②保护药品生产企业，使企业有法可依、有章可循。③是政府和法律赋予制药行业的责任，并且也是中国加入 WTO 之后，实行药品质量保证制度的需要，因为药品生产企业若未通过 GMP 认证，就可能被拒之于国际贸易的技术壁垒之外。

五、我国 GMP 的基本要素

实施药品 GMP 主要有三要素：硬件、软件和人员。硬件系指药品生产的总体布局、生产环境及设备设施。软件系指完整的管理体系，规范企业行为的一系列标准，执行标准结果的记录，包括组织机构、组织工作、生产工艺、记录、制度、方法、文件化程序、培训等，可概括为以智力为主的投入产出。人员包括软、硬件系统的制定者和执行者。

（一）硬件是基础

实行药品 GMP 管理是关系到制药企业能否发展的大事，而硬件是实施药品 GMP 的必要条件。制药企业实施 GMP 的最终目的是为了最大限度降低药品生产过程中污染、交叉污染，以及混淆、差错等风险，确保持续稳定地生产出符合规定用途和注册要求的药品。从药品 GMP 实施的目的就可以看出，最终是要确保持续稳定地生产出符合规定用途和注册要求的药品。没有良好的厂房设备、完善的设施，就很难生产出符合规定用途和注册要求的药品，有了这样的生产能力之后才能够谈及其他。

（二）软件是保障

软件系统能准确反映出该国、该企业的管理和技术水平。但由于软件不如硬件那样直观、引人注目，所以常被忽视。众所周知，药品质量是设计和制造出来的，而药品质量是要通过遵循各种标准的操作和管理来保证。这就需要建立一套具有实用性、可行性且经过验证的软件。同其他事物一样，企业的软件管理也经历了一个形成、发展和完善的过程，技术标准、管理标准、工作标准是在长期的生产过程及各类验收检查、质量审计中逐步形成的，这一时期的各类标准是低水平的、粗线条的。

（三）人员是保证

对于制药企业来说，在药品的设计、研制、生产、质控到销售的全过程中，人员是最重要的因素，是组成药品 GMP 的第一要素。因为优良的硬件设备要由人来设计和操作，好的软件系统要由人来制定和执行，同时人又是造成药品污染和混淆的最大污染源和肇事者，因此，离开了具有高素质、具有药品 GMP 理念的人，再好的硬件和软件都难以发挥作用，不能保证生产出高质量的药品。

六、我国 GMP 的管理内容

新版 GMP（2010 年版）共 14 章 313 条，相对于 1998 年版药品 GMP，篇幅大量增加。吸收了国际先进经验，结合我国国情，按照“软件硬件并重”的原则，贯彻质量风险管理和药品生产全过程管理的理念，更加注重科学性，强调指导性和可操作性，达到了与世界卫生组织药品 GMP 的一致。

新版药品 GMP 的主要特点：一是加强了药品生产质量管理体系建设，大幅度提高对企业质量管理软件方面的要求。细化了对构建实用、有效质量管理体系的要求，强化药品生产关键环节的控制和管理，以促进企业质量管理水平的提高。二是全面强化了从业人员的素质要求。增加了对从事药品生产质量管理人员素质要求的条款和内容，进一步明确职责。如，新版药品 GMP 明确药品生产企业的关键人员包括企业负责人、生产管理负责人、质量管理负责人、质量受权人等必须具有的资质和应履行的职责。三是细化了操作规程、生产记录等文件管理规定，增加了指导性和可操作性。四是进一步完善了药品安全保障措施。引入了质量风险管理的概念，在原辅料采购、生产工艺变更、操作中的偏差处理、发现问题的调查和纠正、上市后药品质量的监控等方面，增加了供应商审计、变更控制、纠正和预防措施、产品质量回顾分析等新制度和措施，对各个环节可能出现的风险进行管理和控制，主动防范质量事故的发生。提高了无菌制剂生产环境标准，增加了生产环境在线监测要求，提高无菌药品的质量保证水平。

（一）总则

企业应当建立药品质量管理体系，该体系应当涵盖影响药品质量的所有因素，包括确保药品质量符合预定用途的有组织、有计划的全部活动。企业应当严格执行GMP，坚持诚实守信，禁止任何虚假、欺骗行为。

（二）质量管理

企业应当建立符合药品质量管理要求的质量目标，将药品注册的有关安全、有效和质量可控的所有要求，系统地贯彻到药品生产、控制及产品放行、贮存、发运的全过程中，确保所生产的药品符合预定用途和注册要求。

1. 质量保证 质量保证是质量管理体系的一部分。企业必须建立质量保证系统，同时建立完整的文件体系，以保证系统有效运行。

质量保证系统包括：药品的设计与研发体现GMP要求；生产管理和质量控制活动符合GMP要求；管理职责明确；采购和使用的原辅料和包装材料正确无误；中间产品得到有效控制；确认、验证的实施；严格按照规程进行生产、检查、检验和复核；每批产品经质量受权人批准后方可放行；在贮存、发运和随后的各种操作过程中有保证药品质量的适当措施；按照自检操作规程，定期检查评估质量保证系统的有效性和适用性。

2. 质量控制 质量控制包括相应的组织机构、文件系统以及取样、检验等，确保物料或产品在放行前完成必要的检验，确认其质量符合要求。

质量控制的基本要求：应当配备适当的设施、设备、仪器和经过培训的人员，有效、可靠地完成所有质量控制的相关活动；应当有批准的操作规程，用于原辅料、包装材料、中间产品、待包装产品和成品的取样、检查、检验以及产品的稳定性考察，必要时进行环境监测，以确保符合GMP的要求；由经授权的人员按照规定的方法对原辅料、包装材料、中间产品、待包装产品和成品取样；检验方法应当经过验证；取样、检查、检验应当有记录，偏差应当经过调查并记录；物料、中间产品、待包装产品和成品必须按照质量标准进行检查和检验，并有记录；物料和最终包装的成品应当有足够的留样（留样是指企业按规定保存的、用于药品质量追溯或调查的物料、产品样品。用于产品稳定性考察的样品不属于留样），以备必要的检查或检验；除最终包装容器过大的成品外，成品的留样包装应当与最终包装相同。

3. 质量风险管理 产品生命周期指产品从最初的研发、上市直至退市的所有阶段。质量风险管理是在整个产品生命周期中采用前瞻或回顾的方式，对质量风险进行评估、控制、沟通、审核的系统过程。应当根据科学知识及经验对质量风险进行评估，以保证产品质量。质量风险管理过程所采用的方法、措施、形式及形成的文件应当与存在风险的级别相适应。

（三）机构与人员

企业应当建立与药品生产相适应的管理机构，并有组织机构图。应当设立独立的质量管理部门，履行质量保证和质量控制的职责。质量管理部门应当参与所有与质量有关的活动，负责审核所有与GMP有关的文件。所有人员应当明确并理解自己的职责，熟悉与其职责相关的要求，并接受必要的培训，包括上岗前培训和继续培训。

1. 关键人员 关键人员应当为企业的全职人员，至少应当包括企业负责人、生产管理负责人、质量管理负责人和质量受权人。质量管理负责人和生产管理负责人不得互相兼任，质量管理负责人和质量受权人可以兼任。应当制定操作规程确保质量受权人独立履行职责，不受企业负责人和其他人员的干扰。

企业负责人是药品质量的主要责任人，全面负责企业日常管理。为确保企业实现质量目标并按照GMP要求生产药品，企业负责人应当负责提供必要的资源，合理计划、组织和协调，保证质量管理部门独立履行其职责。

生产管理负责人应当至少具有药学或相关专业本科学历（或中级专业技术职称或执业药师资格），具有至少三年从事药品生产和质量管理的实践经验，其中至少有一年的药品生产管理经验，接受过与所生产产品相关的专业知识培训。GMP明确规定了生产管理负责人的主要职责。

质量管理负责人应当至少具有药学或相关专业本科学历（或中级专业技术职称或执业药师资格），具有至少五年从事药品生产和质量管理的实践经验，其中至少一年的药品质量管理经验，接受过与所生产产品相关的专业知识培训。GMP明确规定了质量负责人的主要职责。

生产管理负责人和质量管理负责人通常的共同职责是：审核和批准产品的工艺规程、操作规程等文件；监督厂区卫生状况；确保关键设备经过确认；确保完成生产工艺验证；确保企业所有相关人员都已经过必要的上岗前培训和继续培训，并根据实际需要调整培训内容；批准并监督委托生产；确定和监控物料和产品的贮存条件；保存记录；监督GMP执行状况；监控影响产品质量的因素。

质量受权人应当至少具有药学或相关专业本科学历（或中级专业技术职称或执业药师资格），具有至少五年从事药品生产和质量管理的实践经验，从事过药品生产过程控制和质量检验工作。质量受权人应当具有必要的专业理论知识，并经过与产品放行有关的培训，方能独立履行其职责。质量受权人的主要职责包括：一是参与企业质量体系建立、内部自检、外部质量审计、验证以及药品不良反应报告、产品召回等质量管理活动；二是承担产品放行的职责，确保每批已放行产品的生产、检验均符合相关法规、药品注册要求和质量标准；三是在产品放行前，质量受权人必须按照第二项的要求出具产品放行审核记录，并纳入批记录。

2. 培训 企业应当指定部门或专人负责培训管理工作，应当有经生产管理负责人或质量管理负责人审核或批准的培训方案或计划，培训记录应当予以保存。与药品生产、质量管理有关的所有人员都应当经过培训，培训的内容应当与岗位的要求相适应。除进行GMP理论和实践的培训外，还应当有相关法规、相应岗位的职责、技能的培训，并定期评估培训的实际效果。高风险操作区（如高活性、高毒性、传染性、高致敏性物料的生产区）的工作人员应当接受专门的培训。

3. 人员卫生 所有人员都应当接受卫生要求的培训，企业应当建立人员卫生操作规程，最大限度地降低人员对药品生产造成污染的风险。污染包括在生产、取样、包装或重新包装、贮存或运输等操作过程中，原辅料、中间产品、待包装产品、成品受到具有化学或微生物特性的杂质或异物的不利影响。卫生操作规程应当包括与健康、卫生习惯及人员着装相关的内容。企业应当采取措施确保人员卫生操作规程的执行，并对人员健康进行管理，并建立健康档案。直接接触药品的生产人员上岗前应当接受健康检查，以后每年至少进行一次健康检查。企业应当采取适当措施，避免体表有伤口、患有传染病或其他可能污染药品疾病的人员从事直接接触药品的生产。

参观人员和未经培训的人员不得进入生产区和质量控制区，特殊情况确需进入的，应当事先对个人卫生、更衣等事项进行指导。任何进入生产区的人员均应当按照规定更衣，工作服的选材、式样及穿戴方式应当与所从事的工作和空气洁净度级别要求相适应。进入洁净生产区的人员不得化妆和佩带饰物。生产区、仓储区应当禁止吸烟和饮食，禁止存放食品、饮料、香烟和个人用药品等非生产用物品。操作人员应当避免裸手直接接触药品、与药品直接接触的包装材料和设备表面。

（四）厂房与设施

厂房的选址、设计、布局、建造、改造和维护必须符合药品生产要求，应当能够最大限度地避免污染、交叉污染、混淆和差错，便于清洁、操作和维护。应当根据厂房及生产防护措施综合考虑选址，厂房所处的环境应当能够最大限度地降低物料或产品遭受污染的风险。企业应当有整洁的生产环境，厂区的地面、路面及运输等不应当对药品的生产造成污染，生产、行政、生活和辅助区的总体布局应当合理，不得互相妨碍。厂区和厂房内的人、物流走向应当合理。

厂房应当有适当的照明、温度、湿度和通风，确保生产和贮存的产品质量以及相关设备性能不会直接或间接地受到影响。厂房、设施的设计和安装应当能够有效防止昆虫或其它动物进入。采取必要的措施，避免所使用的灭鼠药、杀虫剂、烟熏剂等对设备、物料、产品造成污染。防止未经批准人员的进入。生产、贮存和质量控制区不应当作为非本区工作人员的直接通道。

1. 生产区 交叉污染是指不同原料、辅料及产品之间发生的相互污染。为降低污染和交叉污染的风险，厂房、生产设施和设备应当根据所生产药品的特性、工艺流程及相应洁净度级别要求合理设计、布局和使用，并符合下列要求：

（1）应当综合考虑药品的特性、工艺和预定用途等因素，确定厂房、生产设施和设备多产品共用的可行性，并有相应评估报告。

（2）生产特殊性质的药品，如高致敏性药品（如青霉素类）或生物制品（如卡介苗或其他用活性微生物制备而成的药品），必须采用专用和独立的厂房、生产设施和设备。青霉素类药品产尘量大的操作区域应当保持相对负压，排至室外的废气应当经过净化处理并符合要求，排风口应当远离其他空气净化系统的进风口。

（3）生产β-内酰胺结构类药品、性激素类避孕药品必须使用专用设施（如独立的空气净化系统）和设备，并与其他药品生产区严格分开。

（4）生产某些激素类、细胞毒性类、高活性化学药品应当使用专用设施（如独立的空气净化系统）和设备；特殊情况下，如采取特别防护措施并经过必要的验证，上述药品制剂则可通过阶段性生产方式（阶段性生产方式是指在共用生产区内，在一段时间内集中生产某一产品，再对相应的共用生产区、设施、设备、工器具等进行彻底清洁，更换生产另一种产品的方式）共用同一生产设施和设备。

（5）用于上述第（2）、（3）、（4）项的空气净化系统，其排风应当经过净化处理。

生产区和贮存区应当有足够的空间，确保有序地存放设备、物料、中间产品、待包装产品和成品，避免不同产品或物料的混淆、交叉污染，避免生产或质量控制操作发生遗漏或差错。

洁净区是指需要对环境中尘粒及微生物数量进行控制的房间（区域），其建筑结构、装备及其使用应当能够减少该区域内污染物的引入、产生和滞留。应当根据药品品种、生产操作要求及外部环境状况等配置空气净化系统，使生产区有效通风，并有温度、湿度控制和空气净化过滤，保证药品的生产环境符合要求。洁净区与非洁净区之间、不同级别洁净区之间的压差应当不低于10帕斯卡。必要时，相同洁净度级别的不同功能区域（操作间）之间也应当保持适当的压差梯度。

洁净区的内表面（墙壁、地面、天棚）应当平整光滑、无裂缝、接口严密、无颗粒物脱落，避免积尘，便于有效清洁，必要时应当进行消毒。各种管道、照明设施、风口和其他公用设施的设计和安装应当避免出现不易清洁的部位，应当尽可能在生产区外部对其进行维护。排水设施应当大小适宜，并安装防止倒灌的装置。应当尽可能避免明沟排水；不可避免时，明沟宜浅，以方便清洁和消毒。

2. 仓储区 仓储区应当有足够的空间，确保有序存放待验、合格、不合格、退货或召回的原辅料、包装材料、中间产品、待包装产品和成品等各类物料和产品。仓储区的设计和建造应当确保良好的仓储条件，并有通风和照明设施。仓储区应当能够满足物料或产品的贮存条件（如温湿度、避光）和安全贮存的要求，并进行检查和监控。高活性的物料或产品以及印刷包装材料应当贮存于安全的区域。此外还对质量控制区和休息室等辅助区作出相关要求。

（五）设备

设备的设计、选型、安装、改造和维护必须符合预定用途，应当尽可能降低产生污染、交叉污染、混淆和差错的风险，便于操作、清洁、维护，以及必要时进行的消毒或灭菌。应当建立设备使用、清洁、维护和维修的操作规程，并保存相应的操作记录。应当建立并保存设备采购、安装、确认的文件和记录。

1. 设计和安装 生产设备不得对药品质量产生任何不利影响。与药品直接接触的生产设备表面应当平整、光洁、易清洗或消毒、耐腐蚀，不得与药品发生化学反应、吸附药品或向药品中释放物质。配备有适当量程和精度的衡器、量具、仪器和仪表。应当选择适当的清洗、清洁设备，并防止这类设备成为污染源。设备所用的润滑剂、冷却剂等不得对药品或容器造成污染，应当尽可能使用食用级或级别相当的润滑剂。

2. 维护和维修 设备的维护和维修不得影响产品质量。应当制定设备的预防性维护计划和操作规程，设备的维护和维修应当有相应的记录。经改造或重大维修的设备应当进行再确认，符合要求后方可用于生产。

3. 使用和清洁 主要生产和检验设备都应当有明确的操作规程。生产设备应当在确认的参数范围内使用，按照详细规定的操作规程清洁生产设备。用于药品生产或检验的设备和仪器，应当有使用日志，记录内容包括使用、清洁、维护和维修情况以及日期、时间、所生产及检验的药品名称、规格和批号等。生产设备应当有明显的状态标识，标明设备编号和内容物（如名称、规格、批号），没有内容物的应当标明清洁状态。主要固定管道应当标明内容物名称和流向。

4. 校准 应当按照操作规程和校准计划定期对生产和检验用衡器、量具、仪表、记录和控制设备以及仪器进行校准和检查，并保存相关记录。校准的量程范围应当涵盖实际生产和检验的使用范围。确保生产和检验使用的关键衡器、量具、仪表、记录和控制设备以及仪器经过校准，所得出的数据准确、可靠。在生产、包装、仓储过程中使用自动或电子设备的，应当按照操作规程定期进行校准和检查，确保其操作功能正常。校准和检查应当有相应的记录。

5. 制药用水 制药用水应当适合其用途，并符合《中华人民共和国药典》的质量标准及相关要求。制药用水至少应当采用饮用水。

水处理设备及其输送系统的设计、安装、运行和维护应当确保制药用水达到设定的质量标准。水处理设备的运行不得超出其设计能力。纯化水、注射用水储罐和输送管道所用材料应当无毒、耐腐蚀；储罐的通气口应当安装不脱落纤维的疏水性除菌滤器；管道的设计和安装应当避免死角、盲管。纯化水、注射用水的制备、贮存和分配应当能够防止微生物的滋生。纯化水可采用循环，注射用水可采用70℃以上保温循环。应当对制药用水及原水的水质进行定期监测，按照操作规程对纯化水、注射用水管道进行清洗消毒，并有相关记录。发现制药用水微生物污染达到警戒限度、纠偏限度时应当按照操作规程处理。

警戒限度是指系统的关键参数超出正常范围，但未达到纠偏限度，需要引起警觉，可能需要采取纠正措施的限度标准。纠偏限度是指系统的关键参数超出可接受标准，需要进行调查并采取纠正措施的限度标准。

（六）物料与产品

物料指原料、辅料和包装材料等。原辅料是指除包装材料之外，药品生产中使用的任何物料。药品生产所用的原辅料、与药品直接接触的包装材料应当符合相应的质量标准。药品上直接印字所用油墨应当符合食用标准要求。进口原辅料应当符合国家相关的进口管理规定。应当建立物料和产品的操作规程，确保物料和产品的正确接收、贮存、发放、使用和发运，防止污染、交叉污染、混淆和差错。

产品包括药品的中间产品、待包装产品和成品。中间产品指完成部分加工步骤的产品，尚需进一步加工方可成为待包装产品。待包装产品指尚未进行包装但已完成所有其他加工工序的产品。成品是指已完成所有生产操作步骤和最终包装的产品。原辅料、中间产品和待包装产品、包装材料、成品、特殊管理的物料和产品均应符合相应的操作规程，确保物料与产品的正确无误。

不合格的物料、中间产品、待包装产品和成品的每个包装容器上均应当有清晰醒目的标志，并在隔离区内妥善保存。产品回收需经预先批准，并对相关的质量风险进行充分评估，根据评估结论决定是否回收。

（七）确认与验证

确认是指证明厂房、设施、设备能正确运行并可达到预期结果的一系列活动。

验证是指证明任何操作规程（或方法）、生产工艺或系统能够达到预期结果的一系列活动。

企业应当确定需要进行的确认或验证工作，以证明有关操作的关键要素能够得到有效控制。确认或验证的范围和程度应当经过风险评估来确定。企业的厂房、设施、设备和检验仪器应当经过确认，应当采用经过验证的生产工艺、操作规程和检验方法进行生产、操作和检验，并保持持续的验证状态。

应当建立确认与验证的文件和记录，并能以文件和记录证明达到以下预定的目标：①设计确认应当证明厂房、设施、设备的设计符合预定用途和GMP要求；②安装确认应当证明厂房、设施、设备的建造和安装符合设计标准；③运行确认应当证明厂房、设施、设备的运行符合设计标准；④性能确认应当证明厂房、设施、设备在正常操作方法和工艺条件下能够持续符合标准；⑤工艺验证应当证明一个生产工艺按照规定的工艺参数能够持续生产出符合预定用途和注册要求的产品。

采用新的生产处方或生产工艺前以及当影响产品质量的主要因素等发生变更时均应当进行确认或验证。确认和验证不是一次性的行为。首次确认或验证后，应当根据产品质量回顾分析情况进行再确认或再验证。关键的生产工艺和操作规程应当定期进行再验证，确保其能够达到预期结果。

企业应当制定验证总计划，以文件形式说明确认与验证工作的关键信息。验证总计划或其他相关文件中应当作出规定，确保厂房、设施、设备、检验仪器、生产工艺、操作规程和检验方法等能够保持持续稳定。应当根据确认或验证的对象制定确认或验证方案，并经审核、批准。确认或验证方案应当明确职责。确认或验证应当按照预先确定和批准的方案实施，并有记录。确认或验证工作完成后，应当写出报告，并经审核、批准。确认或验证的结果和结论（包括评价和建议）应当有记录并存档。应当根据验证的结果确认工艺规程和操作规程。

（八）文件管理

文件是质量保证系统的基本要素。企业必须有内容正确的书面质量标准、生产处方和工艺规程、操作规程以及记录等文件。企业应当建立文件管理的操作规程，系统地设计、制定、审核、批准和发放文件。与GMP有关的文件应当经质量管理部门的审核。文件的内容应当与药品生产许可、药品注册等相关要求一致，并有助于追溯每批产品的历史情况。文件的起草、修订、审核、批准、替换或撤销、复制、保管和销毁等应当按照操作规程管理，并有相应的文件分发、撤销、复制、销毁记录。文件的起草、修订、审核、批准均应当由适当的人员签名并注明日期。文件应当标明题目、种类、目的以及文件编号和版本号。文字应当确切、清晰、易懂，不能模棱两可。

文件应当分类存放、条理分明，便于查阅。原版文件复制时，不得产生任何差错；复制的文件应当清晰可辨。文件应当定期审核、修订；文件修订后，应当按照规定管理，防止旧版文件的误用。分发、使用的文件应当为批准的现行文本，已撤销的或旧版文件除留档备查外，不得在工作现场出现。

与GMP有关的每项活动均应当有记录，以保证产品生产、质量控制和质量保证等活动可以追溯。记录应当留有填写数据的足够空格。记录应当及时填写，内容真实，字迹清晰、易读，不易擦除。应当尽可能采用生产和检验设备自动打印的记录、图谱和曲线图等，并标明产品或样品的名称、批号和记录设备的信息，操作人应当签注姓名和日期。记录应当保持清洁，不得撕毁和任意涂改。记录填写的任何更改都应当签注姓名和日期，并使原有信息仍清晰可辨，必要时，应当说明更改的理由。记录如需重新誊写，则原有记录不得销毁，应当作为重新誊写记录的附件保存。每批药品应当有批记录，包括批生产记录、批包装记录、批检验记录和药品放行审核记录等与本批产品有关的记录。批记录应当由质量管理部门负责管理，至少保存至药品有效期后一年。

质量标准、工艺规程、操作规程、稳定性考察、确认、验证、变更等其他重要文件应当长期保存。如使用电子数据处理系统、照相技术或其他可靠方式记录数据资料，应当有所用系统的操作规程，记录的准确性应当经过核对。使用电子数据处理系统的，只有经授权的人员方可输入或更改数据，更改和删除情况应当有记录；应当使用密码或其他方式来控制系统的登录；关键数据输入后，应当由他人独立进行复核。用电子方法保存的批记录，应当采用磁带、缩微胶卷、纸质副本或其他方法进行备份，以确保记录的安全，且数据资料在保存期内便于查阅。

每种药品的每个生产批量均应当有经企业批准的工艺规程，不同药品规格的每种包装形式均应当有各自的包装操作要求。工艺规程的制定应当以注册批准的工艺为依据。工艺规程不得任意更改。如需更改，应当按照相关的操作规程修订、审核、批准。

每批产品均应当有相应的批生产记录，可追溯该批产品的生产历史以及与质量有关的情况。批生产记录应当依据现行批准的工艺规程的相关内容制定。每批产品或每批中部分产品的包装，都应当有批包装记录，以便追溯该批产品包装操作以及与质量有关的情况。批包装记录应当依据工艺规程中与包装相关的内容制定。

（九）生产管理

所有药品的生产和包装均应当按照批准的工艺规程和操作规程进行操作并有相关记录，以确保药品达到规定的质量标准，并符合药品生产许可和注册批准的要求。

批是指经一个或若干加工过程生产的、具有预期均一质量和特性的一定数量的原辅料、包装材料或成品。为完成某些生产操作步骤，可能有必要将一批产品分成若干亚批，最终合并成为一个均一的批。在连续生产情况下，批必须与生产中具有预期均一特性的确定数量的产品相对应，批量可以是固定数量或固定时间段内生产的产品量。例如：口服或外用的固体、半固体制剂在成型或分装前使用同一台混合设备一次混合所生产的均质产品为一批；口服或外用的液体制剂以灌装（封）前经最后混合的药液所生产的均质产品为一批。

批号是指用于识别一个特定批的具有唯一性的数字和（或）字母的组合。

批记录用于记述每批药品生产、质量检验和放行审核的所有文件和记录，可追溯所有与成品质量有关的历史信息。

企业应当建立划分产品生产批次的操作规程，生产批次的划分应当能够确保同一批次产品质量和特性的均一性。应当建立编制药品批号和确定生产日期的操作规程。每批药品均应当编制唯一的批号。除另有法定要求外，生产日期不得迟于产品成型或灌装（封）前经最后混合的操作开始日期，不得以产品包装日期作为生产日期。

每批产品应当检查产量和物料平衡，确保物料平衡符合设定的限度。如有差异，必须查明原因，确认无潜在质量风险后，方可按照正常产品处理。物料平衡是指产品或物料实际产量或实际用量及收集到的损耗之和与理论产量或理论用量之间的比较，并考虑可允许的偏差范围。

在生产的每一阶段，应当保护产品和物料免受微生物和其他污染。在干燥物料或产品，尤其是高活性、高毒性或高致敏性物料或产品的生产过程中，应当采取特殊措施，防止粉尘的产生和扩散。生产期间使用的所有物料、中间产品或待包装产品的容器及主要设备、必要的操作室应当贴签标识或以其他方式标明生产中的产品或物料名称、规格和批号，如有必要，还应当标明生产工序。

容器、设备或设施所用标识应当清晰明了，标识的格式应当经企业相关部门批准。除在标识上使用文字说明外，还可采用不同的颜色区分被标识物的状态（如待验、合格、不合格或已清洁等）。应当检查产品从一个区域输送至另一个区域的管道和其他设备连接，确保连接正确无误。每次生产结束后应当进行清场，确保设备和工作场所没有遗留与本次生产有关的物料、产品和文件。下次生产开始前，应当对前次清场情况进行确认。应当尽可能避免出现任何偏离工艺规程或操作规程的偏差。一旦出现偏差，应当按照偏差处理操作规程执行。

此外，对生产操作、包装操作以及如何防止生产过程中的污染和交叉污染做出了规定。

（十）质量控制与质量保证

1. 质量控制实验室管理 质量控制实验室的人员、设施、设备应当与产品性质和生产规模相适应。质量控制负责人应当具有足够的管理实验室的资质和经验，可以管理同一企业的一个或多个实验室。质量控制实验室的检验人员至少应当具有相关专业中专或高中以上学历，并经过与所从事的检验操作相关的实践培训且通过考核。质量控制实验室应当配备药典、标准图谱等必要的工具书，以及标准品或对照品等相关的标准物质。

此外，GMP 对于质量控制实验室文件、取样、物料和不同生产阶段产品的检验、留样、标准品或对照品的管理以及试剂、试液、培养基和检定菌的管理等提出了具体要求。

2. 物料和产品放行 GMP 规定应当分别建立物料和产品批准放行的操作规程，明确批准放行的标准、职责，并有相应的记录。对物料、产品的放行提出了具体要求。

3. 持续稳定性考察 持续稳定性考察的目的是在有效期内监控已上市药品的质量，以发现药品与生产相关的稳定性问题（如杂质含量或溶出度特性的变化），并确定药品能够在标示的贮存条件下，符合质量标准的各项要求。

持续稳定性考察主要针对市售包装药品，但也需兼顾待包装产品。持续稳定性考察的时间应当涵盖药品有效期。考察批次数和检验频次应当能够获得足够的数据，以供趋势分析。通常情况下，每种规格、每种内包装形式的药品，至少每年应当考察一个批次，除非当年没有生产。某些情况下，持续稳定性考察中应当额外增加批次数，如重大变更或生产和包装有重大偏差的药品应当列入稳定性考察。此外，重新加工、返工或回收的批次，也应当考虑列入考察，除非已经过验证和稳定性考察。

应当对不符合质量标准的结果或重要的异常趋势进行调查。对任何已确认的不符合质量标准的结果或重大不良趋势，企业都应当考虑是否可能对已上市药品造成影响，必要时应当实施召回，调查结果以及采取的措施应当报告当地药品监督管理部门。

应当根据所获得的全部数据资料，包括考察的阶段性结论，撰写总结报告并保存。应当定期审核总结报告。

4. 变更控制 企业应当建立变更控制系统，对所有影响产品质量的变更进行评估和管理。需要经药品监督管理部门批准的变更应当在得到批准后方可实施。

应当建立操作规程，规定原辅料、包装材料、质量标准、检验方法、操作规程、厂房、设施、设备、仪器、生产工艺和计算机软件变更的申请、评估、审核、批准和实施。质量管理部门应当指定专人负责变更控制。

变更都应当评估其对产品质量的潜在影响。变更实施时，应当确保与变更相关的文件均已修订。质量管理部门应当保存所有变更的文件和记录。

5. 偏差处理 各部门负责人应当确保所有人员正确执行生产工艺、质量标准、检验方法和操作规程，防止偏差的产生。企业应当建立偏差处理的操作规程，规定偏差的报告、记录、调查、处理以及所采取的纠正措施，并有相应的记录。

任何偏差都应当评估其对产品质量的潜在影响。任何偏离生产工艺、物料平衡限度、质量标准、检验方法、操作规程等的情况均应当有记录，并立即报告主管人员及质量管理部门，应当有清楚的说明，重大偏差应当由质量管理部门会同其他部门进行彻底调查，并有调查报告。偏差调查报告应当由质量管理部门的指定人员审核并签字。企业还应当采取预防措施有效防止类似偏差的再次发生。质量管理部门应当负责偏差的分类，保存偏差调查、处理的文件和记录。

6. 纠正措施和预防措施 企业应当建立纠正措施和预防措施系统，对投诉、召回、偏差、自检或外部检查结果、工艺性能和质量监测趋势等进行调查并采取纠正和预防措施。调查的深度和形式应当与风险的级别相适应。纠正措施和预防措施系统应当能够增进对产品和工艺的理解，改进产品和工艺。企业应当建立实施纠正和预防措施的操作规程。

7. 供应商的评估和批准 供应商指物料、设备、仪器、试剂、服务等的提供方，如生产商、经销商等。质量管理部门应当对所有生产用物料的供应商进行质量评估，会同有关部门对主要物料供应商（尤其是生产商）的质量体系进行现场质量审计，并对质量评估不符合要求的供应商行使否决权。

应当建立物料供应商评估和批准的操作规程，明确供应商的资质、选择的原则、质量评估方式、评估标准、物料供应商批准的程序。质量管理部门应当指定专人负责物料供应商质量评估和现场质量审计，分发经批准的合格供应商名单。

同时，对于质量管理部门对物料供应商的评估内容、质量管理部门应当向物料管理部门分发经批准的合格供应商名单内容以及企业对每家物料供应商建立质量档案的内容均作出相关规定。

8. 产品质量回顾分析 应当按照操作规程，每年对所有生产的药品按品种进行产品质量回顾分析，以确认工艺稳定可靠，以及原辅料、成品现行质量标准的适用性，及时发现不良趋势，确定产品及工艺改进的方向。应当考虑以往回顾分析的历史数据，还应当对产品质量回顾分析的有效性进行自检。当有合理的科学依据时，可按照产品的剂型分类进行质量回顾，如固体制剂、液体制剂和无菌制剂等，回顾分析应当有报告。GMP同时对企业应当进行回顾分析的情形以及对回顾分析的结果进行评估的情形做出了规定。

9. 投诉与不良反应报告 企业应当建立药品不良反应报告和监测管理制度，设立专门机构并配备专职人员负责管理。主动收集药品不良反应，对不良反应应当详细记录、评价、调查和处理，及时采取措施控制可能存在的风险，并按照要求向药品监督管理部门报告。应当有专人及足够的辅助人员负责进行质量投诉的调查和处理，所有投诉、调查的信息应当向质量受权人通报。投诉调查和处理应当有记录，并注明所查相关批次产品的信息。应当定期回顾分析投诉记录，以便发现需要警觉、重复出现以及可能需要从市场召回药品的问题，并采取相应措施。

（十一）委托生产与委托检验

为确保委托生产产品的质量和委托检验的准确性和可靠性，委托方和受托方必须签订书面合同，明确规定各方责任、委托生产或委托检验的内容及相关的技术事项。委托生产或委托检验的所有活动，包括在技术或其他方面拟采取的任何变更，均应当符合药品生产许可和注册的有关要求。

委托方应当对受托方进行评估，对受托方的条件、技术水平、质量管理情况进行现场考核，确认其具有完成受托工作的能力，并能保证符合 GMP 的要求。应当向受托方提供所有必要的资料，以使受托方能够按照药品注册和其他法定要求正确实施所委托的操作。并对受托生产或检验的全过程进行监督。委托方应当确保物料和产品符合相应的质量标准。

受托方必须具备足够的厂房、设备、知识和经验以及人员，满足委托方所委托的生产或检验工作的要求。不得从事对委托生产或检验的产品质量有不利影响的活动。

委托方与受托方之间签订的合同应当详细规定各自的产品生产和控制职责，其中的技术性条款应当由具有制药技术、检验专业知识和熟悉 GMP 的主管人员拟订。委托生产及检验的各项工作必须符合药品生产许可和药品注册的有关要求并经双方同意。合同应当详细规定质量受权人批准放行每批药品的程序，确保每批产品都已按照药品注册的要求完成生产和检验；规定何方负责物料的采购、检验、放行、生产和质量控制；规定由受托方保存的生产、检验和发运记录及样品，委托方应当能够随时调阅或检查；出现投诉、怀疑产品有质量缺陷或召回时，委托方应当能够方便地查阅所有与评价产品质量相关的记录。合同还应当明确规定委托方可以对受托方进行检查或现场质量审计，受托方有义务接受药品监督管理部门检查等内容。

（十二）产品发运与召回

企业应当建立产品召回系统，必要时可迅速、有效地从市场召回任何一批存在安全隐患的产品。因质量原因退货和召回的产品，均应当按照规定监督销毁，有证据证明退货产品质量未受影响的除外。

每批产品均应当有发运记录。根据发运记录，应当能够追查每批产品的销售情况，必要时应当能够及时全部追回。发运记录应当至少保存至药品有效期后一年。

企业应当制定召回操作规程，确保召回工作的有效性。

（十三）自检

质量管理部门应当定期组织对企业进行自检，监控GMP的实施情况，评估企业是否符合GMP要求，并提出必要的纠正和预防措施。

自检应当有计划，对机构与人员、厂房与设施、设备、物料与产品、确认与验证、文件管理、生产管理、质量控制与质量保证、委托生产与委托检验、产品发运与召回等项目定期进行检查。应当由企业指定人员进行独立、系统、全面的自检，也可由外部人员或专家进行独立的质量审计。自检应当有记录。自检完成后应当有自检报告，内容至少包括自检过程中观察到的所有情况、评价的结论以及提出纠正和预防措施的建议。自检情况应当报告企业高层管理人员。

七、现行主要相关法规

除《中华人民共和国药品管理法》（2015年4月24日第十二届全国人民代表大会常务委员会第十四次会议修正）、《中华人民共和国药品管理法实施条例》（2002年8月4日颁布）外，现行主要相关法规如下：

《药品生产质量管理规范（2010年修订）》（2011年1月17日卫生部发布）。

任务9－3 GMP认证

案例导入

案例：某制药企业在2014年5月里，××混悬液连续出现三批生产成品微生物学检测不合格的问题，经多方调查显示：生产设备、生产过程控制没有发现异常情况，但是发现该产品中有一种辅料中有被微生物污染的可能，对库存剩余的辅料进行取样得到证实。

讨论：作为药品监督管理部门应该如何处理该事件？

GMP是一套适用于制药、食品等行业的强制性标准，要求企业从原料、人员、设施设备、生产过程、包装运输、质量控制等方面按国家有关法规达到卫生质量要求，形成一套可操作的作业规范，帮助企业改善卫生环境，及时发现生产过程中存在的问题，并加以改善。简单的说，GMP要求制药、食品等生产企业应具备良好的生产设备，合理的生产过程，完善的质量管理和严格的检测系统，确保最终产品质量符合法规要求。

一、GMP认证的概念和意义

（一）GMP认证的概念

药品GMP认证是药品监督管理部门依法对药品生产企业药品生产质量管理进行监督检查的一种手段，是对药品生产企业实施药品GMP情况的检查、评价并决定是否发给认证证书的监督管理过程。

药品生产企业必须按照国务院药品监督管理部门制定的《药品生产质量管理规范》组织生产，必须对其生产的药品进行质量检验。药品监督管理部门按照规定，对药品生产企业是否符合《药品生产质量管理规范》的要求进行认证。对认证合格的，发给认证证书。

（二）GMP认证的发展

随着GMP的发展，国际间实施了药品GMP认证。GMP提供了药品生产和质量管理的基本准则，药品生产必须符合 GMP 的要求，药品质量必须符合法定标准。我国卫生部于 1995 年 7 月 11 日下达卫药发（1995）第 35 号“关于开展药品 GMP 认证工作的通知”。药品 GMP 认证是国家依法对药品生产企业（车间）和药品品种实施 GMP 监督检查并取得认可的一种制度，是国际药品贸易和药品监督管理的重要内容，也是确保药品质量稳定性、安全性和有效性的一种科学的先进的管理手段。同年，成立中国药品认证委员会。1998 年国家药品监督管理局成立后，建立了国家药品监督管理局药品认证管理中心。自 1998 年 7 月 1 日起，未取得药品 GMP 认证证书的企业，卫生部不予受理生产新药的申请；批准新药的，只发给新药证书，不发给药品批准文号。严格新开办药品生产企业的审批，对未取得药品 GMP 认证证书的，不得发给《药品生产企业许可证》。

取得药品 GMP 认证证书的企业（车间），在申请生产新药时，药品监督管理部门予以优先受理。迄至 1998 年 6 月 30 日未取得药品 GMP 认证的企业（车间），药品监督管理部门将不再受理新药生产的申请。取得药品 GMP 认证证书的药品，在参与国际药品贸易时，可向国务院药品监督管理部门申请办理药品出口销售的证明，并可按国家有关药品价格管理的规定，向物价部门重新申请核定该药品价格。各级药品经营单位和医疗单位要优先采购、使用取得药品 GMP 认证证书的药品和取得药品 GMP 认证证书的企业（车间）生产的药品。药品 GMP 认证的药品，可以在相应的药品广告宣传、药品包装和标签、说明书上使用认证标志。

2010 年 10 月 19 日《药品生产质量管理规范（2010 年修订）》（以下称新版 GMP）通过，自 2011 年 3 月 1 日起施行。新修订的《药品生产质量管理规范》参照了世界卫生组织（WHO），以及美国、欧洲等发达国家的 GMP 内容，使我国 GMP 内容更科学合理、系统性强，初步引入 QA、QC 管理思路和增加验证内容。特别是增加了对管理的要求，软件部分条款增加，软件内容所占比重增大。概括起来是将 GMP 内容划分为基本原则和对不同类别药品的特殊要求两大部分，条理更加清晰，更便于操作。同时突出了验证工作在药品生产和质量管理中的重要意义，以更好地促进 GMP 认证工作的开展。

新版 GMP 认证有两个时间节点：药品生产企业血液制品、疫苗、注射剂等无菌药品的生产，应在 2013 年 12 月 31 日前达到新版药品 GMP 要求；其他类别药品的生产均应在 2015 年 12 月 31 日前达到新版药品 GMP 要求。未达到新版药品 GMP 要求的企业（车间），在上述规定期限后不得继续生产药品。

（三）GMP 认证的意义

《药品生产质量管理规范》是药品生产管理和质量控制的基本要求，旨在最大限度地降低药品生产过程中污染、交叉污染以及混淆、差错等风险，确保持续稳定地生产出符合预定用途和注册要求的药品。

我国现有的原料药及制剂生产企业在整体上呈现多、小、散、低的格局，生产集中度较低，自主创新能力不足。实施新版 GMP，是顺应国家战略新兴产业发展和转变经济发展方式的要求，有利于促进医药行业资源向优势企业集中，淘汰落后生产力；有利于调整医药经济结构，以促进产业升级。

从产业长远健康发展角度看，实施新版 GMP，有利于促进我国医药产业结构调整和增强我国药品生产企业的国际竞争能力，加快我国医药产品进入国际市场。

实施药品 GMP 是提高药品质量安全的过程，也是促进我国药品生产企业逐步走向国际市场的过程。由于 1998 年修订的药品 GMP 标准与国际先进标准相比存在一定差异，在很大程度上影响了我国的医药产品进入国际市场。2010 年修订的新版 GMP 在技术要求方面与 WHO 药品 GMP 基本一致，全面实施后将有利于使出口药品生产企业普遍达到国际社会认可的标准，有利于培育具有国际竞争力的企业，加快我国医药产品进入国际市场。

今后国家食品药品监督管理总局将加强与国际药品现场检查公约组织的合作，促进GMP认证国际互认。

二、我国药品GMP认证监管部门

自2016年1月1日起，各省（区、市）食品药品监督管理局负责所有药品GMP认证工作。对于通过认证的企业，由各省（区、市）食品药品监督管理局核发《药品GMP证书》；对于未通过认证的企业，也应公布现场检查发现的严重缺陷项目、主要缺陷项目。国家食品药品监督管理总局不再受理药品GMP认证申请。对于已经受理的认证申请，将继续组织完成现场检查、审核发证。

各省（区、市）食品药品监督管理局通过国家食品药品监管信息平台（数据重构项目）及时、准确上传认证结果信息或做好数据对接，统一对外发布有关信息。

拓展阅读

国家药品监督管理局为强制和鼓励生产企业实施GMP制定的相关政策

1. 新开办药品生产企业（车间）必须先通过GMP认证，方可申领《药品生产许可证》或办理有关变更手续。严格药品生产企业准入，控制低水平的重复建设。

2. 通过药品GMP认证的企业（车间）可接受药品的异地生产和委托加工。鼓励通过GMP认证的企业扩大生产能力，扩大市场份额，以良好的产品占领市场。

3. 申请仿制药品的生产必须先通过GMP认证后，才可受理药品生产批准文号的申请，以提高生产仿制药品企业的准入条件，限制低水平重复生产。

4. 提前通过药品GMP认证企业（车间）的剂型可加快新药审批程序。鼓励质量体系健全、产品质量高的企业不断研究、开发、生产新产品。推行GMP是保证人民用药安全有效的重要保证，可以从整体上提高我国制药企业的素质，也是配合经济部门调控、克服药品生产低水平重复的重要措施。

三、我国GMP认证程序

（一）申报条件

1. 新开办药品生产企业，药品生产企业新建、改建、扩建药品生产车间或者新增生产剂型的，应当自取得药品生产证明文件或者经批准正式生产之日起30日内，按照规定向药品监督管理部门申请《药品生产质量管理规范》认证。

2. 药品生产企业应在《药品GMP证书》有效期届满前6个月，重新申请药品GMP认证。

（二）办理程序

1. 申请 申请人向省级药品GMP认证机构提交《药品GMP认证申请书》（一式两份）及申请书电子文档，并附相关材料。

2. 受理 申请材料经省级药品GMP认证机构形式审查符合要求的，予以受理，出具受理通知书；申请材料不齐全或者不符合形式审查要求的，5个工作日内发给申请人《补充材料通知书》；不予受理的出具《不予受理通知书》。

3. 现场检查

（1）药品GMP认证检查机构完成申报资料技术审查后，应当制定现场检查工作方案，并组织实施现场检查。制定工作方案及实施现场检查工作时限为40个工作日。

(2) 现场检查实行组长负责制，检查组一般由不少于3名药品GMP检查员组成，从药品GMP检查员库中随机选取，并应遵循回避原则。检查员应熟悉和了解相应专业知识，必要时可聘请有关专家参加现场检查。

(3) 药品GMP认证检查机构应在现场检查前通知申请企业。现场检查时间一般为3～5天，可根据具体情况适当调整。

(4) 申请企业所在地省级药品监督管理部门应选派一名药品监督管理工作人员作为观察员参与现场检查，并负责协调和联络与药品GMP现场检查有关的工作。

(5) 现场检查开始时，检查组应向申请企业出示药品GMP检查员证或其他证明文件，确认检查范围，告知检查纪律、注意事项以及企业权利，确定企业陪同人员。

申请企业在检查过程中应及时提供检查所需的相关资料。

(6) 检查组应严格按照现场检查方案实施检查，检查员应如实做好检查记录。检查方案如需变更的，应报经派出检查组的药品GMP认证检查机构批准。

(7) 现场检查结束后，检查组应对现场检查情况进行分析汇总，并客观、公平、公正地对检查中发现的缺陷进行风险评定。

分析汇总期间，企业陪同人员应回避。

(8) 检查缺陷的风险评定应综合考虑产品类别、缺陷的性质和出现的次数。缺陷分为严重缺陷、主要缺陷和一般缺陷，其风险等级依次降低。

(9) 检查组向申请企业通报现场检查情况，对检查中发现的缺陷内容，经检查组成员和申请企业负责人签字，双方各执一份。

申请企业对检查中发现的缺陷无异议的，应对缺陷进行整改，并将整改情况及时报告派出检查的药品GMP认证检查机构。如有异议，可做适当说明。如不能形成共识，检查组应做好记录并经检查组成员和申请企业负责人签字后，双方各执一份。

(10) 现场检查工作完成后，检查组应根据现场检查情况，结合风险评估原则提出评定建议。现场检查报告应附检查员记录及相关资料，并由检查组成员签字。

检查组应在检查工作结束后10个工作日内，将现场检查报告、检查员记录及相关资料报送药品GMP认证检查机构。

(11) 现场检查如发现申请企业涉嫌违反《药品管理法》等相关规定，检查组应及时将证据通过观察员移交企业所在地药品监督管理部门，并将有关情况上报派出检查组的药品GMP认证检查机构，派出机构根据情况决定是否中止现场检查活动。检查组应将情况在检查报告中详细记录。

中止现场检查的，药品GMP认证检查机构应根据企业所在地药品监督管理部门调查处理结果，决定是否恢复认证检查。

4. 审查批准

(1) 药品GMP认证检查机构可结合企业整改情况对现场检查报告进行综合评定。必要时，可对企业整改情况进行现场核查。综合评定应在收到整改报告后40个工作日内完成，如进行现场核查，评定时限顺延。

(2) 综合评定应采用风险评估的原则，综合考虑缺陷的性质、严重程度以及所评估产品的类别对检查结果进行评定。

现场检查综合评定时，低一级缺陷累计可以上升一级或二级缺陷，已经整改完成的缺陷可以降级，严重缺陷整改的完成情况应进行现场核查。①只有一般缺陷，或者所有主要和一般缺陷的整改情况证明企业能够采取有效措施进行改正的，评定结果为“符合”；②有严重缺陷或有多项主要缺陷，表明企业未能对产品生产全过程进行有效控制的，或者主要和一般缺陷的整改情况或计划不能证明企业能够采取有效措施进行改正的，评定结果为“不符合”。

（3）药品 GMP 认证检查机构完成综合评定后，将评定结果予以公示，公示期为 10 个工作日。对公示内容有异议的，药品 GMP 认证检查机构或报同级药品监督管理部门及时组织调查核实。调查期间，认证工作暂停。

对公示内容无异议或对异议已有调查结果的，药品 GMP 认证检查机构应将检查结果报同级药品监督管理部门，由药品监督管理部门进行审批。

（4）经药品监督管理部门审批，符合药品 GMP 要求的，向申请企业发放《药品 GMP 证书》；不符合药品 GMP 要求的，认证检查不予通过，药品监督管理部门以《药品 GMP 认证审批意见》方式通知申请企业。行政审批工作时限为 20 个工作日。

（5）药品监督管理部门应将审批结果予以公告。省级药品监督管理部门应将公告上传国家食品药品监督管理总局网站。

省药品监督管理局对现场检查报告进行审核和审批，符合认证标准的报国家食品药品监督管理总局予以公告，公告无异议的，颁发《药品 GMP 认证审批件》和《药品 GMP 证书》，公告有异议的，组织调查核实。对不符合药品 GMP 认证标准要求的，且无法通过限期改正达到标准的，发给《药品 GMP 认证审批意见》；可以责令企业限期改正的，向被检查企业发整改通知书，整改的时期为 6 个月。企业在期限内改正完毕，提交改正报告，符合要求的派检查组再次进行现场检查。经再次现场检查，符合药品 GMP 认证标准，颁发《药品 GMP 认证审批件》和《药品 GMP 证书》；仍不符合的，发给《药品 GMP 认证审批意见》。

新开办的药品生产企业（车间）《药品 GMP 证书》有效期为 1 年，期满复查合格后，颁发的《药品 GMP 证书》有效期为 5 年。

《药品 GMP 证书》有效期满前 3 个月，由药品生产企业提出申请，按药品 GMP 认证工作程序重新检查、换证。

认证不合格的企业，再次认证申请与上次认证申请的时间间隔应在 1 年以上。

5. 监督管理 省、自治区、直辖市药品监督管理部门负责本辖区获得证书企业（车间）的监督检查工作。在证书有效期内，每两年检查一次。检查报告经省局认证中心审核后报国家食品药品监督管理总局。

国家食品药品监督管理总局必要时对取得《药品 GMP 证书》的企业（车间）进行抽查。

对违反国家药品监督管理有关规定的或经监督检查不符合 GMP 要求的获证企业，将撤销其《药品 GMP 证书》。药品生产企业被吊销、缴销《药品生产许可证》或者被撤销、注销生产范围的，其相应的《药品 GMP 证书》由原发证机关收回。

拓展阅读

药品缺陷的等级分类

1. 严重缺陷指与药品 GMP 要求有严重偏离，产品可能对使用者造成危害的。
2. 主要缺陷指与药品 GMP 要求有较大偏离的。
3. 一般缺陷指偏离药品 GMP 要求，但尚未达到严重缺陷和主要缺陷程度的。

四、需提交的全部申报材料及数量

1.《药品 GMP 认证申请书》（一式两份）及申请书电子文档。

2. 提交的相关材料（1 份）

（1）《药品生产许可证》和营业执照复印件；

（2）药品生产管理和质量管理自查情况（包括企业概况及历史沿革情况、生产和质量管理情况，证书期满重新认证企业软、硬件条件的变化情况，前次认证不合格项目的改正情况）；

（3）企业组织机构图（注明各部门名称、相互关系、部门负责人）；

（4）企业负责人、部门负责人简历；依法经过资格认定的药学及相关专业技术人员、工程技术人员、技术工人登记表，并标明所在部门及岗位；高、中、初级技术人员占全体员工的比例情况表；

（5）企业生产范围全部剂型和品种表；申请认证范围剂型和品种表（注明常年生产品种），包括依据标准、药品批准文号；新药证书及生产批件等有关文件材料的复印件；常年生产品种的质量标准；

（6）企业总平面布置图，以及企业周围环境图；仓储平面布置图、质量检验场所平面布置图（含动物室）；

（7）生产车间概况（包括所在建筑物每层用途和车间的平面布局、建筑面积、洁净区、空气净化系统等情况。其中对 β－内酰胺类、避孕药、激素类、抗肿瘤类、放射性药品等的生产区域、空气净化系统及设备情况进行重点描述），设备安装平面布置图（包括更衣室、盥洗间、人流和物流通道、气闸等，并标明人、物流向和空气洁净度等级）；空气净化系统的送风、回风、排风平面布置图；

（8）认证剂型或品种的工艺流程图，并注明主要过程控制点及控制项目；

（9）关键工序、主要设备、制水系统及空气净化系统的验证情况；

（10）检验仪器、仪表、量具、衡器校验情况；

（11）企业生产管理、质量管理文件目录；

（12）企业符合消防和环保要求的证明文件；

（13）药品委托检验协议及中药前处理提取委托加工批件的复印件；

（14）新开办药品生产企业、药品生产企业新增生产范围申请药品 GMP 认证，除报送以上资料外，还须报送认证范围涉及品种的批生产记录复印件。

申请企业应当对其申报材料全部内容的真实性负责。以上材料统一用 A4 纸打印装订成册。

五、办理时限

省局药品安全监管处对申报材料形式审查 5 个工作日，认证中心对申报材料进行技术审查、认证中心制定现场检查方案、省局审批方案、认证中心组织实施认证现场检查、认证中心对现场检查报告进行初审、省局对认证初审意见进行审批、报国家局发布审查公告等各个环节办理时限均为 10 个工作日。

六、药品 GMP 证书的管理规定

1.《药品 GMP 证书》载明的内容应与企业药品生产许可证明文件所载明相关内容相一致。

企业名称、生产地址名称变更但未发生实质性变化的，可以药品生产许可证明文件为凭证，企业无需申请《药品 GMP 证书》的变更。

2.《药品 GMP 证书》有效期内，与质量管理体系相关的组织结构、关键人员等如发生变化的，企业应自发生变化之日起 30 日内，按照有关规定向原发证机关进行备案。其变更后的组织结构和关键人员等应能够保证质量管理体系有效运行并符合要求。

原发证机关应对企业备案情况进行审查，必要时应进行现场核查。如经审查不符合要求的，原发证机关应要求企业限期改正。

3. 有下列情况之一的，由药品监督管理部门收回《药品 GMP 证书》。

①企业（车间）不符合药品 GMP 要求的；

②企业因违反药品管理法规被责令停产整顿的；

③其他需要收回的。

4. 药品监督管理部门收回企业《药品 GMP 证书》时，应要求企业改正。企业完成改正后，应将改正情况向药品监督管理部门报告，经药品监督管理部门现场检查，对符合药品 GMP 要求的，发回原《药品 GMP 证书》。

5. 有下列情况之一的，由原发证机关注销《药品 GMP 证书》。

①企业《药品生产许可证》依法被撤销、撤回，或者依法被吊销的；

②企业被依法撤销、注销生产许可范围的；

③企业《药品 GMP 证书》有效期届满未延续的；

④其他应注销《药品 GMP 证书》的。

6. 在应注销的《药品 GMP 证书》上同时注有其他药品认证范围的，药品监督管理部门可根据企业的申请，重新核发未被注销认证范围的《药品 GMP 证书》。核发的《药品 GMP 证书》重新编号，其有效期截止日与原《药品 GMP 证书》相同。

7. 药品生产企业《药品 GMP 证书》遗失或损毁的，应在相关媒体上登载声明，并可向原发证机关申请补发。原发证机关受理补发《药品 GMP 证书》申请后，应在 10 个工作日内按照原核准事项补发，补发的《药品 GMP 证书》编号、有效期截止日与原《药品 GMP 证书》相同。

8. 《药品 GMP 证书》的收（发）回、补发、注销等管理情况，由原发证机关在其网站上发布相关信息。省级药品监督管理部门应将信息上传至国家食品药品监督管理总局网站。

案例讨论

案例：某药品生产企业批记录显示该企业生产的某胶囊剂的铝包开始时间为 2014 年 3 月 18 日，外包结束日期为 2014 年 3 月 20 日，在检查该批产品的销售记录时发现销售日期也是 2014 年 3 月 20 日。

讨论：1. 该企业成品检验批准放行销售前是否按照所适用的质量标准完成了对成品的检验？

2. 根据新版 GMP 的相关规定说明理由。

七、现行主要相关法规

除《中华人民共和国药品管理法》（2015 年 4 月 24 日第十二届全国人民代表大会常务委员会第十四次会议修正）、《中华人民共和国药品管理法实施条例》（2002 年 8 月 4 日颁布）外，现行主要相关法规如下：

1. 《药品生产质量管理规范（2010 年修订）》（2011 年 1 月 17 日国家食品药品监督管理局发布）。

2. 《药品生产质量管理规范认证管理办法（2010 年修订）》（2011 年 8 月 2 日国家食品药品监督管理局发布）。

任务对接

任务	知识能力要求
药品生产准入、监督管理	(1) 掌握药品生产企业开办及委托生产的基本条件 (2) 能开展药品生产许可的申办、变更 (3) 能申报药品委托生产 (4) 熟悉药品生产及其特点、药品监管的主要内容
《药品生产质量管理规范》认知	(1) 掌握药品生产的相关概念、GMP 的基本要素及管理的主要规定 (2) 能在药品生产岗位中熟练应用 GMP (3) 熟悉 GMP 的实施目的
GMP 认证	熟悉 GMP 认证与检查的基本内容和要求

目标检测

一、A 型题（最佳选择题）

1. 人员进入洁净区的程序是（　　）
   A. 换鞋→换外衣→穿洁净服→洗手→消毒→进入净化区
   B. 换鞋→换外衣→洗手→穿洁净服→消毒→进入净化区
   C. 换鞋→换外衣→消毒→洗手→穿洁净服→进入净化区
   D. 换鞋→洗手→换外衣→穿洁净服→消毒→进入净化区
   E. 换鞋→洗手→消毒→换外衣→穿洁净服→进入净化区
2. GMP 要求不同洁净级别间的压差要大于（　　）
   A. 5 帕　B. 10 帕　C. 15 帕　D. 20 帕　E. 25 帕
3. 每批产品经（　　）批准后方可放行。
   A. 企业负责人　B. 生产管理负责人　C. 质量受权人
   D. 质量管理负责人　E. 质量管理部门负责人
4. 直接接触药品的生产人员，至少（　　）进行一次健康检查。
   A. 3　B. 2　C. 两年半　D. 1　E. 半年
5. 仓库物料管理合格常用色标是（　　）
   A. 红色标志　B. 黄色标志　C. 橙色标志　D. 粉色标志　E. 绿色标志

二、B 型题（配伍选择题）

[6～10]

A. 生产工艺流程及所要求的空气洁净级别进行合理布局
B. 不得相互妨碍
C. 平整光滑、无颗粒物脱落
D. 与其制剂生产严格分开
E. 最大限度地减少差错和交叉污染

6. 洁净室的内表面应（　　）
7. 厂房应按（　　）
8. 中药材的生产操作必须（　　）
9. 同一厂房内以及相邻厂房之间的生产操作（　　）
10. 药品生产过程中应（　　）
[11～15]

A. 生产记录
B. 生产企业的质量管理部门
C. 销售记录
D. 应在质量管理部门监督下销毁
E. 生产企业的生产管理部门

11. 负责药品生产全过程的质量管理和检验（　　）
12. 负责制定质量制度，实施质量审核（　　）
13. 能追查每批药品的售出情况，必要时能及时全部追回（　　）
14. 因质量原因退货和收回的药品制剂（　　）
15. 负责编制药品批生产记录的部门是（　　）

三、X 型题（多项选择题）

16. 药品生产管理部门和质量管理部门的负责人应（　　）
A. 不得互相兼任
B. 对 GMP 的实施和产品质量负责
C. 有药品生产和质量管理的实践经验
D. 有能力对药品生产和质量管理中的实际问题作出正确的判断和处理
E. 具有医药或相关专业大专以上学历

17.《药品生产质量管理规范》要求洁净室（　　）
A. 不得存放非生产物品和个人杂物
B. 仅限于该区域生产操作人员和经批准的人员进入
C. 应定期消毒
D. 操作人员不得化妆和佩戴装饰物
E. 不得裸手操作

18. 产品质量管理文件主要有（　　）
A. 药品的申请和审批文件
B. 物料、中间产品和成品质量标准及检验操作规程
C. 产品质量稳定性考察
D. 批检验记录
E. 批包装记录

19.《药品生产质量管理规范》要求洁净室（　　）
A. 洁净室内空气的微生物数和尘粒数应定期监测，并记录存档
B. 空气洁净级别不同的相邻房间之间的静压差应大于 10 帕
C. 洁净室与室外大气的静压差应大于 5 帕
D. 洁净室内安装的水池、地漏不得对药品产生污染
E. 不同空气洁净级别的洁净室之间的人员及物流出入，应有防止交叉污染的措施

20. 批包装记录内容应包括（　　）
A. 待包装产品的名称、批号、规格

B. 待包装产品和包装材料的领取数量

C. 印有批号的标签和使用说明书以及产品合格证

D. 已包装产品数量

E. 生产操作负责人签字

实训9 药品生产企业参观及GMP操作体验

【实训目的】

1. 让学生在药品生产企业中体验GMP的各种原则和具体的要求。加深对GMP的认识和理解。

2. 掌握GMP的卫生要求，能够编写相关卫生标准操作规程。

3. 观看和体验旋转式压片机清洁标准操作规程。

【实训要求】

1. 在实训老师的指导下分成3~5个小组，分组实训，共同完成实训任务。

2. 体验GMP操作规程与严格的生产纪律。

3. 完成小组实训任务，提交实训报告。

【实训内容】

一、调研准备

1. 根据体验要求，各小组提前查阅熟悉GMP的相关规定。

2. 拟出体验计划。

3. 协助老师联系当地药品生产企业。

4. 准备好体验需要的相关材料和用品。

二、体验内容

1. 编写实训各场地卫生标准及清洁标准操作规程。

2. 编写旋转式压片机清洁标准操作规程。

3. 检测洁净室微生物。

三、体验心得

通过对药品生产企业的参观，结合所学知识，写出对GMP的认识和理解的心得体会。

【实训评价】

教师根据学生工作态度和实训报告撰写质量实施评价。

（李桂荣　王　艳）

项目 10

药品经营管理

学习目标

知识要求 **1. 掌握** 药品经营企业开办基本条件；从事药品经营活动的法定凭证及管理与禁止行为；购销药品应遵守的规定和要求；药品批发的质量管理基本内容和要求；药品零售的质量管理的基本内容和要求。

2. 熟悉 《药品经营许可证》申办基本程序；GSP 认证与检查的基本内容和要求；购销人员、购销记录、销售凭证的管理；互联网药品交易服务机构资格证书的申办与管理基本要求；医疗保险药品定点药房资格申办与管理基本要求。

3. 了解 药品经营许可管理制度及 GSP 认证、药品采购、验收、储存、养护、陈列、零售的法律基础知识。

技能要求 1. 能根据国家现行 GSP 等法规要求，正确开展药品采购、验收、储存、养护、陈列、零售等工作，确保药品经营合法性和质量可靠性。

2. 能运用申办药品经营许可证、GSP 认证、互联网药品交易、医疗保险药品定点药房的有关规定，进行《药品经营许可证》和《互联网药品交易服务机构资格证书》的申领、GSP 认证的申请、医疗保险药品定点药房资格的申办等工作。

任务 10－1　药品经营企业申办

案例导入

案例： 王某、张某均想开办一家药品经营企业。其中，王某想开办一家药品批发企业，张某想开办一家药店。场地、资金虽已到位，但如何申办却一头雾水。

讨论： 1. 向何部门申办？有哪些程序和要求？

2. 申办过程中应注意哪些问题？

药品经营企业分为药品批发企业和药品零售企业。药品批发企业是指将购进的药品销售给药品生产企业、药品经营企业、医疗机构的药品经营企业。药品零售企业是指将购进的药品直接销售给消费者的药品经营企业。

为确保用药的安全性，我国对药品经营实行严格的准入控制。《药品经营许可证》是企业合法经营药品的唯一凭证。开办药品批发企业，须经企业所在地省、自治区、直辖市人民政府药品监督管理部门批准并发给《药品经营许可证》；开办药品零售企业，须经企业所在地县级以上地方药品监督管理部门批准并发给《药品经营许可证》，凭《药品经营许可证》到工商行政管理部门办理登记注册。无《药品经营许可证》的，不得经营药品。

一、药品经营企业开办基本条件

（一）药品批发企业开办基本条件

开办药品批发企业，应符合省、自治区、直辖市药品批发企业合理布局的要求，并符合以下设置标准：①具有保证所经营药品质量的规章制度。②企业、企业法定代表人或企业负责人、质量管理负责人无《药品管理法》第75条、第82条规定的情形。③具有与经营规模相适应的一定数量的执业药师。质量管理负责人具有大学以上学历，且必须是执业药师。④具有能够保证药品储存质量要求的、与其经营品种和规模相适应的常温库、阴凉库、冷库。仓库中具有适合药品储存的专用货架和实现药品入库、传送、分检、上架、出库现代物流系统的装置和设备。⑤具有独立的计算机管理信息系统，能覆盖企业内药品的购进、储存、销售以及经营和质量控制的全过程；能全面记录企业经营管理及实施《药品经营质量管理规范》方面的信息；符合《药品经营质量管理规范》对药品经营各环节的要求，并具有可以实现接受当地药品监管部门监管的条件。⑥具有符合《药品经营质量管理规范》对药品营业场所及辅助、办公用房以及仓库管理、仓库内药品质量安全保障和进出库、在库储存与养护方面的条件。

此外，国家对经营麻醉药品、精神药品、医疗用毒性药品、预防性生物制品另有规定的，还应从其规定。

拓展阅读

《药品管理法》第75条、第82条规定

第七十五条　从事生产、销售假药及生产、销售劣药情节严重的企业或者其他单位，其直接负责的主管人员和其他直接责任人员十年内不得从事药品生产、经营活动。

对生产者专门用于生产假药、劣药的原辅材料、包装材料、生产设备，予以没收。

第八十二条　违反本法规定，提供虚假的证明、文件资料、样品或者采取其他欺骗手段取得《药品生产许可证》、《药品经营许可证》、《医疗机构制剂许可证》或者药品批准证明文件的，吊销《药品生产许可证》、《药品经营许可证》、《医疗机构制剂许可证》或者撤销药品批准证明文件，五年内不受理其申请，并处一万元以上三万元以下的罚款。

（二）药品零售企业开办基本要求

按照《药品管理法》关于“合理布局”的规定，开办药品零售企业应符合当地常住人口数量、地域、交通状况和实际需要的要求，符合方便群众购药的原则，并符合以下设置规定：①具有保证所经营药品质量的规章制度。②具有依法经过资格认定的药学技术人员。其中，经营处方药、甲类非处方药的药品零售企业，必须配有执业药师或者其他依法经过资格认定的药学技术人员。质量负责人应有一年以上（含一年）药品经营质量管理工作经验；经营乙类非处方药的药品零售企业，以及农村乡镇以下地区设立药品零售企业的，应当按照规定配备业务人员，有条件的应当配备执业药师。③企业、企业法定代表人、企业负责人、质量负责人无《药品管理法》第75条、第82条规定情形的。④具有与所经营药品相适应的营业场所、设备、仓储设施以及卫生环境。在超市等其他商业企业内设立零售药店的，必须具有独立的区域。⑤具有能够配备满足当地消费者所需药品的能力，并能保证24小时供应。药品零售企业应备有的国家基本药物品种数量由各省、自治区、直辖市药品监督管理部门结合当地具体情况确定。

此外，国家对经营麻醉药品、精神药品、医疗用毒性药品、预防性生物制品另有规定的，应从其规定。

二、《药品经营许可证》申办

《药品经营许可证》申办程序包括筹建申请、审查、筹建、验收申请、组织验收、许可公示等过程。作为申办人，要求能够正确填写筹建申请表和验收申请表、提供真实、完整的申报材料，按照开办条件组织筹建，明确自身的权利和义务。

《药品经营许可证》申办流程，见图10－1。

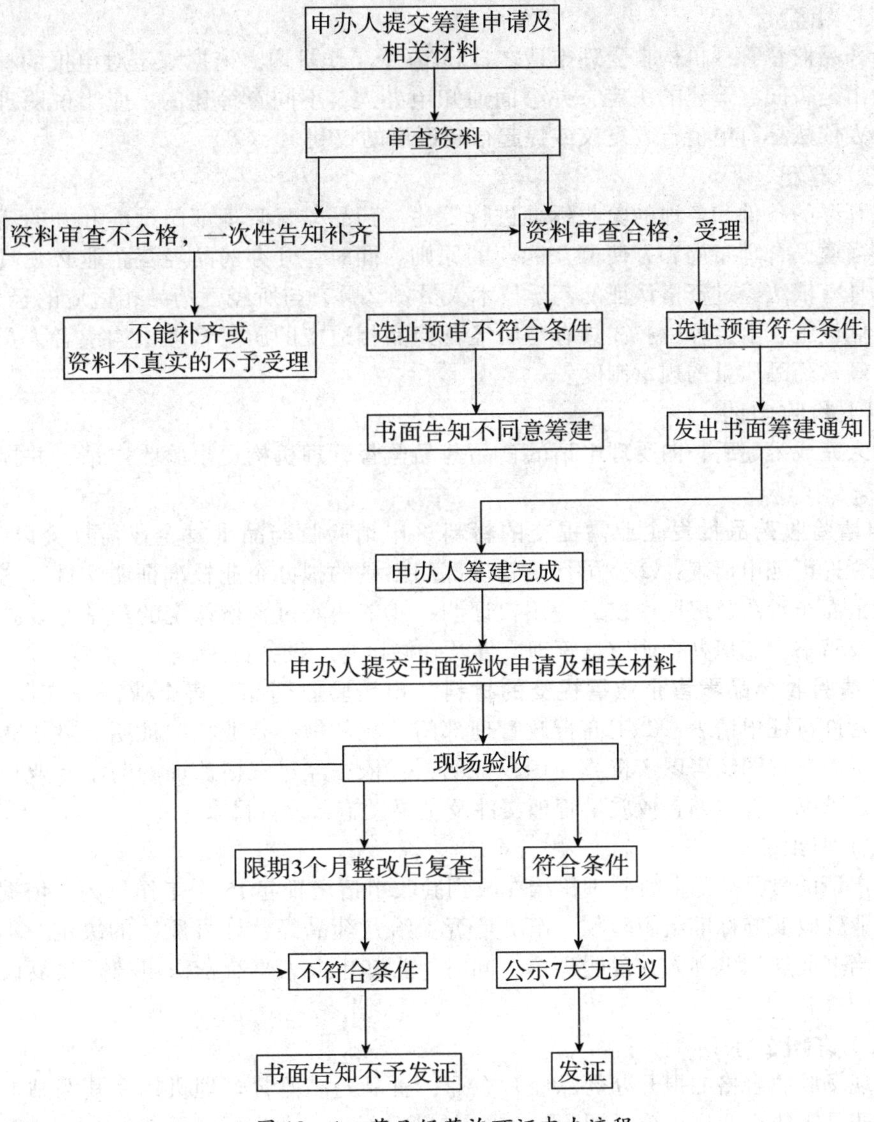

图10－1 药品经营许可证申办流程

（一）申请

申办药品批发企业，申办人向拟办企业所在地的省、自治区、直辖市食品药品监督管理部门提出筹建申请，并提交筹建申请材料。申办药品零售企业，申办人向拟办企业所在地设区的市级食品药品监督管理机构或省、自治区、直辖市食品药品监督管理部门直接设置的县级食品药品监督管理机构提出筹建申请，并提交筹建申请材料。

1. 申请筹建药品批发企业需提交的材料 申请筹建药品批发企业需提交以下材料：①拟办企业法定代表人、企业负责人、质量负责人学历证明原件、复印件及个人简历；②执业药师执业证书原件、复印件；③拟经营药品的范围；④拟经营场所、设备、仓储设施及周边卫生环境等情况。

2. 申请筹建药品零售企业需提交的材料 申请筹建药品零售企业需提交以下材料：①拟办企业法定代表人、企业负责人、质量负责人的学历、职业资格或职称证明原件、复印件及个人简历及专业技术人员资格证书、聘书；②拟经营药品的范围；③拟设营业场所、仓储设施、设备情况。

（二）审查

食品药品监督管理机构自受理申请之日起30个工作日内，依据规定对申报的材料进行审查，做出是否同意筹建的决定，并书面通知申办人。不同意筹建的，应当说明理由，并告知申办人依法享有申请行政复议或提起行政诉讼的权利。

（三）筹建

按照开办的条件和各地的验收标准进行筹建。药品监督管理部门批准开办的药品经营企业，应当遵循合理布局和方便群众购药的原则。同时，开办药品经营企业必须具备以下条件：①具有依法经过资格认证的药学技术人员；②具有与所经营药品相适应的经营场所、设备、仓储设施、卫生环境；③具有与所经营药品相适应的质量管理机构或者人员；④具有保证所经营药品质量的规章制度。

（四）验收申请

申办人完成筹建后，向受理申请的食品药品监督管理机构提出验收申请，并提交验收申请材料。

1. 申请验收药品批发企业需提交的材料 申请验收药品批发企业需提交以下材料：①药品经营许可证申请表；②公司行政管理部门出具的拟办企业核准证明文件；③营业场所、仓库平面布置图及房屋产权或使用权证明；④依法经过资格认定的药学专业技术人员资格证书及聘书；⑤拟办企业质量管理文件及仓储设施、设备目录。

2. 申请验收药品零售企业需提交的材料 申请验收药品零售企业需提交以下材料：①药品经营许可证申请表；②工商行政管理部门出具的拟办企业核准证明文件；③营业场所、仓库平面布置图及房屋产权或使用权证明；④依法经过资格认证的药学专业技术人员资格证书及聘书；⑤拟办企业质量管理文件及主要设施、设备目录。

（五）组织验收

受理申请的食品药品监督管理机构在收到验收申请之日起15个工作日内，依据开办药品经营企业验收实施标准组织验收，作出是否发给《药品经营许可证》的决定。不符合条件的，应当书面通知申办人并说明理由，同时，告知申办人享有依法申请行政复议或提起行政诉讼的权利。

（六）许可公示

对经现场验收合格的拟开办药品经营企业，食品药品监督管理机构在其网站上进行许可公示。药品零售企业许可公示期为3~5天，药品批发企业许可公示期为10天左右。

三、《药品经营许可证》管理

《药品经营许可证》是企业从事药品经营活动的法定凭证，正本、副本具有同等法律效力。《药品经营许可证》的正本应置于企业经营场所的醒目位置。《药品经营许可证》应当载明企业名称、法定代表人或企业负责人姓名、经营方式、经营范围、注册地址、仓库地址、药品经营许可证证号、流水号、发证机关、发证日期、有效期限等项目。任何单位和个人不得伪造、变造、买卖、出租和出借。

（一）《药品经营许可证》换发

《药品经营许可证》有效期为5年。有效期届满，需要继续经营药品的，持证企业应在有效期届满前6个月内，向原发证机关申请换发《药品经营许可证》。符合条件的，收回原证，换发新证。不符合条件的，可限3个月进行整改，整改后仍不符合条件的，注销原《药品经营许可证》。

（二）《药品经营许可证》变更

《药品经营许可证》变更分为许可事项变更和登记事项变更。企业分立、合并、改变经营方式、跨原管辖地迁移，按照《药品经营许可证管理办法》的规定重新办理《药品经营许可证》。

1. 许可事项变更 许可事项变更是指经营方式、经营范围、注册地址、仓库地址（包括增减仓库）、企业法定代表人或负责人以及质量负责人的变更。药品经营企业变更《药品经营许可证》许可事项的，应当在原许可事项发生变更30日前，向原发证机关申请《药品经营许可证》变更登记。未经批准不得变更许可事项。原发证机关应当自收到企业变更申请和变更申请资料之日起15个工作日内做出准予变更或不予变更的决定。药品经营企业依法变更《药品经营许可证》的许可事项后，应依法凭变更后的《药品经营许可证》向工商行政管理部门办理企业注册登记的有关变更手续。

2. 登记事项的变更 登记事项变更是指许可事项变更事项以外的其他事项的变更。药品经营企业变更《药品经营许可证》的登记事项的，应在工商行政管理部门核准变更后30日内，向原发证机关申请《药品经营许可证》变更登记。原发证机关应当自收到企业变更申请和变更申请资料之日起15个工作日内为其办理变更手续。《药品经营许可证》登记事项变更后，应由原发证机关在《药品经营许可证》副本上记录变更的内容和时间，并按变更后的内容重新核发《药品经营许可证》正本，收回原《药品经营许可证》正本。变更后的《药品经营许可证》有效期不变。

（三）《药品经营许可证》遗失

企业遗失《药品经营许可证》，应立即向发证机关报告，并在发证机关制定的媒体上登载遗失声明。发证机关在企业登载遗失声明之日起满1个月之后，按原核准事项补发《药品经营许可证》。

（四）《药品经营许可证》注销

药品经营企业有下列情形之一的，《药品经营许可证》由原发证机关注销：①《药品经营许可证》有效期届满未换证的；②药品经营企业终止经营药品或者关闭的；③《药品经营许可证》被依法撤销、撤回、吊销、收回、缴销或者宣布无效的；④不可抗力导致《药品经营许可证》的许可事项无法实施的；⑤法律、法规规定的应当注销行政许可的其他情形。

药品监督管理部门（机构）注销《药品经营许可证》的，应当自注销之日起5个工作日内通知有关工商行政管理部门。

案例导入

案例：2015 年 3 月，某药品监督管理部门在日常执法检查时发现，该辖区王某开设的零售药店虽有《药品经营许可证》，但已于 2015 年 1 月过期失效，并仍在进行药品经营。执法人员对其《药品经营许可证》注销，并通知辖区工商行政管理部门，同时对其进行经济处罚。王某不服，称店里忙，未来得及续办《药品经营许可证》，事出有因，补办即可。

讨论：1. 王某理由是否成立？

2. 执法人员对其进行行政处罚依据何在？

四、现行主要相关法规

除《中华人民共和国药品管理法》（2015 年 4 月 24 日第十二届全国人民代表大会常务委员会第十四次会议修正）、《中华人民共和国药品管理法实施条例》（2002 年 8 月 4 日颁布）外，现行主要相关法规如下：

《药品经营许可证管理办法》（2004 年 1 月 2 日国家食品药品监督管理局发布）。

任务 10－2 GSP 认证与检查

案例导入

案例：某新开办药品批发企业取得《药品经营许可证》之后，老板便迅速开张营业了。2 个月后因未取得 GSP 认证被给予警告，并责令限期改正。什么是 GSP 认证？怎么办理？老板对此一概不知，急得团团转。

讨论：1. 何为 GSP 认证？申请 GSP 认证的基本条件有哪些？

2. 如何办理 GSP 认证？

GSP 认证是药品监督管理部门依法对药品经营企业的药品经营质量管理进行监督检查的一种手段，是对药品经营企业实施《药品经营质量管理规范》情况的检查、评价并决定是否发给认证证书的监督管理过程。《药品管理法实施条例》第十三条明确规定，药品经营企业应当按照国务院药品监督管理部门规定的实施办法和实施步骤，通过省、自治区、直辖市人民政府药品监督管理部门组织的《药品经营质量管理规范》的认证，取得认证证书。药品经营企业在国务院药品监督管理部门规定的时间内未通过《药品经营质量管理规范》认证仍进行药品经营的，由药品监督管理部门依照《药品管理法》第七十九条的规定给予处罚（给予警告，并责令限期改正。当事人仍未按照“责令限期改正”的要求进行改正时，由药品监督管理部门给予责令停产停业并处 5000 元以上 2 万元以下的罚款。情节严重者，由原发证部门吊销《药品经营许可证》）。

一、申请 GSP 认证的基本条件

申请 GSP 认证的药品经营企业，应符合以下基本条件：

（1）属于以下情形之一的药品经营单位：①具有企业法人资格的药品经营企业；②非

专营药品的企业法人下属的药品经营企业；③不具有企业法人资格且无上级主管单位承担质量管理责任的药品经营实体。

(2) 具有依法领取的《药品经营许可证》和《企业法人营业执照》或《营业执照》的单位。

(3) 企业经过内部评审，基本符合《药品经营质量管理规范》及其实施细则规定的条件和要求。

(4) 在申请认证前12个月内，企业没有因违规经营造成的经销假劣药品问题（以药品监督管理部门给予行政处罚的日期为准）。

二、申请GSP认证的流程

申请GSP认证程序包括认证申请、初审、审查、现场检查、审批、公示发证等过程。作为认证申请人，应正确填报《药品经营质量管理规范认证申请书》，提供真实、完整的申报材料，按照GSP认证检查评定标准进行准备，明确自身的权利和义务。

三、GSP认证实施程序

（一）认证申请

新办药品批发企业和药品零售企业，应当自取得《药品经营许可证》之日起30日内，向发给其《药品经营许可证》的药品监督管理部门或者药品监督管理机构申请《药品经营质量管理规范》认证。申请GSP认证的药品经营企业，应正确填报《药品经营质量管理规范认证申请书》，同时报送以下资料：①《药品经营许可证》和营业执照复印件；②企业实施《药品经营质量管理规范》情况的自查报告；③企业非违规经销假劣药品问题的说明及有效的证明文件；④企业负责人员和质量管理人员情况表，企业药品验收、养护人员情况表；⑤企业经营场所、仓储、验收养护等设施、设备情况表；⑥企业所属非法人分支结构情况表；⑦企业药品经营质量管理制度目录；⑧企业质量管理组织、机构的设置与职能框图；⑨企业经营场所和仓库的平面布局图。

上述资料应按规定做到详实和准确。企业不得隐瞒、谎报、漏报，否则将驳回认证申请，终止认证现场检查或判定其认证不合格。

（二）初审

药品经营企业将认证申请书及资料报所在地设区的市级药品监督管理机构或者省、自治区、直辖市药品监督管理部门直接设置的县级药品监督管理机构进行初审。申请前12个月内发生过经销假劣药品问题，但在认证申请中没有说明或没有如实说明的，一经查实，无论是否属于违规经营，一律终止对其认证申请的审查或认证现场检查，通过认证的应予以纠正（包括收回证书和公布撤销），并在发出处理通知的12个月内不受理该企业的认证申请。

初审部门应在收到认证申请书籍资料起10个工作日内完成初审，初审合格的将其认证申请书和资料移送省、自治区、直辖市药品监督管理部门审查。

（三）审查

省、自治区、直辖市药品监督管理部门在收到认证申请书及资料之日起25个工作日内完成审查，并将是否受理的意见填入认证申请书，在3个工作日内以书面形式通知初审部门和申请认证企业。不同意受理的，应说明原因。对同意受理的认证申请，省、自治区、直辖市药品监督管理部门应在通知初审部门和企业的同时，将认证申请书及资料转送本地区设置的认证机构。

审查中对认证申请书和资料中有疑问的，省、自治区、直辖市药品监督管理部门应一次性通知初审部门，由初审部门要求企业限期予以说明或补充资料。逾期未说明或资料仍不符合要求的，由省、自治区、直辖市药品监督管理部门予以退审。

（四）现场检查

认证机构收到省、自治区、直辖市药品监督管理部门转送的企业认证申请书和资料之日起15个工作日内，应组织对企业的现场检查。检查前，应将现场检查通知书提前3日发至被检查企业。

1. 首次会议 首次会议主要内容包括：介绍检查组成员、说明有关事项、宣布检查纪律、被检查企业汇报情况、确认检查范围、落实检查日程等。

2. 确定陪同人员 现场检查陪同人员应是被检查企业负责人或是经营、质量管理部门的负责人，应熟悉药品经营和质量管理的有关环节和要求，能准确回答检查组提出的有关问题。

3. 检查和取证 检查组应严格按照现场检查方案进行检查。检查时，如发现实际情况与企业申报资料不符，检查组应向局认证中心提出调整检查方案的意见。检查时，应按照《GSP认证现场检查项目》规定的内容，准确、全面地查验企业相关情况。检查中对检查的项目应逐条记录。发现问题应认真核对，必要时可进行现场取证。

4. 综合评定。

5. 末次会议 检查组召开由检查组成员、参加现场检查工作的相关人员和被检查企业有关人员参加的末次会议，通报检查情况。对提出的不合格项目和需完善的项目，由检查组全体成员和被检查企业负责人签字，双方各执一份。

6. 异议的处理 被检查企业对所通报情况如有异议，可提出意见或针对问题进行说明和解释。检查组应依据检查结果对照《GSP认证现场检查评定标准》做出检查结论，并提交检查报告。如企业对检查结论产生异议，可向检查组做出说明或解释，直至提出复议。

通过现场检查的企业，应针对检查结论中提出的缺陷项目提交整改报告，并于现场检查结束后7个工作日内报送认证机构。

（五）审批

根据检查组现场检查报告并结合有关情况，认证机构在收到报告的10个工作日内提出审核意见，送交省级药品监督管理部门审批。省级药品监督管理部门在收到审核意见之日起15个工作日内进行审查，作出认证是否合格或者限期整改的结论。

被要求限期整改的企业，应在接到通知的3个月内向省、自治区、直辖市药品监督管理部门和认证机构报送整改报告，提出复查申请。认证机构应在收到复查申请的15个工作日内组织复查。对超过规定期限未提出复查申请或经过复查仍未通过现场检查的不再给予复查，应确定为认证不合格。

（六）公示发证

通过认证现场检查的企业，省级药品监督管理部门应通过媒体（其中药品批发企业还应通过国家食品药品监督管理总局政府网站）向社会公示。

对认证合格的企业，省级药品监督管理部门应向企业颁发《药品经营质量管理规范认证证书》；对认证不合格的企业，省级药品监督管理部门应书面通知企业。企业可在通知下发之日6个月后，重新申请GSP认证。

四、《药品经营质量管理规范认证证书》管理

《药品经营质量管理规范认证证书》的格式由国务院药品监督管理部门统一规定。《药品经营质量管理规范认证证书》有效期5年，有效期满前3个月内，由企业提出重新认证

的申请。省、自治区、直辖市药品监督管理部门依照本办法的认证程序，对申请企业进行检查和复审，合格的换发证书。

五、GSP 检查

对药品经营企业进行监督管理不仅要重视事前的市场准入和审批认证，还应对其认证后经营行为进行监督检查。GSP 认证跟踪检查是落实新修订药品 GSP 要求的重要内容，是督促企业认真执行 GSP 各项规定、落实企业第一责任、确保药品质量的有效手段。

监督检查包括跟踪检查、日常抽查和专项检查三种形式。跟踪检查按照认证现场的方法和程序进行；日常抽查和专项检查应将结果记录在案。省级药品监督管理部门应在企业认证合格后 24 个月内，组织对其认证的药品经营企业进行一次跟踪检查。认证合格的药品经营企业在认证证书有效期内，如果改变了经营规模和经营范围，或在经营场所、经营条件等方面以及零售连锁门店数量上发生了变化，省级药品监督管理部门应组织对其进行专项检查。

GSP 跟踪检查的重点如下：①企业 GSP 运行的整体状况；②企业认证时缺陷项目的整改情况；③质量管理人员及药学技术人员在职在岗及工作开展情况；④药品的购销渠道规范情况；⑤购销票据索取、出具和管理情况；⑥温湿度监控系统运行情况；⑦极端温度情况下冷链验证、运行情况。

六、现行主要相关法规

除《中华人民共和国药品管理法》（2015 年 4 月 24 日第十二届全国人民代表大会常务委员会第十四次会议修正）、《中华人民共和国药品管理法实施条例》（2002 年 8 月 4 日颁布）外，现行主要相关法规如下：

1. 《药品经营质量管理规范》（2016 年 7 月 20 日国家食品药品监督管理总局发布）。
2. 《药品经营质量管理规范认证管理办法》（国食药监市［2003］25 号）。
3. 《药品经营质量管理规范现场检查指导原则》（食药监药化监〔2014〕20 号）。

任务 10 - 3　药品经营质量管理

案例导入

案例：2016 年 5 月，某食品药品监督管理局执法人员在对该辖区某药品批发企业进行 GSP 跟踪检查时发现，该企业仓库内的药品没有按照要求实行色标管理，药品直接放在地面，不同药品间没有间距，药品与墙壁间也无间距。执法人员对该企业存在的问题进行了处罚，并提出了限期整改要求。

讨论：1. 药品批发企业仓库内的药品色标管理基本要求有哪些？
2. 若你作为药品批发企业的质量管理部门负责人，如何建立本企业药品经营质量管理体系？

《药品管理法》明确规定，药品经营企业必须按照国务院药品监督管理部门依据本法制定的《药品经营质量管理规范》（GSP）经营药品。

拓展阅读

2016 年版 GSP

新版 GSP 于2016年7月20日由国家食品药品监督管理总局发布施行（国家食品药品监督管理总局令第28号）。本次修改主要涉及三个方面的内容：一是根据国务院办公厅《关于加快推进重要产品追溯体系建设的意见》（国办发〔2015〕95号），对药品流通环节中药品经营企业如何执行药品追溯制度提出了操作性要求。二是根据《国务院关于修改〈疫苗流通和预防接种管理条例〉的决定》（国务院令第668号），将《药品经营质量管理规范》中关于疫苗经营企业的相关规定修改为疫苗配送企业的要求。三是根据《国务院办公厅关于加快推进“三证合一”登记制度改革的意见》（国办发〔2015〕50号），将首营企业需要查验的证件合并规定为“营业执照、税务登记、组织机构代码的证件复印件”。

一、药品批发的质量管理

（一）从业人员要求与管理

企业从事药品经营和质量管理工作的人员，应当符合有关法律法规及 GSP 规定的资格要求，不得有相关法律法规禁止从业的情形。

1. 企业负责人 企业负责人应当具有大学专科以上学历或者中级以上专业技术职称，经过基本的药学专业知识培训，熟悉有关药品管理的法律法规及 GSP。

2. 企业质量负责人 企业质量负责人应当具有大学本科以上学历、执业药师资格和 3 年以上药品经营质量管理工作经历，在质量管理工作中具备正确判断和保障实施的能力。

3. 企业质量管理部门负责人 企业质量管理部门负责人应当具有执业药师资格和 3 年以上药品经营质量管理工作经历，能独立解决经营过程中的质量问题。

4. 质量管理、验收及养护等岗位人员 企业应当配备符合以下资格要求的质量管理、验收及养护等岗位人员：①从事质量管理工作的，应当具有药学中专或者医学、生物、化学等相关专业大学专科以上学历或者具有药学初级以上专业技术职称。②从事验收、养护工作的，应当具有药学或者医学、生物、化学等相关专业中专以上学历或者具有药学初级以上专业技术职称。③从事中药材、中药饮片验收工作的，应当具有中药学专业中专以上学历或者具有中药学中级以上专业技术职称；从事中药材、中药饮片养护工作的，应当具有中药学专业中专以上学历或者具有中药学初级以上专业技术职称；直接收购地产中药材的，验收人员应当具有中药学中级以上专业技术职称。④从事疫苗配送的，还应当配备 2 名以上专业技术人员专门负责疫苗质量管理和验收工作，专业技术人员应当具有预防医学、药学、微生物学或者医学等专业本科以上学历及中级以上专业技术职称，并有 3 年以上从事疫苗管理或者技术工作经历。

从事质量管理、验收工作的人员应当在职在岗，不得兼职其他业务工作。

5. 其他从业人员 从事采购工作的人员应当具有药学或者医学、生物、化学等相关专业中专以上学历，从事销售、储存等工作的人员应当具有高中以上文化程度。从事特殊管理的药品和冷藏冷冻药品的储存、运输等工作的人员，应当接受相关法律法规和专业知识培训并经考核合格后方可上岗。

企业应当对各岗位人员进行与其职责和工作内容相关的岗前培训和继续培训，以符合本规范要求。培训内容应当包括相关法律法规、药品专业知识及技能、质量管理制度、职责及岗位操作规程等。企业应当按照培训管理制度制定年度培训计划并开展培训，使相关人员能正确理解并履行职责。培训工作应当做好记录并建立档案。质量管理、验收、养护、储存等直接接触药品岗位的人员应当进行岗前及年度健康检查，并建立健康档案。患有传染病或者其他可能污染药品的疾病的，不得从事直接接触药品的工作。身体条件不符合相应岗位特定要求的，不得从事相关工作。

（二）质量管理体系文件建立

药品经营企业应制定质量管理体系文件。制定质量管理体系文件应当符合企业实际。文件包括质量管理制度、部门及岗位职责、操作规程、档案、报告、记录和凭证等。文件的起草、修订、审核、批准、分发、保管，以及修改、撤销、替换、销毁等应当按照文件管理操作规程进行，并保存相关记录。文件应当标明题目、种类、目的以及文件编号和版本号。文字应当准确、清晰、易懂。文件应当分类存放，便于查阅。企业应当定期审核、修订文件，使用的文件应当为现行有效的文本，已废止或者失效的文件除留档备查外，不得在工作现场出现。企业应当保证各岗位获得与其工作内容相对应的必要文件，并严格按照规定开展工作。

1. 质量管理制度 质量管理制度应当包括以下内容：①质量管理体系内审的规定；②质量否决权的规定；③质量管理文件的管理；④质量信息的管理；⑤供货单位、购货单位、供货单位销售人员及购货单位采购人员等资格审核的规定；⑥药品采购、收货、验收、储存、养护、销售、出库、运输的管理；⑦特殊管理的药品的规定；⑧药品有效期的管理；⑨不合格药品、药品销毁的管理；⑩药品退货的管理；⑪药品召回的管理；⑫质量查询的管理；⑬质量事故、质量投诉的管理；⑭药品不良反应报告的规定；⑮环境卫生、人员健康的规定；⑯质量方面的教育、培训及考核的规定；⑰设施设备保管和维护的管理；⑱设施设备验证和校准的管理；⑲记录和凭证的管理；⑳计算机系统的管理；㉑其他应当规定的内容。

2. 部门及岗位职责 部门及岗位职责应当包括：①质量管理、采购、储存、销售、运输、财务和信息管理等部门职责；②企业负责人、质量负责人及质量管理、采购、储存、销售、运输、财务和信息管理等部门负责人的岗位职责；③质量管理、采购、收货、验收、储存、养护、销售、出库复核、运输、财务、信息管理等岗位职责；④与药品经营相关的其他岗位职责。

3. 操作规程 企业应当制定药品采购、收货、验收、储存、养护、销售、出库复核、运输等环节及计算机系统的操作规程。

4. 相关记录 企业应当建立药品采购、验收、养护、销售、出库复核、销后退回和购进退出、运输、储运温湿度监测、不合格药品处理等相关记录，做到真实、完整、准确、有效和可追溯。通过计算机系统记录数据时，有关人员应当按照操作规程，通过授权及密码登录后方可进行数据的录入或者复核；数据的更改应当经质量管理部门审核并在其监督下进行，更改过程应当留有记录。

书面记录及凭证应当及时填写，并做到字迹清晰，不得随意涂改，不得撕毁。更改记录的，应当注明理由、日期并签名，保持原有信息清晰可辨。记录及凭证应当至少保存5年。疫苗、特殊管理的药品的记录及凭证按相关规定保存。

（三）设施与设备要求

药品经营企业应当具有与其药品经营范围、经营规模相适应的经营场所和库房。用于药品储存与养护的仓库，是药品经营企业必不可少的基础性设施，是保证药品在流通环节正常流转的必不可少的基本条件。药品在库期间的质量状况取决于仓库条件、保养技术和管理水平。库房的规模及条件应当满足药品的合理、安全储存，并达到相关要求，便于开展储存作业。储存、运输设施设备的定期检查、清洁和维护应当由专人负责，并建立记录和档案。企业应当按照国家有关规定，对计量器具、温湿度监测设备等定期进行校准或者检定。企业应当对冷库、储运温湿度监测系统以及冷藏运输等设施设备进行使用前验证、定期验证及停用时间超过规定时限的验证。企业应当根据相关验证管理制度，形成验证控制文件，包括验证方案、报告、评价、偏差处理和预防措施等。

1. 药品经营企业库房常规要求

（1）库房基本要求　库房应符合以下基本要求：①内外环境整洁，无污染源，库区地面硬化或者绿化，药品储存作业区、辅助作业区、办公生活区分开一定距离或有隔离措施。②有适宜药品分类保管和符合药品储存要求的库房。库房内墙、顶光洁，地面平整，门窗结构严密。③库房有可靠的安全防护措施，能够对无关人员进入实行可控管理，防止药品被盗、替换或者混入假药。④有防止室外装卸、搬运、接收、发运等作业受异常天气影响的措施，装卸作业场所有顶棚。⑤应根据所经营药品的储存要求，设置不同温、湿度条件的仓库。其中冷库温度为2～10℃；阴凉库温度不高于20℃；常温库温度为0～30℃；各库房相对湿度应保持在35%～75%之间。

（2）库房设施设备配备　库房应当配备以下设施设备：①药品与地面之间有效隔离的设备。药品与墙、屋顶（房梁）的间距不小于30厘米，与库房散热器或供暖管道的间距不小于30厘米，与地面的间距不小于10厘米。②避光、通风、防潮、防虫、防鼠等设备。③有效调控温湿度及室内外空气交换的设备。④自动监测、记录库房温湿度的设备。⑤符合储存作业要求的照明设备。⑥用于零货拣选、拼箱发货操作及复核的作业区域和设备。⑦包装物料的存放场所。⑧验收、发货、退货的专用场所。⑨不合格药品专用存放场所。⑩经营特殊管理的药品有符合国家规定的储存设施。

药品仓库应划分待验库（区）、合格品库（区）、发货库（区）、不合格品库（区）、退货库（区）等专用场所，经营中药饮片还应划分零货称取专库（区）。

有与企业规模相适应、符合卫生要求的验收养护室，配备必要的验收和养护用工具及仪器设备。药品批发和零售连锁企业应在仓库设置验收养护室，其面积大型企业不小于50平方米；中型企业不小于40平方米；小型企业不小于20平方米。验收养护室应有必要的防潮、防尘设备。如所在仓库未设置药品检验室或不能与检验室共用仪器设备的，应配置千分之一天平、澄明度检测仪、标准比色液等。

2. 经营中药材、中药饮片设施设备要求　经营中药材、中药饮片的，应当有专用的库房和养护工作场所，直接收购地产中药材的应当设置中药样品室（柜）。验收养护室还应配置水分测定仪、紫外荧光灯、解剖镜或显微镜。

3. 储存、运输冷藏、冷冻药品设施设备要求　储存、运输冷藏、冷冻药品的，应当配备以下设施设备：①与其经营规模和品种相适应的冷库，储存疫苗的应当配备两个以上独立冷库。②用于冷库温度自动监测、显示、记录、调控、报警的设备。③冷库制冷设备的备用发电机组或者双回路供电系统。④对有特殊低温要求的药品，应当配备符合其储存要求的设施设备。⑤冷藏车及车载冷藏箱或者保温箱等设备。

运输冷藏、冷冻药品的冷藏车及车载冷藏箱、保温箱应当符合药品运输过程中对温度控制的要求。冷藏车具有自动调控温度、显示温度、存储和读取温度监测数据的功能。冷藏箱及保温箱具有外部显示和采集箱体内温度数据的功能。

4. 计算机系统要求　企业应当建立能够符合经营和质量管理要求的计算机系统，并满足药品追溯的要求。企业计算机系统应当符合以下要求：①有支持系统正常运行的服务器和终端机。②有安全、稳定的网络环境，有固定接入互联网的方式和安全可靠的信息平台。③有实现部门之间、岗位之间信息传输和数据共享的局域网。④有药品经营业务票据生成、打印和管理功能。⑤有符合GSP要求及企业管理实际需要的应用软件和相关数据库。

各类数据的录入、修改、保存等操作应当符合授权范围、操作规程和管理制度的要求，保证数据原始、真实、准确、安全和可追溯。计算机系统运行中涉及企业经营和管理的数据应当采用安全、可靠的方式储存并按日备份，备份数据应当存放在安全场所，记录类数据的保存时限应当至少保存5年。疫苗、特殊管理的药品的记录及凭证按相关规定保存。

（四）药品验收

药品验收是药品经营企业保障药品质量的一项重要措施。严把药品验收关，才使经营药品的质量得到保证。药品经营企业购进药品，必须建立并执行进货检查验收制度，验明药品合格证明和其他标识。不符合规定要求的，不得购进。药品经营企业应设置与经营规模相适应的药品检验部门和验收、养护等组织。药品检验部门和验收部门应隶属于质量管理机构。企业的药品检验部门承担本企业药品质量的检验任务，提供准确、可靠的检验数据。仓库保管员凭验收员签字或盖章收货。对货与单不符、质量异常、包装不牢或破损、标志模糊等情况，有权拒收并报告企业有关部门处理。

1. 药品质量验收工作基本要求 药品质量验收工作基本要求如下：①严格按照法定标准和合同规定的质量条款对购进药品、销后退回药品的质量进行逐批验收；②验收时应同时对药品的包装、标签、说明书以及有关要求的证明或文件进行逐一检查；③验收抽取的样品应具有代表性；④验收应按有关规定做好验收记录，并按照规定时间保存；⑤验收首营品种，还应进行药品内在质量的检验；⑥验收应在符合规定的场所进行，在规定时限内完成。

2. 药品质量验收和检验管理主要内容 药品质量验收和检验管理主要内容如下：①药品质量标准及有关规定的收集、分发和保管。②抽样的原则和程序、验收和检验的操作规程。③发现有问题药品的处理方法。④仪器设备、计量工具的定期校准和检定，仪器的使用、保养和登记等。⑤原始记录和药品质量档案的建立、收集、归档和保管。⑥中药标本的收集和保管。

3. 药品验收程序 药品验收程序包括收货、待验、审查书面凭证、验收抽样、验收检查、入库、填写验收记录等过程。药品验收人员应按照药品验收程序，严格对药品外观性状、内外包装、标识以及相关证明文件等进行检查，确保药品的质量，建立并保存真实、完整的验收记录。冷藏、冷冻药品到货时，应当对其运输方式及运输过程的温度记录、运输时间等质量控制状况进行重点检查并记录。不符合温度要求的应当拒收。

（1）待验 收货员按照药品区的色标管理规定以及品种特性要求，将购进药品放入相应的区域中，放置待验标志，通知药品验收员到相应地点进行验收。冷藏、冷冻药品应当在冷库内待验。特殊管理的药品应当按照相关规定在专库或者专区内待验。

（2）审查书面凭证 验收人员对随货到达的书面凭证如合同、定单、发票、产品合格证、检验报告书等进行审查，确定单据的真实性、规范性和所到货物的一致性。随货同行单（票）应当包括供货单位、生产厂商、药品的通用名称、剂型、规格、批号、数量、收货单位、收货地址、发货日期等内容，并加盖供货单位药品出库专用章原印章。验收药品应当按照药品批号查验同批号的检验报告书。供货单位为批发企业的，检验报告书应当加盖其质量管理专用章原印章。检验报告书的传递和保存可以采用电子数据形式，但应当保证其合法性和有效性。

（3）验收抽样 对药品进行逐批验收，验收抽取的样品应具有代表性。

（4）验收抽查　验收员对药品外观的性状检查，药品内外包装、标识以及相关证明文件等逐一检查、核对。

（5）填写验收记录　企业应按照有关规定建立详尽的验收记录，并按规定保存备查。验收记录包括药品的通用名称、剂型、规格、批准文号、批号、生产日期、有效期、生产厂商、供货单位、到货数量、到货日期、验收合格数量、验收结果等内容。中药材验收记录应当包括品名、产地、供货单位、到货数量、验收合格数量等内容。中药饮片验收记录应当包括品名、规格、批号、产地、生产日期、生产厂商、供货单位、到货数量、验收合格数量等内容，实施批准文号管理的中药饮片还应当记录批准文号。验收不合格的填写“药品拒收报告单”，应当注明不合格事项及处置措施。验收人员应当在验收记录上签署姓名和验收日期。具体要求如下：①可按药品剂型分别填入表内。②品名、规格、单位、生产企业按实货填写，生产批号应逐批填写。③批准文号按实际情况填写。进口药品及直接从本地药厂进货需索取检验报告书填备注栏内。④有效期限和使用期限应填写：××××年××月××日。⑤外观质量可按实际情况填写，除性状（色泽）外，均应以百分比表示。⑥包装质量情况，内外包装符合要求填写“合格”，不符合要求填写实际情况。⑦验收结论，根据验收综合情况做出合格与不合格结论。

（6）入库　对于验收合格的药品，立即对已拆封的药品包装复原，加封并标示，填写“药品入库通知单”，与保管员办理交接手续。在验收过程中发现不符合国家规定的情况时，应立即停止验收工作，填写“药品拒收单”，报质量管理部门确认处理。

对销后退回的药品，验收人员按进货验收的规定验收，填写销后退回药品验收记录。必要时应抽样送检验部门检验。对特殊管理的药品，应实行双人验收制度。

拓展阅读

药品电子监管码

国家食品药品监督管理局从2006年开始实施药品电子监管工作，并依据《国家药品安全“十二五”规划》，制定了《2011－2015年药品电子监管工作规划》。2013年1月发布的《药品经营质量管理规范》和2015年CFDA修订后的《药品经营质量管理规范》均就药品电子监管提出了明确的要求。CFDA在2016年7月颁布的《药品经营质量管理规范》将“药品电子监管系统”修改为“药品追溯系统”，并取消强制执行电子监管码扫码和数据上传的要求。

（五）药品的储存与养护

储存与养护药品是药品经营企业经历了验收和入库之后的下一个环节，从停留时间这个角度看，这是药品在经营企业内部所经历的最长的一个环节。药品经营企业必须制定并执行药品保管和养护制度，按规定的储存要求专库、分类存放，采取必要的冷藏、防冻、防潮、防虫、防鼠等措施，从而保证药品质量。

1. 药品储存　药品经营企业储存药品品种繁多、批量不一、性能各异，在储存过程中，保管人员只有对药品进行合理储存，才能保证药品质量，同时为药品养护的开展打好基础。具体措施如下：

（1）分库储存　保管员应按药品的温湿度要求将药品存放于相应的库中，药品经营企业各类药品储存库均应保持恒温。按照药品储存所需的温湿度不同设置不同温、湿度条件的仓库。

（2）分类储存　药品经营企业应有适宜药品分类管理的仓库，按照药品的管理要求、用途、性状等进行分类储存。药品仓库通常将药品分为药品、非药品、易串味的药品、中药材、中药饮片、特殊管理药品、贵重药品以及危险品等几大类储存。药品与非药品、内用药与外用药、处方药和非处方药之间应该分开存放；易串味的药品、中药材、中药饮片、特殊管理药品以及危险品等应与其他药品分开存放。其中以下药品应专库存放、不得与其他药品混存在同一仓间：①中药材、中药饮片储存：药品经营企业应根据中药材、中药饮片的性质设置相应的储存仓库，合理控制温湿度条件。对于易虫蛀、霉变、泛油、变色的品种，应设置密封、干燥、凉爽、洁净的库房。对于经营量较小且易变色、挥发及融化的品种，应配备避光、避热的储存设备，如冰箱、冰柜。对于毒麻中药应做好专人专账、专库（或柜）双锁保管。②特殊管理药品的储存：药品批发企业应对麻醉药品、第一类精神药品、医疗用毒性药品、放射性药品实行专库或专柜存放、双人双锁管理、专账记录，做到账物相符。麻醉药品和第一类精神药品可同库贮存，医疗用毒性药品、放射性药品分别设置专库或专柜存放，放射性药品应采取有效的防辐射措施。第二类精神药品宜存放于相对独立的储存区域，且应加强账、货管理。③拆除外包装的零货药品应当集中存放。

（3）色标管理　为了有效控制药品储存质量，应对药品按其质量状态分库（区）存放，为杜绝库存药品的存放差错，必须对在库药品实行色标管理。药品质量状态的色标区分标准为：合格药品为绿色；不合格药品为红色；质量状态不明确药品为黄色。

按照库房管理的实际需要，库房管理区域色标划分的统一标准是：待验药品库（或区）、退货药品库（或区）为黄色；合格药品库（或区）、中药饮片零货称取库（或区）、待发药品库（或区）为绿色；不合格药品库（或区）为红色。三色标牌以底色为准，文字可以白色或黑色表示，防止出现色标混乱。

（4）搬运和堆垛要求　药品按批号堆码，不同批号的药品不得混垛。同时，应严格遵守药品外包装图示标准的要求，规范操作。怕压药品应控制堆放高度，防止造成包装箱挤压变形。药品应按品种、批号相对集中堆放，并分开堆码，不同品种或同品种不同批号药品不得混垛，防止发生错发混发事故。堆垛时，要做到"三不倒置"，即轻重不倒置，软硬不倒置，标志不倒置；要留足"五距"，使储存药品做到"五不靠"，即四周不靠墙、柱，顶不靠顶棚和灯；要保持"三条线"，即上下垂直，左右、前后成线，使货垛稳固、整齐、美观；尽量做到三个用足，即面积用足、高度用足、荷重定额用足，充分发挥仓库使用效能，尽量节约仓库容量。

药品堆垛的距离要求为：药品与墙、药品与屋顶（房梁）的间距不小于30cm，与库房散热器或供暖管道的间距不小于30cm，与地面的间距不小于10cm，垛间距不小于5cm。此外，仓间主通道宽度应不少于200cm，辅通道宽度应不少于100cm。

（5）货架储存　①货架应背靠背地成双行排列，并与主通道垂直，单行货架可以靠防火墙放置。②货架标志应放在各行货架面向通道的两端，以便标明各行货架编号及存放物资的种类。③货架内物品应按从后向前的顺序以及按编号的位置存放，并留一定数量的空位以便在储存新品种时使用。④架存药品的数量取决于药品的品种、规格尺寸以及发放的要求，没有必要拆开过多的原箱药品置于架上。为了便于补充，零散药品的识别标志都应放在货架格的开口处，以便识别。某些不易辨认的药品，在格内可保留一个标志齐全的样品，以助于识别。

（6）效期管理　为了保证药品质量，保证用药安全，药品必须严格遵守其特定的储存条件，并在规定的期限内使用，以确保药品的有效性和安全性。因此，加强药品有效期的管理，是保证用药安全、有效的重要条件，更是降低药品损耗、提升业绩的重要举措。

企业应当采用计算机系统对库存药品的有效期进行自动跟踪和控制，采取近效期预警及超过有效期自动锁定等措施，防止过期药品销售。大中型批发企业的药品近效期的时限应不少于1年，小型批发企业的药品近效期时限应不少于6个月。药品报关员应及时、准确地掌握库存近效期药品的状况，按月填写“近效期药品催销表”，报业务销售部门、质量管理部门及仓储部门，对近效期药品实施重点质量控制并及时催销，以避免药品过期失效。

（7）销后退回药品的管理　企业对销后退回药品应重点控制，按照规定的程序进行管理，防止假劣药进入流通领域。具体处理程序见图10－2。

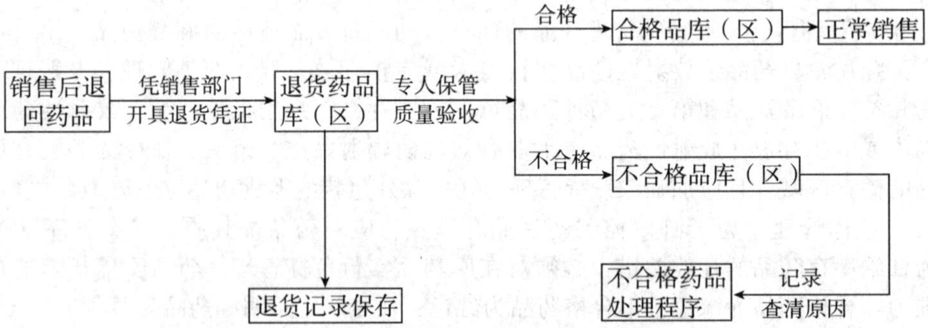

图10－2　销后退回药品处理程序

对销后退回药品，凭销售部门开具的退款凭证收货，存放于退货药品库（区），由专人保管并做好退货记录。经验收合格的药品，由保管人员记录后方可存入合格药品库（区）；不合格药品由保管人员记录后放入不合格药品（区），退货记录应保存5年。

（8）不合格药品管理　不合格药品应存放在不合格品库（区），并有明显标志。不合格药品的确认、报告、报损、销毁应有完善的手续和记录。

课堂互动

某药品批发企业销货退回感冒通片，经企业质检人员检查发现，该批药品全部出现裂片。请问企业应如何处理该批药品？

2. 药品养护　药品养护是指企业在药品的购、销、存、运整个过程中，对储存的药品进行科学保养和维护的专业技术工作。药品养护对储存药品的质量保证具有重要意义。药品养护具体措施如下：

（1）仓储条件检测与控制　为保证各类库房的温度复合规定要求，仓库保管人员要在养护员的指导下，有效地对库房温湿度条件进行动态监测和管理，一般每日上午、下午各观察一次，并填写“库房温湿度记录表”。若发现库房温、湿度超出规定范围或接近临界值时，应及时采取通风、降温、除湿、保温等措施进行有效调控，并予以记录。

（2）库存药品质量的检查　药品在库储存期间，由于受到外界环境因素的影响，随时都有可能出现各种质量变化现象。因此，须经常地和定期地进行在库检查，并填写“库存药品质量养护记录”。

知识链接

库存药品质量的检查时间和方法

药品在库检查的时间和方法，应根据药品的性质及其变化规律，结合季节气候、储存环境和储存时间长短等因素掌握，一般可分为以下三种。①“三三四制”循环养护检查：每个季度三个月，第一个月检查30%，第二个月检查30%，第三个月检查40%。②定期检查：一般上、下半年对库存药品逐堆逐垛各进行一次全面检查，特别对受热易变质、吸潮易引湿、遇冷易冻结的药品要加强检查。对近效期药品、麻醉药品、医疗用毒性药品、放射性药品等特殊管理的药品要重点进行检查。③随机检查：当气候条件出现异常变化，遇高温、严寒、雨季或发现药品有质量变化迹象时，应由质量管理部组织有关人员进行局部或全面检查。

(3) 养护中发现质量问题的处理　药品养护中发现的问题一般包括技术操作、设施设备、药品质量等方面的内容，养护员应对所发现的问题进行认真的分析，及时上报质量管理部门核实、处理，按照质量管理部门的要求采取措施，对质量管理过程实施改进，从而有效地控制药品存储质量。

(4) 养护措施

1) 避光措施：有些药品对光敏感，如肾上腺素遇光变玫瑰红色，维生素C遇光变黄棕色等。因此在保管过程中应采取避光措施，如置于阴暗处，对门、窗、灯具等采取相应的措施进行遮光。

2) 降温措施：温度过高，能使许多药品变质失效，特别是生物制品、抗生素、疫苗血清对温度的要求更严。因此，可通过空调或者启用通风设备进行降温，也可采用加冰降温法达到降温效果。

3) 保温措施：北方地区，冬季气温有时很低有些地区可出现 -30℃ ~ -40℃甚至更低。这对一些怕冻药品的存储不利，必须采取保温措施，一般可采取暖气片取暖、或炉取暖、火墙取暖等方法，提高库内温度，保证药品安全过冬。

4) 降湿措施：在我国气候潮湿的地区或阴雨季节，药品库房往往需要采取空气降湿的措施。主要方法有通风降湿、密封防潮降湿及人工吸潮降湿等。

5) 升湿措施：在我国西北地区，有时空气十分干燥，必须采取升湿措施。具体方法有向库内地面洒水或以喷雾设备喷水、库内设置盛水容器、储水自然蒸发等。

6) 防鼠措施：防鼠灭害一般可采用下列措施：认真观察，堵塞一切可能窜入鼠害的通道；库内无人时，应随时关好库门、库窗（通风时例外）；加强库内灭鼠，可采用电猫、鼠夹、鼠笼等工具。

7) 防火措施：药品的包装尤其是外包装，大多数是可燃性材料，所以防火是一项常规性工作。在库内四周墙上适当的地方要挂有消防用具和灭火器，并建立严格的防火岗位责任制。

8) 中药材及中药饮片的养护：中药材、中药饮片作为药品中的一个特殊分类，由于其形态、成分、性能的多样性及复杂性，在储存过程中发生质量变异的概率、程度相对较大。因此，中药材及中药饮片储存养护的方法，标准及技术要求等也相对较高。其应用的手段也具有多样性。可采取晾晒、通风、干燥、吸湿、熏蒸、盐渍、冷藏、避光、降温等方法。

(5) 重点养护品种　重点养护品种范围一般包括主营品种、首营品种、质量性状不稳定的品种、有特殊储存要求的品种、储存时间较长的品种、近期内发生过质量问题的品种及药监部门重点监控的品种。重点养护的具体品种应由养护组按年度制定及调整，报质量管理机构审核后实施。

（6）对质量可疑药品的处理　对质量可疑的药品应当立即采取停售措施，并在计算机系统中锁定，同时报告质量管理部门确认。对存在质量问题的药品应当采取以下措施：①存放于标志明显的专用场所，并有效隔离，不得销售；②怀疑为假药的，及时报告药品监督管理部门；③属于特殊管理的药品，按照国家有关规定处理；④不合格药品的处理过程应当有完整的手续和记录；⑤对不合格药品应当查明并分析原因，及时采取预防措施。

（7）药品养护档案　药品养护档案是指企业记录药品养护信息的档案资料，其内容包括温湿度检测和调控记录、检查中有问题药品记录以及对养护工作情况的定期汇总和分析等。企业应结合仓储管理的实际，本着以保证药品的质量为前提，以服务业务经营需要为目标，针对重点养护品种建立药品养护档案。

知识链接

药品养护人员主要工作内容

企业应配备专职养护人员负责药品养护工作。药品养护人员应当根据库房条件、外部环境、药品质量特性等对药品进行养护，主要工作内容包括：①指导和督促储存人员对药品进行合理储存与作业。②检查并改善储存条件、防护措施、卫生环境。③对库房温湿度进行有效监测、调控。④按照养护计划对库存药品的外观、包装等质量状况进行检查，并建立养护记录；对储存条件有特殊要求的或者有效期较短的品种应当进行重点养护。⑤发现有问题的药品应当及时在计算机系统中锁定和记录，并通知质量管理部门处理。⑥对中药材和中药饮片应当按其特性采取有效方法进行养护并记录，所采取的养护方法不得对药品造成污染。⑦定期汇总、分析养护信息。

（六）药品出库

药品出库时应当对照销售记录进行复核，特殊管理的药品出库应当按照有关规定进行复核。发现以下情况不得出库，并报告质量管理部门处理：①药品包装出现破损、污染、封口不牢、衬垫不实、封条损坏等问题；②包装内有异常响动或者液体渗漏；③标签脱落、字迹模糊不清或者标识内容与实物不符；④药品已超过有效期；⑤其他异常情况的药品。

药品出库复核应当建立复核记录，记录包括购货单位、药品的通用名称、剂型、规格、数量、批号、有效期、生产厂商、出库日期、质量状况和复核人员等内容。

药品出库时，应当附加盖企业药品出库专用章原印章的随货同行单（票）。随货同行单（票）应当包括供货单位、生产厂商、药品的通用名称、剂型、规格、批号、数量、收货单位、收货地址、发货日期等内容，并加盖供货单位药品出库专用章原印章。药品拼箱发货的代用包装箱应当有醒目的拼箱标志。

进行药品直调的，可将已采购的药品不入本企业仓库，直接从供货单位发送到购货单位，并建立专门的采购记录，保证有效的质量跟踪和追溯。直调药品出库时，由供货单位开具两份随货同行单（票），分别发往直调企业和购货单位。随货同行单（票）应当标明直调企业名称。

冷藏、冷冻药品的装箱、装车等项作业，应当由专人负责并符合以下要求：①车载冷藏箱或者保温箱在使用前应当达到相应的温度要求。②应当在冷藏环境下完成冷藏、冷冻药品的装箱、封箱工作。③装车前应当检查冷藏车辆的启动、运行状态，达到规定温度后方可装车。④启运时应当做好运输记录，内容包括运输工具和启运时间等。

（七）药品运输与配送

企业应当按照质量管理制度的要求，严格执行运输操作规程，并采取有效措施保证运输过程中的药品质量与安全。特殊管理的药品的运输应当符合国家有关规定。运输药品，应当根据药品的包装、质量特性并针对车况、道路、天气等因素，选用适宜的运输工具，采取相应措施防止出现破损、污染等问题。同时，应严格按照外包装标示的要求搬运、装卸药品。

发运药品时，应当检查运输工具，发现运输条件不符合规定的，不得发运。运输药品过程中，运载工具应当保持密闭。运输过程中，药品不得直接接触冰袋、冰排等蓄冷剂，防止对药品质量造成影响。已装车的药品应当及时发运并尽快送达。委托运输的，企业应当要求并监督承运方严格履行委托运输协议，防止因在途时间过长影响药品质量。

企业应当制定冷藏、冷冻药品运输应急预案，对运输途中可能发生的设备故障、异常天气影响、交通拥堵等突发事件，能够采取相应的应对措施。冷藏、冷冻药品运输与配送中，企业应当根据药品的温度控制要求，采取必要的冷藏、冷冻措施，并实时监测并记录冷藏车、冷藏箱或者保温箱内的温度数据。

拓展阅读

委托其他单位运输药品管理规定

企业委托其他单位运输药品的，应当对承运方运输药品的质量保障能力进行审计，索取运输车辆的相关资料，符合运输设施设备条件和要求的方可委托。企业委托运输药品应当与承运方签订运输协议，明确药品质量责任、遵守运输操作规程和在途时限等内容。

企业委托运输药品应当有记录，实现运输过程的质量追溯。记录至少包括发货时间、发货地址、收货单位、收货地址、货单号、药品件数、运输方式、委托经办人、承运单位，采用车辆运输的还应当载明车牌号，并留存驾驶人员的驾驶证复印件。记录应当至少保存5年。

企业应当采取运输安全管理措施，防止在运输过程中发生药品盗抢、遗失、调换等事故。

（八）药品售后管理

企业应当按照质量管理制度的要求，制定投诉管理操作规程，内容包括投诉渠道及方式、档案记录、调查与评估、处理措施、反馈和事后跟踪等。为了加强药品售后管理，企业应当配备专职或者兼职人员负责售后投诉管理，对投诉的质量问题查明原因，采取有效措施及时处理和反馈，并做好记录，必要时应当通知供货单位及药品生产企业。企业应当及时将投诉及处理结果等信息记入档案，以便查询和跟踪。同时，企业质量管理部门应当配备专职或者兼职人员，按照国家有关规定承担药品不良反应监测和报告工作。

企业发现已售出药品有严重质量问题，应当立即通知购货单位停售、追回并做好记录，同时向药品监督管理部门报告。企业应当协助药品生产企业履行召回义务，按照召回计划的要求及时传达、反馈药品召回信息，控制和收回存在安全隐患的药品，并建立药品召回记录。企业应当加强对退货的管理，保证退货环节药品的质量和安全，防止混入假冒药品。

二、药品零售的质量管理

（一）从业人员要求与管理

企业从事药品经营和质量管理工作的人员，应当符合有关法律法规及本规范规定的资格要求，不得有相关法律法规禁止从业的情形。在营业场所内，企业工作人员应当穿着整洁、卫生的工作服。

1. 从业资格要求 企业应当按照国家有关规定配备执业药师，负责处方审核，指导合理用药。企业法定代表人或者企业负责人应当具备执业药师资格。

质量管理、验收、采购人员应当具有药学或者医学、生物、化学等相关专业学历或者具有药学专业技术职称。从事中药饮片质量管理、验收、采购人员应当具有中药学中专以上学历或者具有中药学专业初级以上专业技术职称。

营业员应当具有高中以上文化程度或者符合省级食品药品监督管理部门规定的条件。中药饮片调剂人员应当具有中药学中专以上学历或者具备中药调剂员资格。

2. 培训与健康检查要求 企业应当按照培训管理制度制定年度培训计划并开展培训，使相关人员能正确理解并履行职责。培训工作应当做好记录并建立档案。

企业应当对直接接触药品岗位的人员进行岗前及年度健康检查，并建立健康档案。患有传染病或者其他可能污染药品的疾病的，不得从事直接接触药品的工作。

（二）质量管理体系文件建立

企业应当按照有关法律法规及GSP规定，制定符合企业实际的质量管理文件。文件包括质量管理制度、岗位职责、操作规程、档案、记录和凭证等，并对质量管理文件定期审核、及时修订。

1. 药品零售质量管理制度 药品零售质量管理制度应当包括以下内容：①药品采购、验收、陈列、销售等环节的管理，设置库房的还应当包括储存、养护的管理；②供货单位和采购品种的审核；③处方药销售的管理；④药品拆零的管理；⑤特殊管理的药品和国家有专门管理要求的药品的管理；⑥记录和凭证的管理；⑦收集和查询质量信息的管理；⑧质量事故、质量投诉的管理；⑨中药饮片处方审核、调配、核对的管理；⑩药品有效期的管理；⑪不合格药品、药品销毁的管理；⑫环境卫生、人员健康的规定；⑬提供用药咨询、指导合理用药等药学服务的管理；⑭人员培训及考核的规定；⑮药品不良反应报告的规定；⑯计算机系统的管理；⑰其他应当规定的内容。

2. 药品零售企业岗位职责 企业应当明确企业负责人、质量管理、采购、验收、营业员以及处方审核、调配等岗位的职责，设置库房的还应当包括储存、养护等岗位职责。质量管理岗位、处方审核岗位的职责不得由其他岗位人员代为履行。

3. 药品零售操作规程 药品零售操作规程应当包括：①药品采购、验收、销售；②处方审核、调配、核对；③中药饮片处方审核、调配、核对；④药品拆零销售；⑤特殊管理的药品和国家有专门管理要求的药品的销售；⑥营业场所药品陈列及检查；⑦营业场所冷藏药品的存放；⑧计算机系统的操作和管理；⑨设置库房的还应当包括储存和养护的操作规程。

4. 相关记录 企业应当建立药品采购、验收、销售、陈列检查、温湿度监测、不合格药品处理等相关记录，做到真实、完整、准确、有效和可追溯。记录及相关凭证应当至少保存5年。特殊管理的药品的记录及凭证按相关规定保存。

通过计算机系统记录数据时，相关岗位人员应当按照操作规程，通过授权及密码登录计算机系统，进行数据的录入，保证数据原始、真实、准确、安全和可追溯。电子记录数据应当以安全、可靠方式定期备份。

（三）设施与设备要求

药品零售企业营业场所应当与其药品经营范围、经营规模相适应，并与药品储存、办公、生活辅助及其他区域分开。营业场所应当具有相应设施或者采取其他有效措施，避免药品受室外环境的影响，并做到宽敞、明亮、整洁、卫生。企业应当建立能够符合经营和质量管理要求的计算机系统，并满足药品追溯的要求。经营特殊管理的药品应当有符合国家规定的储存设施。企业应当按照国家有关规定，对计量器具、温湿度监测设备等定期进行校准或者检定。

营业场所应当有以下营业设备：①货架和柜台；②监测、调控温度的设备；③经营中药饮片的，有存放饮片和处方调配的设备；④经营冷藏药品的，有专用冷藏设备；⑤经营第二类精神药品、毒性中药品种和罂粟壳的，有符合安全规定的专用存放设备；⑥药品拆零销售所需的调配工具、包装用品。

企业设置库房的，应当做到库房内墙、顶光洁，地面平整，门窗结构严密；有可靠的安全防护、防盗等措施。仓库应当有以下设施设备：①药品与地面之间有效隔离的设备；②避光、通风、防潮、防虫、防鼠等设备；③有效监测和调控温湿度的设备；④符合储存作业要求的照明设备；⑤验收专用场所；⑥不合格药品专用存放场所；⑦经营冷藏药品的，有与其经营品种及经营规模相适应的专用设备。

储存中药饮片应当设立专用库房。

（四）药品验收

药品到货时，收货人员应当按采购记录，对照供货单位的随货同行单（票）核实药品实物，做到票、账、货相符，并按规定的程序和要求对到货药品逐批进行验收，做好验收记录。

验收合格的药品应当及时入库或者上架。验收不合格的，不得入库或者上架，并报告质量管理人员处理。

（五）药品陈列与零售

药品的陈列与零售是药品经营的最后环节，也是药品经营企业实现利润的环节。因此，药品的陈列与零售在药品经营中起着关键作用。企业应当对营业场所温度进行监测和调控，以使营业场所的温度符合常温要求，并定期进行卫生检查，保持环境整洁。存放、陈列药品的设备应当保持清洁卫生，不得放置与销售活动无关的物品，并采取防虫、防鼠等措施，防止污染药品。企业应当在营业场所的显著位置悬挂《药品经营许可证》、营业执照、执业药师注册证等。

1. 药品陈列 药品的陈列应当符合以下要求：①按剂型、用途以及储存要求分类陈列，并设置醒目标志，类别标签字迹清晰、放置准确。②药品放置于货架（柜），摆放整齐有序，避免阳光直射。③处方药、非处方药分区陈列，并有处方药、非处方药专用标识。④处方药不得采用开架自选的方式陈列和销售。⑤外用药与其他药品分开摆放。⑥拆零销售的药品集中存放于拆零专柜或者专区。⑦第二类精神药品、毒性中药品种和罂粟壳不得陈列。⑧冷藏药品放置在冷藏设备中，按规定对温度进行监测和记录，并保证存放温度符合要求。⑨中药饮片柜斗谱的书写应当正名正字。装斗前应当复核，防止错斗、串斗。应当定期清斗，防止饮片生虫、发霉、变质。不同批号的饮片装斗前应当清斗并记录。⑩经营非药品应当设置专区，与药品区域明显隔离，并有醒目标志。

企业应当定期对陈列、存放的药品进行检查，重点检查拆零药品和易变质、近效期、摆放时间较长的药品以及中药饮片。发现有质量疑问的药品应当及时撤柜，停止销售，由质量管理人员确认和处理，并保留相关记录。企业应当对药品的有效期进行跟踪管理，防止近效期药品售出后可能发生的过期使用。

2. 药品零售 药品零售是将药品和服务直接销售给最终消费者，从而实现药品和服务价值的过程。药品经营企业销售药品必须准确无误，并正确说明用法、用量和注意事项等。营业人员应当佩戴有照片、姓名、岗位等内容的工作牌，是执业药师和药学技术人员的，工作牌还应当标明执业资格或者药学专业技术职称。在岗执业的执业药师应当挂牌明示。

销售药品应当符合以下要求：①处方经执业药师审核后方可调配。对处方所列药品不得擅自更改或者代用，对有配伍禁忌或者超剂量的处方，应当拒绝调配，但经处方医师更正或者重新签字确认的，可以调配。调配处方后经过核对方可销售。②处方审核、调配、核对人员应当在处方上签字或者盖章，并按照有关规定保存处方或者其复印件。③销售近效期药品应当向顾客告知有效期。④销售中药饮片做到计量准确，并告知煎服方法及注意事项；提供中药饮片代煎服务，应当符合国家有关规定。

企业销售药品应当开具销售凭证，内容包括药品名称、生产厂商、数量、价格、批号、规格等，并做好销售记录。

药品拆零销售应当符合以下要求：①负责拆零销售的人员经过专门培训。②拆零的工作台及工具保持清洁、卫生，防止交叉污染。③做好拆零销售记录，内容包括拆零起始日期、药品的通用名称、规格、批号、生产厂商、有效期、销售数量、销售日期、分拆及复核人员等。④拆零销售应当使用洁净、卫生的包装，包装上注明药品名称、规格、数量、用法、用量、批号、有效期以及药店名称等内容。⑤提供药品说明书原件或者复印件。⑥拆零销售期间，保留原包装和说明书。

销售特殊管理的药品和国家有专门管理要求的药品，应当严格执行国家有关规定。药品广告宣传应当严格执行国家有关广告管理的规定。非本企业在职人员不得在营业场所内从事药品销售相关活动。

3. 售后管理 企业应当在营业场所公布药品监督管理部门的监督电话，设置顾客意见簿，及时处理顾客对药品质量的投诉。同时，应当按照国家有关药品不良反应报告制度的规定，收集、报告药品不良反应信息。除药品质量原因外，药品一经售出，不得退换。企业发现已售出药品有严重质量问题，应当及时采取措施追回药品并做好记录，同时向药品监督管理部门报告。企业应当协助药品生产企业履行召回义务，控制和收回存在安全隐患的药品，并建立药品召回记录。

拓展阅读

药品拆零销售

药品拆零销售是指销售药品在销售中，将最小销售单元拆开以便于销售，而且拆开的包装已不能完整反映药品的名称、规格、用量、用法、有效期等全部内容。其基本要求如下：①拆零药品销售原则：药品拆零销售应以方便人们群众用药为原则，在保证药品质量的前提下予以拆零销售。②拆零药品的储存环境：必须设立拆零药品销售专柜，拆零药品集中存放，并由专人管理。备好销售必备工具，如药匙、包装袋等，并保持清洁卫生。③破坏最小包装单元的拆零药品应集中存放于拆零药品专柜，保留最小包装单元的包装，至销售完为止，并做好拆零记录。④药品零售企业和零售连锁企业门店在药品拆零销售时，要在药袋上写明药品名称、规格、用法、用量以及有效期等内容，并向顾客交代清楚注意事项。

三、现行主要相关法规

除《中华人民共和国药品管理法》(2015年4月24日第十二届全国人民代表大会常务委员会第十四次会议修正)、《中华人民共和国药品管理法实施条例》(2002年8月4日颁布)外，现行主要相关法规如下：

1.《药品经营质量管理规范》(2016年7月20日国家食品药品监督管理总局发布)。

2.《药品流通监督管理办法》(2007年1月31日国家食品药品监督管理局发布)。

任务10－4 药品购销管理

案例导入

案例： 小王刚到某家医药公司不久，公司便安排他负责药品采购工作。很快他接待了一家药品生产企业，虽然所在公司从未与对方打过交道，但小王见对方药品销售价格较低，且对方出具了加盖企业红色公章的药品生产许可证和营业执照复印件，便与对方爽快签订了药品购销合同。公司领导得知供货方为首营企业后，把小王狠狠批评一顿，并将其调离了药品采购岗位。

讨论： 1. 何为首营企业？如何审核首营企业资质？

2. 药品采购过程中还应注意哪些问题？

《药品管理法》对药品经营企业购销活动进行了诸多规定，如禁止无证经营，药品经营企业必须建立并执行进货检查验收制度，必须有真实完整的购销记录，必须制定和执行药品保管制度等。除此之外，《药品流通监督管理办法》对药品生产、经营企业的购销活动也有很多补充规定。

一、购销人员的管理

药品生产、经营企业对其药品购销行为负责，对其销售人员或设立的办事机构以本企业名义从事的药品购销行为承担法律责任。药品生产、经营企业应当加强对药品购销人员的管理，进行药品相关的法律、法规和专业知识培训，建立培训档案，培训档案中应当记录培训时间、地点、内容及接受培训的人员。

二、药品采购管理

药品采购是药品经营质量管理过程控制的首要环节，也是确保企业经营行为合法性、规范性以及药品质量的关键步骤。加强药品采购管理是《药品经营质量管理规范》基本要求。药品经营企业采购药品时应把质量放在选择药品和供货单位的首位，制定能够确保购进的药品符合质量要求的进货程序，严格审核企业、销售人员合法资质，审核药品的合法性和质量的可靠性，尤其加强对首营企业和首营品种的审核，建立和保存真实、完整的供货方档案和购进记录。药品采购管理程序见图10－3。

1. 确定企业法定资格和质量信誉 业务购进部门应索取供货单位的合法证照，审核其合法性。质量管理部门应建立包括所有供货方资料的“合格供货方档案”。供货方合法性审核办法如下：

(1) 供货方为药品生产企业 应索取供货企业的最新的《药品生产许可证》、《药品生产质量管理规范认证证书》以及营业执照复印件，复印件上应加盖有企业的红色公章，同

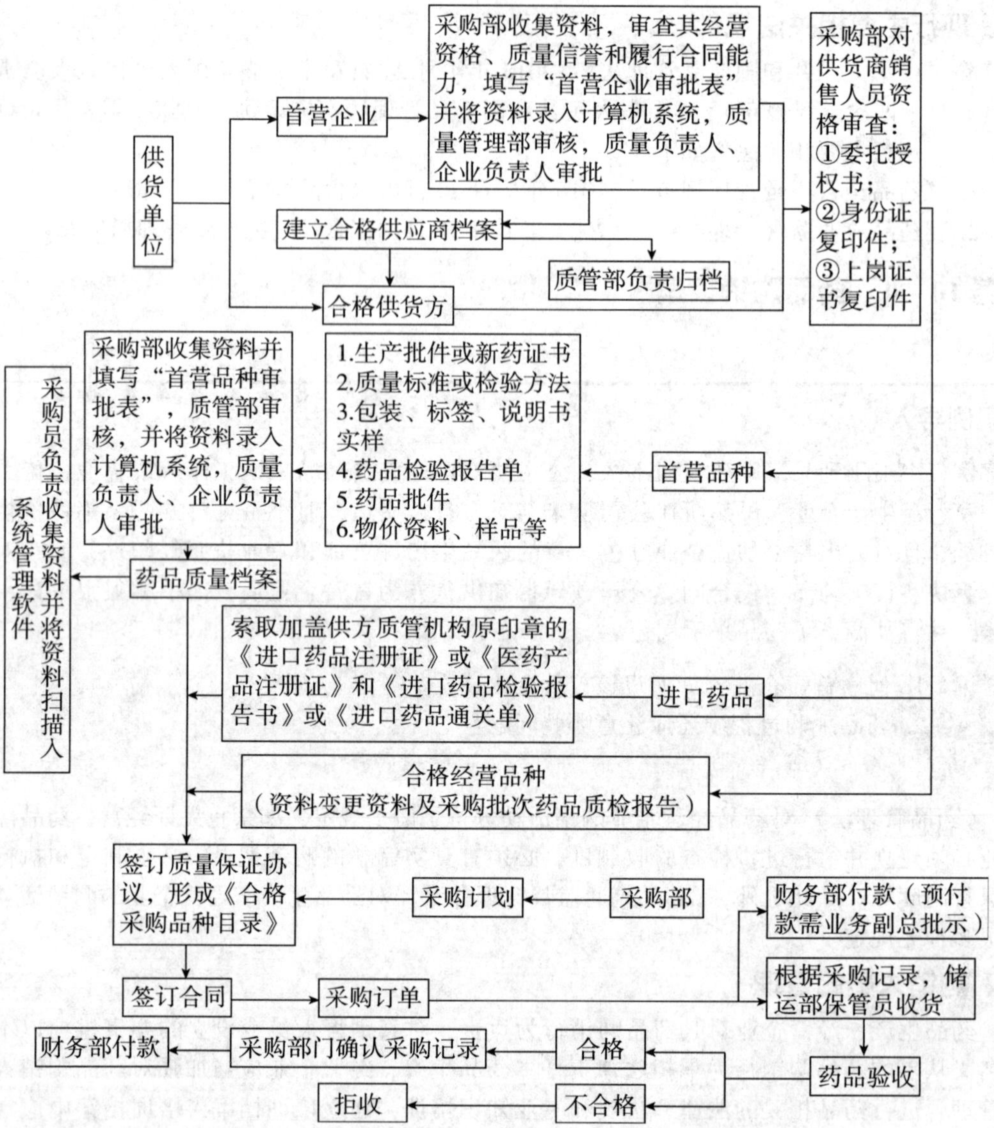

图 10-3　药品采购管理程序

时要注意确认其证照的有效期和生产范围。

（2）供货方为首营企业　首营企业是指购进药品时，与本企业首次发生供需关系的药品生产经营企业。按照 GSP 的要求，企业对首营企业应进行包括资格和质量保证能力的审核，填写首营企业审批表。审核由业务部门会同质量管理机构共同进行，除审核有关资料外，必要时应当组织实地考察，对供货单位质量管理体系进行评价。经审核批准后，方可从首营企业进货。

对首营企业的审核，应当查验加盖企业的红色公章的以下资料：①《药品生产许可证》或者《药品经营许可证》复印件；②营业执照、税务登记、组织机构代码的证件复印件及上一年度企业年度报告公示情况；③《药品生产质量管理规范认证证书》或者《药品经营质量管理规范认证证书》复印件；④相关印章、随货同行单（票）样式；⑤开户户名、开户银行及账号。

2. 审核购入药品的合法性和质量可靠性 业务部门应严格按照进货质量管理程序的要求，索取并核实药品的合法性资料，质量管理部门负责建立“药品质量档案”。药品的合法性和质量可靠性从以下方面考察：①合法企业所产生或经营的药品。②具有法定的质量标准。③除国家未规定的以外，药品应有法定的批准文号和生产批号。④企业购进进口药应有符合规定的、加盖了供货单位质量管理机构原印章的《进口药品注册证》和《进口药品检验报告书》复印件。⑤包装和标识符合有关规定和储运要求。⑥中药材应标明产地。

3. 验证供货单位销售人员的合法资质 从以下方面考察验证供货单位销售人员的合法资质：①加盖供货单位公章原印章的销售人员身份证复印件。②加盖供货单位公章原印章和法定代表人印章或者签名的授权书，授权书应当载明被授权人姓名、身份证号码，以及授权销售的品种、地域、期限。

4. 审核首营品种 首营品种是指本企业向某一药品生产企业（或经营企业）首次购进的药品。对首营品种应进行合法性和质量基本情况的审核，确定将购入的药品是否为合法的药品，同时了解药品的质量、储存条件等基本情况，以明确企业有无经营该品种的条件和能力。

审核的范围包括新产品、新规格、新剂型、新包装。审核的内容包括核实药品的批准文号和取得质量标准，审核药品的包装、标签、说明书是否符合规定，了解药品的性能、用途、检验方法、储存条件以及质量信誉等内容。

采购员索取有关首营品种的相关资料并填写《首营品种审批表》后，交由质量管理机构审查，由质量管理机构负责人签署意见。各方均批准后，业务部门才可进货。相关资料包括：①《药品生产许可证》和营业执照复印件（如同属首营企业只需收取一分即可）；②药品生产批文（批准文号）；③药品质量标准；④价格批文；⑤包装、标签、说明书；⑥新药证书；⑦GMP认证证书；⑧购进药品该批的检验报告书。

5. 签购并执行采购合同 企业签订进货合同应明确质量条款。购销合同中应明确：①药品质量符合质量标准和有关质量要求；②药品产品合格证；③药品包装符合有关规定和货物运输的要求；④购入进口药品，供应方应提供符合规定的证书和文件。

6. 建立和保存购进记录 药品生产、经营企业采购药品时，应按规定索取、查验、留存供货企业有关证件、资料，按规定索取、留存销售凭证。留存的资料和销售凭证，应当保存至超过药品有效期1年，但不得少于5年。

药品购进应建立专门的采购记录，保证有效的质量跟踪和追溯。购进记录的内容包括药品的品名、剂型、规格、有效期、生产厂商、供货单位、购进数量、购货日期等项目。其中品名和生产企业名称应该使用完整的法律名称，企业也可以根据管理的实际需要增加如批号、价格、责任人及相关内容。购进中药材、中药饮片的还应当标明产地。购进记录一般由业务部门负责记录，可以以任何有效的形式记载，如台账式、电子表格式、票据式等等，但必须做到真实反映企业药品进购情况，并做到票、账、货相符。

三、药品销售管理

企业应当将药品销售给合法的购货单位，并对购货单位的证明文件、采购人员及提货人员的身份证明进行核实，保证药品销售流向真实、合法。在药品销售时，应当严格审核购货单位的生产范围、经营范围或者诊疗范围，并按照相应的范围销售药品。

企业所销售的药品，应当开具标明供货单位名称、药品名称、生产厂商、批号、数量、价格等内容的销售凭证，做到票、账、货、款一致。同时，应当做好药品销售记录。销售记录应当包括药品的通用名称、规格、剂型、批号、有效期、生产厂商、购货单位、销售数量、单价、金额、销售日期等内容。中药材销售记录应当包括品名、规格、产地、购货单位、销售数量、单价、金额、销售日期等内容。中药饮片销售记录应当包括品名、规格、批号、产地、生产厂商、购货单位、销售数量、单价、金额、销售日期等内容。

销售特殊管理的药品以及国家有专门管理要求的药品，应当严格按照国家有关规定执行。发生灾情、疫情、突发事件或者临床紧急救治等特殊情况，以及其他符合国家有关规定的情形，企业可采用直调方式购销药品。进行药品直调的，应当建立专门的销售记录。

四、禁止性经营活动

药品生产、经营企业不得在经药品监督管理部门核准的地址以外的场所储存或者现货销售药品；药品生产企业只能销售本企业生产的药品，不得销售本企业受委托生产的或者他人生产的药品；药品生产、经营企业知道或者应当知道他人从事无证生产、经营药品行为的，不得为其提供药品；药品生产、经营企业不得为他人以本企业的名义经营药品提供场所，或者资质证明文件，或者票据等便利条件；药品生产、经营企业不得以展示会、博览会、交易会、订货会、产品宣传会等方式现货销售药品；药品经营企业不得购进和销售医疗机构配制的制剂；未经药品监督管理部门审核同意，药品经营企业不得改变经营方式；药品生产、经营企业不得以搭售、买药品赠药品、买商品赠药品等方式向公众赠送处方药或者甲类非处方药；药品生产、经营企业不得采用邮售、互联网交易等方式直接向公众销售处方药；禁止非法收购药品。

五、现行主要相关法规

除《中华人民共和国药品管理法》（2015 年 4 月 24 日第十二届全国人民代表大会常务委员会第十四次会议修正）、《中华人民共和国药品管理法实施条例》（2002 年 8 月 4 日颁布）外，现行主要相关法规如下：

1. 《药品经营质量管理规范》（2016 年 7 月 20 日国家食品药品监督管理总局发布）。
2. 《药品流通监督管理办法》（2007 年 1 月 31 日国家食品药品监督管理局发布）。

任务 10－5　药品电子商务管理

案例导入

案例：某药品批发企业拟申办互联网药品交易服务资格，但对其申办基本条件、申办办法及互联网药品交易管理要求均不清楚。老板办证心切，不惜重金委托中间商办理，结果上当受骗。

讨论：1. 互联网药品交易服务机构申办基本条件有哪些？

2. 如何申办互联网药品交易服务资格证书？互联网药品交易有哪些管理要求？

药品电子商务是以医疗机构、药品批发企业、银行、药品生产企业、药品信息服务提供商，以及保险公司为网络成员，通过 Internet 网络应用平台为用户提供安全、可靠、开放并易于维护的医药贸易服务的商务活动。药品作为一种高度标准化和条码指示性的商品，是最适合电子商务的行业之一。通过 Web 技术、电子商务技术，可建立一个覆盖整个医药购销过程的虚拟市场，使得药品流通中的买方和卖方平等地面对一个公平透明的市场渠道。随着互联网的普及和电子商务的迅猛发展，药品电子商务将是信息时代医药流通的未来之路，药品交易行为从单一的柜台式销售向柜台与电子商务网络平台相结合的形式发展是必然的主流趋势。为了规范互联网药品交易，加强对药品电子商务的监管，保障消费者用药安全，从事互联网药品交易服务的企业必须经过审查验收并取得互联网药品交易服务机构资格证书。为药品生产企业、药品经营企业和医疗机构之间的互联网药品交易提供服务的企业不得参与药品生产、经营，不得与行政机关、医疗机构和药品生产经营企业存在隶属关系、产权关系和其他经济利益关系。

拓展阅读

我国现行的药品电子商务法律体系

我国现行的药品电子商务法律体系由四部分构成：一是基本法律层面，由《中华人民共和国民法通则》、《中华人民共和国刑法》等组成；二是经济法层面，包括《中华人民共和国合同法》、《电子银行业务管理办法》、《电子银行安全评估指引》、知识产权相关法规等；三是电子商务法律法规，包括《中华人民共和国电子签名法》、《中华人民共和国计算机信息系统安全保护条例》、《电子认证服务管理办法》、《信息网络传播权保护条例》、《电子支付指引（第一号）》；四是医药类法规，包括《中华人民共和国药品管理法》、《药品经营质量管理规范》、《互联网信息服务管理办法》、《互联网药品交易服务审批暂行规定》及其相关通知、补充通知以及药品集中招标采购相关的法规、管理办法或通知要求等。2014年5月28日国家食品药品监督管理总局发布《互联网食品药品经营监督管理办法（征求意见稿）》，提出了互联网药品经营者应当按照药品分类管理规定的要求，凭处方销售处方药；处方的标准、格式、有效期等，应当符合处方管理的有关规定。药品生产企业、药品批发企业不得通过互联网向个人消费者销售药品，互联网食品药品经营者不得委托他人从事互联网食品药品经营。

一、互联网药品信息服务管理

（一）互联网药品信息服务的概念和分类

互联网药品信息服务是指通过互联网向上网用户提供药品（含医疗器械）信息的服务活动。互联网药品信息服务分类：分为经营性和非经营性两类。经营性互联网药品信息服务是指通过互联网向上网用户有偿提供药品信息等服务的活动。非经营性互联网药品信息服务是指通过互联网向上网用户无偿提供公开的、共享性药品信息等服务的活动。

（二）互联网药品信息服务主体的资格

申请提供互联网药品信息服务，除应当符合《互联网信息服务管理办法》规定的要求外，还应当具备下列条件：①互联网药品信息服务的提供者应当为依法设立的企事业单位或者其他组织。②具有与开展互联网药品信息服务活动相适应的专业人员、设施及相关制度。③有 2 名以上熟悉药品、医疗器械管理法律、法规和药品、医疗器械专业知识，或者依法经资格认定的药学、医疗器械技术人员。

（三）《互联网药品信息服务资格证书》的管理

1. 申请与审批 申请提供互联网药品信息服务，应当填写国家食品药品监督管理总局统一制发的《互联网药品信息服务申请表》，向网站主办单位所在地省、自治区、直辖市药品监督管理部门提出申请。各省级药品监督管理部门对本辖区内申请提供互联网药品信息服务的互联网站进行审核，符合条件的核发《互联网药品信息服务资格证书》，同时，报国家食品药品监督管理总局备案并发布公告。

2. 有效期 《互联网药品信息服务资格证书》有效期为5年。有效期届满，需要继续提供互联网药品信息服务的，持证单位应当在有效期届满前6个月内，向原发证机关申请换发《互联网药品信息服务资格证书》。原发证机关进行审核后，认为符合条件的，予以换发新证；认为不符合条件的，发给不予换发新证的通知并说明理由，原《互联网药品信息服务资格证书》由原发证机关收回并公告注销。

（四）互联网药品信息服务监督管理

提供互联网药品信息服务的网站，必须取得《互联网药品信息服务资格证书》，并在其网站主页显著位置标注《互联网药品信息服务资格证书》的证书编号。未取得或者超出有效期使用《互联网药品信息服务资格证书》从事互联网药品信息服务的，由国家食品药品监督管理总局或者省、自治区、直辖市（食品）药品监督管理部门给予警告，并责令其停止从事互联网药品信息服务；情节严重的，移送相关部门，依照有关法律、法规给予处罚。

提供互联网药品信息服务网站所登载的药品信息必须科学、准确，必须符合国家的法律、法规和国家有关药品、医疗器械管理的相关规定。提供互联网药品信息服务的网站不得发布麻醉药品、精神药品、医疗用毒性药品、放射性药品、戒毒药品和医疗机构制剂的产品信息。提供互联网药品信息服务的网站发布的药品（含医疗器械）广告，必须经过（食品）药品监督管理部门审查批准。提供互联网药品信息服务的网站发布的药品（含医疗器械）广告要注明广告审查批准文号。

二、互联网药品交易服务管理

（一）互联网药品交易服务的类型

互联网药品交易服务是指通过互联网提供药品（包括医疗器械、直接接触药品的包装材料和容器）交易服务的电子商务活动。互联网药品交易服务分为3类：第一类是为药品生产企业、药品经营企业和医疗机构之间的互联网药品交易提供的服务，服务方式为第三方交易服务平台，只能作为药品生产企业、药品经营企业和医疗机构之间的平台服务商，不得向个人提供药品销售服务，需办理互联网药品交易服务机构资格证书（A证），由国家食品药品监督管理总局审批；第二类是为药品生产企业、药品批发企业通过自身网站与本企业成员之外的其他企业进行的互联网药品交易，需办理互联网药品交易服务机构资格证书（B证），由地方食品药品监督管理局审批；第三类为向个人消费者提供的互联网药品交易服务，只能销售自营非处方药品，需办理互联网药品交易服务机构资格证书（C证），由地方食品药品监督管理局审批。

（二）互联网药品交易服务资格申办

1. 申办基本条件

（1）为药品生产企业、药品经营企业和医疗机构之间的互联网药品交易提供服务的机构申办基本条件　药品生产企业、药品经营企业和医疗机构之间的互联网药品交易提供服务的机构，申办单位必须具备以下基本条件：①依法设立的企业法人。②提供互联网药品交易服务的网站已获得从事互联网药品信息服务的资格。③拥有与开展业务相适应的场所、设施、设备，并具备自我管理和维护的能力。④具有健全的网络与交易安全保障措施以及完整的管理制度。⑤具有完整保存交易记录的能力、设施和设备。⑥具备网上查询、生成订单、电子合同、网上支付等交易服务功能。具有保证上网交易资料和信息的合法性、真实性的完善的管理制度、设备与技术措施。⑦具有保证网络正常运营和日常维护的计算机专业技术人员，具有健全的企业内部管理机构和技术保障机构。⑧具有药学或者相关专业本科学历，熟悉药品、医疗器械相关法规的专职专业人员组成的审核部门负责网上交易的审查工作。

（2）药品生产企业、药品批发企业通过自身网站与本企业成员之外的其他企业进行的互联网药品交易提供服务的机构申办基本条件　药品生产企业、药品批发企业通过自身网站与本企业成员之外的其他企业进行的互联网药品交易服务机构申办单位必须具备以下基本条件：①提供互联网药品交易服务的网站已获得从事互联网药品信息服务的资格。②具有与开展业务相适应的场所、设施、设备，并具备自我管理和维护的能力。③具有健全的管理机构，具备网络与交易安全保障措施以及完整的管理制度。④具有完整保存交易记录的设施、设备。⑤具备网上查询、生成订单、电子合同等基本交易服务功能。⑥具有保证网上交易的资料和信息的合法性、真实性的完善管理制度、设施、设备与技术措施。

（3）向个人消费者提供互联网药品交易服务的机构申办基本条件　向个人消费者提供互联网药品交易服务机构申办单位必须具备以下基本条件：①依法设立的药品连锁零售企业。②提供互联网药品交易服务的网站已获得从事互联网药品信息服务的资格。③具有健全的网络与交易安全保障措施以及完整的管理制度。④具有完整保存交易记录的能力、设施和设备。⑤具备网上咨询、网上查询、生成定单、电子合同等基本交易服务功能。⑥对上网交易的品种有完整的管理制度与措施。⑦具有与上网交易的品种相适应的药品配送系统。⑧具有执业药师负责网上实时咨询，并有保存完整咨询内容的设施、设备及相关管理制度。⑨从事医疗器械交易服务，应当配备拥有医疗器械相关专业学历、熟悉医疗器械相关法规的专职专业人员。

2. 申办程序　申办互联网药品交易服务机构资格证书的程序，包括：申请人申请、形式审查、材料审核、现场验收、审批并核发资格证书等过程。申请互联网药品交易服务机构所申报的事项和所提供的材料应当真实、准确、完整。

（1）申办为药品生产企业、药品经营企业和医疗机构之间的互联网药品交易提供服务的机构资格证书的具体程序，见图10－4。

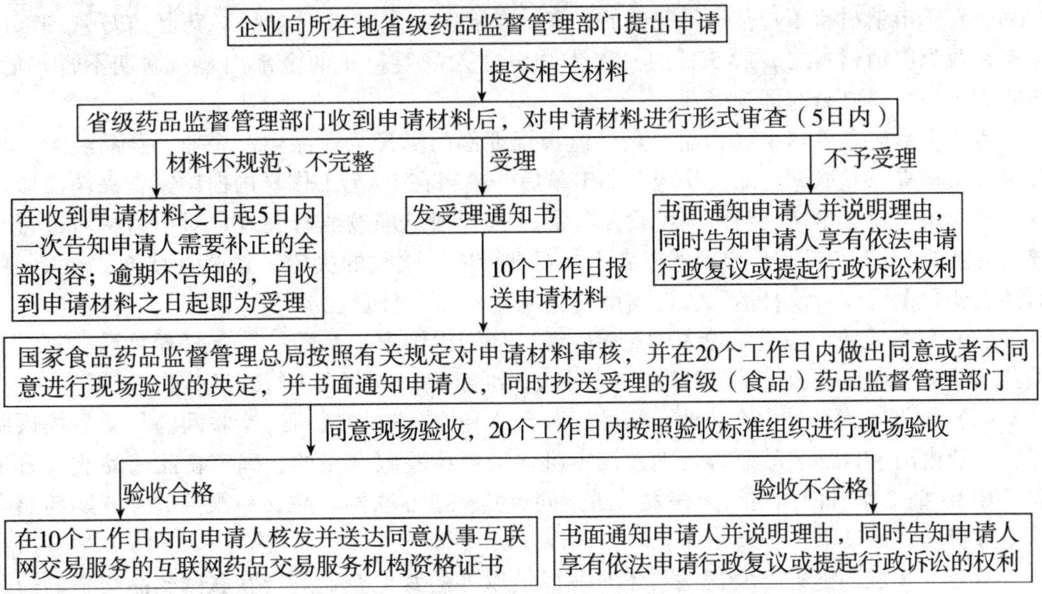

图10－4　互联网药品交易服务机构资格证书（A证）的申请程序

（2）申办为药品生产企业、药品批发企业通过自身网站与本企业成员之外的其他企业进行的互联网药品交易提供服务，以及向个人消费者提供的互联网药品交易服务的机构资格证书的具体程序，见图 10－5。

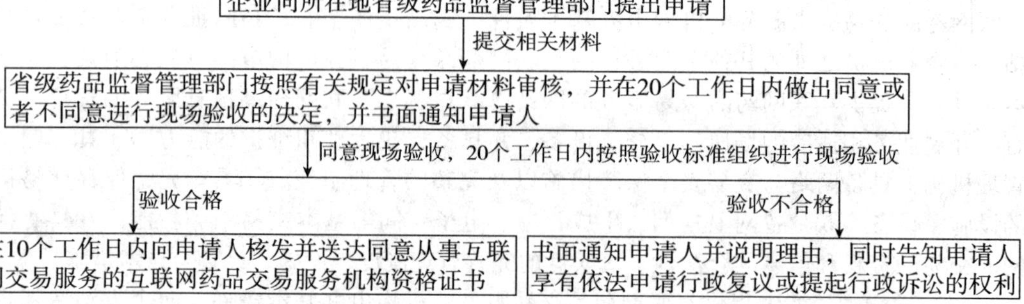

图 10－5　互联网药品交易服务机构资格证书（B 证、C 证）的申请程序

3. 申办实施

（1）申请　申请从事互联网药品交易服务的企业，应当填写国家食品药品监督管理总局统一制发的《从事互联网药品交易服务申请表》，向所在地省、自治区、直辖市（食品）药品监督管理部门提出申请，并提交以下材料：①拟提供互联网药品交易服务的网站获准从事互联网药品信息服务的许可证复印件。②业务发展计划及相关技术方案。③保证交易用户与交易药品合法、真实、安全的管理措施。④营业执照复印件。⑤保障网络和交易安全的管理制度及措施。⑥规定的专业技术人员的身份证明、学历证明复印件及简历。⑦仪器设备汇总表。⑧拟开展的基本业务流程说明及相关材料。⑨企业法定代表人证明文件和企业各部门组织机构职能表。

（2）审查　省、自治区、直辖市（食品）药品监督管理部门收到申请材料后，在 5 日内对申请材料进行形式审查。决定予以受理的，发给受理通知书；决定不予受理的，应当书面通知申请人并说明理由，同时告知申请人享有依法申请行政复议或者提起行政诉讼的权利。对于申请材料不规范、不完整的，省、自治区、直辖市（食品）药品监督管理部门应当在收到申请材料之日起 5 日内一次告知申请人需要补正的全部内容；逾期不告知的，自收到申请材料之日起即为受理。

省、自治区、直辖市（食品）药品监督管理部门受理为药品生产企业、药品经营企业和医疗机构提供互联网药品交易服务的申请后，应当在 10 个工作日内向国家食品药品监督管理总局报送相关申请材料。国家食品药品监督管理总局按照有关规定对申请材料进行审核，并在 20 个工作日内作出同意或者不同意进行现场验收的决定，并书面通知申请人，同时抄送受理申请的省、自治区、直辖市（食品）药品监督管理部门。

（3）现场验收　审查结论为同意验收者，分别由国家食品药品监督管理总局和省级食品药品监督管理局在 20 个工作日内，按验收标准组织对申请人进行现场验收。

（4）审批　为药品生产企业、药品经营企业和医疗机构之间的互联网药品交易提供服务的企业由国家食品药品监督管理总局审批。经现场验收合格的，国家食品药品监督管理总局在 10 个工作日内向申请人核发并送达同意其从事互联网药品交易服务的互联网药品交易服务机构资格证书。

本行政区域内通过自身网站与本企业成员以外的其他企业进行互联网药品交易的药品生产企业、药品批发企业和向个人消费者提供互联网药品交易服务的企业由省、自治区、直辖市（食品）药品监督管理部门进行审批。经现场验收合格的，省、自治区、直辖市（食品）药品监督管理部门在10个工作日内向申请人核发并送达同意其从事互联网药品交易服务的互联网药品交易服务机构资格证书。

（三）互联网药品交易服务的监督管理

在依法获得（食品）药品监督管理部门颁发的互联网药品交易服务机构资格证书后，申请人应当按照《互联网信息服务管理办法》的规定，依法取得相应的电信业务经营许可证，或者履行相应的备案手续。未取得互联网药品交易服务机构资格证书，擅自从事互联网药品交易服务或者互联网药品交易服务机构资格证书超出有效期的，药品监督管理部门责令限期改正，给予警告；情节严重的，移交信息产业主管部门等有关部门依照有关法律、法规规定予以处罚。

提供互联网药品交易服务的企业必须在其网站首页显著位置标明互联网药品交易服务机构资格证书号码。严格审核参与互联网药品交易的药品生产企业、药品经营企业、医疗机构从事药品交易的资格及其交易药品的合法性。对首次上网交易的药品生产企业、药品经营企业、医疗机构以及药品，提供互联网药品交易服务的企业必须索取、审核交易各方的资格证明文件和药品批准证明文件并进行备案。

通过自身网站与本企业成员之外的其他企业进行互联网药品交易的药品生产企业和药品批发企业只能交易本企业生产或者本企业经营的药品，不得利用自身网站提供其他互联网药品交易服务。向个人消费者提供互联网药品交易服务的企业只能在网上销售本企业经营的非处方药，不得向其他企业或者医疗机构销售药品。

在互联网上进行药品交易的药品生产企业、药品经营企业和医疗机构必须通过经药品监督管理部门和电信业务主管部门审核同意的互联网药品交易服务企业进行交易。参与互联网药品交易的医疗机构只能购买药品，不得上网销售药品。此外，还应明确药品生产企业、药品经营企业、医疗机构不得采用邮售、互联网交易等方式直接向公众销售处方药。

部分互联网站违法提供互联网药品信息服务和互联网药品交易服务，发布虚假药品信息欺骗误导消费者，为假劣药品提供了信息发布和流通的渠道。为了进一步加强对互联网药品信息服务和互联网药品交易服务的监督管理，确保公众用药安全有效，2006年SFDA专门下发了《关于加强互联网药品信息服务和互联网药品交易服务监督管理工作的通知》。通知要求：各省级药监局要建立健全互联网药品信息服务和互联网药品交易服务审批流程，规范审批程序，严格审查标准。在审查工作中，应把企业提交的关于保证互联网药品信息来源合法、真实的制度和措施等作为审查工作的重点。各级药品监督管理部门认真履行对互联网药品信息服务和互联网药品交易服务的监督管理职责。加大对互联网药品信息服务和交易服务的监督管理力度，把这项工作同打击制售假劣药品、打击违法发布药品广告的工作紧密结合起来。

三、现行主要相关法规

除《中华人民共和国药品管理法》（2015年4月24日第十二届全国人民代表大会常务委员会第十四次会议修正）、《中华人民共和国药品管理法实施条例》（2002年8月4日颁布）外，现行主要相关法规如下：

1.《药品经营质量管理规范》（2016年7月20日国家食品药品监督管理总局发布）。

2.《互联网药品信息服务管理办法》（2004年7月8日国家食品药品监督管理局发布）。

3.《互联网药品交易服务审批暂行规定》（2005年9月29日国家食品药品监督管理局发布）。

任务 10－6 医疗保险药品定点药房申办

案例导入

案例：陈某开办了一家药店，因不是医疗保险药品定点药房，药店生意举步维艰。陈某下决心申办医疗保险药品定点药房，但对医疗保险药品定点药房的申办一无所知。有人出主意，花钱请中间商代办，但她又怕上当受骗。

讨论：1. 医疗保险药品定点药房申办基本条件有哪些？

2. 如何申办医疗保险药品定点药房？

医疗保险药品定点药房，又称“定点零售药店”，是指经统筹地区劳动保障行政部门审查，并经社会保险经办机构确定的，为城镇职工基本医疗保险参保人员提供处方外配服务的零售药店。处方外配是指参保人员持定点医疗机构处方，在定点零售药店购药的行为。省、自治区、设区的市、县（市）人力资源社会保障行政部门按照管理权限分别审批统筹范围内的医疗保险定点药房资格。已实行市级统筹的，由市人力资源社会保障部门委托所辖县（市）人力资源社会保障部门负责本区域内定点工作。申办医疗保险药品定点药房资格证书的程序包括提交书面申请、材料审核、现场核查、审批并核发资格证书等过程。

一、医疗保险药品定点药房审查和确定的原则

医疗保险药品定点药房审查和确定的原则如下：①保证基本医疗保险用药的品种和质量。②引入竞争机制，合理控制药品服务成本。③方便参保人员就医后购药和便于管理。

二、医疗保险药品定点药房申办基本条件

医疗保险药品定点药房申办单位必须具备以下基本条件：①持有《药品经营企业许可证》、《药品经营企业合格证》和《营业执照》，经药品监督管理部门年检合格。②遵守《中华人民共和国药品管理法》及有关法规，有健全和完善的药品质量保证制度，能确保供药安全、有效和服务质量。③严格执行国家、省（自治区、直辖市）规定的药品价格政策，经物价部门监督检查合格。④具备及时供应基本医疗保险用药、24 小时提供服务的能力。⑤能保证营业时间内至少有 1 名药师在岗，营业人员需经地级以上药品监督管理部门培训合格。⑥严格执行城镇职工基本医疗保险制度有关政策规定，有规范的内部管理制度，配备必要的管理人员和设备。

三、医疗保险药品定点药房申办

（一）申请

拟承担城镇职工基本医疗保险定点服务的零售药店，应当向所在地县市人力资源社会保障行政部门提出书面申请，并提交以下材料：①《药品经营许可证》和《企业法人营业执照》的副本及复印件。②同级食品药品监督管理、物价部门监督检查合格的证明材料。③药品经营品种价格清单及上一年度业务收支情况（有资质的审计单位出具的审计书）。④《药品经营质量管理规范》（GSP）认证证书复印件。⑤执业或从业药师以上人员的职业资格证书及注册原件及复印件。⑥本单位职工名册、签订劳动合同、参加各项社会保险证明和职业资格证书。⑦药店内部各项管理规章制度。⑧药店所处地理方位图及房契或租房协议书。

（二）材料审查

人力资源社会保障行政部门根据定点零售药店的申请及提供的各项材料，对零售药店

的定点资格进行审查。材料不符合要求的，应当场书面通知其在5个工作日内做出补正，逾期不补正的视为撤回申请。

（三）现场核查

材料符合要求，人力资源社会保障部门派员赴现场进行核查并在30个工作日内做出审核决定。

（四）书面通知

审查合格的，由人力资源社会保障行政部门以书面形式通知申请定点的药店。

（五）备案发证

对审查合格、符合定点条件的零售药店，经省级人力资源和社会保障行政部门备案签章后，由所在地县市人力资源社会保障行政部门发放《城镇基本医疗保险定点药房资格标牌》，并向社会公布，供参保人员选择购药。

四、主要相关法规

除《中华人民共和国药品管理法》（2015年4月24日第十二届全国人民代表大会常务委员会第十四次会议修正）、《中华人民共和国药品管理法实施条例》（2002年8月4日颁布）外，现行主要相关法规如下：

《城镇职工基本医疗保险定点零售药店管理暂行办法》（1999年4月26日劳动和社会保障部、国家药品监督管理局发布）。

任务对接

任务	知识能力要求
药品经营企业申办	（1）掌握药品经营企业开办基本条件 （2）能开展药品经营（批发、零售）许可的申办工作 （3）熟悉药品经营许可证的管理基本要求
GSP认证申请	（1）掌握申请GSP认证的基本条件和基本流程 （2）熟悉GSP认证与检查的基本内容和要求
药品经营质量管理	（1）能胜任药品批发的质量管理 （2）能胜任药品零售的质量管理
药品购销管理	（1）理解并掌握禁止无证经营、禁止销售假劣药和其他不得从事的经营活动 （2）掌握购销药品应遵守的规定和要求 （3）熟悉购销人员的管理 （4）熟悉购销记录、销售凭证的管理
互联网药品经营管理	（1）能从事互联网药品信息服务、互联网药品交易服务申办 （2）掌握互联网药品信息服务监督管理基本要求、从事互联网药品交易服务的主体资格与监督管理基本要求 （3）熟悉互联网药品交易服务的类型
医疗保险药品定点药房申办	（1）掌握医疗保险药品定点药房审查与确定的原则和医药机构协议管理的具体政策和要求 （2）熟悉医疗保险药品定点药房申办基本条件 （3）能开展医疗保险药品定点药房申办

目标检测

一、A 型题（最佳选择题）

1. 根据《中华人民共和国药品管理法》，开办药品经营企业必须具备的条件不包括（　　）
   A. 具有依法经过资格认定的药学技术人员
   B. 具有与所经营药品相适应的营业场所、设备、仓储设施、卫生环境
   C. 具有与所经营药品相适应的质量管理机构或者人员
   D. 具有保证所经营药品质量的规章制度
   E. 具有能对所经营药品进行质量检验的人员以及必要的仪器
2. 根据《中华人民共和国药品管理法》，关于药品采购的说法，错误的是（　　）
   A. 药品生产企业可以从另一家具有药品生产资质的企业购进原料药
   B. 药品批发企业可以从农村集贸市场购进没有实施批准文号管理的地产中药材
   C. 药品批发企业可以从农村集贸市场购进没有实施批准文号管理的中药饮片
   D. 零售药店可以从具有药品生产资质的企业购进药品
   E. 医疗机构可以从具有药品生产资质的企业购进药品
3. 新开办药品批发和零售企业，应当自取得《药品经营许可证》之日起（　　）内，向药品监督管理部门申请 GSP 认证
   A. 10 日　　B. 20 日　　C. 30 日　　D. 60 日　　E. 90 日
4. 为药品生产企业、药品经营企业和医疗机构之间提供互联网药品交易服务的企业最终的审批部门是（　　）
   A. 国家食品药品监督管理总局　　B. 省级药品监督管理部门
   C. 设区的市药品监督管理部门　　D. 县级药监部门
   E. 信息服务部门
5. 根据现行版的《药品经营质量管理规范》，药品批发企业购进记录保存的时限应当是（　　）
   A. 至少 1 年　　B. 至少 2 年　　C. 至少 3 年　　D. 至少 4 年　　E. 至少 5 年
6. 根据《药品经营许可证管理办法》，药品经营企业依法变更许可事项，应重新办理《药品经营许可证》的情形是（　　）
   A. 药品批发企业增设大型仓库
   B. 药品批发企业变更法定代表人
   C. 药品批发企业增加“疫苗”经营范围
   D. 药品零售企业变更经营方式
   E. 专营非处方药的药品零售企业增加处方药经营范围

二、B 型题（配伍选择题）

[7 ~ 10]
A. 红色　　B. 黄色　　C. 绿色　　D. 黑色

7. 合格药品库（区）为（　　）
8. 不合格药品库（区）为（　　）
9. 退货药品库（区）为（　　）
10. 待发药品库（区）为（　　）

三、X 型题（多项选择题）

11. 药品批发企业购进药品时（　　）
    A. 质量为首
    B. 对首营企业应进行包括资格和质量保证能力的审核
    C. 企业对首营品种应进行合法性和质量基本情况的审核
    D. 购进药品合法企业所生产或经营的药品，具有法定的质量标准
    E. 中药材应标明性状
12. 根据《城镇职工基本医疗保险定点零售药店管理暂行办法》规定，有关定点零售药店应具备的资格条件，说法正确的是（　　）
    A. 持有《药品经营许可证》和《营业执照》，经药品监督管理部门年检合格
    B. 有规范的内部管理制度，配备必要的管理人员和设备
    C. 有健全和完善的药品质量保证制度，能确保供药安全、有效和服务质量
    D. 具备及时供应基本医疗保险用药、24 小时提供服务的能力
    E. 能保证营业时间内至少有 1 名执业药师在岗
13. 《药品经营质量管理规范》对零售企业陈列的要求有（　　）
    A. 药品与非药品应分开陈列
    B. 内服药与外用药应分开陈列
    C. 处方药与非处方药应分开陈列
    D. 危险品应专柜陈列
    E. 易串味药品与一般药品应分开陈列
14. 《药品经营许可证》许可事项变更包括（　　）
    A. 经营范围变更　　B. 注册地址变更
    C. 仓库地址变更　　D. 质量负责人变更
    E. 企业执业药师变更
15. 根据《药品经营许可证管理办法》，省级药品监督管理部门负责本辖区药品批发企业《药品经营许可证》的（　　）
    A. 发证　　B. 认证　　C. 换证　　D. 变更　　E. 监督管理
16. 根据《药品经营质量管理规范实施细则》，某药品经营批发企业，有少量的售后退回药品，对该批药品的正确处理有（　　）
    A. 凭销售部门开具的退货凭证收货
    B. 做好退货记录，存放药品库存红色区
    C. 做好退货记录，存放药品库存黄色区
    D. 经验收合格，存放药品库存绿色区
    E. 退货记录应保存 3 年
17. 下列药品销售行为中违法的有（　　）
    A. 药店经批准在边远城乡集市贸易市场内出售维 C 银翘片
    B. 大型超市设柜台销售甲类非处方药
    C. 药品生产企业在交易会上现货出售非处方药
    D. 药品零售企业直接向个人消费者提供互联网药品交易服务
    E. 处方药不采用开架自选方式销售
18. 根据《药品经营质量管理规范实施细则》，药品零售企业制定的质量管理制度必须包括（　　）

A. 首营企业和首营品种审核规定
B. 质量信息管理规定
C. 质量体系审核规定
D. 药品不良反应报告规定
E. 服务质量管理规定

实训 10－1 调研当地药品批发企业药品储存与养护情况

【实训目的】

1. 体验 GSP 对药品批发企业的药品储存与养护方面的基本要求，加深对 GSP 的理解，提升对 GSP 认识。

2. 能对照 GSP 相关要求，发现药品储存与养护中存在的问题，提出整改建议。

【实训要求】

以 5 人左右为一组，进入当地药品批发企业的药品库房，开展药品储存与养护方面的调研，对照 GSP 相关要求，了解药品储存与养护实施情况及存在的问题，在此基础上撰写专题调研报告。

【实训内容】

一、 调研准备

1. 根据调研要求，各小组提前查阅、熟悉《药品管理法》及其实施条例、GSP 和其他相关的规定。

2. 拟出调研提纲。

3. 通过教师帮助或自行联系当地药品批发企业。

4. 准备好身份证明、介绍信、笔记本、调查问卷等。在单位允许的情况下，必要时可准备录像、录音、照相设备。

二、 调研内容

1. 调研药品储存实施情况，包括分库储存、分类储存、色标管理、五距管理、效期管理、销后退回药品的管理、不合格药品管理等实施情况。

2. 调研药品养护实施情况，包括仓储条件检测与控制、库存药品质量的检查、养护措施、养护档案管理等实施情况。

三、 调研报告

针对调研情况及发现的问题进行思考、分析、探讨，形成不少于 800 字的调研报告。

【实训评价】

教师根据学生调研工作态度和调研报告撰写质量实施评价。

实训 10－2 零售药店药品陈列操作体验

【实训目的】

1. 体验 GSP 对零售药店药品陈列方面的基本要求，加深对 GSP 的理解，提升对 GSP 认识。

2. 能按照 GSP 有关要求正确进行零售药店药品陈列。

【实训要求】

以 5 人左右为一组，在学校模拟零售药店进行药品陈列操作体验，将各种剂型、不同大小的药品包装盒多个（包括处方药和非处方药）和非药品空包装多个，按照 GSP 要求进行陈列，力求美观、实用。

【实训内容】

一、 准备工作

1. 提前消化新版 GSP 对零售药店药品陈列要求，并上网查阅相关文章。

2. 清洁货架、柜台。

3. 领取实训材料（药品和非药品空包装）。

二、 药品陈列

1. 各小组根据领取的材料探讨陈列方案并进行实操陈列。

2. 陈列情况拍照。

3. 清场，并归还实训材料。

【实训评价】

各组同学对各自药品陈列情况进行互评，交流陈列心得与体会。在此基础上，教师进行总评。

（沈　力）

项目 11

医疗机构药事管理

学习目标

知识要求 **1. 掌握** 处方管理和调剂业务管理；医疗机构制剂与许可证管理；药品进货检查验收制度；药品购进（验收）记录；合理用药的概念；药学服务的对象及药学服务能力要求。

2. 熟悉 医疗机构药事管理的概念和主要内容；处方点评制度、处方点评结果的判定；药品的采购、储存和经济管理；医疗机构制剂注册和品种范围；医疗机构制剂注册批件及批准文号格式；药品经济管理；合理用药的管理；药学服务内容。

3. 了解 医疗机构的概念及分类管理制度；医疗机构制剂的调剂使用；临床药学和药学服务的含义；医疗机构临床合理用药概况；实施药品采购管理的原因；药品采购部门和品种限制；不合理用药。

技能要求 1. 能根据国家现行的《处方管理办法》等要求，正确开展药品调剂工作，为患者提供优良的药学服务；能根据《药品管理法》等法律法规要求，正确开展药品采购验收工作，确保医疗机构采购合格有效的药品，满足临床治疗的需要。

2. 能运用《医疗机构制剂配制质量管理规范》、《医疗机构制剂配制监督管理办法》、《医疗机构制剂注册管理办法》等有关规定，进行《医疗机构制剂许可证》的申领等工作；能运用合理用药和药学服务等知识，正确指导医师、护士、患者以及公众正确使用药物，提高药学服务能力，提高患者用药依从性，减少药源性疾病的发生。

任务 11－1　医疗机构分类及其药事管理认知

案例导入

案例：李某打算应聘某市医院药学部门的工作，他认为医疗机构药事管理工作主要就是对药品的管理，即采购合格的药品、合理储存药品、将合格的药品发放到患者手中。

讨论：1. 李某的观点是否正确？

2. 医疗机构药事管理是指什么？

3. 医疗机构药事管理包含哪些主要内容？

一、医疗机构的概念

根据国务院发布的《医疗机构管理条例》的规定，医疗机构是指以救死扶伤，防病治病，为公民的健康服务为宗旨，依法定程序设立的，从事疾病诊断、治疗活动的社会组织。

目前，我国医疗机构的类别主要有：医院、社区卫生服务中心（站）、妇幼保健院、卫生院、疗养院、门诊部、诊所、卫生室（所）、急救中心（站）、专科疾病防治院（所、站）以及护理院（站）等医疗机构。本章讨论的医疗机构主要是指医院。

二、医疗机构的分类管理

2000 年 2 月，国务院办公厅转发国务院体改办等八个部门《关于城镇医药卫生体制改革的指导意见》，提出建立新的医疗机构分类管理制度。将医疗机构分为非营利性和营利性两类进行管理。国家根据医疗机构的性质、社会功能及其承担的任务，制定并实施不同的财税、价格政策。非营利性医疗机构在医疗服务体系中占主导地位，享受相应的税收优惠政策。政府举办的非营利性医疗机构由同级财政给予合理补助，并按扣除财政补助和药品差价收入后的成本制定医疗服务价格；其他非营利性医疗机构不享受政府补助，医疗服务价格执行政府指导价。卫生、财政等部门要加强对非营利性医疗机构的财务监督管理。营利性医疗机构医疗服务价格放开，依法自主经营，照章纳税。

三、医疗机构药事管理规定

（一）医疗机构药事的概念

医疗机构药事，泛指在以医院为代表的医疗机构中，一切与药品和药学服务有关的事务。包括医疗机构中药品的监督管理、采购供应、储存保管、调剂制剂、质量管理、临床应用、经济核算、临床药学、药学情报服务和教学科研；药学部门内部的组织结构、人员配备、设施设备、规章制度；药学部门与外部的沟通联系、信息交流等一切与药品和药学服务有关的事务。

（二）医疗机构药事管理的概念

2011 年 1 月，卫生部、国家中医药管理局和总后勤部卫生部共同对《医疗机构药事管理暂行规定》进行了修订，制定了《医疗机构药事管理规定》，规定提出：医疗机构药事管理，是指医疗机构以病人为中心，以临床药学为基础，对临床用药全过程进行有效的组织实施与管理，促进临床科学、合理用药的药学技术服务和相关的药品管理工作。

传统的医疗机构药事管理主要是对物的管理，即药品的采购、储存、调剂及配制制剂的管理，药品的质量和经济管理等。随着现代医药卫生事业的发展，医疗机构药事管理的重心已经逐步由对物的管理转向以患者安全、有效、合理用药为中心的系统药事管理。

（三）医疗机构药事管理的主要内容

医疗机构药事管理是由若干相互联系、相互制约的部门管理和药学专业管理构成的一个相对完整的管理系统，具有专业技术性、政策法规性和技术服务性等特点。主要包括以下几个方面的内容。

1. 组织管理 包括医疗机构药学部门的组织体制及结构、各项规章制度的建立、岗位设置、人员配备和职责范围。

2. 业务技术管理 包括药品的采购、储存、供应管理，药品调剂、医疗机构制剂、静脉用药调配管理，临床药学服务和科研教学管理等。

3. 药品质量管理 包括购进药品和医疗机构制剂的质量管理。按照相关法律、法规对购进的药品进行质量验收和科学库存保管，对医疗机构制剂的生产进行质量控制和质量检验，以确保向患者供应质量合格的药品。

4. 药品信息管理 获取、分析和发布药物信息，开展药学情报服务，为临床提供用药咨询服务，促进合理用药。

5. 药品经济管理 利用药物经济学的原理，结合药品的临床应用情况，开展用药的经济分析和评价，评估临床药物使用的合理性、经济性，提高临床合理用药的水平。在保证质量和服务的前提下，控制药品采购成本和库存量，降低药物治疗费用支出。

6. 人员管理 对医院药学技术人员的培养和教育，以及对医务人员进行与药事管理有关的教育和培训等。

7. 药事法规、制度管理 国家和政府相关管理部门针对医疗机构药事管理工作制定、颁布了一系列的法规和政策。医疗机构应当根据国家的有关法规，并结合自身实际情况，制定、修改药学部门内部管理的各项规章制度，并加以贯彻执行，从而规范医疗机构药事管理工作和药学人员的从业行为。

四、现行主要相关法规

除《中华人民共和国药品管理法》（2015 年 4 月 24 日第十二届全国人民代表大会常务委员会第十四次会议修正）、《中华人民共和国药品管理法实施条例》（2002 年 8 月 4 日颁布）外，现行主要相关法规如下：

《医疗机构管理条例》（1994 年 2 月 26 日国务院颁布）。

任务 11－2 医疗机构调剂管理

案例导入

案例： 患者张某到某医院就诊，医生诊断后为张某开具了处方，该处方中的几种药品均是用代码来表示的。张某拿着该处方到医院外的药店购买处方上的药品，药店的工作人员表示看不懂这些代码究竟代表何种药品。张某只得返回医院，拿着这张神秘的代码处方到该医院内的药房去交费取药。医院药房的工作人员按照处方上的代码，顺利地为张某把药取了出来。

据调查这家医院使用代码为患者开具处方已经有一段时间了，其目的主要是为了防止患者拿着医院开具的处方到医院外的药店自行购药。

讨论： 1. 医疗机构是否可以限制门诊就诊人员持处方到药品零售企业购药？

2. 医疗机构开具代码处方的行为应如何处理？依据是什么？

一、处方管理

为规范处方管理，提高处方质量，促进合理用药，保障医疗安全，根据《执业医师法》、《药品管理法》、《医疗机构管理条例》、《麻醉药品和精神药品管理条例》等有关法律、法规，卫生部发布了《处方管理办法》，自 2007 年 5 月 1 日起施行。

1. 处方的概念 处方，是指由注册的执业医师和执业助理医师（以下简称医师）在诊疗活动中为患者开具的、由取得药学专业技术职务任职资格的药学专业技术人员（以下简称药师）审核、调配、核对，并作为患者用药凭证的医疗文书。处方包括医疗机构病区用药医嘱单。

医师开具处方和药师调配处方应当遵循安全、有效、经济的原则。处方是药学技术人员为患者调配、发药的凭据，是处方开具者与处方调配者之间的书面依据，具有法律上、技术上和经济上的意义。处方必须认真调配，仔细核对，防止差错，并加以妥善保存。

2. 处方标准 处方标准由国家卫生计生委统一规定，处方格式由由省、自治区、直辖市卫生行政部门统一制定，处方由医疗机构按照规定的标准和格式印刷。

（1）处方内容 ①前记：包括医疗机构名称、费别、患者姓名、性别、年龄、门诊或住院病历号，科别或病区和床位号、临床诊断、开具日期等。可添加特殊要求的项目。麻醉药品和第一类精神药品处方还应当包括患者身份证明编号，代办人姓名、身份证明编号。②正文：以 Rp 或 R（拉丁文 Recipe“请取”的缩写）标示，分列药品名称、剂型、规格、数量、用法用量。③后记：医师签名或者加盖专用签章，药品金额以及审核、调配，核对、发药药师签名或者加盖专用签章。

（2）处方颜色 ①普通处方的印刷用纸为白色。②急诊处方印刷用纸为淡黄色，右上角标注“急诊”。③儿科处方印刷用纸为淡绿色，右上角标注“儿科”。④麻醉药品和第一类精神药品处方印刷用纸为淡红色，右上角标注“麻、精一”。⑤第二类精神药品处方印刷用纸为白色，右上角标注“精二”。

3. 处方权限的规定

（1）经注册的执业医师在执业地点取得相应的处方权。经注册的执业助理医师在医疗机构开具的处方，应当经所在执业地点执业医师签名或加盖专用签章后方有效。

（2）经注册的执业助理医师在乡、民族乡、镇、村的医疗机构独立从事一般的执业活动，可以在注册的执业地点取得相应的处方权。

（3）医师应当在注册的医疗机构签名留样或者专用签章备案后，方可开具处方。

（4）医疗机构应当按照有关规定，对本机构执业医师和药师进行麻醉药品和精神药品使用知识和规范化管理的培训。执业医师经考核合格后取得麻醉药品和第一类精神药品的处方权，药师经考核合格后取得麻醉药品和第一类精神药品调剂资格。医师取得麻醉药品和第一类精神药品处方权后，方可在本机构开具麻醉药品和第一类精神药品处方，但不得为自己开具该类药品处方。药师取得麻醉药品和第一类精神药品调剂资格后，方可在本机构调剂麻醉药品和第一类精神药品。

（5）试用期人员开具处方，应当经所在医疗机构有处方权的执业医师审核、并签名或加盖专用签章后方有效。

（6）进修医师由接收进修的医疗机构对其胜任本专业工作的实际情况进行认定后授予相应的处方权。

4. 处方书写的规则 处方书写应当符合下列规则：

（1）患者一般情况、临床诊断填写清晰、完整，并与病历记载相一致。

（2）每张处方限于一名患者的用药。

（3）字迹清楚，不得涂改；如需修改，应当在修改处签名并注明修改日期。

（4）药品名称应当使用规范的中文名称书写，没有中文名称的可以使用规范的英文名称书写；医疗机构或者医师、药师不得自行编制药品缩写名称或者使用代号；书写药品名称、剂量、规格、用法、用量要准确规范，药品用法可用规范的中文、英文、拉丁文或者缩写体书写，但不得使用“遵医嘱”、“自用”等含糊不清字句。

（5）患者年龄应当填写实足年龄，新生儿、婴幼儿写日、月龄，必要时要注明体重。

（6）西药和中成药可以分别开具处方，也可以开具一张处方，中药饮片应当单独开具处方。

（7）开具西药、中成药处方，每一种药品应当另起一行，每张处方不得超过 5 种药品。

（8）中药饮片处方的书写，一般应当按照“君、臣、佐、使”的顺序排列；调剂、煎煮的特殊要求注明在药品右上方，并加括号，如布包、先煎、后下等；对饮片的产地、炮制有特殊要求的，应当在药品名称之前写明。

(9) 药品用法用量应当按照药品说明书规定的常规用法用量使用，特殊情况需要超剂量使用时，应当注明原因并再次签名。

(10) 除特殊情况外，应当注明临床诊断。

(11) 开具处方后的空白处划一斜线以示处方完毕。

(12) 处方医师的签名式样和专用签章应当与院内药学部门留样备查的式样相一致，不得任意改动，否则应当重新登记留样备案。

拓展阅读

《处方管理办法》第7条规定

第七条　药品剂量与数量用阿拉伯数字书写。剂量应当使用法定剂量单位：重量以克（g）、毫克（mg）、微克（μg）、纳克（ng）为单位；容量以升（L）、毫升（ml）为单位；国际单位（IU）、单位（U）；中药饮片以克（g）为单位。

片剂、丸剂、胶囊剂、颗粒剂分别以片、丸、粒、袋为单位；溶液剂以支、瓶为单位；软膏及乳膏剂以支、盒为单位；注射剂以支、瓶为单位，应当注明含量；中药饮片以剂为单位。

5. 处方的有效期和限量规定

(1) 处方开具当日有效。特殊情况下需延长有效期的，由开具处方的医师注明有效期限，但有效期最长不得超过3天。

(2) 处方一般不得超过7日用量；急诊处方一般不得超过3日用量；对于某些慢性病、老年病或特殊情况，处方用量可适当延长，但医师应当注明理由。

(3) 麻醉药品、精神药品处方的用法和用量要求：

①为门（急）诊患者开具的麻醉药品注射剂，每张处方为一次常用量；控缓释制剂，每张处方不得超过7日常用量；其他剂型，每张处方不得超过3日常用量。

②第一类精神药品注射剂，每张处方为一次常用量；控缓释制剂，每张处方不得超过7日常用量；其他剂型，每张处方不得超过3日常用量。哌醋甲酯用于治疗儿童多动症时，每张处方不得超过15日常用量。

③第二类精神药品一般每张处方不得超过7日常用量；对于慢性病或某些特殊情况的患者，处方用量可以适当延长，医师应当注明理由。

④为门（急）诊癌症疼痛患者和中、重度慢性疼痛患者开具的麻醉药品、第一类精神药品注射剂，每张处方不得超过3日常用量；控缓释制剂，每张处方不得超过15日常用量；其他剂型，每张处方不得超过7日常用量。

⑤为住院患者开具的麻醉药品和第一类精神药品处方应当逐日开具，每张处方为1日常用量。

⑥对于需要特别加强管制的麻醉药品，盐酸二氢埃托啡处方为一次常用量，仅限于二级以上医院内使用；盐酸哌替啶处方为一次常用量，仅限于医疗机构内使用。

⑦医疗机构应当要求长期使用麻醉药品和第一类精神药品的门（急）诊癌症患者和中、重度慢性疼痛患者，每3个月复诊或者随诊一次。

6. 处方的保存　医师利用计算机开具、传递普通处方时，应当同时打印出纸质处方，其格式与手写处方一致；打印的纸质处方经签名或者加盖签章后有效。药师核发药品时，应当核对打印的纸质处方，无误后发给药品，并将打印的纸质处方与计算机传递处方同时收存备查。

处方由调剂处方药品的医疗机构妥善保存。普通处方、急诊处方、儿科处方保存期限为 1 年，医疗用毒性药品、第二类精神药品处方保存期限为 2 年，麻醉药品和第一类精神药品处方保存期限为 3 年。

处方保存期满后，经医疗机构主要负责人批准、登记备案，方可销毁。

医疗机构应当根据麻醉药品和精神药品处方开具情况，按照麻醉药品和精神药品品种、规格对其消耗量进行专册登记，登记内容包括发药日期、患者姓名、用药数量。专册保存期限为 3 年。

二、处方点评

为规范医院处方点评工作，提高处方质量，促进合理用药，保障医疗安全，根据《药品管理法》、《执业医师法》、《医疗机构管理条例》、《处方管理办法》等有关法律、法规、规章，2010 年 2 月 10 日，卫生部组织制定并印发《医院处方点评管理规范（试行）》。要求各级医院按照规范，建立健全系统化、标准化和持续改进的处方点评制度，开展处方点评工作。

1. 处方点评 处方点评是根据相关法规、技术规范，对处方书写的规范性及药物临床使用的适宜性（用药适应证、药物选择、给药途径、用法用量、药物相互作用、配伍禁忌等）进行评价，发现存在或潜在的问题，制定并实施干预和改进措施，促进临床药物合理应用的过程。处方点评是医院持续医疗质量改进和药品临床应用管理的重要组成部分，是提高临床药物治疗学水平的重要手段。

2. 处方点评的实施

（1）医院药学部门应当会同医疗管理部门，根据医院诊疗科目、科室设置、技术水平、诊疗量等实际情况，确定具体抽样方法和抽样率，其中门急诊处方的抽样率不应少于总处方量的 1‰，且每月点评处方绝对数不应少于 100 张；病房（区）医嘱单的抽样率（按出院病历数计）不应少于 1%，且每月点评出院病历绝对数不应少于 30 份。

（2）医院处方点评小组应当按照确定的处方抽样方法随机抽取处方，并按照《处方点评工作表》（附件）对门急诊处方进行点评；病房（区）用药医嘱的点评应当以患者住院病历为依据，实施综合点评，点评表格由医院根据本院实际情况自行制定。

（3）三级以上医院应当逐步建立健全专项处方点评制度。专项处方点评是医院根据药事管理和药物临床应用管理的现状以及存在的问题，确定点评的范围和内容，对特定的药物或特定疾病的药物（如国家基本药物、血液制品、中药注射剂、肠外营养制剂、抗菌药物、辅助治疗药物、激素等临床使用及超说明书用药、肿瘤患者和围手术期用药等）使用情况进行的处方点评。

（4）处方点评工作应坚持科学、公正、务实的原则，有完整、准确的书面记录，并通报临床科室和当事人。

（5）处方点评小组在处方点评工作过程中发现不合理处方，应当及时通知医疗管理部门和药学部门。

（6）有条件的医院应当利用信息技术建立处方点评系统，逐步实现与医院信息系统的联网与信息共享。

3. 处方点评的结果 处方点评结果分为合理处方和不合理处方。不合理处方包括不规范处方、用药不适宜处方及超常处方。

（1）有下列情况之一的，应当判定为不规范处方：①处方的前记、正文、后记内容缺项，书写不规范或者字迹难以辨认的；②医师签名、签章不规范或者与签名、签章的留样不一致的；③药师未对处方进行适宜性审核的（处方后记的审核、调配、核对、发药栏目无审核调配药师及核对发药药师签名，或者单人值班调剂未执行双签名规定）；④新生儿、婴幼儿处方未写明日、月龄的；⑤西药、中成药与中药饮片未分别开具处方的；⑥未使用药品规范名称开具处方的；⑦药品的剂量、规格、数量、单位等书写不规范或不清楚的；⑧用法、用量使用“遵医嘱”、“自用”等含糊不清字句的；⑨处方修改未签名并注明修改日期，或药品超剂量使用未注明原因和再次签名的；⑩开具处方未写临床诊断或临床诊断书写不全的；⑪单张门急诊处方超过五种药品的；⑫无特殊情况下，门诊处方超过 7 日用量，急诊处方超过 3 日用量，慢性病、老年病或特殊情况下需要适当延长处方用量未注明理由的；⑬开具麻醉药品、精神药品、医疗用毒性药品、放射性药品等特殊管理药品处方未执行国家有关规定的；⑭医师未按照抗菌药物临床应用管理规定开具抗菌药物处方的；⑮中药饮片处方药物未按照“君、臣、佐、使”的顺序排列，或未按要求标注药物调剂、煎煮等特殊要求的。

（2）有下列情况之一的，应当判定为用药不适宜处方：①适应证不适宜的；②遴选的药品不适宜的；③药品剂型或给药途径不适宜的；④无正当理由不首选国家基本药物的；⑤用法、用量不适宜的；⑥联合用药不适宜的；⑦重复给药的；⑧有配伍禁忌或者不良相互作用的；⑨其它用药不适宜情况的。

（3）有下列情况之一的，应当判定为超常处方：①无适应证用药；②无正当理由开具高价药的；③无正当理由超说明书用药的；④无正当理由为同一患者同时开具 2 种以上药理作用相同药物的。

三、调剂业务管理

1. 调剂的概念 调剂指配药、配方、发药，又称为调配处方。调剂业务是药学技术服务的重要组成部分，是集专业性、技术性、管理性、法律性、事务性和经济性为一体的活动过程，也是药剂人员、医护人员、患者协同活动的过程。调剂工作中要充分发挥药学技术的保障作用，配发的药品准确无误、质量优良、使用合理、优化流程、规范操作，加强对患者合理用药的指导，旨在为患者提供优质的药学服务。

2. 调剂业务分类 可以分为门（急）诊调剂业务管理、住院部调剂业务管理、中药调剂业务管理和静脉用药集中调配管理等。

3. 调剂工作的流程 调剂工作是一个过程，其具体流程如图 11－1 所示。

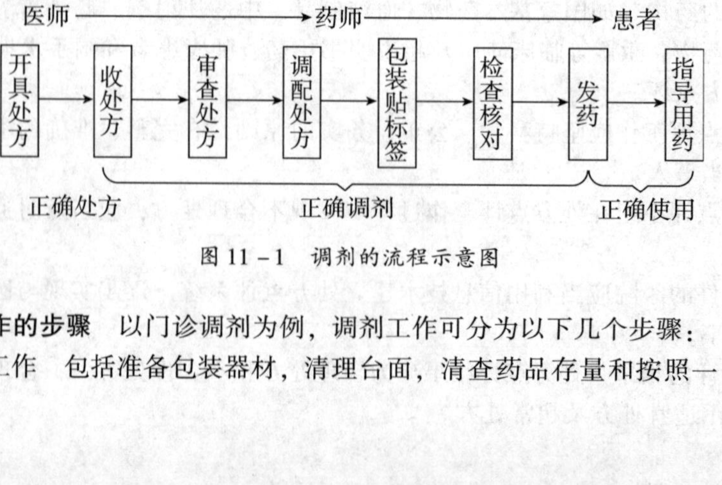

图 11－1 调剂的流程示意图

4. 调剂工作的步骤 以门诊调剂为例，调剂工作可分为以下几个步骤：

（1）准备工作 包括准备包装器材，清理台面，清查药品存量和按照一日调剂用量增补药品等。

（2）收处方与审查处方　指调剂人员从患者处接受处方或从医护人员处接受请领单、处方；同时，着重审查处方书写是否正确与合理。

（3）调配处方　指按照医师处方进行配药。

（4）包装与贴标签　在所调配的药品包装上写明患者的姓名和药品的用法、用量等内容。

（5）检查与核对处方　仔细核对所取的药品与处方药品是否一致，防止差错。

（6）发药并指导用药　是指将调配好并已核对过的药品发给患者的过程。发药时应核对患者姓名，确认无误后将处方中药品逐个发给患者并说明用法、用量和注意事项等。

5. 调剂人员的资格要求　根据《处方管理办法》的规定，取得药学专业技术职务任职资格的人员方可从事处方调剂工作。药师在执业的医疗机构取得处方调剂资格。药师签名或者专用签章式样应当在本机构留样备查。具有药师以上专业技术职务任职资格的人员负责处方审核、评估、核对、发药以及安全用药指导；药士从事处方调配工作。

6. 调剂工作的要求　药师应当凭医师处方调剂处方药品，非经医师处方不得调剂。药师应当按照操作规程调剂处方药品：认真审核处方，准确调配药品，正确书写药袋或粘贴标签，注明患者姓名和药品名称、用法、用量，包装；向患者交付药品时，按照药品说明书或者处方用法，进行用药交待与指导，包括每种药品的用法、用量、注意事项等。药师应当认真逐项检查处方前记、正文和后记书写是否清晰、完整，并确认处方的合法性。

药师应当对处方用药适宜性进行审核，审核内容包括：①规定必须做皮试的药品，处方医师是否注明过敏试验及结果的判定；②处方用药与临床诊断的相符性；③剂量、用法的正确性；④选用剂型与给药途径的合理性；⑤是否有重复给药现象；⑥是否有潜在临床意义的药物相互作用和配伍禁忌；⑦其它用药不适宜情况。

药师经处方审核后，认为存在用药不适宜时，应当告知处方医师，请其确认或者重新开具处方。药师发现严重不合理用药或者用药错误，应当拒绝调剂，及时告知处方医师，并应当记录，按照有关规定报告。

药师调剂处方时必须做到“四查十对”：查处方，对科别、姓名、年龄；查药品，对药名、剂型、规格、数量；查配伍禁忌，对药品性状、用法用量；查用药合理性，对临床诊断。

药师在完成处方调剂后，还须在处方上签名或者加盖专用签章。药师应当对麻醉药品和第一类精神药品处方，按年月日逐日编制顺序号。药师对于不规范处方或者不能判定其合法性的处方，不得调剂。

7. 调剂业务管理

（1）门诊调剂业务管理

1）独立配方法　从收方到发药均由1名调剂人员独立完成。此方法节省人力，但是对调剂人员的要求比较高，容易出现差错。适合小药房和急诊药房的调剂工作。

2）流水作业配方法　又称协作配方法。整个调剂过程由多名调剂人员具体分工，协作完成。通常由1人收方及审查处方，1～2人调配处方，1人核对及发药。此方法分工具体、工作有序、责任明确、效率较高。药品经第二人核对后发出，可减少差错，但需要较多的人力。此法适合大型医院门诊以及候药患者较多的情况。

3）结合法　即将独立配方法与流水作业配方法相结合。1人负责收方、审查处方以及核对发药，另外1人负责调配处方。此方法结合了上述两种方法的优点，既不容易发生差错，又节省人力，且效率较高。此法普遍适用于各类医院的门诊调剂工作，是目前使用较为广泛的一种方法。

目前，国内有些医院采用计算机发药，医师用计算机开具处方，处方信息被输入到计算机内，经审查核对后，与计算机相连接的发药机将药品通过传送带输送到发药窗口，由调剂人员核对无误后发出药品。此法节约人力，差错率低，效率较高。

（2）住院部调剂业务管理

1）凭处方发药制　医师给住院患者开出处方或用药医嘱单，护士凭处方直接到住院调剂室取药，调剂人员按处方发药。这种发药方式可以使药师了解患者的用药情况，有利于发挥药师的监督作用，及时纠正临床不合理用药的情况，促进安全、合理用药。但工作量较大，仅适用于特殊情况下的取药。

2）病区小药柜制　按照各个病区的专业特点和床位数，在病区内设小药柜，储存一定数量的常用药品及少量的急救药品，由护士按照用药医嘱给患者使用，通常是在夜间。次日，护士根据用药医嘱单，到住院调剂室领取补充消耗的药品。这种方式便于患者及时用药，减轻了护士和调剂人员的工作量。但药师不能及时审核，不易了解药品的使用情况和患者的用药情况，不能及时纠正用药过程中出现的问题。此外，病区储存的药品，容易造成积压、浪费等现象。

3）中心摆药制　在病区的适当位置设立中心摆药室，由药学专业技术人员负责调配。以往由药剂人员和护士分工合作的摆药方式，已经逐步被由药学专业技术人员负责的摆药方式所取代。摆药人员根据用药医嘱把药品摆入患者药杯（盒）中，由病区治疗护士核对后发给患者服用。这种方式由药师集中保管药品，可有效的避免药品变质、过期失效和浪费。摆药经过多重核对，可减少差错。但摆好的药品置于药杯（盒）中，运送不便，且在运送过程中容易受到污染。

知识链接

单位剂量调剂

单位剂量调剂，又称单元调剂（unit dose dispensing，UDD），即调剂人员把住院患者所需服用的各种固体药品，按单位剂量（如每1片、每1粒）用铝箔或塑膜单独包装后密封（常见的联用药品可以一起包装），包装上面标有药名、剂量等，便于药师、护士及患者自己进行核对，避免了过去发给患者散片无法识别、无法核对的缺点。方便患者服用，防止服错药或重复服药，重新包装也提高了药品的稳定性，保证药品使用的正确性、安全性和经济性。美国自20世纪60年代起，开始采用单位剂量调剂。目前，我国的《医疗机构药事管理规定》第二十九条规定，住院（病房）药品调剂室对口服制剂药品实行单剂量调剂配发。

（3）静脉用药集中调配管理　为加强医疗机构药事管理，规范临床静脉用药集中调配，提高静脉用药质量，促进静脉用药合理使用，保障静脉用药安全，根据《中华人民共和国药品管理法》和《处方管理办法》，2010 年 4 月 20 日，卫生部颁布了《静脉用药集中调配质量管理规范》及《静脉用药集中调配操作规程》。该规范是静脉用药集中调配工作质量管理的基本要求，适用于肠外营养液、危害药品和其他静脉用药调剂的全过程。《医疗机构药事管理规定》规定肠外营养液、危害药品静脉用药应当实行集中调配供应。医疗机构根据临床需要建立静脉用药调配中心（室），实行集中调配供应。静脉用药调配中心（室）应当符合《静脉用药集中调配质量管理规范》，由所在地设区的市级以上卫生行政部门组织技术审核、验收，合格后方可集中调配静脉用药。在静脉用药调配中心（室）以外调配静脉用药，参照《静脉用药集中调配质量管理规范》执行。医疗机构建立的静脉用药调配中心（室）应当报省级卫生行政部门备案。

1）静脉用药集中调配的概念　静脉用药集中调配（pharmacy intravenous admixture，PIVA），是指医疗机构药学部门根据医师处方或用药医嘱，经药师进行适宜性审核，由药学专业技术人员按照无菌操作要求，在洁净环境下对静脉用药物进行加药混合调配，使其成为可供临床直接静脉输注使用的成品输液操作过程。静脉用药集中调配是药品调剂的一部分。

2）静脉用药集中调配的意义　静脉用药从过去在普通环境中开放式加药混合，移至空气洁净环境中进行调配，可以保证静脉输注药物的无菌性，防止微粒污染，最大程度降低输液反应，确保患者的用药安全。同时，由于层流洁净台的防护作用，可大大降低细胞毒性药物对医务人员的职业伤害及对环境的污染。此外，静脉用药集中调配通过药师的审核，对调配药物的相容性和稳定性进行考察，防止配伍禁忌等不合理用药现象，可将用药错误减至最低。药品集中管理和调配，提高工作效率，可防止过期失效药品的混入。静脉用药集中调配对合理用药和加强药品管理具有重要的意义，已成为医院药学工作中不可缺少的组成部分。

3）静脉用药调配中心（室）工作流程　临床医师开具静脉输液治疗处方或用药医嘱→用药医嘱信息传递→药师审核→打印标签→贴签摆药→核对→混合调配→输液成品核对→输液成品包装→分病区放置于密闭容器中、加锁或封条→由工人送至病区→病区药疗护士开锁（或开封）核对签收→给患者用药前护士应当再次与病历用药医嘱核对→给患者静脉输注用药。

四、现行主要相关法规

除《中华人民共和国药品管理法》（2015年4月24日第十二届全国人民代表大会常务委员会第十四次会议修正）、《中华人民共和国药品管理法实施条例》（2002年8月4日颁布）外，现行主要相关法规如下：

1.《医疗机构药事管理规定》（2011年1月30日卫生部、国家中医药管理局和总后勤部卫生部发布）。

2.《处方管理办法》（2006年2月14日卫生部发布）。

3.《医院处方点评管理规范（试行）》（2010年2月10日卫生部发布）。

4.《静脉用药集中调配质量管理规范》与《静脉用药集中调配操作规程》（2010年4月20日卫生部发布）。

任务11－3　医疗机构制剂管理

案例导入

案例：某市食品药品监督管理局在检查时发现，该市A医院取得了《医疗机构制剂许可证》，且该院自制的某外用制剂也取得了医疗机构制剂批准文号。A医院不仅在本院内使用此种制剂，并将其销售给该市的B医院，B医院将其给本院的患者使用。

讨论：1. 什么是医疗机构制剂？

2. 医疗机构制剂的特点？

3. A、B两所医院的行为是否违法？为什么？

《药品管理法实施条例》规定，医疗机构制剂是指医疗机构根据本单位临床需要经批准而配制、自用的固定处方制剂。医疗机构配制的制剂，应当是本单位临床需要而市场上没有供应的品种，并须经所在地省、自治区、直辖市人民政府药品监督管理部门批准后方可配制。配制的制剂必须按照规定进行质量检验；合格的，凭医师处方在本医疗机构使用。

为了加强医疗机构制剂的监督管理，2001 年 3 月 13 日，《医疗机构制剂配制质量管理规范》（试行）发布实施；2005 年 6 月 1 日，《医疗机构制剂配制监督管理办法》（试行）开始施行；2005 年 8 月 1 日，《医疗机构制剂注册管理办法》开始施行。相关法律、法规和规章对医疗机构制剂的管理进行了明确的规定，促进医疗机构制剂配制向规范化方向发展，医疗机构制剂管理进入法制化轨道。

一、医疗机构制剂准入管理

1. 医疗机构配制制剂，必须按照国务院药品监督管理部门的规定报送有关资料和样品，经所在地省、自治区、直辖市人民政府药品监督管理部门批准，并发给制剂批准文号后，方可配制。医疗机构配制的制剂不得在市场上销售或者变相销售，不得发布医疗机构制剂广告。

2. 医疗机构设立制剂室，应当向所在地省、自治区、直辖市人民政府卫生行政部门提出申请，经审核同意后，报同级人民政府药品监督管理部门审批；省、自治区、直辖市人民政府药品监督管理部门验收合格的，予以批准，发给《医疗机构制剂许可证》。

省、自治区、直辖市人民政府卫生行政部门和药品监督管理部门应当在各自收到申请之日起 30 个工作日内，作出是否同意或者批准的决定。

3. 医疗机构变更《医疗机构制剂许可证》许可事项的，应当在许可事项发生变更 30 日前，依照规定向原审核、批准机关申请《医疗机构制剂许可证》变更登记；未经批准，不得变更许可事项。原审核、批准机关应当在各自收到申请之日起 15 个工作日内作出决定。

医疗机构新增配制剂型或者改变配制场所的，应当经所在地省、自治区、直辖市人民政府药品监督管理部门验收合格后，依照前款规定办理《医疗机构制剂许可证》变更登记。

4.《医疗机构制剂许可证》有效期为 5 年。有效期届满，需要继续配制制剂的，医疗机构应当在许可证有效期届满前 6 个月，按照国务院药品监督管理部门的规定申请换发《医疗机构制剂许可证》。医疗机构终止配制制剂或者关闭的，《医疗机构制剂许可证》由原发证机关缴销。

二、医疗机构制剂的调剂、注册及质量管理

（一）医疗机构制剂的调剂管理

1. 调剂使用的审批 医疗机构制剂一般不得调剂使用。发生灾情、疫情、突发事件或者临床急需而市场没有供应时，需要调剂使用的，属省级辖区内医疗机构制剂调剂的，必须经所在地省、自治区、直辖市（食品）药品监督管理部门批准；属国家食品药品监督管理总局规定的特殊制剂以及省、自治区、直辖市之间医疗机构制剂调剂的，必须经国家食品药品监督管理总局批准。

省级辖区内申请医疗机构制剂调剂使用的，应当由使用单位向所在地省、自治区、直辖市（食品）药品监督管理部门提出申请，说明使用理由、期限、数量和范围，并报送有关资料。

省、自治区、直辖市之间医疗机构制剂的调剂使用以及国家食品药品监督管理总局规定的特殊制剂的调剂使用，应当由取得制剂批准文号的医疗机构向所在地省、自治区、直

辖市（食品）药品监督管理部门提出申请，说明使用理由、期限、数量和范围，经所在地省、自治区、直辖市（食品）药品监督管理部门审查同意后，由使用单位将审查意见和相关资料一并报送使用单位所在地省、自治区、直辖市（食品）药品监督管理部门审核同意后，报国家食品药品监督管理总局审批。

2. 调剂使用的要求 取得制剂批准文号的医疗机构应当对调剂使用的医疗机构制剂的质量负责。接受调剂的医疗机构应当严格按照制剂的说明书使用制剂，并对超范围使用或者使用不当造成的不良后果承担责任。医疗机构制剂的调剂使用，不得超出规定的期限、数量和范围。

（二）医疗机构制剂的注册管理

为加强医疗机构制剂的管理，规范医疗机构制剂的申报与审批，根据《药品管理法》及《药品管理法实施条例》，制定《医疗机构制剂注册管理办法》（试行），于2005年3月22日经国家食品药品监督管理局局务会审议通过，自2005年8月1日起施行。

1. 医疗机构制剂的申请人 应当是持有《医疗机构执业许可证》并取得《医疗机构制剂许可证》的医疗机构。

2. 申报要求

（1）申请医疗机构制剂，应当进行相应的临床前研究，包括处方筛选、配制工艺、质量指标、药理、毒理学研究等。

（2）申请医疗机构制剂注册所报送的资料应当真实、完整、规范。

（3）申请制剂所用的化学原料药及实施批准文号管理的中药材、中药饮片必须具有药品批准文号，并符合法定的药品标准。

（4）申请人应当对其申请注册的制剂或者使用的处方、工艺、用途等，提供申请人或者他人在中国的专利及其权属状态说明；他人在中国存在专利的，申请人应当提交对他人的专利不构成侵权的声明。

（5）医疗机构制剂的名称，应当按照国家食品药品监督管理总局颁布的药品命名原则命名，不得使用商品名称。

（6）医疗机构配制制剂使用的辅料和直接接触制剂的包装材料、容器等，应当符合国家食品药品监督管理总局有关辅料、直接接触药品的包装材料和容器的管理规定。

（7）医疗机构制剂的说明书和包装标签由省、自治区、直辖市（食品）药品监督管理部门根据申请人申报的资料，在批准制剂申请时一并予以核准。

（8）医疗机构制剂的说明书和包装标签应当按照国家食品药品监督管理总局有关药品说明书和包装标签的管理规定印制，其文字、图案不得超出核准的内容，并需标注“本制剂仅限本医疗机构使用”字样。

3. 不得作为医疗机构制剂申报的情形 有下列情形之一的，不得作为医疗机构制剂申报：①市场上已有供应的品种；②含有未经国家食品药品监督管理总局批准的活性成分的品种；③除变态反应原外的生物制品；④中药注射剂；⑤中药、化学药组成的复方制剂；⑥麻醉药品、精神药品、医疗用毒性药品、放射性药品；⑦其他不符合国家有关规定的制剂。

4. 临床研究要求

（1）临床研究用的制剂，应当按照《医疗机构制剂配制质量管理规范》或者《药品生产质量管理规范》的要求配制，配制的制剂应当符合经省、自治区、直辖市（食品）药品监督管理部门审定的质量标准。

（2）医疗机构制剂的临床研究，应当在获得《医疗机构制剂临床研究批件》后，取得受试者知情同意书以及伦理委员会的同意，按照《药物临床试验质量管理规范》的要求实施。

（3）医疗机构制剂的临床研究，应当在本医疗机构按照临床研究方案进行，受试例数不得少于60例。

（4）申请配制的化学制剂已有同品种获得制剂批准文号的，可以免于进行临床研究。

5. 审批程序

（1）申请配制医疗机构制剂，申请人应当填写《医疗机构制剂注册申请表》，向所在地省、自治区、直辖市（食品）药品监督管理部门或者其委托的设区的市级（食品）药品监督管理机构提出申请，报送有关资料和制剂实样。

（2）收到申请的省、自治区、直辖市（食品）药品监督管理部门或者其委托的设区的市级（食品）药品监督管理机构对申报资料进行形式审查，符合要求的予以受理；不符合要求的，应当自收到申请材料之日起5日内书面通知申请人并说明理由，逾期未通知的自收到材料之日起即为受理。

（3）省、自治区、直辖市（食品）药品监督管理部门或者其委托的设区的市级（食品）药品监督管理机构应当在申请受理后10日内组织现场考察，抽取连续3批检验用样品，通知指定的药品检验所进行样品检验和质量标准技术复核。受委托的设区的市级（食品）药品监督管理机构应当在完成上述工作后将审查意见、考察报告及申报资料报送省、自治区、直辖市（食品）药品监督管理部门，并通知申请人。

（4）接到检验通知的药品检验所应当在40日内完成样品检验和质量标准技术复核，出具检验报告书及标准复核意见，报送省、自治区、直辖市（食品）药品监督管理部门并抄送通知其检验的（食品）药品监督管理机构和申请人。

（5）省、自治区、直辖市（食品）药品监督管理部门应当在收到全部资料后40日内组织完成技术审评，符合规定的，发给《医疗机构制剂临床研究批件》。

（6）完成临床研究后，申请人向所在地省、自治区、直辖市（食品）药品监督管理部门或者其委托的设区的市级（食品）药品监督管理机构报送临床研究总结资料。

（7）省、自治区、直辖市（食品）药品监督管理部门收到全部申报资料后40日内组织完成技术审评，做出是否准予许可的决定。符合规定的，应当自做出准予许可决定之日起10日内向申请人核发《医疗机构制剂注册批件》及制剂批准文号，同时报国家食品药品监督管理总局备案；不符合规定的，应当书面通知申请人并说明理由，同时告知申请人享有依法申请行政复议或者提起行政诉讼的权利。

6. 医疗机构制剂批准文号的格式

X药制字H（Z）+4位年号+4位流水号。

X－省、自治区、直辖市简称，H－化学制剂，Z－中药制剂。

7. 补充申请与再注册

（1）补充申请　医疗机构配制制剂，应当严格执行经批准的质量标准，并不得擅自变更工艺、处方、配制地点和委托配制单位。需要变更的，申请人应当提出补充申请，报送相关资料，经批准后方可执行。

（2）再注册　医疗机构制剂批准文号的有效期为3年。有效期届满需要继续配制的，申请人应当在有效期届满前3个月按照原申请配制程序提出再注册申请，报送有关资料。

省、自治区、直辖市（食品）药品监督管理部门应当在受理再注册申请后30日内，作出是否批准再注册的决定。准予再注册的，应当自决定做出之日起10日内通知申请人，予以换发《医疗机构制剂注册批件》，并报国家食品药品监督管理总局备案。

决定不予再注册的，应当书面通知申请人并说明理由，同时告知申请人享有依法申请行政复议或者提起行政诉讼的权利。

(3) 不予再注册的情形　有下列情形之一的，省、自治区、直辖市（食品）药品监督管理部门不予批准再注册，并注销制剂批准文号：①市场上已有供应的品种；②按照本办法应予撤销批准文号的；③未在规定时间内提出再注册申请的；④其他不符合规定的。

已被注销批准文号的医疗机构制剂，不得配制和使用；已经配制的，由当地（食品）药品监督管理部门监督销毁或者处理。

8. 加强医疗机构中药制剂注册管理

(1) 各省、自治区、直辖市药品监督管理部门应切实加强医疗机构中药制剂的监督管理，保障医疗机构中药制剂的安全、有效和质量可控。应按照《医疗机构制剂注册管理办法》（试行）的要求，结合本地实际制定实施细则，突出继承传统，体现中医药理论特色，发挥中医药临床治疗优势，为中药新药的研制奠定基础。

(2) 根据中医药理论组方，利用传统工艺配制（即制剂配制过程没有使原组方中治疗疾病的物质基础发生变化的），且该处方在本医疗机构具有5年以上（含5年）使用历史的中药制剂，可免报下列资料项：①主要药效学试验资料及文献资料。②急性毒性试验资料及文献资料。③长期毒性试验资料及文献资料。④临床研究方案。⑤临床研究总结。

利用传统工艺配制是指配制工艺与传统工艺基本一致，包括中药饮片经粉碎或仅经水提取制成的固体、半固体和液体传统剂型、现代剂型，也包括按传统方法制成的酒剂、酊剂。

本医疗机构具有5年以上（含5年）使用历史是指能够提供在本医疗机构连续使用5年以上的文字证明资料（如医师处方，科研课题记录，临床调剂记录等），并提供100例以上相对完整的临床病历。

(3) 医疗机构中药制剂的临床研究应注重安全性评价。不具备成立伦理委员会的医疗机构申请中药制剂临床研究，可委托已按规定向药品监督管理部门备案的其他医疗机构伦理委员会进行审查。

(4) 下列情况不纳入医疗机构中药制剂管理范围：①中药加工成细粉，临用时加水、酒、醋、蜜、麻油等中药传统基质调配、外用，在医疗机构内由医务人员调配使用。②鲜药榨汁。③受患者委托，按医师处方（一人一方）应用中药传统工艺加工而成的制品。

（三）医疗机构制剂的质量管理

根据《中华人民共和国药品管理法》的规定，参照《药品生产质量管理规范》的基本原则，制定了《医疗机构制剂配制质量管理规范》（试行），于2000年12月5日经国家药品监督管理局局务会议通过，自2001年3月13日起发布施行。本规范是医疗机构制剂配制和质量管理的基本准则，适用于制剂配制的全过程。主要内容包括：机构与人员、房屋与设施、设备与物料、卫生、文件、配制管理、质量管理与自检和使用管理等。

1. 机构与人员　医疗机构制剂配制应在药剂部门设制剂室、药检室和质量管理组织。机构与岗位人员的职责应明确，并配备具有相应素质及相应数量的专业技术人员。医疗机构负责人对本《规范》的实施及制剂质量负责。制剂室和药检室的负责人应具有大专以上药学或相关专业学历，具有相应管理的实践经验，有对工作中出现的问题作出正确判断和处理的能力。制剂室和药检室的负责人不得互相兼任。从事制剂配制操作及药检人员，应经专业技术培训，具有基础理论知识和实际操作技能。凡有特殊要求的制剂配制操作和药检人员还应经相应的专业技术培训。凡从事制剂配制工作的所有人员均应熟悉本《规范》，并应通过本《规范》的培训与考核。

2. 房屋与设施 为保证制剂质量，制剂室要远离各种污染源。周围的地面、路面、植被等不应对制剂配制过程造成污染。制剂室应有防止污染、昆虫和其它动物进入的有效设施。制剂室的房屋和面积必须与所配制的制剂剂型和规模相适应。应设工作人员更衣室。各工作间应按制剂工序和空气洁净度级别要求合理布局。一般区和洁净区分开；配制、分装与贴签、包装分开；内服制剂与外用制剂分开；无菌制剂与其它制剂分开。各种制剂应根据剂型的需要，工序合理衔接，设置不同的操作间，按工序划分操作岗位。制剂室应具有与所配制剂相适应的物料、成品等库房，并有通风、防潮等设施。

3. 设备与物料 设备的选型、安装应符合制剂配制要求，易于清洗、消毒或灭菌，便于操作、维修和保养，并能防止差错和减少污染。制剂配制和检验应有与所配制制剂品种相适应的设备、设施与仪器。用于制剂配制和检验的仪器、仪表、量具、衡器等其适用范围和精密度应符合制剂配制和检验的要求，应定期校验，并有合格标志。校验记录应至少保存一年。建立设备管理的各项规章制度，制定标准操作规程。设备应由专人管理，定期维修、保养，并作好记录。

制剂配制所用物料的购入、储存、发放与使用等应制定管理制度。制剂配制所用的物料应符合药用要求，不得对制剂质量产生不良影响。制剂配制所用的中药材应按质量标准购入，合理储存与保管。各种物料要严格管理。合格物料、待验物料及不合格物料应分别存放，并有易于识别的明显标志。不合格的物料，应及时处理。各种物料应按其性能与用途合理存放。对温度、湿度等有特殊要求的物料，应按规定条件储存。挥发性物料的存放，应注意避免污染其它物料。各种物料不得露天存放。物料应按规定的使用期限储存，储存期内如有特殊情况应及时检验。制剂的标签、使用说明书必须与药品监督管理部门批准的内容、式样、文字相一致，不得随意更改；应专柜存放，专人保管，不得流失。

4. 卫生 制剂室应有防止污染的卫生措施和卫生管理制度，并由专人负责。配制间不得存放与配制无关的物品。配制中的废弃物应及时处理。更衣室、浴室及厕所的设置不得对洁净室（区）产生不良影响。配制间和制剂设备、容器等应有清洁规程，内容包括：清洁方法、程序、间隔时间、使用清洁剂或消毒剂、清洁工具的清洁方法和存放地点等。洁净室（区）应定期消毒。使用的消毒剂不得对设备、物料和成品产生污染。消毒剂品种应定期更换，防止产生耐药性菌株。工作服的选材、式样及穿戴方式应与配制操作和洁净度级别要求相适应。洁净室（区）仅限于在该室的配制人员和经批准的人员进入。进入洁净室（区）的人员不得化妆和佩带饰物，不得裸手直接接触药品。配制人员应有健康档案，并每年至少体检一次。传染病、皮肤病患者和体表有伤口者不得从事制剂配制工作。

5. 文件

（1）制剂室应有下列文件：①《医疗机构制剂许可证》及申报文件、验收、整改记录；②制剂品种申报及批准文件；③制剂室年检、抽验及监督检查文件及记录。

（2）医疗机构制剂室应有配制管理、质量管理的各项制度和记录。①制剂室操作间、设施和设备的使用、维护、保养等制度和记录；②物料的验收、配制操作、检验、发放、成品分发和使用部门及患者的反馈、投诉等制度和记录；③配制返工、不合格品管理、物料退库、报损、特殊情况处理等制度和记录；④留样观察制度和记录；⑤制剂室内外环境、设备、人员等卫生管理制度和记录；⑥本规范和专业技术培训的制度和记录。

（3）制剂配制管理文件主要有：①配制规程和标准操作规程；②配制记录。

（4）配制制剂的质量管理文件主要有：①物料、半成品、成品的质量标准和检验操作规程；②制剂质量稳定性考察记录；③检验记录。

（5）制剂配制管理文件和质量管理文件的要求：①制订文件应符合《药品管理法》和相关法律、法规、规章的要求；②应建立文件的管理制度。使用的文件应为批准的现行文本，已撤销和过时的文件除留档备查外，不得在工作现场出现；③文件的制订、审查和批准的责任应明确，并有责任人签名；④有关配制记录和质量检验记录应完整归档，至少保存 2 年备查。

6. 配制管理 配制规程和标准操作规程不得任意修改。如需修改时必须按制定时的程序办理修订、审批手续。在同一配制周期中制备出来的一定数量常规配制的制剂为一批，一批制剂在规定限度内具有同一性质和质量。每批制剂均应编制制剂批号。每批制剂均应按投入和产出的物料平衡进行检查，如有显著差异，必须查明原因，在得出合理解释，确认无潜在质量事故后，方可按正常程序处理。

为防止制剂被污染和混淆，配制操作应采取下述措施：每次配制后应清场，并填写清场记录。每次配制前应确认无上次遗留物；不同制剂（包括同一制剂的不同规格）的配制操作不得在同一操作间同时进行；如确实无法避免时，必须在不同的操作台配制，并应采取防止污染和混淆的措施；在配制过程中应防止称量、过筛、粉碎等可能造成粉末飞散而引起的交叉污染；在配制过程中使用的容器须有标明物料名称、批号、状态及数量等的标志。

根据制剂配制规程选用工艺用水。工艺用水应符合质量标准并定期检验。根据验证结果，规定检验周期。

每批制剂均应有一份能反映配制各个环节的完整记录。操作人员应及时填写记录，填写字迹清晰、内容真实、数据完整，并由操作人、复核人及清场人签字。记录应保持整洁，不得撕毁和任意涂改。需要更改时，更改人应在更改处签字，并需使被更改部分可以辨认。

新制剂的配制工艺及主要设备应按验证方案进行验证。当影响制剂质量的主要因素，如配制工艺或质量控制方法、主要原辅料、主要配制设备等发生改变时，以及配制一定周期后，应进行再验证。所有验证记录应归档保存。

7. 质量管理与自检 质量管理组织负责制剂配制全过程的质量管理。其主要职责包括：①制定质量管理组织任务、职责；②决定物料和中间品能否使用；③研究处理制剂重大质量问题；④制剂经检验合格后，由质量管理组织负责人审查配制全过程记录并决定是否发放使用；⑤审核不合格品的处理程序及监督实施。

药检室负责制剂配制全过程的检验。其主要职责包括：①制定和修订物料、中间品和成品的内控标准和检验操作规程，制定取样和留样制度；②制定检验用设备、仪器、试剂、试液、标准品（或参考品）、滴定液与培养基及实验动物等管理办法；③对物料、中间品和成品进行取样、检验、留样，并出具检验报告；④监测洁净室（区）的微生物数和尘粒数；⑤评价原料、中间品及成品的质量稳定性，为确定物料储存期和制剂有效期提供数据；⑥制定药检室人员的职责。

医疗机构制剂质量管理组织应定期组织自检。自检应按预定的程序，按规定内容进行检查，以证实与《医疗机构制剂配制质量管理规范》的一致性。自检应有记录并写出自检报告，包括评价及改进措施等。

三、医疗机构制剂配制监督管理

为加强医疗机构制剂配制的监督管理，根据《药品管理法》、《药品管理法实施条例》的规定，制定《医疗机构制剂配制监督管理办法》（试行），于 2005 年 3 月 22 日经国家食品药品监督管理局局务会审议通过，自 2005 年 6 月 1 日起施行。医疗机构制剂的配制及其监督管理适用本办法。

（一）医疗机构设立制剂室的许可

1. 医疗机构配制制剂，必须具有能够保证制剂质量的人员、设施、检验仪器、卫生条件和管理制度。

医疗机构设立制剂室，应当向所在地省、自治区、直辖市（食品）药品监督管理部门提交以下材料：

（1）《医疗机构制剂许可证申请表》；

（2）实施《医疗机构制剂配制质量管理规范》自查报告；

（3）医疗机构的基本情况及《医疗机构执业许可证》副本复印件；

（4）所在地省、自治区、直辖市卫生行政部门的审核同意意见；

（5）拟办制剂室的基本情况，包括制剂室的投资规模、占地面积、周围环境、基础设施等条件说明，并提供医疗机构总平面布局图、制剂室总平面布局图（标明空气洁净度等级）；

制剂室负责人、药检室负责人、制剂质量管理组织负责人简历（包括姓名、年龄、性别、学历、所学专业、职务、职称、原从事药学工作年限等）及专业技术人员占制剂室工作人员的比例；

制剂室负责人、药检室负责人、制剂质量管理组织负责人应当为本单位在职专业人员，且制剂室负责人和药检室负责人不得互相兼任；

（6）拟配制剂型、配制能力、品种、规格；

（7）配制剂型的工艺流程图、质量标准（或草案）；

（8）主要配制设备、检测仪器目录；

（9）制剂配制管理、质量管理文件目录。

申请人应当对其申请材料的真实性负责。

2. 省、自治区、直辖市（食品）药品监督管理部门应当自收到申请之日起30个工作日内，按照国家食品药品监督管理总局制定的《医疗机构制剂许可证验收标准》组织验收。验收合格的，予以批准，并自批准决定作出之日起10个工作日内向申请人核发《医疗机构制剂许可证》；验收不合格的，作出不予批准的决定，书面通知申请人并说明理由，同时告知申请人享有依法申请行政复议或者提起行政诉讼的权利。

省、自治区、直辖市（食品）药品监督管理部门验收合格后，应当自颁发《医疗机构制剂许可证》之日起20个工作日内，将有关情况报国家食品药品监督管理总局备案。

（二）《医疗机构制剂许可证》的管理

1. 《医疗机构制剂许可证》是医疗机构配制制剂的法定凭证，应当载明证号、医疗机构名称、医疗机构类别、法定代表人、制剂室负责人、配制范围、注册地址、配制地址、发证机关、发证日期、有效期限等项目。其中由（食品）药品监督管理部门核准的许可事项为：制剂室负责人、配制地址、配制范围、有效期限。《医疗机构制剂许可证》分正本和副本。正、副本具有同等法律效力，有效期为5年。

2. 《医疗机构制剂许可证》变更分为许可事项变更和登记事项变更。许可事项变更是指制剂室负责人、配制地址、配制范围的变更。登记事项变更是指医疗机构名称、医疗机构类别、法定代表人、注册地址等事项的变更。

医疗机构变更《医疗机构制剂许可证》许可事项的，在许可事项发生变更前30日，向原审核、批准机关申请变更登记。原发证机关应当自收到变更申请之日起15个工作日内作出准予变更或者不予变更的决定。

医疗机构增加配制范围或者改变配制地址的，应当按规定提交材料，经省、自治区、直辖市（食品）药品监督管理部门验收合格后，依照前款办理《医疗机构制剂许可证》变更登记。

医疗机构变更登记事项的，应当在有关部门核准变更后 30 日内，向原发证机关申请《医疗机构制剂许可证》变更登记，原发证机关应当在收到变更申请之日起 15 个工作日内办理变更手续。

《医疗机构制剂许可证》变更后，原发证机关应当在《医疗机构制剂许可证》副本上记录变更的内容和时间，并按变更后的内容重新核发《医疗机构制剂许可证》正本，收回原《医疗机构制剂许可证》正本。

3.《医疗机构制剂许可证》的换发、缴销和补发

（1）《医疗机构制剂许可证》的换发　《医疗机构制剂许可证》有效期届满需要继续配制制剂的，医疗机构应当在有效期届满前 6 个月，向原发证机关申请换发《医疗机构制剂许可证》。原发证机关结合医疗机构遵守法律法规、《医疗机构制剂配制质量管理规范》和质量体系运行情况，按照《医疗机构制剂配制监督管理办法》（试行）关于设立医疗机构制剂室的条件和程序进行审查，在《医疗机构制剂许可证》有效期届满前作出是否准予换证的决定。符合规定准予换证的，收回原证，换发新证；不符合规定的，作出不予换证的书面决定，并说明理由，同时告知申请人享有依法申请行政复议或者提起行政诉讼的权利；逾期未作出决定的，视为同意换证，并办理相应手续。

（2）《医疗机构制剂许可证》的缴销　医疗机构终止配制制剂或者关闭的，由原发证机关缴销《医疗机构制剂许可证》，同时报国家食品药品监督管理总局备案。

（3）《医疗机构制剂许可证》的补发　遗失《医疗机构制剂许可证》的，持证单位应当在原发证机关指定的媒体上登载遗失声明并同时向原发证机关申请补发。遗失声明登载满 1 个月后原发证机关在 10 个工作日内补发《医疗机构制剂许可证》。

（三）中药制剂委托配制的管理

1. 中药制剂委托配制的条件　经省、自治区、直辖市（食品）药品监督管理部门批准，具有《医疗机构制剂许可证》且取得制剂批准文号，并属于“医院”类别的医疗机构的中药制剂，可以委托本省、自治区、直辖市内取得《医疗机构制剂许可证》的医疗机构或者取得《药品生产质量管理规范》认证证书的药品生产企业配制制剂。委托配制的制剂剂型应当与受托方持有的《医疗机构制剂许可证》或者《药品生产质量管理规范》认证证书所载明的范围一致。

未取得《医疗机构制剂许可证》的“医院”类别的医疗机构，在申请中药制剂批准文号时申请委托配制的，应当按照《医疗机构制剂注册管理办法》的相关规定办理。

2. 中药制剂委托配制的申请　委托方按照规定向所在地省、自治区、直辖市（食品）药品监督管理部门提交中药制剂委托配制的以下申请材料：

（1）《医疗机构中药制剂委托配制申请表》；

（2）委托方的《医疗机构制剂许可证》、制剂批准证明文件复印件；

（3）受托方的《药品生产许可证》、《药品生产质量管理规范》认证证书或者《医疗机构制剂许可证》复印件；

（4）委托配制的制剂质量标准、配制工艺；

（5）委托配制的制剂原最小包装、标签和使用说明书实样；

（6）委托配制的制剂拟采用的包装、标签和说明书式样及色标；

（7）委托配制合同；

（8）受托方所在地设区的市级（食品）药品监督管理机构组织对受托方技术人员，厂房（制剂室）、设施、设备等生产条件和能力，以及质检机构、检测设备等质量保证体系考核的意见。

委托配制申请续展应当提供以下资料：

（1）委托方的《医疗机构制剂许可证》、制剂批准证明文件复印件；

（2）受托方的《药品生产许可证》、《药品生产质量管理规范》认证证书或者《医疗机构制剂许可证》复印件；

（3）前次批准的《医疗机构中药制剂委托配制批件》；

（4）前次委托配制期间，配制及制剂质量情况的总结；

（5）与前次《医疗机构中药制剂委托配制批件》发生变化的证明文件。

委托配制制剂的质量标准应当执行原批准的质量标准，其处方、工艺、包装规格、标签及使用说明书等应当与原批准的内容相同。在委托配制的制剂包装、标签和说明书上，应当标明委托单位和受托单位名称、受托单位生产地址。

3. 中药制剂委托配制申请的审批 省、自治区、直辖市（食品）药品监督管理部门应当自申请受理之日起20个工作日内，按照规定的条件对申请进行审查，并作出决定。经审查符合规定的，予以批准，并自书面批准决定作出之日起10个工作日内向委托方发放《医疗机构中药制剂委托配制批件》；不符合规定的，书面通知委托方并说明理由，同时告知其享有依法申请行政复议或者提起行政诉讼的权利。

《医疗机构中药制剂委托配制批件》有效期不得超过该制剂批准证明文件载明的有效期限。在《医疗机构中药制剂委托配制批件》有效期内，委托方不得再行委托其他单位配制该制剂。《医疗机构中药制剂委托配制批件》有效期届满，需要继续委托配制的，委托方应当在有效期届满30日前办理委托配制的续展手续。委托配制合同终止的，《医疗机构中药制剂委托配制批件》自动废止。

4. 中药制剂委托配制的检验 委托单位取得《医疗机构中药制剂委托配制批件》后，应当向所在地的设区的市级以上药品检验所报送委托配制的前三批制剂，经检验合格后方可投入使用。

5. 委托方与受托方的责任 委托方对委托配制制剂的质量负责；受托方应当具备与配制该制剂相适应的配制与质量保证条件，按《药品生产质量管理规范》或者《医疗机构制剂配制质量管理规范》进行配制，向委托方出具批检验报告书，并按规定保存所有受托配制的文件和记录。

（四）完善医疗机构中药制剂的配制管理

1. 各地应推进《医疗机构制剂配制质量管理规范》（试行）的实施，加强医疗机构中药制剂的配制管理，不断提高医疗机构中药制剂的质量管理水平。

2. 已获得批准的“医院”类别医疗机构中药制剂，如不具备配制条件或配制能力不足，经省级食品药品监督管理部门批准，可委托本辖区内符合条件的医疗机构制剂室或药品生产企业配制。

3.《中国药典》制剂通则中未规定微生物检查要求的，其制剂配制可不要求在洁净区操作；非无菌制剂的药材净制、漂洗等前处理和提取用水可使用符合卫生学标准的饮用水。

四、现行主要相关法规

除《中华人民共和国药品管理法》（2015年4月24日第十二届全国人民代表大会常务委员会第十四次会议修正）、《中华人民共和国药品管理法实施条例》（2002年8月4日颁布）外，现行主要相关法规如下：

1.《医疗机构制剂配制质量管理规范》（试行）（2001年3月13日国家药品监督管理局发布）。

2.《医疗机构制剂配制监督管理办法》（试行）（2005 年 4 月 14 日国家食品药品监督管理局发布）。

3.《医疗机构制剂注册管理办法》（2005 年 6 月 22 日国家食品药品监督管理局发布）。

4.《关于加强医疗机构中药制剂管理的意见》（2010 年 8 月 24 日卫生部、国家中医药管理局和国家食品药品监督管理局发布）。

任务 11 - 4　医疗机构药品供应管理

案例导入

案例：王某是某医疗机构新进人员，主要负责药品的采购和保管工作。但是王某对医疗机构药品的采购流程、采购要求、采购的相关制度及药品的保管注意事项不甚清楚，不知道如何开展工作。

讨论：1. 医疗机构采购药品有什么具体要求？
2. 在药品采购和储存中需要遵循的法律法规有哪些？

一、药品采购管理

医疗机构药品采购管理主要是指对医疗机构医疗、科研所需药品的供应渠道、采购程序及方式、采购计划及文件的综合管理。

（一）实施药品采购管理的原因

医疗机构使用的药品，除了小部分是自配制剂外，绝大部分是从市场上购进的。采购合格药品是医疗机构药品管理的首要环节，因此，医疗机构应建立健全药品采购管理制度，在采购中加强计划性，确保进货渠道的合法性以及药品质量的可靠性，严格执行药品采购的相关规定。

（二）医疗机构采购药品的具体要求

1. 药品采购部门和品种限制　医疗机构临床使用的药品应当由药学部门统一采购供应，禁止医疗机构其他科室和医务人员自行采购。

医疗机构要按照不低于上年度药品实际使用量的 80% 制定采购计划，具体到通用名、剂型和规格，每种药品采购的剂型原则上不超过 3 种，每种剂型对应的规格原则上不超过 2 种。药品采购预算一般不高于医院业务支出的 25% ~30%。依据国家基本药物目录、医疗保险药品报销目录、基本药物临床应用指南和处方集等，遵循临床常用必需、剂型规格适宜、包装使用方便的原则采购药品。

拓展阅读

《医疗机构药事管理规定》第 25 条

第二十五条　医疗机构临床使用的药品应当由药学部门统一采购供应。经药事管理与药物治疗学委员会（组）审核同意，核医学科可以购用、调剂本专业所需的放射性药品。其他科室或者部门不得从事药品的采购、调剂活动，不得在临床使用非药学部门采购供应的药品。

《处方管理办法》第16条

第十六条　医疗机构应当按照经药品监督管理部门批准并公布的药品通用名称购进药品。同一通用名称药品的品种，注射剂型和口服剂型各不得超过2种，处方组成类同的复方制剂1 ~2种。因特殊诊疗需要使用其他剂型和剂量规格药品的情况除外。

2. 细化药品分类采购措施　医疗机构用药具有品种多、规格全、周转快等特点，为了体现市场经济的公平竞争，在保证药品质量的前提下，获得价格合理的药品。医疗机构应以省（区、市）为单位，结合确定的药品采购范围，进一步细化各类采购药品。医院使用的所有药品（不含中药饮片）都应在网上采购。

（1）招标采购药品　医疗机构可根据上一年度药品采购总金额中各类药品的品规采购金额百分比排序，将占比排序累计不低于80%、且有3家及以上企业生产的基本药物和非专利药品纳入招标采购范围。

（2）谈判采购药品　要坚持政府主导、多方参与、公开透明、试点起步，实行国家和省级谈判联动。2015年，国家启动部分专利药品、独家生产药品谈判试点。对于一时不能纳入谈判试点的药品，探索以省（区、市）为单位的量价挂钩、价格合理的集中采购实现路径和方式，并实行零差率销售。

（3）直接挂网采购药品　包括妇儿专科非专利药品、急（抢）救药品、基础输液、常用低价药品以及暂不列入招标采购的药品。可参照国家卫生计生委委托行业协会、学术团体公布的妇儿专科非专利药品、急（抢）救药品遴选原则和示范药品，合理确定本医疗机构相关药品的范围和具体剂型、规格，满足防治需求。

（4）国家定点生产药品　要按照全国统一采购价格直接网上采购，不再议价。

（5）麻醉药品和第一类精神药品　实行最高出厂价格和最高零售价格管理。

坚持双信封招标制度，医疗机构药品招标采购必须面向生产企业，由药品生产企业直接投标，同时提交经济技术标书和商务标书。要强化药品质量安全、风险评估意识，合理控制通过经济技术标书评审的企业数量。对于通过经济技术标书评审的企业不再排序，按照商务标书报价由低到高，选择中标企业和候选中标企业。要落实招采合一、带量采购、量价挂钩。从有利竞争、满足需求、确保供应出发，区别药品不同情况，结合医疗机构用药特点和质量要求，科学设定竞价分组，每组中标企业数量不超过2家。要通过剂型、规格标准化，将适应症和功能疗效类似药品优化组合和归并，减少议价品规数量，促进公平竞争。

对中标价格明显偏低的，要加强综合评估，全程监测药品质量和实际供应保障情况。对于只有1家或2家企业投标的品规，可组织专门议价。要公开议价规则，同品种议价品规的价格要参照竞价品规中标价格，尽量避免和减少人为因素影响，做到公开透明、公平公正。

3. 药品进货检查验收制度

（1）选择合法购药渠道　医疗机构要选择具有《药品生产许可证》的生产企业或具有《药品经营许可证》的药品经营企业购进合格药品。

（2）验明药品合格证明　原料药和制剂产品必须要有批准文号和生产批号，应有产品合格证。

(3) 验明药品其他标识　对药品的包装、说明书、外观性状进行检查，中药材和中药饮片应有包装并附有质量合格的标志，特殊管理药品和外用药品包装的标签或说明书上有规定的标识和警示说明，处方药和非处方药的标签、说明书有相应的警示语和忠告语，非处方药的包装有国家规定的专有标识，进口药品要有中文包装和说明书等。

(4) 销售人员资质的查验　对药品生产企业、药品批发企业派出的销售人员还应当提供盖本企业原印章的授权书复印件。授权书原件应当载明授权销售的品种、地域、期限，注明销售人员的身份证号码，并加盖本企业原印章和企业法人印章（或者签名）。销售人员应当出示授权书原件及本人身份证原件，供药品采购方核实。

(5) 索取、留存供货单位的票据及相关资料　从药品生产企业、药品批发企业采购药品时，供货企业开具的票据应标明供货单位名称、药品名称、生产厂商、批号、数量、价格等内容的销售凭证。按规定对留存的资料和销售凭证等，应当保存至超过药品有效期1年，但不得少于3年。

4. 药品购进（验收）记录　医疗机构购进的药品，应及时对药品进行验收，且必须有真实、完整的药品购进（验收）记录。药品购进记录必须注明药品的通用名称、剂型、规格、批号、有效期、生产厂商、供货单位、购货数量、购进价格、购货日期以及国务院药品监督管理部门规定的其他内容。购进（验收）记录必须保存至超过药品有效期1年，但不得少于3年。

拓展阅读

《医疗机构药品监督管理办法（试行）》第9条、第10条规定

第九条　医疗机构必须建立和执行进货验收制度，购进药品应当逐批验收，并建立真实、完整的药品验收记录。

第十条　药品验收记录应当包括药品通用名称、生产厂商、规格、剂型、批号、生产日期、有效期、批准文号、供货单位、数量、价格、购进日期、验收日期、验收结论等内容。验收记录必须保存至超过药品有效期1年，但不得少于3年。

二、药品储存管理

（一）实施药品储存管理的原因

药品有不同的理化性质，在储存过程中，受内在因素和外在因素的影响，可能会产生质量变化，从而影响药品的安全有效性。要做好药品储存和保管工作就应根据药品本身的性质，提供适宜的储存条件，采取有效措施以确保药品质量，降低药品损耗，最大限度地实现药品的使用价值。

（二）医疗机构药品储存的具体要求

1. 药品保管养护制度　医疗机构设置的药房，应当具有与所使用药品相适应的场所、设备、仓储设施和卫生环境，配备相应的药学技术人员，并设立药品质量管理机构或者配备质量管理人员，建立药品保管制度。定期对库存药品进行养护与质量检查，并采取必要的冷藏、防冻、控温、防潮、避光、通风、防火、防虫、防鼠、防污染等措施，保证药品质量。

医疗机构应当建立药品效期管理制度，药品发放应当遵循“近效期先出”的原则。

2. 药品分类储存 医疗机构应当有专用的场所和设施、设备储存药品。药品的存放应当符合药品说明书标明的条件。

医疗机构储存药品，应当按照药品属性和类别分库、分区、分垛存放，并实行色标管理。药品与非药品分开存放；化学药品、生物制品、中药材、中药饮片、中成药应当分别储存，分类定位存放；过期、变质、被污染等药品应当放置在不合格库（区）；易燃、易爆、强腐蚀性等危险性药品应当另设仓库单独储存，并设置必要的安全设施，制定相关的工作制度和应急预案。

3. 特殊管理药品储存 麻醉药品、精神药品、医疗用毒性药品、放射性药品等特殊管理的药品，应当专库或专柜存放。

4. 药品养护人员 医疗机构应当配备药品养护人员，定期对储存药品进行检查和养护，检测和记录储存区域的温湿度，维护储存设施设备，并建立相应的养护方案。

三、药品经济管理

医疗机构药品领域的经济管理是医疗机构管理重要的组成部分。目前国家对药品价格实行严格控制以及药品集中招标采购制度，降低采购成本，本着"公平、公正、公开"的原则，防止暗箱操作，增加采购透明度，杜绝购销活动中的不正之风，确保采购物资、药品的质量，降低采购成本，使医疗机构由药品获得的利润在不断地下降。

药品是医疗机构为开展正常医疗业务工作用于诊疗、治疗疾病的特殊商品，是医疗业务工作中必不可少的物质保证和重要手段，是医疗机构资产的重要组成部分。因此，加强医疗机构药品管理，确保医疗质量，严格控制药品消耗，对提高医疗机构经济效益起着重要作用。

随着医疗制度改革的深入和医疗机构会计制度的出台，医疗机构要按规定实行"定额管理、数量统计、实耗实销"的管理办法。药房为记录药品的收发结存情况，必须制定一整套帐表单据如《库存药品明细账》、《本月药品消耗汇总表》、《本月领用药品汇总表》、《盘点清册》等报到财务部门，月底对全部库存药品进行盘点，看与账面金额是否相符。可以真实地反映药品进、销、存的动态情况，真实地反映医疗机构资产的结存情况，符合医疗机构制度的改革。

（一）药品购销管理

医院应健全药品采购管理制度，明确采购计划，合理确定不同药品的采购量，依据本院基本用药目录、库存情况、临床需要等制定采购计划。加强内部控制，建立、建全、药品采购制度。通常由药房、病房等部门对所需购买的药品填写申请单，注明所需药品名称、数量、价格、交货时间，药品采购回后，要及时验收、入库。应根据保证医疗活动的实际需要及市场供应情况确定合理的药品储备定额，实行计划采购、及时供应。库存药品的增多会增加流动资金的占用，形成严重浪费，因此，必须严格核算库存定额，方便资金的运用。特别是近期可能降低的药品，应尽量减少库存，将经济损失的可能性降低到最小。严格杜绝质量损坏，严格杜绝存放过期，采取各种措施，加快药品流通速度，促进销售，以便使在库药品数量合理，效期适当，质量稳定、可靠，尽量降低药品入库后的成本。

（二）盘存管理

加强药品物资核对管理，建立健全定期盘点制度。药剂科应每月对药品进行一次全面盘点。由药品会计月末对药品进、销、存结账，并据以编制月末结账信息查询表。药品保管员要根据药品会计提供的月末盘存表逐一盘点药品库存，药品的购入和领用必须建立健全出入库手续，药库与药房应定期进行盘点，保证月末药房药品总账余额与药房药品明细账的余额之和相等。财会部门的工作人员还应及时与药库、各药房的明细及实物进行核对，定期对账，实地盘点，做到账账相符，账实相符，账卡相符。对盘盈、盘亏的药品要在盘点清册中反映，并要查明原因，按规定及时进行账务处理，充分发挥财务人员在物货清查中的作用。

（三）信息化管理

医疗机构药房还要实行信息化管理。要想提高药房管理服务质量，医疗机构药房业务流程管理必须实现信息化，根据医疗机构经济效益实际情况，建立起医疗机构信息化系统体系结构。建立医疗机构管理系统，以实现药房资源共享，使药房流程更加科学化，以不断提高医疗机构的管理水平与效益。

经济核算的兴起和发展，为医院实现保证一定服务水平前提下，控制药品消耗而降低成本的目标提供了较好的方法。药品收入作为目前我国医疗机构收入的重要来源，忽略了药品的管理就不可能真正实现控制成本、增加效益的目标。药品管理中的经济核算办法在药品的具体核算过程中，为了核算反应和监督医疗机构药品购入、销售流转的全过程，财务科应设置和药品、药品进销差价两个总账科目，核算药品的购入、领发、销售以及药品成本和药品进销差价。

按药品的供销流程，可将药品划分为药库药品和药房药品。药库药品是药品的储备阶段，它主要核算药品的计划采购、验收入库保管发放的全过程；药房药品是药品的销售阶段，它主要核算药品从药库领入、销售、保管等的全部经营过程。

医疗机构财务制度规定，医院药品的入库、出库、结存和医院药房药品的领进、销售和结存统一按零售价计价。为整顿药品流通秩序，遏制药品购销中的不正之风，降低药价，医疗机构应实行药品招、投标采购，通过招投标、评标、定标来确定中标单位和中标价格。根据药品的中标价格及招标药品零售价格核算中标药品的进、销价格，月末结转中标药品成本，零售价与中标价的差额计入药品进销差价。

对医疗机构药品管理效果的考核，可通过资金平均占用额及资金周转速度来进行评价。药品资金的平均占用额越小，药品资金在一定时期内的周转次数越多，周转天数越短，说明药品的管理效果越好，流动资金周转速度越快。

加强对药品的管理，采用国家规定的财务制度对医药进行分别管理与核算，有助于提高药品采购透明度和控制不合理用药现象，降低药品收入并适当提高医疗服务标准，可在不增加患者经济负担前提下增加医疗机构收入，可见，规范药品流通及合理使用有助于推动医疗事业健康发展。

案例讨论

案例：某医院 2016 年 3 月从某医药批发企业购进货值 8000 元的华法林钠片。2016 年 5 月份，当地食品药品监督管理部门在检查抽验时发现，该华法林钠片是假药。至此，该医院已销售所得 5200 元。经查实，该院的进货记录完整，所记数量与销售和剩余的存货相符。药品系从合法经营企业购进，且医药批发企业证照齐全。

讨论：1. 医院是从合法的药品经营企业购进药品且有完整的购进验收记录，执法人员是否对医院进行行政处罚？

2. 为什么请说明理由？

四、现行主要相关法规

除《中华人民共和国药品管理法》（2015年4月24日第十二届全国人民代表大会常务委员会第十四次会议修正）、《中华人民共和国药品管理法实施条例》（2002年8月4日颁布）外，现行主要相关法规如下：

1.《医疗机构药事管理规定》（卫医政发［2011］11号，2011年）。

2.《处方管理办法》（中华人民共和国卫生部令第53号，2007年）。

3.《关于落实完善公立医院药品采购工作指导意见的通知》（国卫药政发［2015］70号，2015年）。

4.《医疗机构药品监督管理办法（试行）》（国食药监安［2011］442号，2011年）。

任务11-5 医疗机构临床药学管理

案例导入

案例：患者李某，女，3岁，因发热2天入儿科。体检：T38.5℃，双侧扁桃体一度肿大，左侧扁桃体表面可见脓苔。初步诊断：化脓性扁桃体炎。

处方：5%葡萄糖溶液150ml 头孢噻肟钠0.8g iv gtt. ad

讨论：1. 该医生为患者开具的处方是否合理？

2. 在临床工作中应如何做好药学服务？

一、临床药学

临床药学是一门以患者为中心，以提高安全、有效、经济和适当的药物治疗为目的的药学科学。是医院药学的一个重要组成部分，也是医院药学的发展方向，其研究的核心是面向临床，研究合理用药，使药物发挥最大疗效，避免和减轻毒副反应，确保病人用药安全、有效、经济。

二、医疗机构临床合理用药

（一）合理用药的概念

合理用药是指以当代药物和疾病的系统知识和理论为基础，使药物治疗达到安全、有效、经济、适当的基本要求。从用药的结果考虑，合理用药应当包括“安全、有效、经济”三大要素。安全、有效强调以最小的治疗风险获得尽可能大的治疗效益；而经济则强调以尽可能低的治疗成本取得尽可能好的治疗效果，合理使用有限的医疗卫生资源，减轻病人及社会的经济负担。

（二）不合理用药

1. 不合理用药的主要表现 在临床实践中，不合理用药现象屡见不鲜，轻者给病人带来不必要的痛苦，严重者可能酿成医疗事故，造成药物灾害，给当事人乃至社会带来无法弥补的损失。目前临床用药普遍存在以下不合理的问题：

（1）用药不对症 选用药物不当，如开错、配错、发错、服错药物而造成的；无用药的适应症安慰性用药；有用药的适应症而得不到药物治疗等。

（2）使用无确切疗效的药物 受经济利益驱动，给病人使用疗效不确切的药物。

（3）用药不足 剂量偏低，达不到有效治疗剂量；疗程太短，不足以彻底治愈疾病，导致疾病反复发作，消耗更多医药资源。

（4）用药过分　用药剂量过大；疗程过长；无病用药（主要指长期使用以保健为目的的药品，以及不必要的预防用药）；轻症用重药（这里的“重”有两层含义，一层含义是指贵重药，另一层含义是指用药剂量大）。

（5）使用毒副作用过大的药物　让病人承受较大的治疗风险，容易发生药物不良反应或药源性疾病。

（6）联合用药不适当　无必要合并使用多种药物；不适当地联合用药，导致不良的药物相互作用。

（7）给药方案不合理　未在适当的时间、间隔及未经适当的途径给药。

（8）重复给药　多名医生给同一病人开具相同的药物或提前续开处方。

2. 导致不合理用药的因素

（1）医师因素　医师是疾病诊断和治疗的主要责任者，掌握着是否用药和如何用药的决定权。因此，临床用药不合理，医师有不可推卸的责任。医师个人的医药知识、临床用药经验、药物信息掌握程度、职业道德、工作作风、服务态度等都会影响其药物治疗决策和开处方行为，导致不合理用药。

（2）药师因素　药师在整个临床用药过程中是药品的提供者和合理用药的监督者。药师调配处方时审方不严；对病人的正确用药指导不力；缺乏与医护人员的密切协作与信息交流。

（3）护士因素　护士未正确执行医嘱；使用失效药品；临床观察、监测、报告不力；给药过程操作不规范等。

（4）病人因素　病人对药物疗效期望过高；理解、记忆偏差；不能耐受药物不良反应；经济承受能力不足；滥用药物等原因导致不合理用药。

（5）药物因素　药效学方面的相互作用，可以影响其他药物的吸收、分布、代谢、排泄，使受影响药物毒性增强，或者疗效减弱。药效学方面的相互作用，一方面指生理活性的相互作用，疗效增强或拮抗；另一方面指药物作用部位的相互作用，如竞争受体或靶位，增敏受体，改变作用部位递质酶的活力等。

（6）社会因素　主要是药品营销过程中的促销活动、广告宣传以及经济利益驱动等。

3. 不合理用药的后果

（1）延误疾病治疗　有些不合理用药直接影响到药物治疗的有效性，轻者降低疗效，治疗失败或得不到治疗。

（2）导致药物不良反应或药源性疾病　药物不良反应和药源性疾病的病源都是药物，差别在于对病人机体损害的程度。

（3）浪费医药资源　不合理用药可造成药品乃至医疗卫生资源（物质、资金、人力）有形和无形的浪费。

（4）酿成药疗事故。

（三）合理用药的管理

1. 国家宏观政策管理　国家进一步完善有关药品管理的法律法规，加强药品信息管理，保证内容的科学性；面向大众进行合理用药宣传，提高全民合理用药意识；推行并实施国家基本药物制度，制定《国家基本药物目录》，各级医疗机构必须使用基本药物诊疗疾病；制定并实施药物临床应用指南，提倡规范化用药，如《抗菌药物临床应用指导原则》、《麻醉药品临床应用指导原则》、《精神药品临床应用指导原则》等。

2. 加强医疗机构内部药事管理

（1）发挥药事管理委员会的职能　药事管理委员会成为合理用药的推动者和监督管理者。逐步组织开展临床用药研究、医院处方集制定与修订、药物治疗学培训等，促进合理用药。

（2）合理用药制度、标准建设　制定处方管理制度，规范医师处方。制止医师因个人利益开具不合理的处方；制定适合医疗机构自身治疗特点的药物临床使用标准，规定药物使用的适应症、用法、用量、联合用药的原则及药物治疗效果判断等，对医院的合理用药发挥指导作用。

（3）开展处方和病历用药调查　通过调查处方和病历，及时了解临床用药规律和发展趋势，发现不合理用药现象，针对问题及其产生的原因，制定相应措施予以纠正。

（4）建设药品信息管理系统　为医师、护士、患者提供及时、便利的用药咨询服务。

（5）开展临床药学工作，培养临床药学人才　临床药师积极参与临床药物治疗工作，为合理用药提供药学服务。

三、药学服务

现代药学的发展历程主要经历了三个阶段：即传统的药品供应为中心的阶段；参与临床用药实践，促进合理用药为主的临床药学阶段；以患者为中心，改善患者生命质量的药学服务阶段。药学服务的变化反映了现代医药学服务模式和健康理念，体现“以人为本”的宗旨，是时代进步赋予药师的使命，也是科学发展和药学技术进步的结果。

（一）药学服务的内涵

药师用药学专业知识向公众（包括医护人员、患者及家属）提供直接的、负责任的、与用药相关的服务，以期提高药物治疗的安全性、有效性、经济性和适宜性，改善和提高人类生活质量。药学服务工作：处方调剂、药品检验、药品供应、选药、用药、疗效跟踪、用药方案与剂量调整、不良反应规避、疾病防治和公众健康教育等。

（二）药学服务的对象

药师帮助医师解决新药的使用以及临床药物治疗监测；帮助护士解决针对药物配伍、组方、注射剂溶媒的选择、溶解和稀释浓度、滴注速度、不良反应、禁忌证、药物相互作用等各种问题。药学服务的对象：患者及家属、医护人员和卫生工作者、药品消费者和健康人群。其中尤为重要的人群包括：①用药周期长的慢性病患者，或需长期或终身用药者；②病情和用药复杂，患有多种疾病，需同时合并应用多种药品者；③特殊人群，如特殊体质者、肝肾功能不全者、过敏体质者、小儿、老年人、妊娠及哺乳期妇女、血液透析者、听障、视障人士等；④药效果不佳，需要重新选择药品或调整用药方案、剂量、方法者；⑤用药后易出现明显的药品不良反应者；⑥用特殊剂型、特殊给药途径者，药物治疗窗窄，需做监测者。

（三）药学服务内容

1. 处方审核　药师在调剂工作中，首先要审核处方的合法性，然后应对处方的规范和完整性、处方的病情诊断与用药的适宜性、用药的合理性进行审核。

2. 处方调配　调剂岗位是药师直接面对患者的工作，正确的处方审核、调配、复核和发药并提供用药指导是药物治疗基础保证，是联系和沟通医、护、患的最重要纽带。

3. 药品不良反应监测和报告　把不良反应病例资料汇集起来，进行因果关系的分析和评价，并及时上报。及时发现、正确认识不良反应，采取相应的防治措施，减少药源性疾病的发生以及保证不良反应信息渠道畅通和准确，保证科学决策，发挥药品不良反应监测工作。

4. 参与临床药物治疗 药师运用药物知识和专业特长、最新药物信息和药物检测手段，结合临床实际，参与患者用药全过程。包括制定合理用药方案。药物治疗的对象是患者，药师应与临床医护人员有机结合，以患者为中心，结合病因、病情、病程、实验室指标，制定和实施合理的个体化治疗方案，以获得最佳的治疗效果和承受最低的治疗风险。

5. 治疗药物监测（TDM） 是根据患者的具体情况，监测患者用药过程，分析药物代谢动力学参数，药师与临床医师一起制定和调整合理的个体化用药方案，是药物治疗发展的必然趋势，也是药师参与临床药物治疗，提供药学服务的重要方式和途径。

6. 药物利用研究和评价 对药品市场、供给、处方及临床使用进行研究，重点研究药物引起的医药的、社会的和经济的后果以及各种药物和非药物因素对药物利用的影响，其目的是保证用药的合理化。

7. 处方点评 处方点评是根据《处方管理办法》、《医院处方点评管理规范（试行）》和世界卫生组织门诊处方评价指标等相关法规、技术规范，对处方书写的规范性及药物临床使用的适宜性进行评价，发现存在或潜在的问题，制定并实施干预和改进措施，促进临床药物合理应用的过程。其目的是提高处方质量，促进合理用药，保障医疗安全。

8. 药学信息 药学信息服务（drug information services，DIS）是所有涉及药学信息的活动，指药师进行的药学信息收集、保管、整理、评价、传递、提供和利用等工作。为了解决患者用药问题，使患者用药更安全、有效、合理。

9. 健康教育 健康教育是医务人员通过有计划、有目的教育活动，向人们介绍健康知识、进行健康指导，促使人们自觉地采纳有益于健康的行为和生活方式，消除或减轻影响健康的危险因素，预防疾病、促进健康和提高生活质量。

（四）药学服务的能力要求

1. 职业道德 遵守职业道德，忠于职守，对药品质量负责，保证患者用药安全、有效；要有良好的人文道德素养，遵循社会伦理规范；遵守职业道德，绝不允许调配没有达到质量标准要求的药品、缺乏疗效的药品；要为患者提供专业、真实、准确和全面的信息，并尊重患者隐私。

2. 专业知识 药师必须具备扎实的药学专业知识，具有相关基础医学知识和临床医学知识，不断拓宽知识面，拓宽思维，便于理解医生的临床思维，协助医生实现用药治疗的意图，便于更好的完成对患者的用药指导，提高患者用药的依从性。

3. 专业技能 包括审核处方、调配处方、发药与用药指导、药品管理、药物咨询、不良反应监测和药物治疗方案的优化等能力。

（1）调剂技能 药师依据医师的处方或医嘱，调配药品并进行用药指导，回答患者咨询的服务过程。及时、准确地为患者提供药品是开展药学服务的基础，是做好其他一切工作的前提，也是药师的最基本技能。

（2）咨询与用药指导技能 用药咨询及患者用药教育是药师重要的药学服务项目之一。

（3）药品管理技能 药品的验收、入库、储存、养护及配送等。

（4）药物警戒技能 药品的风险来自不良事件、用药错误和药品质量缺陷。药师主动收集药品不良反应，获知或发现可能与用药有关的不良反应信息以及详细记录、分析和处理，填写《药品不良反应/事件报告表》并通过国家药品不良反应检测信息网络报告（报告内容要求真实、完整、准确）。药师注意收集药品不良反应监测机构发布的药品定期安全性更新报告、药品不良反应警示信息等，采取有效措施减少和防止药品不良反应的重复发生。

(5) 沟通技能 通过沟通，药师科学、专业、严谨、耐心的回答使患者获得有关用药指导，有利于疾病的治疗，提高用药的依从性、有效性和安全性，减少药品不良反应和不良事件的发生。

(6) 药历书写技能 药历 (medication history) 是药师为参与药物治疗和实施药学服务而为患者建立的用药档案。是由药师填写，客观记录患者的用药方案、用药经过、药效表现、不良反应、治疗药物监测、各种医院实验室数据、药师对药物治疗的建设性意见、用药指导和对患者的健康教育忠告等内容，可作为药师掌握用药情况的资料。

(7) 投诉与应对能力 正确地处理患者的投诉，改善药师服务，增进患者对工作的信任。

(8) 自主学习的能力 药师要学会获取药品咨询的能力，如熟知药品说明书的架构并能及时找到所需信息，要善用各种提供药物咨询的书籍、文献及网络工具，并善于向同行、医疗团队其他成员学习。

任务对接

任务	知识能力要求
处方管理	(1) 掌握处方标准、处方书写的规则、处方的有效期和限量和保存的相关规定 (2) 熟悉处方点评的实施、结果的判定
药品调剂业务管理	(1) 理解并掌握调剂工作的流程和步骤，能从事药品调剂工作 (2) 掌握处方调剂的“四查十对”、处方用药适宜性审核的内容
医疗机构制剂许可证申办	(1) 能开展《医疗机构制剂许可证》的申办 (2) 掌握《医疗机构制剂许可证》的管理基本要求 (3) 熟悉医疗机构制剂质量管理的基本要求
药品采购管理	(1) 掌握药品进货检查验收制度 (2) 掌握药品购进（验收）记录 (3) 熟悉药品集中招标采购的要求
药品储藏管理	能根据药品的储藏条件储存药品
药品经济管理	(1) 能按照经济学要求开展药品的购销管理 (2) 能对库存药品进行盘点管理，确保药品进、销、存实物与账务相一致
临床药学	掌握临床药学的概念
合理用药	(1) 掌握合理用药的概念 (2) 熟悉临床用药中存在的不合理用药现状 (3) 能根据合理用药的知识，开展合理用药管理
药学服务	(1) 掌握药学服务概念 (2) 掌握药学服务的对象 (3) 掌握药学服务的技能，能正确开展药学服务活动，从而减少药源性疾病的发生

目标检测

一、A 型题（最佳选择题）

1. 处方的组成包括（　　）
   A. 前记、主体、正文　　B. 前记、主体、后记　　C. 前记、正文、后记
   D. 前记、主体、附录　　E. 前记、正文、附录
2. 调剂的步骤，正确的是（　　）
   A. 收方、检查处方、调配处方、包装贴标签、发药
   B. 收方、检查处方、调配处方、复查处方、发药
   C. 收方、调配处方、复查处方、发药
   D. 收方、调配处方、包装贴标签、复查处方、发药
   E. 收方、检查处方、调配处方、包装贴标签、复查处方、发药
3. 下列关于医疗机构制剂的说法，不正确的是（　　）
   A. 必须按照规定进行质量检验
   B. 凭医师处方在本医疗机构内使用
   C. 不得零售
   D. 市场上已有供应的品种不得作为医疗机构制剂申报
   E. 由 CFDA 批准，发给《医疗机构制剂注册批件》及批准文号
4. 根据《处方管理办法》，医疗机构中可以调剂麻醉药品和第一类精神药品的人员必须是（　　）
   A. 经本医疗机构培训，取得临床药师资格的人员
   B. 经卫生行政部门考试合格并取得麻醉药品和第一类精神药品调剂资格的药师
   C. 经省级药品监督管理部门考核合格后取得调剂资格的药师
   D. 经本医疗机构培训，考核合格并取得麻醉药品和第一类精神药品调剂资格的药师
   E. 经本单位技术评定，具有药士以上资格的专业技术人员
5. 对方单位或个人在账外暗中收受回扣的（　　）
   A. 以受贿论处　　B. 以行贿论处　　C. 以贪污论处
   D. 以非法侵占论处　　E. 追究民事责任
6. 药师对麻醉药品和第一类精神药品处方，应当按（　　）
   A. 日期编制顺序号　　B. 处方编号编制顺序号　　C. 年月日逐日编制顺序号
   D. 开方医生编制顺序号　　E. 调剂药师编制顺序号
7. 根据《关于禁止商业贿赂行为的暂行规定》，不属于商业贿赂行为的是（　　）
   A. 经营者销售商品时，安排对方负责人出国旅游，并以宣传费入帐
   B. 经营者销售商品时，送给对方一台电脑，以广告费入帐
   C. 经营者销售商品时，将广告小礼品送给对方
   D. 经营者销售商品时，给对方 10% 折扣，但未如实入帐
   E. 经营者销售商品时，给对方附赠现金，且未如实入帐
8. 医疗机构的药品购进记录保存时间不得少于（　　）
   A. 二年　　B. 三年　　C. 四年　　D. 五年　　E. 六年
9. 下列不属于合理用药要求的是（　　）
   A. 经济性　　B. 有效性　　C. 适当性　　D. 安全性　　E. 社会性

10. 药师在接受护士咨询时，应重点关注的内容是（　　）
   A. 药品经济学知识　　B. 药物制剂的等效性
   C. 药品的生产厂商和批号　　D. 注射剂的配置和滴注速度
   E. 药品在人体内的药动学参数

二、B 型题（配伍选择题）

[11～14]
   A. 白色　　B. 淡黄色　　C. 淡红色　　D. 淡绿色　　E. 淡蓝色

11. 急诊处方的印刷用纸为（　　）
12. 儿科处方的印刷用纸为（　　）
13. 麻醉药品处方的印刷用纸为（　　）
14. 第二类精神药品处方的印刷用纸为（　　）

三、X 型题（多项选择题）

15. 根据《处方管理办法》，下列符合处方书写规则的是（　　）
   A. 每张处方不得超过 5 种药品
   B. 西药和中成药可以分别开具处方，也可以开具一张处方，中药饮片应当单独开具处方
   C. 药品名称应当使用规范的中文名称书写，没有中文名称的可以使用规范的英文名称书写
   D. 药品用法用量应当按照药品说明书规定的常规用法用量使用，特殊情况需要超剂量使用时，应当注明原因并再次签名
   E. 处方医师的签名式样和专用签章应当与院内药学部门留样备查的式样相一致，不得任意改动，否则应当重新登记留样备案
16.《处方管理办法》规定，医疗机构不得限制门诊就诊人员持处方到药品零售药店购买（　　）
   A. 麻醉药品　　B. 医疗用毒性药品　　C. 儿科处方的药品
   D. 用于治疗高血压的药品　　E. 抗生素
17. 根据《医院处方点评管理规范（试行）》，下列应当判定为用药不适宜处方（　　）
   A. 药品剂型或给药途径不适宜的
   B. 无正当理由不首选国家基本药物的
   C. 联合用药不适宜的
   D. 重复给药的
   E. 有配伍禁忌或者不良相互作用的
18. 执业药师或药师在调配医师处方时必须（　　）
   A. 对医师处方进行审核、签字后方可依据处方正确调配、销售药品
   B. 对处方不得擅自更改或代用
   C. 在保证药品疗效的前提下可以用便宜的药品替代价高的药品
   D. 对有配伍禁忌或超剂量的处方，拒绝调配、销售
   E. 必要时，经处方医师更正或重新签字，方可调配、销售
19. 医师开具处方和药师调剂处方应当遵循的原则是（　　）
   A. 安全　　B. 有效　　C. 适当　　D. 经济　　E. 方便

20. 药学服务的对象（　　）

A. 用药周期长的慢性病患者，或需长期或终身用药者

B. 病情和用药复杂，患有多种疾病，需同时合并应用多种药品者

C. 特殊人群，如特殊体质者、肝肾功能不全者、过敏体质者、小儿、老年人、妊娠及哺乳期妇女、血液透析者、听障、视障人士等

D. 用药效果不佳，需要重新选择药品或调整用药方案、剂量、方法者

E. 用药后易出现明显的药品不良反应者

实训 11　医疗机构制剂现状调查

【实训目的】

了解医疗机构制剂生产、使用现状，提升对医疗机构制剂管理的认识，锻炼学生社会调查、口头交流、书面表达、团队合作等方面的综合能力。

【实训要求】

以 5 人左右为一组，进入当地具有医院制剂的医疗机构，开展医疗机构制剂的生产、使用现状调查，对照相关要求，调查医疗机构制剂管理实施情况及存在的问题，在此基础上撰写调研报告。

【实训内容】

一、 准备工作

1. 根据调研要求，各小组提前查阅有关医疗机构制剂生产、使用的法律法规及相关报道，储备相关调研知识。

2. 小组集体讨论、拟出调研提纲，设计调查问卷。

3. 通过教师帮助或自行联系当地具有医院制剂的医疗机构。

4. 准备好身份证明、介绍信、笔记本、调查问卷等。在单位允许的情况下，必要时可准备录像、录音、照相设备。

二、 调研内容

1. 完成医疗机构制剂生产、使用情况统计（包括制剂品种、批文、生产数量、使用范围与数量）。

2. 调研医疗机构制剂管理情况，包括审批、生产、储存、使用等各环节的管理规定与实施情况，了解存在的主要问题及对策。

三、 调研报告

开展调查资料的整理，针对调研情况及发现的问题进行思考、分析，以小组为单位形成不少于 800 字的调研报告。

【实训评价】

教师根据学生调研工作态度和调研报告撰写质量实施评价。

（刘　颖　李全秀）

参考文献

[1] 杨世民. 药事管理与法规. 北京：中国医药科技出版社，2014.
[2] 杨世民. 药事管理学. 5版. 北京：人民卫生出版社，2014.
[3] 杨世民，丁勇. 药事管理与法规. 2版. 北京：人民卫生出版社，2013.
[4] 张琳琳，沈力. 药事管理与法规. 北京：中国医药科技出版社，2015.
[5] 徐景和. 药事管理与法规. 7版. 北京：中国医药科技出版社，2015.
[6] 万仁甫，游述华. 药事管理与法规. 2版. 北京：中国医药科技出版社，2013.
[7] 梁毅. 新版GMP教程. 北京：中国医药科技出版社，2011.
[8] 党丽娟. 药事管理学. 2版. 北京：中国医药科技出版社，2012.
[9] 方宇，丁锦希. 药事管理与法规. 西安：西安交通大学出版社，2012.
[10] 马凤余，侯飞燕. 药事管理学. 北京：化学工业出版社，2013

目标检测参考答案

项目1

1. C　2. A　3. D　4. D　5. B

项目2

1. C　2. B　3. A　4. D　5. E　6. B　7. C　8. A　9. B　10. A　11. D　12. ABCE　13. ABCDE　14. BCDE　15. ABCDE

项目3

1. A　2. C　3. C　4. B　5. D　6. D　7. A　8. C　9. B　10. D　11. B　12. D　13. A　14. ABCDE　15. AB　16. BCD

项目4

1. C　2. A　3. B　4. D　5. E　6. D　7. D　8. B　9. B　10. C　11. A　12. D　13. B　14. A　15. D　16. ABC　17. ABCDE

项目5

1. B　2. E　3. E　4. D　5. E　6. B　7. C　8. A　9. B　10. C　11. A　12. B　13. C　14. B　15. C　16. E　17. D　18. A　19. B　20. C　21. ABC　22. AC　23. ABCE　24. ABDE　25. ABCD　26. ABCD　27. ABCDE　28. ABCD　29. ABCE　30. AB

项目6

1. B　2. A　3. C　4. A　5. C　6. B　7. D　8. A　9. B　10. C　11. AB　12. ABD

项目7

1. B　2. B　3. A　4. A　5. D　6. A　7. C　8. B　9. B　10. C　11. A　12. ABCD　13. ACDE　14. CD　15. ADE　16. ABCDE　17. ABCE

项目8

1. B　2. B　3. D　4. C　5. C　6. D　7. C　8. B　9. C　10. A　11. B　12. ABE　13. ABDE　14. ACDE　15. ABD

项目9

1. B　2. B　3. C　4. D　5. E　6. C　7. A　8. D　9. B　10. E　11. B　12. B　13. C　14. D　15. A　16. ACDE　17. ABCD　18. ABCD　19. ADE　20. ABCDE

项目10

1. E 2. B 3. C 4. A 5. E 6. D 7. C 8. A 9. B 10. C 11. ABCD 12. ABCD 13. ABCE 14. ABCD 15. ACDE 16. ACDE 17. BCD 18. ABDE

项目11

1. C 2. E 3. E 4. D 5. A 6. C 7. C 8. B 9. E 10. D 11. B 12. D 13. C 14. A 15. ABCDE 16. DE 17. ABCDE 18. ABDE 19. ABD 20. ABCDE

教学大纲

（供药学类专业用）

一、课程任务

《药事管理与法规》是高职高专院校药学类专业的一门重要的基础课程。本课程的主要内容是介绍药品注册管理、药品生产管理、药品经营管理、医疗机构药事管理、特殊管理药品管理等内容。本课程的任务是使学生掌握药品生产、药品经营、处方调配过程、医疗机构药品管理等方面的药事管理基本知识与监督管理要点，能够根据药物研发、生产管理、药品经营、处方调配、医疗机构药品管理等过程的相关要求分析和解决实际问题，为从事药学领域的各项药事工作打好基础。

二、课程目标

（一）知识目标

1. 掌握药品生产、经营、使用等药物管理相关的基本概念、基本知识、基本方法和基本要求。
2. 掌握特殊管理药品的生产、经营、运输、储存、使用等方面基本管理规定。
3. 掌握药品生产质量管理、药品经营质量管理的基本内容和要求。
4. 熟悉药品监督管理组织体系、法律体系。
5. 熟悉药学技术人员管理、药品信息管理、药品注册管理等基本要求。
6. 了解我国药事管理发展情况和国外药事管理动态。

（二）技能目标

1. 能依据药事管理相关法规，正确开展药学实践活动。
2. 能根据国家现行 GMP、GSP 等法规要求，正确开展药品生产、经营和质量管理工作。
3. 能根据国家现行相关法规要求，正确开展特殊管理药品的生产、经营、运输、储存、使用等环节相关的岗位操作，确保特殊管理药品在整个生产流通过程中的合法性和质量可靠性。
4. 能按照药品不良反应报告和处置的程序进行药品不良反应报告的处理。
5. 能按照有关规定，进行《药品经营许可证》和《互联网药品交易服务机构资格证书》的申领、GSP 认证的申请、医疗保险药品定点药房资格的申办等工作。

（三）素质目标

1. 树立高度的职业责任感、强烈的使命感和药囊管理科学化、规范化、法制化意识，自觉维护人民生命健康与用药合法权益。
2. 具备良好的职业道德，严谨的工作态度，团结协作的工作精神。同时，确立积极的人生态度、正确的世界观，学会共处，学会做人处事。

三、教学时间分配

教学内容	学时数		
	理论	实践	合计
项目 1　药事管理与药事组织认知	2	2	4
项目 2　药品监督管理体制与法律体系认知	2	2	4
项目 3　药学技术人员管理	3	3	6

续表

教学内容	学时数		
	理论	实践	合计
项目4　药品与药品管理认知	4	4	8
项目5　特殊管理药品的管理	6	2	8
项目6　中药管理	2	2	4
项目7　药品信息管理	2	2	4
项目8　药品注册管理	4	2	6
项目9　药品生产管理	6	2	8
项目10　药品经营管理	6	4	10
项目11　医疗机构药事管理	3	3	6
合　计	40	28	68

四、教学内容与要求

项　目	教学内容	教学要求	教学活动建议	参考学时	
				理论	实践
项目1 药事管理与药事组织认知	**任务1-1　药事管理认知**		理论讲授	2	
	一、药事	掌握	多媒体演示		
	二、药事管理	掌握	讨论		
	三、药事管理学	了解			
	任务1-2　药事组织认知				
	一、药事组织的概念	熟悉			
	二、药事组织的类型	了解			
	实训1　药事组织及服务功能的查询与检索	学会	技能实践		2
项目2 药品监督管理体制与法律体系认知	**任务2-1　药品监督管理机构认知**		理论讲授	2	
	一、药品监督管理的性质及作用	了解	多媒体演示		
	二、我国药品监督管理机构设置	了解	讨论		
	三、我国药品监督行政机构	熟悉			
	四、我国药品监督技术机构	熟悉			
	五、现行主要相关法律法规	熟悉			
	任务2-2　药品管理立法认知				
	一、法的基本知识	了解			
	二、药品管理法律体系和法律关系	了解			
	三、现行主要相关法律	熟悉			
	任务2-3　药品监督管理行政法律制度认知				
	一、药品行政许可	熟悉			
	二、药品行政监督检查	熟悉			
	三、药品行政强制	了解			
	四、药品行政处罚	熟悉			
	五、药品行政复议	了解			

续表

项目	教学内容	教学要求	教学活动建议	参考学时	
				理论	实践
	六、药品行政诉讼	了解			
	七、现行主要相关法律	了解			
	实训2-1　药品行政执法情况调研	学会	技能实践		2
	实训2-2　我国药品监督管理机构检索与查询	学会	技能实践		0.5
	实训2-3　各级药品监督组织机构图绘制	学会	技能实践		0.5
项目3 药学技术人员管理	**任务3-1　药学技术人员配备**		理论讲授		
	一、药学技术人员	熟悉	多媒体演示		
	二、药学技术人员配备依据	熟悉	讨论		
	三、现行主要相关法规				
	任务3-2　药学职称考试认知				
	一、药师的定义	熟悉			
	二、药学职称类别	熟悉			
	三、药学职称取得	熟悉			
	四、现行主要相关法规	了解			
	任务3-3　执业药师管理				
	一、执业药师资格制度	了解			
	二、执业药师资格考试与注册管理	掌握			
	三、执业药师的职责	掌握			
	四、执业药师继续教育	掌握			
	五、执业药师行为规范与职业道德准则	掌握			
	六、现行主要相关法规	了解			
	实训3-1　药师与执业药师网上报名	学会	技能实践		2
	实训3-2　执业药师现状及地位调研	学会	技能实践		
项目4 药品与药品管理认知	**任务4-1　药品辨识**		理论讲授	4	
	一、药品的概念	掌握	多媒体演示		
	二、药品的特殊性	掌握	讨论		
	三、药品的质量特性要求	熟悉			
	四、药品标准	掌握			
	五、假劣药品的法律规定	掌握			
	六、药品与假劣药辨识	掌握			
	七、现行主要相关法律法规				
	任务4-2　处方药与OTC分类管理				
	一、处方药与非处方药的定义	掌握			
	二、药品分类管理的目的	熟悉			
	三、处方药与非处方药分类管理的管理要点	熟悉			
	四、现行主要相关法规				

续表

项目	教学内容	教学要求	教学活动建议	参考学时	
				理论	实践
项目4 药品与药品管理认知	**任务4-3 国家基本药物和基本医疗保险药品管理**				
	一、国家基本药物的概念	熟悉			
	二、国家基本药物制度及其作用	了解			
	三、基本药物制度的主要国家政策	了解			
	四、基本医疗保险药品的管理	了解			
	五、现行主要相关法规				
	任务4-4 药品不良反应报告和监测管理				
	一、药品不良反应的界定和分类	掌握			
	二、药品不良反应报告和处置	熟悉			
	三、药品不良反应评价与控制	熟悉			
	四、药品重点监测管理	熟悉			
	五、现行主要相关法规	了解			
	任务4-5 药品召回				
	一、药品安全隐患和药品召回	了解			
	二、药品召回的分类分级	了解			
	三、药品生产、经营企业和使用单位有关药品召回的义务	了解			
	四、主动召回与责令召回的相关规定	了解			
	五、现行主要相关法规	了解			
	实训4-1 药品与非药品管理药店实地调查	学会	技能操作		2
	实训4-2 国家及当地基药目录、医保目录查询	学会	技能操作		1
	实训4-3 药品标准查询	掌握	技能操作		0.5
	实训4-4 药品不良反应调查及报表填写	掌握	技能操作		0.5
项目5 特殊管理药品的管理	**任务5-1 麻醉药品和精神药品的管理**		理论讲授	6	
	一、麻醉药品和精神药品的概念及品种范围	掌握	多媒体演示		
	二、麻醉药品和精神药品原植物的种植	掌握	讨论		
	三、麻醉药品和精神药品的生产管理	掌握			
	四、麻醉药品和精神药品的经营管理	掌握			
	五、麻醉药品和精神药品的使用管理	掌握			
	六、麻醉药品和精神药品的储存	掌握			
	七、麻醉药品和精神药品的运输	掌握			
	八、麻醉药品和精神药品的监督管理	熟悉			
	九、现行主要相关法规	了解			
	任务5-2 医疗用毒性药品的管理				
	一、医疗用毒性药品的概念及品种范围	掌握			

续表

项 目	教学内容	教学要求	教学活动建议	参考学时	
				理论	实践
项目5 特殊管 理药品 的管理	二、医疗用毒性药品的生产与经营管理	掌握			
	三、医疗用毒性药品的使用管理	掌握			
	四、法律责任	熟悉			
	五、现行主要相关法规	了解			
	任务5-3　放射性药品的管理				
	一、放射性药品的概念及品种范围	掌握			
	二、放射性药品的管理	熟悉			
	三、现行主要相关法规	了解			
	任务5-4　药品类易制毒化学品的管理				
	一、药品类易制毒化学品	熟悉			
	二、药品类易制毒化学品的管理	熟悉			
	三、现行主要相关法规	了解			
	任务5-5　部分含特殊管理药品的复方制剂管理				
	一、部分含麻醉药品、精神药品复方制剂的管理	掌握			
	二、含麻黄碱类复方制剂的管理	掌握			
	三、现行主要相关法规	了解			
	任务5-6　含兴奋剂药品的管理				
	一、含兴奋剂药品	熟悉			
	二、兴奋剂管理	熟悉			
	三、现行主要相关法规	了解			
	任务5-7　疫苗的管理				
	一、疫苗的流通管理	熟悉			
	二、疫苗的监督管理	熟悉			
	三、现行主要相关法规	了解			
	实训5　麻醉药品和精神药品经营、使用资格申办模拟	学会	技能操作		2
项目6 中药管 理	**任务6-1　中药与中药创新体系建设认知**		理论讲授	2	
	一、中药及其分类	熟悉	多媒体演示		
	二、中药创新体系建设	了解	讨论		
	三、现行主要相关法规	了解			
	任务6-2　中药材管理				
	一、中药材生产质量管理	熟悉			
	二、中药材专业市场管理	熟悉			
	三、进口药材管理	熟悉			
	四、野生药材资源保护	熟悉			
	五、现行主要相关法规	了解			

续表

项目	教学内容	教学要求	教学活动建议	参考学时	
				理论	实践
项目6 中药管理	**任务6-3 中药饮片管理**				
	一、中药饮片生产与经营管理	熟悉			
	二、医疗机构中药饮片的管理	熟悉			
	三、中药配方颗粒的管理规定	熟悉			
	四、现行主要相关法规	了解			
	任务6-4 中药品种保护				
	一、中药品种保护的目的和意义	熟悉			
	二、中药保护品种的范围和等级划分	熟悉			
	三、中药保护品种的保护措施	熟悉			
	四、中药品种保护申请	熟悉			
	五、现行主要相关法规	了解			
	实训6-1 调研当地中药饮片生产经营情况	学会	技能操作		1
	实训6-2 调研当地中药配方颗粒的使用情况	学会	技能操作		1
项目7 药品信息管理	**任务7-1 药品标签和说明书管理**		理论讲授	2	
	一、药品标签管理	掌握	多媒体演示		
	二、药品说明书管理	掌握	讨论		
	任务7-2 药品广告管理				
	一、药品广告的概念与作用	熟悉			
	二、药品广告审查标准	掌握			
	三、药品广告审查与监督	熟悉			
	四、法律责任	熟悉			
	任务7-3 药品价格管理				
	一、基本原则	掌握			
	二、改革药品价格形成机制	掌握			
	三、强化医药费用和价格行为综合监管	熟悉			
	实训7-1 药品标签、说明书分析讨论	掌握	讨论		1
	实训7-2 违法药品广告分析讨论	学会	讨论		1
项目8 药品注册管理	**任务8-1 药品注册申请**		理论讲授	4	
	一、药品注册	熟悉	多媒体演示		
	二、药品注册申请的分类与受理	掌握	讨论		
	三、药品注册的分类	掌握			
	四、药品注册监管	熟悉			
	五、现行主要相关法规	了解			
	任务8-2 新药研发与临床试验申请的管理				
	一、新药研发	掌握			
	二、临床试验申请与审批	熟悉			
	三、新药监测期的管理	熟悉			

续表

项目	教学内容	教学要求	教学活动建议	参考学时	
				理论	实践
项目8 药品注册管理	四、药品技术转让	熟悉			
	五、注册资料CTD格式	了解			
	六、现行主要相关法规	了解			
	任务8-3　药品上市管理				
	一、药品上市许可管理	掌握			
	二、药品上市后变更与延续申请管理	熟悉			
	三、法律责任	了解			
	四、现行主要相关法规	了解			
	任务8-4　药品知识产权保护				
	一、药品知识产权	熟悉			
	二、药品专利保护	熟悉			
	三、药品注册中的专利链接	了解			
	四、现行主要相关法规	了解			
	实训8-1　模拟某种药品注册申请	学会	技能操作		1
	实训8-2　辨别药品通用名、商品名和商标	掌握	技能操作		1
项目9 药品生产管理	**任务9-1　药品生产准入与监督管理**		理论讲授	6	
	一、药品生产和药品生产企业	熟悉	多媒体演示		
	二、药品生产企业开办	掌握	讨论		
	三、药品生产许可证的管理	掌握			
	四、药品委托生产的管理	熟悉			
	五、药品生产监督检查	熟悉			
	六、现行主要相关法规	了解			
	任务9-2　《药品生产质量管理规范》认知				
	一、药品生产的相关概念	熟悉			
	二、GMP概述	了解			
	三、我国GMP实施简史	了解			
	四、实施GMP的目的	熟悉			
	五、我国GMP的基本要素	熟悉			
	六、我国GMP的管理内容	掌握			
	七、现行主要相关法规	了解			
	任务9-3　GMP认证				
	一、GMP认证的概念和意义	熟悉			
	二、我国药品GMP认证监管部门	熟悉			
	三、我国GMP认证程序	熟悉			
	四、需提交的全部申报材料及数量	熟悉			
	五、办理时限	熟悉			

续表

项 目	教学内容	教学要求	教学活动建议	参考学时	
				理论	实践
项目9 药品生产管理	六、药品GMP证书的管理规定	熟悉			
	七、现行主要相关法规	熟悉			
	实训9 药品生产企业参观及GMP操作体验	学会	技能操作		2
项目10 药品经营管理	**任务10-1 药品经营企业申办**		理论讲授	6	
	一、药品经营企业开办基本条件	掌握	多媒体演示		
	二、《药品经营许可证》申办	熟悉	讨论		
	三、《药品经营许可证》管理	掌握			
	四、现行主要相关法规	了解			
	任务10-2 GSP认证与检查				
	一、申请GSP认证的基本条件	熟悉			
	二、申请GSP认证的流程	熟悉			
	三、GSP认证实施程序	熟悉			
	四、《药品经营质量管理规范认证证书》管理	熟悉			
	五、GSP检查	熟悉			
	六、现行主要相关法规	了解			
	任务10-3 药品经营质量管理				
	一、药品批发的质量管理	掌握			
	二、药品零售的质量管理	掌握			
	三、现行主要相关法规	了解			
	任务10-4 药品购销管理				
	一、购销人员的管理	熟悉			
	二、药品采购管理	掌握			
	三、药品销售管理	掌握			
	四、禁止性经营活动	掌握			
	五、现行主要相关法规	熟悉			
	任务10-5 药品电子商务管理				
	一、互联网药品信息服务管理	熟悉			
	二、互联网药品交易服务管理	熟悉			
	三、现行主要相关法规	了解			
	任务10-6 医疗保险药品定点药房申办				
	一、医疗保险药品定点药房审查和确定的原则	熟悉			
	二、医疗保险药品定点药房申办基本条件	熟悉			
	三、医疗保险药品定点药房申办	熟悉			
	四、主要相关法规	了解			
	实训10-1 调研当地药品批发企业药品储存与养护情况	学会	技能操作		2
	实训10-2 零售药店药品陈列操作体验	掌握	技能操作		2

续表

项 目	教学内容	教学要求	教学活动建议	参考学时	
				理论	实践
项目11 医疗机构药事管理	**任务11－1　医疗机构分类及其药事管理认知**		理论讲授	3	
	一、医疗机构的概念	熟悉	多媒体演示		
	二、医疗机构的分类管理	熟悉	讨论		
	三、医疗机构药事管理规定	熟悉			
	四、现行主要相关法规	了解			
	任务11－2　医疗机构调剂管理				
	一、处方管理	掌握			
	二、处方点评	熟悉			
	三、调剂业务管理	掌握			
	四、现行主要相关法规	了解			
	任务11－3　医疗机构制剂管理				
	一、医疗机构制剂准入管理	掌握			
	二、医疗机构制剂的调剂、注册及质量管理	熟悉			
	三、医疗机构制剂配制监督管理	熟悉			
	四、现行主要相关法规	了解			
	任务11－4　医疗机构药品供应管理				
	一、药品采购管理	掌握			
	二、药品储存管理	掌握			
	三、药品经济管理	熟悉			
	四、现行主要相关法规	了解			
	任务11－5　医疗机构临床药学管理				
	一、临床药学的概念	熟悉			
	二、医疗机构临床合理用药	掌握			
	三、药学服务	熟悉			
	实训11　医疗机构制剂现状调查	学会	技能操作		3

五、大纲说明

（一）适应专业及参考学时

本教学大纲主要供高职高专院校药学类专业教学使用。总学时为68学时，其中理论教学为40学时，实践教学28学时。

药品生产技术专业（药物制剂、生物药物生产技术、化学药生产技术、中药生产技术方向）、药品质量与安全专业（药品质量检测、食品药品监督管理方向）、药品经营与管理专业（药品营销方向）、药品服务与管理专业（药品管理方向）等专业，与药学类专业差异不大，可根据不同培养方向进行相应调整。

（二）教学要求

1. 本课程对理论教学的要求分为掌握、熟悉、了解3个层次。掌握：指对所学的知识能够熟练应用并能综合分析和解决实际问题。熟悉：指对所学知识基本掌握和会应用。了解：指对基本知识、基本理论有一定的认识。

…课程在实践技能方面设计了2个层次。掌握：指学生能正确运用法律法规分析案…实际问题，提出解决问题的方案；学会：指学生能根据药事管理与法规的知识、…发现问题，判断是非。

（三）教学建议

1. 本大纲力求体现高职高专教育特点和专业培养目标的要求，以切实满足“岗位需…、“教学需要”和“社会需要”的教育理念。理论知识以“必需、够用”为原则，适当删减和引进新的内容。实践训练着重培养学生分析问题和解决问题的能力。

2. 药事管理与法规课程的政策性、法规性较强，我国药事管理与法规的建设正在逐步完善，有些内容更新变化较快，但教材建设可能滞后，建议教学单位及时补充更新有关药事法规的内容。

3. 课堂教学应突出药事管理的知识内容，多采用表格、流程框图、多媒体等直观教学的形式和案例分析、学生参与的互动式教学，提高课堂教学效果。

4. 实践教学应注重培养学生的基本技能，多给学生提供到药品生产企业、经营企业、医疗机构药事部门，药品监督管理和药品检验部门参观见习以及到药事单位调研的机会，增加学生的感性认识，同时可采用“案例讨论”分析，提高学生对实际问题分析、解决的能力。

5. 成绩评定，应包括平时成绩（案例分析作业）、调研报告和理论考试等多种形式综合考评，使学生更好的适应职业岗位培养的需要。